DE LA PROBLEMATOLOGIE
philosophie, science et langage

 *PHILOSOPHIE ET LANGAGE*

Michel Meyer

de la problématologie

philosophie, science et langage

PIERRE MARDAGA, EDITEUR
2, GALERIE DES PRINCES, 1000 BRUXELLES

© Pierre Mardaga, éditeur
37, rue de la Province, 4020 Liège
2, Galerie des Princes, 1000 Bruxelles
D. 1986-0024-34

Note liminaire

Pourquoi interroger le questionnement aujourd'hui ? Qu'est-ce qui, dans la crise que connaît actuellement la philosophie, conduit à cette démarche ? Ces questions, qui motivent le dialogue constant avec Platon, Aristote ou Descartes, sans parler des contemporains comme Heidegger et Wittgenstein, font partie intégrante de cette pensée que j'ai appelée *problématologie* et qui n'est rien d'autre que l'étude du questionnement. Celle-ci émerge de ce dialogue avec la tradition comme la nécessité du pensable, comme la positivité du philosophique dans sa relation à l'historicité.

Mais par là même également, ce livre est sa propre limitation. Il est préparatoire d'une tâche encore plus fondamentale, qui consiste à articuler l'interrogativité radicale à partir d'elle-même, afin d'accéder à la systématique des principes de la pensée. Car, une fois admis que le questionnement est incontournable, il reste à savoir comment l'interrogation procède et construit cette rationalité.

C'est dire que cet ouvrage est à la fois ambitieux et nécessairement modeste. Ambitieux, parce qu'il s'agit de dépasser une crise d'impossibilisation par une approche nouvelle, modeste parce qu'il s'agit surtout d'offrir une analyse de la tradition et de ses apories, même si, en ce qui concerne la démarche scientifique et le langage, la problématologie est constitutive, en ce qu'une théorie philosophique de cette double articulation s'y trouve proposée.

Introduction
La nature de la philosophie

Ceci est un livre de philosophie, au sens classique du terme. Par là, il faut entendre, avec la grande tradition, la recherche du fondamental, l'interrogation radicale. Comme le rappelle Descartes à ceux qui auraient oublié leur Aristote, « ce qui se nomme proprement philosopher », c'est « la recherche de ces premières causes, c'est-à-dire des principes, ..., et je crois qu'il n'y a rien en ceci dont tous les doctes ne demeurent d'accord ».

Mais qu'on ne s'y trompe pas : le genre s'est perdu. Le choc de l'Histoire a mis à l'avant-plan l'absurdité des projets individuels, entachant de soupçon les discours de ce sujet soi-disant fondateur, discours qui viennent bien souvent d'ailleurs, de l'inconscient ou d'intérêts qui le conditionnent. Et ce fut la mort du sujet sur lequel s'appuyait la philosophie depuis Descartes avec, comme conséquence, l'attention portée désormais à son langage et à ses discours. Telles auront donc été les deux grandes caractéristiques intellectuelles de notre époque dans ce qu'elle achève la défondamentalisation du sujet inaugurée au siècle précédent par Nietzsche, Marx et Freud.

La philosophie a ainsi épousé l'Histoire dans son accélération, dans sa déstabilisation, au point de rythmer son évolution sur les effets de la mode et de l'actualité. C'est « l'âge du feuilleton » que décrit Hesse dans *Le Jeu des perles de verre*. La pensée a fini par sacrifier à la dispersion, au transitoire, passant des vieux salons d'antan au grand salon de maintenant, où se retrouve l'élite cultivée des démocraties, grâce aux médias rendus nécessaires par la dimension de l'auditoire. Ce faisant, la philosophie a renoncé à elle-même au profit de la superficialité du propos et de l'absence de rigueur qui autorise les jeux de mots les plus ésotériques. Forcément, puisqu'il n'y avait plus de fondement à la démarche philosophique qui pût la guider, aussi bien dans ses questions que dans ses réponses. Certes, après Descartes, on avait moins mis l'accent sur la recherche des principes parce que, précisément, la pensée se fondait sur le point de départ cartésien de la conscience de soi. L'apport de Kant fut cependant tel que son successeur immédiat, Fichte, pour mieux asseoir la contribution de Kant, se livra quand même à une recherche du fondement à cette nouvelle façon de voir.

Aujourd'hui, avec la mort du sujet fondateur, les choses sont différentes. Il n'est plus possible de philosopher sans reprendre la démarche à la base, car il s'agit de s'en donner une. Que signifie en profondeur la manière éclatée de philosopher actuelle, sinon que l'on ne sait plus quelles questions poser, comment les résoudre avec rigueur, faute de principe directeur? Dès lors, chacun s'intéresse à ce qu'il veut bien, en parle comme il lui sied le mieux, et recherche en conséquence les seules cautions désormais disponibles: l'aval du grand public ou, à défaut, celui de l'université qui conserve la mémoire philosophique faute, bien souvent, de l'enrichir. Car il ne restait pas d'autre issue à la philosophie dite sérieuse que de se réfugier dans la solidité éprouvée du passé en se faisant pure histoire de la philosophie. Mais un tel repli a eu, malheureusement, le même résultat, pour l'essentiel, que l'attitude précédente, à savoir la dissémination et l'éclatement de la philosophie qui avait été, et sera toujours, démarche d'unification et de systématisation. Chacun parle de «son» auteur, l'un «aimera» Leibniz, l'autre Locke ou Hegel, comme si de telles préférences n'avaient pas à se justifier, à moins que notre spécialiste les estime justifiables du simple fait qu'il les professe. Un minimum de sérieux est, certes, garanti par l'existence des grands textes, mais pourquoi sont-ils grands, en quoi nous parlent-ils encore, doit-on les étudier en soi et pour eux-mêmes comme si cette tâche était évidente? Ne faut-il pas les interroger, et articuler ce qu'ils nous disent en fonction de problèmes que nous nous efforçons de résoudre et de leur poser, dont ils seraient les réponses? Dans ce cas, l'arbitraire dans les choix n'est plus défendable. A moins de retomber sur l'idée qu'on peut poser n'importe quelle question et «faire de la philosophie» du seul fait qu'on s'adresse à son histoire. On s'abrite alors derrière l'institutionnalisation des solutions pour justifier qu'on n'en pose pas les problèmes en raison.

La fragmentation de la pensée est l'anti-philosophie par excellence, malgré les apparences contraires, dans la mesure où la philosophie est intrinsèquement systématisante. Elle répond aux périodes de chaos non en s'en faisant l'écho, si ce n'est par adultération, mais en essayant de donner un sens à ce qui, par le décousu du fragment et du discontinu, ne pourrait prétendument en avoir. Le discontinu philosophique est une contradiction dans les termes. C'est un peu comme si on voulait nous faire croire que, dans une société à une époque donnée, toutes les structures flottent indépendamment les unes des autres, sans rationalité générale, mais au gré de lois internes et différentes chaque fois.

Bref, le refuge dans l'histoire de la philosophie ne saurait tenir lieu de philosophie, même si la philosophie ne peut se passer de se référer à son passé. Question de subordination, et partant, d'ordonnancement dans l'interrogation des textes, dont la valeur, la vérité, sont autant à discuter qu'à simplement reconstruire. En somme, le souci essentiel que l'on a pour l'histoire de la pensée ne doit pas servir d'alibi pour ne pas penser, malgré l'illusion que peut procurer le rapport au texte, d'où découle le sérieux de l'académisme qui fait défaut à la philosophie-mode, sérieux qui pourrait nous inciter à croire qu'on a là une attitude fondée en ce qu'on la consacre *de facto* comme autosuffisante. Si l'on y réfléchit bien, cette attitude réductrice de la philosophie à *n*'être *plus que* histoire de la philosophie est incapable de rendre compte d'elle-même philosophiquement sans se dépasser comme pure histoire. Bien plus, la conception de la philosophie comme histoire de la philosophie ne peut que se réfuter d'elle-même, si on prend soin de la formuler. En effet, cette formulation même n'est pas de l'histoire de la philosophie. Mais que signifie au fond cette démarche, si on la précise malgré tout? Elle suppose simplement qu'un principe est inexistant, qu'il est introuvable et que, par conséquent, il n'a pas à être recherché. Ce qui est d'autant plus grave que nous ne vivons plus, je l'ai dit, dans une situation post-cartésienne où l'on capitaliserait une tradition sur des fondations acceptables, ce qui a justifié l'économie de la recherche d'un premier principe, encore que la tradition allemande à son tour s'est donnée son Descartes en la personne de Fichte. De toute façon, comment poser comme principe directeur la négation de toute position de principe? On ne peut philosopher en posant, à titre d'évidence, que philosopher de la sorte est encore philosopher. Interroger un auteur renvoie à une nécessité interrogative extérieure à lui, qu'il confirme dans le meilleur des cas; ce qui, en retour, contraint à littéralement radicaliser l'interrogation, à la philosopher en l'objectivant en quelque sorte.

Que l'on adopte ou non une démarche historicisée par rapport à l'objet, philosopher consiste toujours à interroger, à problématiser. Il faut donc arriver à départager les questions à poser des autres et à reconnaître les réponses des affirmations à récuser. On pense à Socrate, mais c'est là un souci constant de la philosophie. La *Critique de la raison pure* de Kant s'enracine dans la même préoccupation : « la raison humaine, écrit-il au tout début de la préface à la première édition, a cette destinée singulière, dans un genre de ses connaissances, d'être accablée de questions qu'elle ne saurait éviter, car elles lui sont imposées par sa nature même, mais auxquelles elle ne peut répondre, parce qu'elles dépassent totalement le pouvoir de la raison humaine ». Le lecteur averti aura reconnu dans cette démarcation des questions, comme dans la quête d'un critère de résolution s'appuyant sur l'explicitation de cette démarcation, l'articulation fondatrice de la *Critique* qui sous-tend même la diversité interne de l'œuvre. On retrouve aussi bien ce sens des questions dans l'empirisme pour la même raison, à savoir que l'efflorescence de philosophies et les controverses sont plus un signe de pauvreté de pensée que de vraie richesse, dans la mesure où elles signifient un certain arbitraire, un certain flou, et obligent à se ressaisir par une reconquête de la systématicité. En lisant l'introduction au *Traité de la nature humaine,* c'est un peu la situation actuelle qui se trouve dépeinte. « Il n'est pas besoin de posséder un savoir bien profond pour découvrir l'imperfection présente des sciences, la multitude elle-même, à l'extérieur des portes peut juger, au tapage et à la clameur qu'elle entend, que tout ne va pas bien à l'intérieur. Il n'y a rien qui ne soit le sujet d'une discussion, rien sur quoi les hommes de savoir ne soient d'opinions contraires. *La question la plus banale n'échappe pas à nos controverses, et aux plus importantes nous sommes incapables de donner une conclusion certaine.* Les discussions se multiplient, comme s'il n'y avait qu'incertitude. Dans toute cette agitation, ce n'est pas la raison qui remporte le prix, c'est l'éloquence ; et nul ne doit jamais désespérer de gagner des prosélytes à l'hypothèse la plus extravagante s'il est assez habile pour la peindre sous des couleurs favorables. La victoire n'est pas gagnée par les soldats en armes, qui manient la pique et l'épée, elle l'est par les trompettes, les tambours et les musiciens de l'armée ». On aurait pu croire, à lire ce texte qui anticipe la philosophie des médias actuelle, que Hume va chercher ce qui permet de donner, comme il dit, des conclusions aux questions les plus banales en interrogeant le questionnement, mais c'est oublier que le point de départ demeure, pour lui comme pour ses prédécesseurs, le sujet, donc, pour reprendre ses termes, la « nature humaine ». Pour Locke, l'enracinement se faisait au niveau de l'entendement, mais pour les mêmes motifs : « nous ne devrions pas nous précipiter, par simple amour d'un savoir universel, à poser des questions, à nous-mêmes et aux autres, avec des disputes et des perplexités sur des sujets pour lesquels notre entendement n'est pas fait, en ce que nous ne pouvons nous former dans l'esprit aucune perception claire ou distincte à leur propos».

Aujourd'hui, où l'évidence cartésienne du moi pur comme fondement archimédien et ses avatars divers, empiristes ou kantiens, fait désormais défaut de par la mort du sujet, il convient de s'interroger sur le questionnement comme tel, sans autre détour, si l'on veut arriver à savoir quelles questions poser, comment les démarquer de celles insolubles en découvrant ce qui compte comme solution.

Cela semble bien constituer désormais la tâche naturelle de la philosophie, mais, par-delà les motivations méthodologiques ou la prise en compte du changement historique, peut-on affirmer que l'on rencontre en cela l'exigence principielle de la philosophie ? Il ne faut en aucun cas retomber dans le discours habituel du point de vue et du subjectivisme (qui, on l'a vu, découle de la mort du sujet!). Si interroger le questionnement s'impose, il faut pouvoir *fonder* cette démarche, et non pas affirmer cette question parmi d'autres équivalentes en dignité et opposables à ce titre.

En conséquence, il importe *avant tout* de s'interroger sur le principiel, sur l'originaire, sur ce qui vient en premier lieu, avant de s'embarquer dans quelque interrogation particulière que ce soit. Or, ce qui s'impose comme premier dans l'interrogation sur ce qui est premier est le questionnement lui-même, au travers de la question générale qui se trouve posée. Voilà pourquoi le questionnement est bien le principe de la pensée même, le principe philosophique par excellence. Pour pouvoir répondre dès le départ, comme c'est notre but, il faut pouvoir répondre sur le point de départ lui-même, réponse qui, quelle qu'elle *puisse* être, renvoie à la question sous-jacente, donc au questionnement. Il ne peut y avoir de réponse première qui puisse être telle, si elle n'affirme pas la primauté du questionnement. Faute de quoi, elle se détruit comme réponse première en devenant une contradiction puisque la réponse présupposerait quelque chose qu'elle n'affirmerait pas tout en se disant premier élément.

La philosophie est questionnement radical en tant qu'elle a pour thème premier le questionnement même. Les Grecs auraient appelé cela littéralement *problématologie,* s'ils avaient pu penser le questionnement, mais ils ne le purent et nous verrons pourquoi.

La philosophie devint autre chose, refoulant, en quelque sorte, le questionnement qui en est son principe actif. Le simple examen de l'histoire nous apprend que le questionnement ne fut jamais le thème propre de la philosophie. Celle-ci n'aurait pu voir le jour ni se perpétuer sans, cependant, le mettre en œuvre au niveau de sa pratique. On a donc assisté à un déplacement de l'interrogation qui, ne se thématisant pas, s'est dirigée vers autre chose qu'elle-même. Quelles furent les conséquences de cette non-thématisation du questionnement radical par lui-même ?

L'autonomisation des réponses en propositions fut inévitable puisque le discours émergeant des questions ne fut pas pensé en rapport avec elles mais fut considéré en lui-même, comme s'il existait en soi et s'étudiait par soi, sinon pour soi. L'autonomisation des réponses a eu pour effet que celles-ci furent considérées en retour comme propositions ; la vérité étant la propriété essentielle à leur attribuer. L'idée de résolution tomba sous le coup de ce que j'appellerai le *modèle propositionnel* de la raison. Par là, il faut entendre le modèle qui se dégagea peu à peu, avec Platon et Aristote, pour traiter les propositions : un lien dialectique et scientifique unifié chez Platon, scindé en dialectique, non scientifique et rhétorique d'une part, et en logique d'autre part, chez Aristote.

Ce qui est commun à Platon et à Aristote est que le lien propositionnel, fût-il faible comme dans la dialectique ou dans la rhétorique, ou fort comme en logique, est de l'ordre de la justification en tant que celle-ci établit et valide la vérité d'une proposition. Ce souci de justification est le résultat inévitable d'une discursivité qui ne se définit que par le résultat de sa propre activité, laquelle se résorbe dans l'inessentiel, à passer sous silence ou à caractériser comme phénomène psychologique et subjectif. C'est désormais à l'aune du résultat qui se justifie comme tel que le discours va se mesurer, peu importe d'où et comment il émerge, seul comptant ce qui permet de l'affirmer *comme* résultat, donc de le justifier dans sa vérité autonome, dans sa vérité qui le fait être autonome. Voilà pourquoi j'ai parlé de modèle propositionnel de la raison et non du langage. On a tendance à voir aujourd'hui dans la proposition une entité linguistique ou, à la rigueur, logique et sémantique. Mais c'est là le fruit d'une réflexion sur le langage qui est entreprise pour elle-même, entreprise récente, historiquement parlant, que les Grecs, on vient de le montrer, ne pouvaient pas connaître. Pour eux, le *logos* est le mot qu'ils utilisent indifféremment pour nommer la raison comme le discours, car le modèle propositionnel, placé sous le signe de la justification, est forcément l'expression de la capacité à donner des raisons qui doivent être contraignantes. C'est ainsi que la philosophie devint science, avant de pouvoir se distinguer d'elle. Le souci cognitif, épistémologique de la philosophie tient précisément à la justification comme paradigme de la Raison. On le voit très clairement chez Platon pour qui la science mérite déjà une approche spécifique via la logique, devenant la théorie du syllogisme chez Aristote.

La philosophie n'a pu longtemps se faire passer pour science, pas plus qu'elle n'a pu vraiment s'en dissocier. D'où le statut ambigu de cette «science recherchée» qu'a été la métaphysique, ou philosophie première, chez Aristote. En effet, le modèle propositionnel aligne philosophie et science en les rangeant indistinctement dans l'ordre de la justification. Ceci est une conséquence de la non-thématisation du questionnement radical de la philosophie par elle-même. Et comme elle est néanmoins ce questionnement, en se refoulant vers un objet qui n'est pas elle et qui est à la fois radicalisé au niveau de la pratique interrogative et de sa conceptualisation corrélative, l'objet est forcément pensé comme général. C'est l'être, si l'on veut. Ce qui explique que la philosophie, à l'inverse de la science, va globaliser sa vue de l'objet ou de l'être, en se fixant non pas sur ceci ou cela, ou même sur un type de phénomènes, mais sur l'objectivité de l'objet, la phénoménalisation du phénomène, l'être de l'étant. Ce sera donc ce qui fait que l'objet est objet ou le phénomène est phénomène, que les choses sont ce qu'elles sont. Mais le modèle propositionnel demeure car il s'agit toujours de justification, du «ce-qui-fait-que...». La science s'occupant d'objets particuliers et la métaphysique de l'objet en général, toutes deux étant philosophiques, comme on l'a vu plus haut, il s'ensuivra qu'on appellera celle-ci la philosophie première, car d'elle dérive la science devenue plus ou moins distincte à titre d'ontologie régionale. L'ontologie générale est donc philosophie première. Mais les règles de la science, s'appliquant à toute philosophie, à moins que ce n'ait été encore l'inverse à l'époque, la méta-physique ne put se dissocier réellement, et la Renaissance laissa clairement apparaître la différence, sinon parfois l'opposition naissante, qui s'est radicalisée en notre siècle, entre science et philosophie. Ou si l'on amalgame les deux, comme cela se faisait encore au dix-huitième siècle, on doit alors parler de l'impossibilité croissante de la philosophie première. La science progresse, la philosophie (première) piétine. Mais dès Kant, le constat du divorce s'impose avec évidence. Les questions philosophiques sont peu à peu absorbées par la science, et les autres vont devenir peu à peu ces problèmes insolubles qui se répètent dans leur insolubilité depuis la nuit des temps.

Et c'est ainsi que la différence de nature entre science et philosophie, rendue plus aiguë par le recul accusé par celle-ci, a fini par faire problème. Mais la philosophie s'ignorant toujours comme problématologie n'a pu se penser sur un autre modèle, rendant justice à sa propre spécificité, et permettant précisément d'accepter et même de préférer un mode de discours exprimant le problématique plutôt que voulant le résorber chaque fois dans la solution qui le supprime. La philosophie livre des réponses qui, si l'on y regarde de près, ne sont pas des réponses au sens du modèle propositionnel du langage, de la science, c'est-à-dire de la Raison. Les questions philosophiques, ne pensant pas la radicalité qu'elles mettent en œuvre et qu'elles renferment, sont tournées vers autre chose qu'elles-mêmes, et partant, déterminent la philosophie comme ontologie, la plaçant en rivalité avec la science, avec les conséquences que l'on sait. Pourtant, il y a une différence, qui se joue dans la conception qui sous-tend le questionnement en science et en philosophie. Faute de disposer d'une problématologie qui rende justice à cette différence, on n'a vu, ici et là, que des propositions, susceptibles donc de vérité et de fausseté, opposables et comparables aux autres propositions. Mais là, on se heurte à la positivité et à l'efficacité de la science qui font défaut aux systèmes philosophiques. En réalité, ceux-ci renvoient à une problématisation opérée au travers de propositions qui ont ceci de propre qu'elles sont *problémato-logiques,* c'est-à-dire qu'elles expriment la problématisation en même temps qu'elles y répondent. Cette double nature de réponse et d'expression problémato-logique laisse clairement apparaître que formuler un problème est, en philosophie, le résoudre, puisque problématiser est le but du discours philosophique. Dès lors, il devient absurde de s'étonner que la philosophie perpétue ses problèmes, car c'est ce en quoi elle y répond. Elle se démarque donc de la science qui supprime le problème, celui-ci une fois résolu. Ce qui serait faiblesse en science fait au contraire la richesse de la philosophie. Il y a plus: le fait que le problème philosophique comporte sa formulation à titre de réponse montre bien que la philosophie doit poser ses problèmes dans une problématisation qui, en un certain sens, les supprime comme réponse en même temps qu'elle les conserve. On comprend qu'il ne soit pas possible de détacher le problème de la réponse qui y est apportée, ce qui contraint la philosophie à ne rien présupposer en dehors du fait qu'elle ne présuppose rien. Définition classique, certes, que l'on retrouve telle quelle chez Hegel, mais que l'on pouvait déjà voir posée comme l'exigence suprême de la pensée chez Platon, à la recherche d'un principe *anhypothétique,* ce qui plaçait la philosophie au-dessus des sciences, comme la géométrie par exemple, qui ne peuvent se mouvoir qu'à partir d'hypothèses.

Tout ceci implique que la philosophie soit son propre objet, ce qu'elle a toujours été sans doute, mais de manière détournée puisqu'il n'y a jamais été question de questionnement. Cela s'est donc fait indirectement, au travers de l'ontologie et non de la problématologie.

La conséquence pour elle a été que la philosophie a dû soutenir une concurrence intenable avec la science, d'autant plus absurde que les deux ne sont pas sur le même plan du point de vue des réponses. La métaphysique s'est vue ainsi rejetée, puis, plus ou moins dissociée de la philosophie, laquelle a continué à se rapporter à la science qui, elle aussi, répond, donc résout des problèmes. Kant, par exemple, consacre cette dissociation entre philosophie et science contre une métaphysique, dont on peut dire qu'il la récuse autant qu'il la fonde dans son inévitable questionnement, enraciné dans la nature de la raison. Les deux thèses sont équivalentes en ce qu'elles s'impliquent mutuellement. Il n'empêche que de plus en plus la philosophie — qui, on l'a vu, ne peut se passer de philosophie première parce que essentiellement métaphysique, principielle — va s'orienter vers des ontologisations de ses interrogations au point de tomber dans la profusion qui, aujourd'hui, s'identifie aux modes les plus changeantes. D'où la trahison de la philosophie, d'où la nécessité de lui redonner un principe et de se débarrasser de son ontologisation, en réalisant que sa réalité profonde est non seulement questionnement, mais, par là, questionnement radical si l'on veut qu'elle ne se dénature pas en réponse occulte.

Quand nous disons que la philosophie doit être à elle-même son propre objet, cela peut sembler quelque peu absurde ou alors, si l'on accepte l'idée, déjà ancien. La signification de notre propos ici est extrêmement précise, et j'ose le croire, claire. Il ne s'agit pas de défendre la thèse que la philosophie doive tourner à vide en se demandant sans cesse ce qu'elle doit et peut faire, ensuite de consacrer cette démarche en contenu positif de la réflexion. Ce que je veux dire est plus immédiat. La philosophie est son propre problème dans son existence et sa possibilité même. Il s'agit là, qu'on le veuille ou non, d'une réalité historique. Elle doit, de ce fait, s'interroger sur les ressources de la problématisation afin de se les appliquer. Que la pensée soit problème pour elle-même est une constatation historique, et il faut en prendre conscience : interroger la philosophie devient alors porter son attention sur la problématisation, philosophiquement donc radicalement, sans présupposé. Philosophiquement veut dire que l'on ne va pas s'arrêter à la simple question du questionnement en ce qu'elle traduit l'embarras actuel de la pensée, mais qu'on va la poser pour elle-même et à partir d'elle-même, déployer la réponse. Ce qu'il s'agit de savoir est alors de voir si une telle interrogation est principielle, fondatrice. On passe ainsi du plan historique au métaphysique au sens le plus strict, ce qui donne une valeur bien définie au retour de la philosophie sur sa propre existence : une valeur double qui permet de repenser le philosophique dans son exigence de fondamentalité après avoir perçu ce que cette exigence présentait d'historique.

Si la philosophie a échappé ainsi à son fondement par des thématisations dispersées, doit-on dire qu'elle a erré jusqu'ici et qu'elle s'est trompée ? Il ne s'agit en fait ni d'oubli, ni d'errance mais d'impossibilité historique. Les philosophies du passé ne sont pas des erreurs, pour la bonne raison qu'il était de la nature des questions visées non à se penser mais à se résoudre, non à se chercher mais à conduire à la solution. Par conséquent, la solution ne se dit pas comme solution mais dit *ce qui* est la solution, et c'est différent. La question se supprime dans la réponse, laquelle ne se dit pas telle mais affirme ce qu'elle a à dire sans dire qu'elle l'affirme. Il est normal que la réponse ne fasse pas mention d'elle-même comme réponse, et par là, ne réfléchisse pas son renvoi à une quelconque question, fût-elle radicale en ce qu'elle poserait le problème de la radicalité à titre de problème.

La réponse est naturellement affirmative d'autre chose que de ce qu'elle est, de son fondement qui la fait être réponse. La philosophie, en n'ayant pas pensé le questionnement, n'a fait que s'affirmer comme répondre, et partant, un répondre ignorant qu'il l'était. La démarcation créatrice de la spécificité de la philosophie, provient du fait qu'il y a pluralité de réponses possibles, que le problème ne s'épuise donc pas et qu'il se repose pour donner naissance à d'autres solutions, et ainsi de suite. Une telle possibilité de structure tient à ce que le répondre philosophique est problématologique : il met en réponse ce qui est problématisé et ce qui est problématisé est, du fait qu'il l'est, solutionné dans un répondre problématologique. Ce dernier est, bien sûr, problématisation et, comme toute question, elle n'a pas qu'une seule réponse possible. La pluralité des formulations d'un problème philosophique (« qu'est-ce que la liberté ? ») renvoie à des systèmes multiples en droit, où le problème se pose et se trouve conceptualisé ; en même temps qu'il y est défini, il y est résolu par le système lui-même. La question de la liberté se posera différemment chez Kant et chez Marx, par exemple, en ce que la liberté y fait problème autrement, par ce que chacune des deux philosophies approche la liberté à sa façon, et la voit — donc traite la liberté qui s'y trouve en question — à la lumière de son éclairage conceptuel interne. La problématisation philosophique est forcément globale, et partant, interne à elle-même du fait qu'elle est répondre problématologique, *donc* question et réponse différenciées par enroulement sur soi. La problématisation qui porte en elle une différenciation proposée, suggérée, donnera ainsi une réponse à la question qu'elle pose. Voilà pourquoi Marx et Kant, pour reprendre cet exemple, offrent une solution au problème de la liberté tel qu'ils le formulent en tant qu'ils le formulent, mais qu'ils *ne peuvent pas* épuiser précisément parce que ce répondre est *purement* problémato-logique.

A la différence d'autres types de réponses, qu'on appellera *apocritiques,* par souci de mémoire grecque, qui, elles, solutionnent et suppriment le problème. Si, en philosophie, on a pu observer que les questions ne disparaissent pas, doit-on conclure à la fêlure fondamentale, au constat d'un échec intrinsèque qui rendrait la philosophie vaine, même si on la ressent comme nécessaire existentiellement? Selon l'approche problématologique, la réponse est clairement négative. Il n'y a pas de progressivité ni d'aspect cumulatif dans les réponses, comme en science, pour la simple raison que la nature des réponses est différente et ne se laisse pas réduire au propositionnalisme. Une réponse problématologique a ceci de particulier qu'elle fracture l'impensé à la pensée, marque des alternatives, crée un espace de relation et de sens, et que c'est cela la solution qu'elle apporte. Elle n'est pas une solution au sens où on l'entend d'habitude : une réponse *apocritique,* comme je l'appelle, clôt l'enquête, refoule le problématique et s'en détache plutôt qu'elle ne le fouille, l'explore et le met en lumière. Elle sert de base à une autre question, et ainsi de suite. Les questions disparaissent, les réponses s'accumulent.

Or, l'illusion que la philosophie se mesure à cette aune tient bien évidemment au fait que ses questions n'ont pas été perçues problématologiquement; d'où la critique effectuée à la mesure de la réponse scientifique. Posant ses questions de manière non problématologique depuis toujours, la philosophie n'a pas questionné le questionnement mais s'est tourné vers un ailleurs, se plaçant en concurrence avec la science qu'elle avait ainsi rendu possible.

C'est la pluralité des réponses possibles en philosophie qui en révèle la spécificité, et cette pluralité est purement historique. L'historicité forme couple avec le questionnement, conçu problématologiquement, c'est-à-dire comme fondamental et philosophiquement tel. Seule l'Histoire montre qu'il y a, dans la philosophie, une persistance des problèmes dans le répondre, malgré lui parce qu'il est différent dans le contenu qui seul apparaît, bien que composé de réponses. Le philosophique ne s'impose donc, comme répondre qu'*a posteriori*, qu'au regard historicisé porté par la philosophie sur elle-même. Si l'on échappe à la lecture que l'historicité implique, le questionnement se refoule comme principiel et l'on ne voit pas qu'il le fait. On aura alors une incapacité à le penser comme tel, et l'on n'en aura sous les yeux que des manifestations psychologiques ou linguistiques, mais sa nature philosophique fondamentale, parce qu'il est le fondamental du philosophique, échappera à la pensée même. Les réponses successives de la philosophie apparaîtront alors comme des propositions injustifiées, et injustifiables par leur caractère inconciliable, qui les rend opposables

les unes aux autres, fût-ce dialectiquement, comme chez Hegel. Elles seront l'expression libre d'individualités détachées, on parlera de Spinoza ou de Locke, parce que l'on ne verra en leur philosophie que le reflet d'un génie créateur et non avant tout une *réponse,* à voir donc comme historique. Ce qu'il faudra savoir, et ce sera l'objet de notre premier chapitre, est pourquoi la problématologie a été rendue possible aujourd'hui. En effet, sous les coups redoublés des forces nihilistes de la science et de l'accélération historique, la philosophie a fini par dériver, mais quelle que soit l'époque, elle ne pouvait agir autrement. L'Histoire regroupe toutes ces forces de dissolution et fait apparaître ainsi d'autant plus évident le manque originel comme une béance qui pose problème. La vérité de l'interrogativité s'impose au travers d'un niveau et des formes appropriées dans le refoulement, donc dans l'expression, de cette interrogativité omniprésente à la base de l'activité intellectuelle. C'est pourquoi la philosophie a longtemps pu apparaître comme le jeu libre de grandes individualités qui s'opposaient, alors qu'en réalité il n'y a là qu'une phénoménalisation de l'Histoire, qui se refoule dans sa problématicité pressante, originelle, encore que variable. D'où l'apparence d'autonomie et d'arbitraire des systèmes philosophiques qui n'est que l'expression du refoulement d'un questionnement qui s'autonomise dans des réponses ne se pensant pas comme réponses. La liberté, ici, n'est rien d'autre que la philosophie se posant comme telle, autonome par rapport à un refoulement du questionnement réfléchi mais déplacé sans cesse historiquement, donc formalisé par autre chose, en autre chose. Cette liberté doit cependant être méditée comme corrélat de l'Histoire, comme *réponse* à ce qu'elle permet et exige. La liberté est alors la nécessité de l'Histoire comme refoulement du questionnement comme tel : elle est nécessairement philosophie dans son expression. L'illusion consisterait à voir dans la liberté une simple affirmation libre d'elle-même, au lieu d'y voir une possibilité impliquée par ailleurs, et que l'on *peut* rater, d'où la liberté qu'il y a à réfléchir la nécessité. Bref, l'autonomie par rapport à l'Histoire est elle-même historique. Elle s'efface peu à peu dès le dix-neuvième siècle pour des raisons intrinsèquement historiques, nées de l'accélération et de la perception du changement, et l'historique s'intègre alors au philosophique comme exigence de retour sur soi de la nécessité de pensée. Mais la philosophie s'y perdra faute de pouvoir se refondamentaliser dans une articulation avec l'historique centrée sur le questionnement. Le renoncement de la philosophie à la philosophie première, acté dès Kant en un certain sens, consacrera la philosophie comme impossibilité de penser le principiel, et ce sera par l'historicité hégélienne que le principe de cette impossibilité trouvera sa crédibilité.

Le débat entre philosophie première et philosophie seconde ou dérivée renvoie à la différence entre métaphysique et physique, entre philosophie et science. L'idée sous-jacente est que la philosophie peut ne pas être première, alors qu'elle ne peut être autre chose que si elle est d'abord cela en tant que questionnement radical, orienté sur les premiers principes. Mais qu'est-elle quand elle oublie ou rejette ce souci de radicalité ? Elle se place sur le même terrain que l'ontologie scientifique, elle se spécialise dans l'une ou l'autre recherche particulière ; et là, elle est forcément perdante, parce que sa façon d'interroger apporte un type de réponses qui exclut la vérité indiscutable et l'efficacité technique corrélative. Même lorsqu'il s'agit de parler du sujet, la littérature parvient bien souvent mieux que la philosophie à faire ressortir le particulier et à suggérer ce qu'il exemplifie d'universel.

En somme, le débat mentionné plus haut débouche, qu'on veuille le voir ou non, sur la dissociation de la métaphysique et du philosophique, celui-ci prenant peu à peu le pas sur celle-là, cause affirmée de la stérilité de la «raison pure» dans la quête philosophique.

Sauverons-nous la philosophie par une telle amputation du métaphysique ? Rien n'est moins certain. Le dilemme, tel qu'il se pose depuis toujours, est insoluble, en raison même du modèle propositionnel. Ou bien la philosophie se range derrière la science pour se donner une efficacité exemplaire, et elle en calque la méthode sans pouvoir fondamentalement l'appliquer. Elle sera de toute façon seconde et subordonnée par rapport à la science, mais que pourra-t-elle dire que la science ne dit pas mieux par ailleurs ? On soutiendra peut-être qu'elle vise à expliciter les présupposés, les non-dits de la science. Quel sera le sens d'une telle entreprise ? La science se passe fort bien de tels résultats philosophiques qui, s'ils visent simplement à expliciter la scientificité comme telle, sont purement et simplement redondants et inutiles. Par contre, s'il s'agit de justifier le modèle scientifique de la raison comme seul *logos* signifiant, la démarche n'étant pas scientifique elle-même se réfute aussitôt. Le débat méta-théorique sur les fondements est donc toujours interne à la science. Ou bien, et c'est la seconde possibilité, la philosophie se démarque de la science, et la métaphysique sera leur différentielle ; elle sera la philosophie en tant qu'elle est hétérogène. Cette seconde version de la distinction entre philosophie et métaphysique est tout aussi intenable. Le modèle propositionnel de la raison voue le mode discursif de la métaphysique à l'échec, en tant que ce modèle norme toute discursivité possible. La métaphysique sera bien philosophie première mais *par rapport* à une discursivité qui, à elle seule, possède de manière optimale les vertus de ce que l'on attend de la discursivité en général. Elle fonde ce qui n'a pas besoin de fondation. Alors, que fonde-t-elle au juste ?

L'exigence principielle de la philosophie qui la définit ne doit pas être ramenée à un modèle dont elle ne rendrait pas compte, et qui, au contraire, la condamne. Il serait contradictoire de voir dans l'idée de principe le fondement des choses ou du discours sur ces choses, puisque cette idée elle-même présuppose un contenu non fondé à la notion de fondement, qu'elle orienterait sans l'avoir interrogée. Et si on l'interroge, on retombe sur la primauté de l'interrogation. Que le principe ait pu être conçu ontologiquement, par le biais du discours comme *ratio cognoscendi* ou du réel comme *ratio essendi,* est le fruit d'un propositionnalisme initial. En effet, il s'agit de justifier comme vraies un ensemble de propositions ne se soutenant que de la simple justifiabilité qui enchaîne les propositions les unes aux autres, où chacune est principe d'une autre.

C'est donc à l'intérieur de ce modèle propositionnel, qui fait de la justification la nature du *logos,* qu'on s'est «interrogé» sur les principes. Au lieu de procéder inversement, et de voir s'il est dans la nature de l'exigence principielle d'engendrer un tel *logos.*

C'est à ce renversement métaphysique de Platon et d'Aristote que s'emploie notre interrogation. La reconquête de la philosophie comme méta-physique qui définisse thématiquement celle-ci comme problématologie, et non plus comme au-delà de l'étant (physique), rend nécessaire une nouvelle théorisation du *logos.* Il s'agit d'ouvrir la pensée à un autre modèle, non de la justification, mais simplement de la rationalité. Donner des raisons, car c'est toujours cela que philosopher et opérer de façon critique, devient mettre en œuvre l'inférence problématologique, c'est-à-dire articuler un discours sur les questions qui en rendent compte. La science et sa méthode s'inscrivent alors comme modalité de cette inférence, et non plus comme seule possibilité ni comme mesure. Mais la modalisation de l'inférence appartient à la problématologie, et par là, on peut justement parler de fondation philosophique. Cette conceptualisation du scientifique exclut la concurrence et la monopolisation de la rationalité par la science. La résolution scientifique appartient à la théorie générale des problèmes mais s'y place de manière spécifique. Il ne sera dès lors plus permis de penser la science séparément, ni même, pour la science, de *se* penser séparément. La fondation philosophique ne consiste plus à ontologiser le principe sur lequel devrait s'appuyer la science, conduisant à voir celle-ci comme reposant sur la métaphysique en un «arbre de Descartes», avec, pour conséquence absurde mais inévitable, qu'un «athée ne peut être géomètre». On peut penser à Kant, car il inaugure ce qui sera le grand déchirement de la réflexion contemporaine. La fondation philosophique ne consiste plus, pour lui, à valider la science. En cela, on a pu voir dans la *Critique de la raison pure* un «point de départ dans l'instauration du fondement de la métaphysique» (Heidegger). Mais cette possibilité résulte d'une ambiguïté qui tient à l'attitude kantienne même. La science est un donné qu'il s'agit non de valider mais dont il faut déduire ce qui la rend valide. Cette déduction permet de régresser au fondement de la connaissance et de faire, en retour, de cette déduction, le modèle de toute connaissance possible. Telle est la signification de la méthode transcendantale : par la déduction du même nom, la philosophie capte la cognitivité qu'elle s'appliquera à elle-même pour ses progrès futurs. Qu'on le veuille ou non, la philosophie retire sa substance et les conditions de ce progrès de la scientificité qu'elle a analysée. Le passage obligé est l'épuration de la métaphysique. Aura-t-on une métaphysique nouvelle par le biais de son fondement ou, au contraire, un constat d'impossibilité? S'agit-il de la libérer enfin de l'emprise des référents de la science, de l'étant, et de lui donner un statut propre? Mais comment cela se fera-t-il à partir de la science elle-même? La métaphysique n'est-elle pas impossible du fait même qu'elle n'a pu exister que par la science dont elle doit, et dont elle ne peut, se démarquer? Une philosophie qui serait métaphysique n'est-elle pas impraticable, paradoxale, condamnée dès le départ au regard de la science, au niveau même du fondement de la méthode, qu'elle ne peut s'approprier tout en le devant? Telle quelle, la métaphysique est impossible : Kant lui ouvre-t-il un champ nouveau, un point de départ réel, lorsqu'il la dissocie de la science? Ou la condamne-t-il purement et simplement dans sa forme traditionnelle, au profit, non d'une ouverture sur son impensé traditionnel, qui serait l'Etre, mais d'une ouverture sur la science comme refondamentalisation et authentification à reprendre? Ne serait-ce pas plutôt cela que le «renversement copernicien», où l'allusion à la vraie science comme ontologie nouvelle prend le pas sur une prétendue vérité sous-jacente de la vieille ontologie? L'ambiguïté, comme je le disais, vient de ce que la métaphysique est possible si la science est possible : la possibilité de la science vient de la déduction transcendantale qui, comme telle, garantit l'objectivité de la démarche intellectuelle et sert de modèle à une possible métaphysique future. La déduction transcendantale est bien le lieu de la synthèse *a priori*, de la progression de l'esprit dans son unicité, par-delà toute science. Le fondement, chez Kant, est ce lieu transcendantal où se nouent les facultés pour engendrer cette synthèse qui devrait libérer la métaphysique de ses vieux «objets».

Chez Kant, la quête du fondement est, de son propre aveu, une problématique, mais une problématique encore vide, impensable autrement que par défaut par rapport à l'assertorique de la science. Ce que Kant appelle le problématique n'est pas une positivité mais une réalité en attente de justification, un manque, une faille peut-être structurelle; il s'agit d'une notion négative. Le fondement est ce qui est de l'ordre des facultés : il se déduit analytiquement, régressivement; et si cette déduction est le proprement philosophique, elle n'en tire pas moins sa force de la science dont elle extrait la substance. Le fondement se dégage ainsi d'un aller-retour opéré sur la science par la philosophie qui enracine les deux dans la capacité transcendantale, déductive et analytique de l'esprit.

Il n'empêche que la déduction ainsi conçue place le fondement dans un modèle justificatoire de la raison, d'où le «*quid juris?*», la question «de quel droit?», qui se trouve privilégiée et même, seule considérée. Que la métaphysique subisse le «renversement copernicien» en s'arrachant à la science qui l'inspire, plutôt qu'en la déduisant purement et simplement, un peu comme chez Descartes, révèle toujours le même rapport entre elles, et la capacité d'autonomisation de la métaphysique par rapport à la science est une réelle difficulté depuis et avec Kant. Cette situation est inévitable tant que l'on veut voir dans le fondement ce qui valide la science et justifie ses résultats, à répercuter ou non en philosophie.

L'héritage kantien sera lourd. D'une part, il marquera une philosophie dite scientifique, qui consiste à soutenir le modèle de la rationalité scientifique comme le seul valable. C'est la «métaphysique de l'entendement», si l'on n'a pas peur de la contradiction dans les termes. D'autre part, l'héritage kantien portera des fruits contraires en ce que l'on verra dans la métaphysique une philosophie dissociée de la scientificité, dont même pour Heidegger la tâche en est de rechercher les fondements impensés. Faute de problématologie, cette métaphysique reste ontologisante, et plutôt que d'affronter le propositionnalisme du modèle justificatoire, elle évitera le défi par l'appel, forcément infondé, au discours poétique. Cette soi-disant nouvelle métaphysique a beau distinguer l'Etre de *tout* ce que l'on a cru *étant* jusqu'alors, et qui est en réalité la même chose tout en *étant* différent, elle ne se définit pas moins comme néantisation ontologique, c'est-à-dire qu'elle se définit encore une fois, par rapport à ce qui n'est pas premier pour ne l'être que par complémentarité, comme si c'était possible de retrouver le fondamental comme le Rien de ce qui ne l'*est* pas.

Le prix que paie la philosophie première pour se modeler sur la justification, opérée ou non à partir de la synthèse des facultés humaines, est sa propre dissolution. L'ontologie négative de Heidegger, où « l'Etre est ce qui ne se dit pas », est ce Rien de ce qui est, en est la manifestation contemporaine. On retrouvera d'ailleurs ce nihilisme philosophique chez Wittgenstein (chapitre I).

Quand nous affirmons qu'il faut retrouver le sens du fondement, il faut entendre, d'une part, que la philosophie ne peut être que première, ou elle n'est pas; d'autre part, que si elle est telle, elle doit s'interroger sur ce qui est premier. Première veut dire ici qu'elle met en œuvre un questionnement radical sur ce qui est premier, non dans le souci de se rapporter à ce qui suit, mais dans l'ignorance totale, même, de ce qui peut suivre. Il ne s'agit plus de ramener cette quête à la science ou à quoi que ce soit d'autre. On pose la question de ce qui est premier comme tel, et comme question inaugurale, donc comme fin en soi. La philosophie est première pour l'unique raison qu'elle pose en premier la question de ce qui est premier, sans ramener le principe qu'elle mettra en évidence dans sa réponse à *ce dont* il est principe, à ce *par rapport* à quoi il se définirait comme principe. Et quoi de plus premier dans le questionnement de ce qui est premier que le questionnement même ? En douterait-on qu'on questionnerait encore.

Il n'y a ni modèle, ni secondarité qui sous-tendent l'interrogation : celle-ci est seule face à elle-même, pour ainsi dire, et c'est l'unique signification de la fondation philosophique. On est loin de l'idée traditionnelle de fondement, au sens où l'entend la méta-physique. Il n'y a plus de référence à une nature ou à un être qu'il s'agirait de fonder et d'un discours correspondant, adéquat, à légitimer. Le principe n'est plus le construit *a posteriori* d'une réalité qui, elle, serait au fond le primordial dans l'affaire de telle sorte que le principe deviendrait forcément « méta ». Redonner sens à la fondation philosophique n'est plus chercher le fondement *de quelque chose,* qui le déterminerait en conséquence, mais c'est accueillir le fondement comme question et à le poser en tant qu'il fait question. Question fondamentale puisqu'il n'y en a pas de plus première, et que l'on entreprend pour elle-même sans s'appuyer sur autre chose. L'interrogation est pratiquée dans son originaireté intrinsèque. Par là, le philosophique retrouve sa dignité propre, grâce à la thématisation *radicalement nouvelle* que la situation historique présente impose à la pensée. Le fondement est à interroger, et cette interrogation nécessaire suffit à en créer le sens. Certes, tout ce qui est mis en question n'accède pas pour autant à la signification philosophique, mais il est certain que si la philosophie veut parvenir à résoudre ses problèmes, il faut bien qu'elle s'interroge sur la problématisation, et plus particulièrement, sur les problèmes qui sont philosophiques. Ce qui renvoie, en retour, à la nécessité d'instaurer un *logos* fondé sur la différence question-réponse, et non sur l'indifférenciation propositionnaliste.

La spécificité du philosophique tient à la radicalité de son interrogation, et comme elle redevient première, la philosophie pose, comme question radicale, la seule qui soit conforme à cette exigence : la question radicale est question de ce qui est radical, et cela ne peut être que ce qui est radical dans cette question même. Ce qui est premier dans la quête du premier est l'interrogation qui en est faite. La philosophie première ne peut donc être pensée que comme problématologie. On pourrait dire qu'elle doit *se* penser plutôt qu'*être* pensée, car, par cette interrogation radicale qui se réfléchit dans sa fondamentalité, la philosophie prend pour objet sa propre pratique. Le dépassement qu'il incombe de faire faire à la philosophie, de l'intérieur, par elle-même, et sur elle-même, est forcément métaphysique. La pensée doit pouvoir s'assumer en tant qu'interpellation de son existence interne. Elle sera alors forcément fondatrice puisqu'elle ne dépendra de rien en posant sa première vérité comme vérité première. *De la problématologie,* donc, comme l'indique le premier élément de notre sous-titre, philosophie du philosophique. Pourquoi les autres rubriques, *science* et *langage*? D'abord parce qu'il importe de renverser le modèle propositionnel de la raison, et qu'on le trouve dans la théorie du langage et dans l'analyse de la science, l'une épaulant l'autre. La refondation problématologique exige un langage nouveau où l'assertorique dérive de la problématisation, et non l'inverse, un langage qui accorde l'existence au problématique au sein même des assertions qui l'expriment. Par là, on pourra restituer le philosophique par rapport au scientifique dans une rationalité plus large, qui montre la complémentarité et les différences, au lieu de traduire les rapports science-philosophie dans une discursivité conflictuelle, aux critères indéfendables.

De la problématologie, donc *philosophie, science* et *langage.* Il est grand temps de redonner à la philosophie sa fonction naturelle métaphysique, grâce à la conceptualisation problématologique, si l'on veut arriver à comprendre comment la pensée s'enracine et se développe. Il est grand temps d'abandonner les oppositions stériles de la philosophie qui, je l'ai dit plus haut, font partie de l'héritage kantien. Tant le positivisme que la métaphysique ontologique, rénovée par la différence de même nom, réfléchissent une contradiction aussi insurmontable qu'inadéquate, notamment entre science et philosophie, parce que les conceptions s'appuient toutes deux sur le modèle propositionnel; modèle autojustificatoire, parce que justificatoire, pour le positivisme qui, ainsi, se détruit comme philosophie; modèle-épouvantail pour la métaphysique de la différence ontologique qui, opérant encore sur le terrain de l'ontologisation, ne voit d'autre modèle de rationalité que la justification au sens assertif, et la repousse pour tomber dans l'irrationalisme comme seule alternative.

Accepterons-nous encore longtemps ce dilemme qui est un faux débat, qui ne livre que des fausses solutions en nous plaçant dans des alternatives impossibles, faute de repenser le philosophique à partir du fondamental qui en est la question fondamentale ? Science et métaphysique qui s'opposent sont mal pensées. La déchirure du philosophique en est la conséquence inéluctable, on l'a vu. Mais ce qui est mal pensé, à la base, est qu'il puisse y avoir opposition. Car cela signifie qu'on les compare au niveau des résultats. Cela est inévitable dès lors qu'on ne dispose pas d'autres outils intellectuels que ceux offerts par la philosophie de la justification, qui domine la pensée depuis Platon, une philosophie du résultat s'adresse à la proposition à vérifier parce que seul support de vérité. Comme il s'agit pour nous, ici, de se donner une nouvelle vision du *logos,* en même temps que du répondre qui rend possible le répondre *comme tel,* le langage et la réflexion doivent être investis et subvertis, au même titre que la scientificité doit être repensée dans sa rationalité, côte à côte avec celle de la philosophie et non en dehors. La philosophie sera alors réellement première, mais dans un sens nouveau, non cartésien et non kantien.

Or, la philosophie est actuellement plus problématique que jamais, minée qu'elle est par les déchirures intérieures autant que par les coups de boutoir des sciences environnantes, comme la psychanalyse, par exemple. La problématisation est l'expression positive de cet état de fait. Questionner le questionnement est une réponse à notre propre Histoire, une manière de l'assumer et de la poursuivre, donc de faire échec au nihilisme de tout bord qui est la solution facile et la moins philosophique. Si le questionnement est le seul point de départ possible, s'il est nécessairement cela en tant que réponse à la question fondamentale de ce qui est fondamental et dénué de présupposés, rien n'oblige, cependant à poser une telle question. Une réponse à l'Histoire est comme toute réponse : autonome par rapport au problème qui la génère et l'explique. On peut donc fort bien ne pas se livrer à la problématisation du problématisable, ne pas s'interroger sur l'interrogation. La philosophie est toujours l'expression de la liberté dans la mesure où elle se libère du conditionnement historique, et se crée ainsi une tradition *sui generis.* Mais si l'on *refuse* la quête du fondamental comme fondamentale, on tombe dans la contradiction. Car ce qui est fondamental lorsqu'on s'interroge sur ce qui est fondamental, et qui sera toujours présupposé par toute réponse, est le fait que l'on interroge. On peut alors se demander si cela a un sens de rechercher le principiel, et même récuser la démarche. Là encore, ce qui se passe fondamentalement est que l'on pose une question, et que l'on vérifie en cela une fondamentalité que l'on nie ou que l'on met seulement à l'épreuve. A la question «pourquoi rechercher le principiel?», qui sous-entend la vacuité d'un tel problème, on ne peut que répondre qu'en se la posant, on la résout déjà puisque l'on pose le principiel comme faisant question. On pourra encore dire que le principiel est un leurre métaphysique auquel la philosophie contemporaine et future se doit de renoncer une fois pour toutes. Comme on renonce au non-sens. Mais ne sommes-nous pas ici aussi en présence d'une position de principe, sinon même d'une pétition de principe, qui a pour conséquence que l'on répond toujours à la question de l'originaire, fût-ce indirectement, en ne la posant pas? Ne présuppose-t-on pas, de la sorte, ce qui fait sens, ou davantage encore, que l'originaire est tranché à l'intérieur d'une théorie forcément plus fondamentale sur le sens et le non-sens qui ferait sens originairement par rapport à lui? A la limite, on peut soutenir que l'affirmation sur le non-sens de la question de l'originaire, outre qu'elle renvoie à une conception des questions qui présentent une signification par opposition à celles qui en sont dépourvues, n'a elle-même aucun sens, par pure contradiction interne, puisqu'elle tranche la question malgré elle. Elle se détruit du seul fait qu'elle est posée, et même en ne la posant pas, elle trouve réponse, ce qui peut apparaître paradoxal, mais ne l'est qu'en surface dans la mesure où ne pas la poser est déjà y répondre, se prononcer sur elle en quelque manière. Reste alors l'ultime recours au langage qui ne peut affronter le paradoxe et l'exprime tel quel, langage de la «trace» ou de la «présence absente», dont on sait qu'il permet à ses tenants d'affirmer n'importe quoi puisqu'il s'interdit d'être pris littéralement pour ce qu'il dit.

En somme, la question de l'originaire se trouve à l'origine de toute démarche intellectuelle, fût-ce à l'état de présupposé. Si l'on peut faire l'économie de la poser, pour aller de l'avant, comme c'est bien souvent le cas en science par exemple, il n'empêche qu'on peut reconstruire les présupposés organisateurs des conduites et des mécanismes de pensée des autres, même de l'extérieur, en surplomb par rapport à eux.

Ce que l'on est en droit de contester est que la philosophie puisse procéder de la sorte, et décider de la question de l'originaire sans la poser, par ses seules réponses, comme la science ou l'action l'exigent par simple souci d'efficience plus que par impossibilité *a priori*. Allons plus loin: puisque cette question de l'originaire est à l'origine de toute réponse possible, il est inévitable qu'on la pose, même si de fait ou de droit, on le nie. D'où notre attitude qui consiste à la rendre explicite comme telle. Mais ce qui n'est pas moins contestable est que l'on peut toujours ne pas la poser *explicitement,* c'est-à-dire *se* la poser. Il y a là une liberté incontournable, qui est aussi le propre du questionnement. On peut ne pas prendre en compte la problématisation du discours philosophique dans sa possibilité même, et autonomiser le philosophique de l'historicité qui le caractérise par autorefoulement. Une démarche philosophique *pure* en découle mais ne semble plus tenable aujourd'hui, tout en étant intrinsèquement, philosophiquement, *possible,* sans contradiction aucune. Philosopher est créer, est mettre en œuvre un acte autonome, parce que libre. Le questionnement philosophique à l'œuvre dans les réponses qui en résultent, puisqu'elles sont problématologiques, débouche sur la pluralité compatible. Mais il y a perte de pensée si la nécessité de la réponse sur l'origine comme affirmation du questionnement ne réfléchit pas la liberté de sa naissance. Cette synthèse de la nécessité et de la liberté se rapporte en réalité au théorique et à l'historique respectivement. Car c'est le théorique qui conditionne, non l'historique, qui peut toujours ne pas être pris en charge dans les structures théoriques. L'historique ne devient pensable dans son conditionnement que si l'on voit qu'il pose des alternatives, ce qui signifie des questions, qui permettent au moins deux lectures opposées (la réponse) en plus de la non-prise en charge de la question elle-même, ce qui est encore une manière d'y répondre. Le paradoxe d'une Histoire qui instaure des chaînes de causalité par la liberté d'y réagir négativement ne se résout qu'en termes de questionnement. Si l'on voit qu'on est libre de répondre aux problèmes de l'Histoire, à l'Histoire *comme problème,* on réalise cependant l'Histoire effective, on l'effectue encore, dans la liberté que l'on manifeste à son égard. Bref, l'Histoire sollicite de nous une réponse et les problématiques qu'elle nous impose sont vécues comme possibilité de ne pas les poser, de les déplacer ou de les nier dans le théorique qui, cependant, y répond encore ce faisant. Car le rapport problème-solution est tel que l'on a cette possibilité de ne pas se poser le problème et que, ce faisant, on y répond: la nécessité interne à toute problématisation contient en elle la liberté de ne pas la réfléchir. On ne peut affirmer notre philosopher comme seul possible, ni comme *devant* être entrepris, mais il est nécessairement, en tant qu'expression de la liberté, celui qui pense et explicite le philosopher dans cette possibilité plurielle même. L'historicité est recouvrée dans ce qu'elle permet, donc impose, dans le détachement des résultats théoriques à partir du *possible* qui caractérise l'effectivité de l'Histoire. Le transcendantal n'est jamais qu'une négation historique de l'historicité du pensable. L'historicité ainsi traduite est le refoulement de l'Histoire, ce qui veut dire que le théorique émerge *comme tel*. L'autonomisation des réponses qui se nient telles en affirmant ce qu'elles affirment, c'est-à-dire *autre chose*, est l'historicité, la structure interne du questionnement. Celui-ci apparaît alors autonome, non historicisé, et l'Histoire lui devient extérieure, dans la structuration interne qu'il doit mettre en œuvre pour *être*.

Le fait de ne pas se livrer à la problématologie, de ne pas penser la pensée comme différence question-réponse, est un fait de l'Histoire, et même lorsque celle-ci rend une telle problématisation nécessaire, cette nécessité n'est que théorique car, historiquement, l'alternative demeure et le non-penser problématologique, ou le penser a-problématologique, est toujours possible. Mais cette possibilité-là n'est pensable que problématologiquement, car le possible n'est pas une catégorie autonome. C'est le répondre même qui définit le possible comme alternative, comme choix, comme pluralité libre. Le possible est au théorique ce que la liberté est à l'historique. Dans la négation de la philosophie comme problématologie, il y a la liberté même de questionner comme l'on veut qui se trouve mise en œuvre, et par là, ce qu'affirme la problématologie quant au questionnement se trouve toujours vérifié. Que le philosophe décide, et *puisse* décider, de ne pas questionner le questionnement, se révèle nécessairement comme possible lorsque l'on questionne, mais notre philosophe confirme par là ce qu'il ignore ou dit nier.

L'embarras de la contemporanéité sur ce qu'il faut entendre par un problème philosophique, sur la tâche même de la pensée, qui fait l'objet de notre premier chapitre, nous incite à rechercher un point d'appui par où aborder la notion de problème. On retombe ce faisant sur l'idée de la méthode en philosophie. Quelle est la valeur de la méthode en une discipline comme la métaphysique ? S'il s'agit de montrer que tous les points de départ n'ont pas même statut, cela a été fait par la position du questionnement. S'il s'agit de concevoir le questionnement à partir d'un cheminement externe, calqué, par exemple, sur les sciences, cela ne se peut plus. La vue nouvelle que nous avons défendue à propos des rapports entre science et philosophie, n'est pas un point de départ, lui aussi externe, mais une conséquence de quelque chose de plus profond, qu'il nous faut reprendre et développer ici au sujet de la nécessité ou de la non-nécessité de la méthode.

La question est vaste, et nous la retrouverons plus tard quand nous parlerons plus spécifiquement de la science. Mais une chose est sûre : le rapport entre philosophie et méthode introduit une circularité dans le raisonnement que l'on ne peut accepter. En gros, on peut dire que, pour résoudre un problème philosophique, il faut une méthode, mais pour justifier le choix de cette méthode, sinon ses premiers principes, il faut une métaphysique, un principe ultime qui la fonde en l'exemplifiant. On pense ici à Descartes qui, de la science et de la méthode, est passé à la métaphysique. L'ennui est que pour arriver au premier principe de cette métaphysique, il faut déjà une méthode d'inférence, ne parlons même pas de déduction. D'où la scission entre l'analyse, qui règle la méthode permettant d'aboutir au premier principe, le *Cogito*, et la synthèse, qui est constitutive. Plusieurs conséquences selon moi inacceptables, en découlent. La méthode est une et indivisible, ce qui peut être déduit analytiquement doit pouvoir être exposé synthétiquement. On le voit bien dans les *Secondes Réponses aux Objections* chez Descartes. Cela signifie que ce que l'on voulait différencier ne peut l'être que de façon inessentielle et que la métaphysique présuppose la méthode qu'elle est supposée fonder. La scission du métaphysique et du méthodique est un procédé rhétorique pour démarquer ce qui ne peut l'être. Spinoza et Hegel ensuite, condamneront cette scission et soutiendront que la méthode doit tomber à l'intérieur de la métaphysique, et ne plus être conçue comme un simple moyen pour arriver à une fin autonome. Mais le concept de méthode a-t-il même un sens en philosophie?

Il y a plus: le premier principe métaphysique, le *Cogito* donc, dans le cas que nous considérons, n'est premier que par acceptation de l'indépendance du métaphysique par rapport à la méthode. Or, on aboutit à ce principe grâce à la méthode. La philosophie *première* se situe encore une fois à l'intérieur d'un domaine où ce qui *suit* la définit, la garantit. La méthode est méthode scientifique, elle démarque le vrai du faux par la chaîne des raisons qui justifient l'un en éliminant l'autre. C'est la science qui définit l'ontologiquement premier, via l'entendement divin qui vient doubler le *Cogito*, même si le principe du *Cogito* est méthodologiquement premier, il l'est comme un point d'arrêt à une *perspective* qui, elle seule, compte en définitive. Chez Descartes, c'est l'exigence de méthode, donc la science, qui commande la (ou une) métaphysique: celle-ci n'est pas entreprise indépendamment.

Comme la méthode ne peut s'autojustifier, et que la métaphysique qui doit pouvoir le faire n'y arrive que circulairement, au prix d'une subordination ontologique à la scientificité à établir (Descartes) ou déjà acceptée (Kant), un tel concept ne peut retenir désormais une philosophie authentiquement *première*, qui refuse de s'instaurer sur la simple dénégation de secondarité laquelle, en fait, la sous-tend traditionnellement. On récusera l'inféodation «méta».

Ayant rejeté l'idée d'une méthode en philosophie, reste la question du point de vue qui va permettre de traiter les questions posées. Problème éminemment problématologique.

Reprenons notre démarche, afin de dégager ce qui peut satisfaire l'exigence méthodologique dans une philosophie authentiquement première, exigence qui est bien plutôt un substitut à la notion, classique depuis Descartes, de méthode.

Si l'on pose la question de l'originaire au fondement même de toute interrogation, la réponse première qui est la seule possible, qui résulte apodictiquement, est l'affirmation du questionnement comme originaire. Toute autre *réponse* se détruirait d'elle-même. Par le fait de questionner le questionnement surgit le hors-question qui déclare ce questionnement pour ce qu'il est. Le *fait* de poser la question explicitement nous donne accès à son dépassement, à ce qui la supprime. En conséquence, nous progressons. Cette *méthode* pour passer de la question au hors-question, comme la réflexion *explicitante* de la question, instaure la réponse, et l'on retrouvera cette procédure tout au long de l'histoire de la philosophie. Chez Descartes, bien sûr, comme nous le verrons, mais aussi, autre exemple, chez Hegel. Il importe peu ici de savoir si la réponse préserve la question qu'elle dépasse ou non. Cette «méthode», je l'ai dit, ne sera pas pensée comme telle, puisqu'elle n'a d'autre condition minimale et unique que la différenciation de ce qui fait question et de la réponse. Il y aura donc dérivation du «méthodologique» en ce que l'on a classiquement compris comme méthode : la délimitation et la justification du vrai comme tel. Nous aurons l'occasion d'étudier ce glissement plus loin également. Ce qui est frappant est que le mode d'inférence problématologique, bien que pratiqué, sera théorisé selon le modèle dénaturant de la méthode qui, à ce titre, ne laisse aucune place à cette *différence problématologique,* la différence question-réponse. Il y aura donc écart entre la théorie et la pratique, avec toutes les difficultés que cela posera pour percevoir adéquatement le mécanisme spécifique de l'inférence philosophique, rabattue inadéquatement sur un autre type de déduction qu'elle est censée fonder, mais qui se trouve néanmoins différenciée au niveau du *fait,* par exemple dans les *Méditations.*

La différence problématologique est le critère nécessaire et suffisant parce qu'il spécifie que l'on n'est plus dans le problématique, lequel est reconnaissable comme tel, et qu'on peut le démarquer de la réponse, que l'on peut aussi repérer, *par différence à l'intérieur d'une même démarche.*

Quelle est alors la question à poser, au lieu de celle de la « méthode » ? Comment fonctionne la différence problématologique, en philosophie certes, mais aussi dans les autres activités intellectuelles, donc en science ? Si, en philosophie, la réponse découle du *fait* qu'on se pose la question, cela n'est plus vrai en science, où la réponse, au contraire, se détache de la question, car le but de la résolution n'est pas de problématiser quelque chose, mais de supprimer toute problématisation à propos de ce quelque chose. Le passage de la question à la réponse ne se suffisant pas de la formulation de ce problème, ce passage requiert des chaînons intermédiaires et cela constitue à proprement parler la méthodologie des sciences. Faute d'établir cette distinction, la déduction transcendantale chez Kant, par exemple, sera jugée à l'étalon de la déduction scientifique, et elle sera vue comme circulaire et ne prouvant rien du tout, et elle ne sera pas conforme à ce que l'on entend habituellement par déduction. Alors qu'elle l'est en tant qu'inférence problématologique, comme il sera dit ultérieurement. Ou alors elle sera incomprise dans sa philosophicité, même si celle-ci est admise parce que l'on a dit que Kant était « un grand philosophe ». Pour bien l'entendre, il faut penser cette déduction problématologiquement. La déduction transcendantale n'est pas une vraie déduction au sens logico-scientifique du terme, mais Kant n'a pas d'autre conceptualisation, sans que cela empêche qu'elle soit une inférence juste en ce qu'elle instaure une différenciation problématologique qu'elle ne pense pas.

A cette différenciation, je préfère associer le terme de rigueur plutôt que celui de méthode. La philosophie n'a pas l'expérience pour se contrôler, comme les sciences de la nature, ni, à défaut, la formalisation pour s'assurer du vrai et éliminer le faux, malgré les promesses illusoires du dix-septième siècle. Que lui reste-t-il sinon la nécessité de se doter de sa propre nécessité, non arbitrairement mais en mettant en œuvre dès le point de départ la nécessité de son point de départ ? En plaçant ainsi les cartes sur la table, elle offre à ceux qui veulent entrer dans le jeu la liste des règles, et du même coup, elle montre que même lorsqu'il n'est pas joué, cela fait partie des possibles de ce jeu, tout comme les autres jeux dérivent leurs règles propres de la nécessité, philosophiquement établie et première, d'en avoir.

Chapitre I
Qu'est-ce qu'un problème philosophique?

1. Le nihilisme intellectuel et l'époque contemporaine

La méfiance et le scepticisme à l'égard de la philosophie, nourris de l'intérieur comme de l'extérieur, auront été une des grandes caractéristiques de la pensée du vingtième siècle.

Le doute professé à l'encontre de ses capacités de résolution s'est ajouté à l'habituel cortège de critiques concernant son utilité, cortège dont les participants sont d'autant plus éclairés qu'ils sont plus nombreux à venir des «Facultés», où même là, tout s'instrumentalise, se fonctionnalise. Le triomphe de la pensée analytique qui découpe ses objets pour mieux les appréhender est forcément non philosophique. Il y a bien quelques savants qui réfléchissent sur la science d'un point de vue philosophique. Mais ils oublient le plus souvent que leur point de vue s'enracine dans la lecture particulière de leur propre discipline, quand ils s'efforcent de faire passer pour générales des considérations sur la science qui ne sont qu'arbitraires dans l'ancrage et limitées dans la validité.

Quoi qu'il en soit, on peut affirmer sans se tromper que l'attaque contre la philosophie, sceptique ou dogmatique, n'est pas nouvelle. Remarquons toutefois, au passage, que les sociétés qui se sont acharnées dans le *dénigrement philosophique* l'ont fait chaque fois en période de déclin. La raison en est simple : l'abandon de la pensée critique et rationnelle, qui pousse les individus dans les bras de nouvelles religions et de sectes diverses, se nourrit de la déstructuration de la pensée sous toutes ses formes et de la vie qu'elle exprime.

Le rejet de la philosophie a rarement été autre chose que l'indice de la décadence, dans la mesure où se manifeste par là un scepticisme grandissant pour la systématicité, en l'occurrence celle du pensable. Mais la fragmentation anticipe des déchirures bien plus grandes, impliquant une recherche compensatoire d'intuitions visionnaires, infondées, avant de déboucher purement et simplement sur l'obscurantisme et le culte du charlatanisme intellectuel.

Est-ce là ce qui se passe aujourd'hui ? Certes, la philosophie a toujours dû affronter les scepticismes de tout genre. On peut donc dire qu'il s'agit là d'une nouvelle version d'une vieille histoire. Nous laisserons le soin au lecteur de trancher la question, que l'Histoire résoudra de toute façon.

En quoi peut-on parler d'une situation particulière *contemporaine*?

L'histoire des idées illustre une incapacité croissante de la philosophie face au développement prodigieux des sciences depuis la fin du siècle passé. On a sans doute les sciences de la nature présentes à l'esprit mais ce n'est pas d'elles qu'est venue l'offensive la plus forte. La constitution des sciences humaines s'est faite en mordant sur les problématiques traditionnelles de la philosophie, alors que les autres sciences s'étaient autonomisées depuis bien plus longtemps.

La philosophie s'est fait déposséder du sujet, donc de son fondement, avec Marx et Freud. Comment le sujet serait-il fondateur lorsque tout parle à travers lui, et qu'il est aliéné par rapport à lui-même au niveau de ses pulsions et de ses intérêts ? Avec Nietzsche, ce sont les valeurs mêmes qui se voient déracinées. La littérature a thématisé le problème, la philosophie n'a pas su le résoudre. Tout le fictionnel post-romantique consacre l'éclatement du sujet, donc de la forme stabilisante et unifiante qu'il impose au monde. Les grandes créations formelles après Proust actent l'impossibilité du sujet à s'assurer un point de vue privilégié qu'il croit cependant assumer dans la quotidienneté par le langage de tous les jours. Avec l'idéologisation de la discursivité, la philosophie elle-même a sombré dans le soupçon. Mais avec l'effondrement des idéologies, il n'est plus rien resté de la philosophie, si ce n'est une fonction critique, squelettique et défensive, bref, sceptique. Qu'il y ait prééminence de l'idéologie, ou au contraire rejet, la philosophie est condamnée dans un cas comme dans l'autre, étant toujours du mauvais côté.

Que l'on ne s'étonne pas que les sciences dites humaines se soient substituées, comme positivité, à la philosophie. Le discours, faible, de la conscience est devenu science de l'inconscient, tout comme le discours idéaliste intégrant l'histoire s'est mué en sociologie, en science du passé et en économie dès les *Manuscrits de 1844*.

La philosophie elle-même n'a pu que se penser comme étant entièrement remise en question ou à tout le moins, comme incapable de résoudre par elle-même ses propres problèmes. Avec le développement des machines logiques, on peut d'ailleurs se demander si le raisonnement est même appréhendable en dehors du mathématisable, et si la pensée humaine peut être encore du ressort de la philosophie.

Voilà pourquoi les philosophes du début du siècle se sont interrogés sur les possibilités de la philosophie, sur ce qu'elle pouvait dire et ne pas dire (Wittgenstein), sur sa fin nécessaire comme consécration du silence.

La réflexion de Heidegger est exemplaire à cet égard.

2. La question de l'Etre ou le pensable impossible

A quoi correspond historiquement la pensée de Heidegger?

Elle représente sans conteste une étape supplémentaire dans l'auto-problématisation, mais une problématisation qui, encore une fois, ne pouvait se réfléchir comme telle. Toutefois, le vocabulaire de l'interrogation s'y trouve plus omniprésent que jamais, ce qui prouve bien l'historialité croissante du problématologique au vingtième siècle. Qu'est-ce qui a empêché Heidegger de le conceptualiser? On pourrait répondre que c'est le souci ontologique qui en traduit la condition d'impossibilité, avec sa conséquence inévitable, la critique de la science, critique qui fonctionne *a priori* comme présupposé de dérivalisation.

Une telle lecture présente malgré tout une certaine superficialité, en ce qu'elle ne prend pas en compte ce que Heidegger offre de spécifique au niveau même de l'ontologisation du philosophique.

Traditionnellement, l'ontologie pose la question de tout ce qui est, donc du Tout. Ce qui est, et que cela soit ce que cela est, la science nous le dit. Le recul ontologique s'est opéré au niveau du Tout: on s'interroge sur Tout ce qui est, en tant que le Tout n'est pas quelque chose qui est comme simple élément du Tout. Cette différence est différence ontologique : pour appréhender le Tout, il faut pouvoir le délimiter, et comme en dehors du Tout, il n'y a rien, le Néant se révèle le lieu unique de possibilisation du métaphysique comme tel. La renonciation à l'étant, à « ce qui est » dans la proposition « Tout ce qui est » équivaut à mettre l'accent sur le Tout comme néant de l'être, ou plus exactement, puisque le néant est, sur le néant comme néant de l'*étant,* lequel est le différencié de l'Etre comme Tout de ce qui est. Il y a plus dans cette attitude : si rien n'est sans raison, le Rien échappe à la raison puisque seul ce qui est a une raison. La nouvelle métaphysique renvoie au Tout comme tombant en dehors de la rationalité propre à l'étant, rationalité qui est, bien sûr, celle de la science.

Ce qu'il importe de voir est que Heidegger symbolise une radicalisation de l'interrogation métaphysique à une époque où la science semble la rendre plus impossible que jamais. La question du Tout (ce qui est) va se différencier de la question de ce qui est, et le Tout va acquérir un statut ontologique différent. C'est parce que Heidegger voit le défi en termes de différence ontologique que ce qui aurait pu devenir philosophie du questionnement va n'être que questionnement (impensé comme tel) de la philosophie. On peut douter que le fait de déconstruire la métaphysique permette d'instaurer un nouveau langage, décentré par rapport à l'étant et arrivant à dire l'Etre. Ce langage nouveau aurait dû naître de la question sur le langage prise pour elle-même, au lieu d'être rabattue, comme elle l'a été chez Heidegger, sur le poétique ou sur la simple déconstruction historicisée du métaphysique. Voilà pourquoi, qu'on l'accepte ou non, la philosophie de Heidegger ne pouvait que déboucher sur le silence et le mutisme face à l'essentiel, comme il le reconnaît lui-même. « Le dire conceptuel le plus élevé consiste à ne pas simplement taire dans le dire ce qui est proprement à dire, mais à le dire de telle sorte qu'il soit nommé dans le non-dire : le *dire* de la pensée est un *taire* explicite. Ce dire-là correspond aussi à la plus profonde essence du langage, lequel découle du silence. En tant qu'explicite tacitement — un taciturne explicite — le penseur, à sa manière et selon son espèce, passe au rang du poète, dont il demeure éternellement séparé »[1]. L'impossibilité d'aboutir, chez Heidegger, est tout entière dans ces lignes : le penseur est poète et ne l'est pas, il doit abandonner son langage traditionnel mais ne le peut, d'où l'ultime solution du silence comme essence du langage, propre à exprimer l'essentiel comme non-dire. En un certain sens, l'Etre comme pensable impossible se trouve déjà acté comme tel dans *Sein und Zeit* : « étant est tout ce dont nous parlons, tout ce à quoi nous pensons »[2]. Il en résulte forcément que l'Etre est indicible, et sur ce point à tout le moins, Heidegger ne variera pas.

Plus que tout autre, peut-être, Heidegger a parlé du questionnement et l'on s'y est bien souvent trompé : il ne l'a pas réellement pensé et il l'a rabattu dès *Sein und Zeit* sur autre chose, conformément à la « tradition métaphysique » qu'il n'a cessé de vouloir dépasser par son questionnement précisément. Des passages comme ceux-ci sont trompeurs : « Par le degré chaque fois librement choisi de la liberté de savoir, c'est-à-dire par l'inexorabilité du *questionner*, un peuple se fixe toujours lui-même le rang de son être-là. Les Grecs voyaient dans le pouvoir de questionner toute la noblesse de leur *Dasein*; leur pouvoir de questionner leur étant la mesure de leur délimitation d'avec ceux qui ne pouvaient ni ne voulaient questionner. Ceux-là, ils les appelaient des Barbares[3] ».

Heidegger défend le questionnement, lui donne un rôle important mais en rien fondamental, dans le sens le plus littéral du terme. Ou plutôt : le questionnement est fondamental, ce qu'il lui faut bien reconnaître une fois qu'il en parle, pour autant qu'il signifie autre chose. Que signifie-t-il alors, si ce n'est le fait qu'en l'interrogeant, il va nous faire entrevoir ce qui est fondamental, et qui est autre chose que lui ? Va-t-on questionner le questionnement, et questionner ensuite cette question, cela indéfiniment, donc stérilement, pour arriver en fin de compte à cet autre chose ? On pourrait le croire, mais on raterait ce qui conduit l'interrogation, à savoir ce qui lui donne *sens*. La question conductrice à l'autre chose de l'interrogation doit être interrogée en ce qu'elle révèle cet autre chose, et non en tant qu'elle nous renseigne sur le questionnement, lequel n'est qu'accessoire. « Le développement de la question conductrice, et cela d'autant plus quand il est exposé de façon aussi 'schématique' que maintenant, suscite facilement le soupçon que l'on ne ferait ici rien d'autre que s'interroger sur le fait de s'interroger. S'interroger sur l'interrogation même, voilà qui pour la saine raison est de toute évidence quelque chose de malsain, de guindé, peut-être même d'absurde, et par conséquent (...) comme c'est le cas dans la question conductrice, un pur égarement. Pareille interrogation sur l'interrogation est, en tant que comportement, qu'attitude, absolument contraire à la vie, une façon de se torturer soi-même, égocentrique, nihiliste, et quelles que soient les épithètes gratuites qu'on veuille lui donner. Que le développement de la question conductrice ne semble être qu'une interrogation illimitée sur l'interrogation, cette apparence-là subsiste en effet. Que, d'autre part, s'interroger sur le fait de s'interroger paraisse absolument de l'égarement et de l'emphase, cette apparence aussi est indéniable. Toutefois, au risque de constater que quelques-uns seulement, sinon personne, auraient le courage et la force de penser nécessaires pour s'interroger au travers du développement de la question conductrice, et ainsi se heurter à quelque chose de tout autre qu'à une question spécieusement posée comme question, née d'une prétendue emphase, nous dessinerons ici, aussi brièvement qu'il se peut, la structure de la question conductrice »[4].

Cette structure est forcément triadique : il s'agit d'interroger l'autre chose de l'interrogation, la chose en tant qu'elle est interrogeable, à savoir l'étant. Mais on l'interroge en tant qu'il est quelque chose (et non pas rien), donc on l'interroge sur son être, ce qui fait qu'on peut l'interroger. Quant au but, il est de savoir, en interrogeant l'étant sur ce qui fait qu'il est questionnable, son être, ce qui rend une telle interrogation essentielle, fondamentale, ce qui lui donne son sens. D'où la division que Heidegger présente, sans justification, de la question de l'Etre dans *Sein und Zeit,* où il semble être hors de question d'une question, quelle qu'elle soit, ait un *Befragtes,* un *Erfragtes* et un *Gefragtes*: «Toute question, dit-il[5], a, en tant que telle, un objet dont elle s'enquiert : ce qui est *demandé (Gefragtes).* Demander est toujours, en quelque manière, adresser une question à quelque chose. Toute question comporte, outre ce qui est demandé, un objet *interrogé (Befragtes).* Si la question a un caractère de recherche proprement théorique, ce qui est demandé devra être déterminé, c'est-à-dire élevé au niveau du concept. Ce qui est demandé, en tant qu'il fournit une intention et une fin à la question, est donc un objet *questionné (Erfragte)* ». Le sens de l'Etre est l'*Erfragte,* tandis que l'étant est le *Befragte,* et l'Etre, le *Gefragte.* L'interrogation porte sur l'étant quant à son être, mais on doit s'interroger sur les raisons de cette interrogation, sur ce pour quoi on s'y livre, sur ce qu'elle signifie. Cette attitude implique un au-delà de l'interrogation qui se réfléchit, un au-delà qui la fonde et l'explique. Ce sera le *Dasein* et ensuite la lecture historique de la philosophie comme «destin de l'Etre». L'Histoire est lecture de l'Etre au travers de ses révélations secrètes. C'est elle qui donne sens, qui rend possible une interrogation ontologique quelconque, parce que poser la question de l'Etre se fait toujours avec la marque de l'Histoire, et c'est elle qui rend possible l'interrogation sur l'interrogation ontologique comme déconstruction du retrait. Ce qui est frappant, dans les deux cas, est que la question de l'Etre n'amène pas Heidegger à s'interroger sur l'être de la question, mais à s'interroger, dans le premier cas, sur l'être par lequel une telle interrogation advient et qui, à ce titre, diffère de tout autre étant. Le sens de l'Etre réside dans ce qui rend possible une interrogation sur l'Etre, et ce qui rend cela possible est l'étant qui peut questionner l'Etre, donc l'homme. L'homme (le *Dasein*) est alors interrogé, non tant qu'il interroge, mais en tant que par cette interrogation se trouve révélée une relation privilégiée et *multiple* à l'Etre, dont le questionnement, je le répète, n'est qu'un signe ou qu'une modalité. La possibilité de la question de l'Etre n'est pas à chercher dans sa nature intrinsèque de question mais dans la nature intrinsèque de celui qui la pose, et par là, montre un retrait et une compréhension de ce qui est à capter, une inauthenticité et une authenticité dont les structures sont plurielles. D'où l'*analytique du Dasein* qui décompose les modalisations authentiques et inauthentiques en une multitude d'existentiaux avec lesquels le questionnement n'a pas grand-chose à voir. La preuve en est, d'ailleurs, que la question de l'Etre n'est en rien différente de la question de l'étant, la question conductrice comme dit Heidegger, puisque la structure de toute question est la même, indifféremment: *Befragte - Gefragte - Erfragte*. Si la relation à l'Etre de l'étant, fondée sur la différence des deux, s'enracinait dans le questionnement, celui-ci devrait traduire la différence au niveau même de l'interrogation. Or, questionner l'Etre, ou l'Etant, c'est, en termes de questionnement, indifférent. On savait la question de l'Etre fondamentale, on la découvre maintenant présente dans toute question rendant encore les questions davantage impropres à différencier ce qui se joue ailleurs. «En tant qu'elle est la question la plus vaste et la plus profonde, elle est la plus originaire, et réciproquement. En ce triple sens, la question est la première selon le rang, et ce rang ici se réfère à la hiérarchie du questionner à l'intérieur du domaine que cette question ouvre et fonde en en donnant la dimension. Notre question est la *question* de toutes les questions véritables, c'est-à-dire qui se fondent sur elles-mêmes, et qu'on s'en rende compte ou non, elle est nécessairement co-demandée (*mit-gefragt*) en toute question. Aucun questionner — ni par suite le moindre «problème» scientifique — ne se comprend soi-même s'il ne saisit pas la question de toutes les questions, c'est-à-dire ne la demande pas»[6].

La démonstration de Heidegger n'est pas très convaincante. Après tout, dire que la question de l'Etre est ontologiquement première[7], puisqu'elle ne l'est pas ontiquement[8], revient simplement à signaler que la question de l'Etre vient en premier lorsqu'on s'interroge sur l'Etre, car telle est la définition de l'ontologique: il est ce qui est de l'ordre de l'Etre. Si toute question renvoie à une question sur ce qui *est,* celle-ci est forcément première quand on considère comme premier ce qui *est,* et comme *devant* être interrogé. «Heidegger, dit Ortega y Gasset, enfle à l'extrême le concept d'être. Sa formule 'l'homme s'est toujours interrogé au sujet de l'être' ou 'l'homme *est* interrogation au sujet de l'être', n'a de sens que si nous entendons par être tout ce au sujet de quoi l'homme s'interroge, si nous faisons de l'être la bonne à tout faire, le concept omnibus (...) Personne n'a vu clairement quelle diable de chose est l'être. Et c'est parce qu'il ne l'a pas vu que Heidegger a enflé, gonflé le concept et l'a étendu à toute chose ultime au sujet de laquelle l'homme s'interroge. Il en résulte que l'homme n'*est* interrogation sur l'être que si l'on entend pas être tout ce sur quoi l'homme s'interroge de façon totale. Ce n'est plus alors qu'un simple problème de vocabulaire, et non pas le programme annoncé par Heidegger: on peut bien dire que la promesse n'est pas tenue»[9]. Ce que Ortega y Gasset affirmait dès 1958 s'est confirmé par la suite. Mais dès l'*Introduction à la métaphysique* de 1935, parue en 1952, on peut repérer le glissement du *Dasein* à l'histoire de l'Etre. Il y est dit à peu près la même chose que dans le *Nietzsche*. La question de l'Etre comme *sens* de l'interrogation pousse le philosophe à s'interroger sur cette interrogation même qui «apparaît extérieurement et de prime abord, comme une répétition, qui n'est qu'un jeu et peut se poursuivre à l'infini (...), elle apparaît comme une vaine spéculation prétentieuse et vide sur des significations verbales et sans contenu. A coup sûr, les choses apparaissent ainsi. La question est seulement de savoir si nous voulons être victimes de cette banale évidence à bon marché (...) Il faut (...) que ceci soit bien clair entre nous: il n'est jamais possible de décider objectivement si quelqu'un demande réellement cette question, si nous-mêmes la demandons réellement, (...), ou si au contraire nous n'arrivons pas à nous élever au-dessus de la simple formulation (*Introduction à la métaphysique,* pp. 17-19). Mais il ajoute que le saut dans l'interrogation réelle est de l'ordre de l'historique. Voilà l'Histoire qui surgit et fait surgir l'Etre, dont le *Dasein* ne sera plus que le témoin du retrait qui se dévoile. Questionner devient écouter l'Etre, le silence de cette écoute s'historialise par des questionnements qui le révèle comme essence. «Que ce n'est pas questionner, qui est le propre de la pensée, mais: prêter l'oreille à la parole où se promet ce qui devra venir en la question (...) L'ensemble qui nous adresse à présent la parole — le déploiement de la parole, la parole du déploiement — n'est plus ni titre, ni réponse à une question (...). Nous sommes entrés dans le recueillement d'écouter et parler en commun (...). Tout questionnement qui va questionner auprès de l'enjeu de la pensée, tout questionnement qui questionne après ce qu'est cet enjeu, est d'avance porté par un dire, le dire fiançant ou fiancé de ce qui viendra en la question. Voilà pourquoi c'est prêter l'oreille à la fiance qui est le geste proprement dit de la pensée à présent urgente, et non pas questionner (...). Dans la mesure où la pensée est avant tout une écoute, c'est-à-dire un se-laisser dire, et non une interrogation, il est nécessaire, s'il en retourne d'une expérience avec la parole, d'effacer à leur tour *tous les points d'interrogation*»[10].

La boucle est bouclée. Le questionnement, subordonné d'abord au questionneur, ensuite aux diverses manifestations successives des philosophies du passé, doit s'effacer. C'est le règne du silence qui, désormais, s'ouvre à la pensée. A moins que cela n'en soit la fin. La fondamentalité est impensable comme telle parce qu'elle n'est pas conçue en termes de questionnement. Celui-ci est inadéquatement rabattu sur une structure imposée par des préoccupations qui proviennent de l'extérieur. Cela fait en sorte que le questionnement, faute d'être pensé à partir de lui-même, perd son caractère fondamental et devient dérivé avec, pour divisions articulatoires, la triade ontologique étant-Etre-sens de l'Etre, qui ne semble naturelle qu'à l'intérieur d'un cadre d'où le questionnement *comme tel,* donc comme fondateur, est aboli. L'Etre est alors l'impensé de toute question, laquelle y renvoie malgré cela, historiquement ou non, en tout cas indifféremment et indéfiniment sans jamais réussir à l'appréhender.

Heidegger est ainsi allé jusqu'au bout d'un parcours impossible. Conscient du caractère problématique de la philosophie, il a certes parlé du questionnement, mais en se refusant à voir dans sa fondamentalité autre chose qu'un verbiage creux. Il a condamné la fondamentalité en la déplaçant au niveau de l'Etre, faisant échouer l'une et l'autre dans l'indicible et l'inquestionnable, comme seule solution au questionnement.

La pensée pré-cataclysmique d'entre les deux guerres mondiales est tout entière marquée de cette attitude. On la retrouve chez Wittgenstein.

3. La problématisation philosophique comme logologie

Ce qui frappe, quand on lit Wittgenstein, est que l'on trouve chez lui également une référence omniprésente à la problématisation. Qu'est-ce qui assure une problématisation correcte, adéquate? Quand fait-elle sens? Quels sont les problèmes qui relèvent plus spécifiquement de la philosophie et comment les traiter? D'où la question de savoir, quel est le langage qu'il convient de leur appliquer pour y parvenir. Car Wittgenstein, au même titre que Heidegger, fait face à la situation historique de la philosophie, mais il l'assume par la prise en compte du langage comme moyen, comme modalité, de la mise en problème et en solution. Pourquoi cette démarche?

On pourrait toujours répondre par l'argument historique. Wittgenstein a fait partie du Cercle de Vienne et avec Carnap, il s'est efforcé de réformer notre conception du langage en la modelant sur la science et la langue idéale qu'elle utilise, la logique. Celle-ci présuppose la langue naturelle, qu'elle formalise, et inversement, la logique renvoie à la langue naturelle pour être comprise. A quoi sert de formaliser la langue que nous parlons si le formalisme doit reposer sur cela même, la langue, qu'elle s'efforce de dépasser ? La logique étant un langage, pour comprendre la logique, il faut comprendre le langage mais l'on nous dit que pour comprendre le langage, il faut posséder sa logique !

D'où la double direction. Celle de Carnap, d'une part, qui consiste à mettre en place les structures logiques telles qu'on les voit à l'œuvre en science, afin de donner une unité conceptuelle aux divers produits de la Raison. Celle de Wittgenstein, d'autre part, qui veut arriver à penser le rapport entre logique et langage, avant même de construire une logicisation généralisée de celui-ci, comme Carnap qui s'inscrit dans le mouvement après Frege et Russell et avant Quine. On perçoit aussi la spécificité de Wittgenstein dans le Cercle de Vienne. On connaît aussi sa solution : la logique n'est pas une construction imposée au langage du dehors, qui le présupposerait de manière circulaire comme on l'a souligné plus haut. La logique est immanente au langage, en tant que celui-ci est équivoque, flou, adaptable chaque fois à la diversité inévitable des situations d'usage, et que la logique met en lumière l'univocité, *la* signification qui se dégage de ces situations, les relations stables que postule l'intelligibilité. La forme logique donne le sens des mots et des propositions, lesquelles peuvent en avoir plusieurs de par la souplesse qu'exige le langage naturel pour être infiniment utilisable.

La logique est la grammaire profonde du langage, par-delà sa grammaire conceptuelle qu'est sa syntaxe. Elle met en évidence des relations de sens qui ne se disent pas dans ce qui est dit, mais qui se montrent, et que tout un chacun est à même de comprendre, en tant que simple consommateur de langue naturelle. La théorie logique n'est alors que la thématisation explicite de l'intelligibilité contenue naturellement dans le langage naturel. Elle est bien sûr un langage en soi et à part entière, un langage écrit, décontextualisé, où tout est clair, univoque, intelligible d'emblée parce que construit à cet effet. Elle est, si l'on veut, le produit de la réflexion du langage sur lui-même, l'explicitation autonomisée de ses structures de sens sous-jacentes, telles que nous les construisons en parlant ou que nous reconstruisons mentalement lorsque nous comprenons celui qui parle.

Tout ceci aura de lourdes conséquences sur la philosophie, la manière de la concevoir dans ses tâches et ses possibilités. Avant de les examiner, revenons un instant sur ce que j'ai appelé l'argument historique et ses insuffisances.

On peut toujours partir de l'idée que l'on se trouve ici en présence d'une autre manière de philosopher, qui consiste à prendre le langage pour objet et à calquer celui-ci, comme la philosophie en général, sur la science, au nom d'un idéal méthodologique qu'elle réalise pleinement. Un tel choix est récusable, et si l'on s'en tient là, il est opposable, au même titre que n'importe quel choix en raison même de l'arbitraire de sa position de principe. On laisse alors le Cercle de Vienne là où il est, dans le passé, et même dans la non-philosophie, pour s'en retourner à ce que l'on appellera, ici avec justesse bien sûr, *la* philosophie.

En réalité, l'argument historique est une facilité rhétorique que s'offrent ceux qui ont décidé, *a priori,* d'adopter le regard ignorant de l'extériorité. S'il faut penser Wittgenstein historiquement, de manière non caricaturale, il faut alors bien saisir que l'enjeu qui se trouve débattu concerne le statut de la philosophie et son avenir éventuel dans l'univers intellectuel contemporain. Car, qu'on ne l'oublie pas, la question du questionnement philosophique résulte du mouvement de scientisation généralisée qui naît au XIXe siècle à tous les niveaux de la réflexion et qui semble rendre la philosophie plus impossible que jamais[11].

Par «l'argument historique», on risque de perdre de vue les questions fondamentales qui sont en jeu chez Wittgenstein : pourquoi la science, son langage, et finalement, le langage tout court, peuvent-ils assurer à la problématisation philosophique sa survie ou, simplement, son existence intrinsèque ? En quoi sont-ils philosophiquement fondamentaux ? Que se passe-t-il en philosophie lorsqu'on cherche dans la science et le langage la clé des problèmes, et pourquoi un tel déplacement théorique est-il nécessaire ? Par nécessité théorique, ici, on entend ce qui, de l'intérieur de la réflexion l'anime, et non plus ce qui, historiquement, l'a conditionnée. Oublions l'historicité du Cercle de Vienne, oublions que l'on peut toujours se placer à l'extérieur, temporellement et géographiquement, et faire ainsi l'économie d'une reconstruction interne, d'un cheminement que l'on récuse par avance, puisque l'on se positionne d'emblée au-dehors.

J'y reviendrai, mais d'ores et déjà, nous pouvons expliquer pourquoi science et langage sont devenus la clé de toute résolution philosophique, de toute problématisation. La raison en est toute simple, même : dans la science, l'expérience permet de trancher les questions une fois pour toutes, tout comme le langage formel permet de résoudre les questions dont il traite. Ce sont là deux méthodes, la logique comme l'expérience, pour décider univoquement d'une question. Un langage qui ne fait pas la différence entre solutions et problèmes ne permet pas de trancher ceux-ci, de les dépasser, et ils sont voués à se reposer indéfiniment et inévitablement. Un tel langage est forcément illogique, puisque la logique est le discours du sens, l'intelligibilité interne du langage, la grammaire profonde, parfois occultée par une *langue* (le français ou l'anglais, par exemple) dont la grammaire cache l'inexistence ou l'impossibilité.

Pourquoi parler ici de non-sens? Si l'on pose une question, c'est pour la résoudre; le sens d'une question réside dans la possibilité de la résoudre. Une question qui n'a pas de sens est une question insoluble. Si elle n'a pas de sens, c'est qu'elle est absurde comme question, elle nous donne l'illusion, elle est en réalité un faux problème. L'absurdité tient à ce qu'on la pose, puisqu'elle ne permet pas d'obtenir ce qu'on estime qu'elle permet d'obtenir. Et il est absurde de vouloir une réponse impossible, c'est-à-dire de poser une question qui est condamnée dès le départ à rester sans réponse. Comme question, elle est dépourvue de toute signification. On peut, certes, toujours la poser et croire qu'on peut y répondre, sinon on ne la poserait pas, mais ce sera par ignorance ou par illusion: poser une question qui n'a pas de sens ne suffit pas à lui donner cette signification, qui lui fait défaut, comme si la poser suffisait à y pourvoir. Croyance et vérité s'opposent. Il ne serait d'ailleurs pas nécessaire d'élaborer une théorie de la signification s'il n'y avait pas dissociation entre le sens d'une question et le sens qu'il y a à poser cette question. Si l'on pose une question, c'est en vue d'obtenir la réponse: c'est là la signification de l'acte interrogatif, mais il se peut fort bien que la question soit insoluble par nature. Le questionneur, qui en espère la réponse, donne ainsi sens à *son action* mais se trouve dans l'erreur, parce que c'est sa question qui est dépourvue de sens. Il est donc utile de lui montrer le décalage, et telle est la fonction que doit pouvoir désormais assumer la philosophie. L'inutilité qu'il y a à poser certaines questions découlant de l'impossibilité structurelle à les résoudre. Lisons Wittgenstein: «le sens d'une question, c'est la méthode pour y répondre»[12] et «je dirais à une question correspond toujours une *méthode* de la découverte. Ou bien on pourrait dire: une question *dénote* une méthode de la quête»[13]. La théorie de la signification est subordonnée à l'exigence apocritique, à l'exigence de résolution de problèmes. La conséquence en est que le problème insoluble n'est pas réellement un problème: faute de sens, il ne peut être défini comme tel. Il est un faux problème, et à ce titre, il ne peut se poser quand bien même le poserait-on. A côté d'une grammaire linguistique, qui a affaire à des *langues* particulières, on a une grammaire philosophique, qui s'occupe du *langage,* et ce qui est apparemment acceptable au niveau linguistique peut ne pas l'être au niveau logico-philosophique. D'où le *Tractatus,* qui s'efforce de dire ce que la logique comme langage «idéal», doit montrer comme rapports profonds et significatifs sur le langage, qu'elle est aussi.

Celle-ci permet de démarquer problèmes et solutions, de repérer les unes par différence d'avec les autres, et par contrecoup, de dire quand on a une solution et quand on n'a fait que dupliquer le problème. La logique, comme l'expérience, est apocritique en ce qu'elle se donne les moyens de trancher, de vérifier et de démarquer les expressions. D'où la dichotomie fondamentale que l'on trouve restaurée chez Carnap avec la plus grande vigueur entre les jugements analytiques et les jugements synthétiques qui constituent respectivement le tissu logique et la trame de l'expérience.

Tout ceci, on le voit bien, permet de comprendre pourquoi la philosophie, répondant au souci de problématiser la problématisation afin d'affronter le défi de sa propre légitimité, s'est focalisée sur le langage, au travers de la logique, et sur la science, au travers de l'expérience. Ainsi est né le néo-positivisme comme mouvement philosophique et comme doctrine.

Le préjugé auquel il faut se refuser avec la dernière des énergies et que l'on rencontre souvent, concerne la spécificité du néo-positivisme comme anti-philosophie. Cette spécificité n'existe pas, car l'on retrouve ce même souci d'épuration dans d'autres courants de pensée, notamment en France, chez Bergson et Valéry. On associe trop souvent le rejet de la métaphysique comme ensemble de problèmes impossibles au déplacement scientiste, alors que ce dernier n'est finalement qu'une conséquence parmi d'autres. L'amalgame procède en réalité de l'ignorance de la situation intellectuelle *générale* durant toute cette époque.

4. La dissolution comme résolution des problèmes insolubles: Wittgenstein, Schlick et Carnap

Chez Wittgenstein, comme chez Carnap, l'idée est simple. La philosophie n'a fait que mélanger les faux-problèmes et les problèmes réels faute d'avoir un langage, comme la logique, qui permette de faire la différence, différence qui renvoie à une distinction plus fondamentale, celle des problèmes et des solutions (différence problématologique).

La logique du langage montre cette différence: en la construisant, les faux problèmes ne peuvent qu'éclater pour ce qu'ils sont. «La plupart des propositions et des questions qui ont été écrites sur des matières philosophiques sont, non fausses, mais dépourvues de sens. Pour cette raison, nous ne pouvons absolument pas répondre aux questions de ce genre, mais seulement établir qu'elles sont dépourvues de sens. La plupart des propositions et des questions des philosophes viennent de ce que nous ne comprenons la logique de notre langage (...). Et il n'est pas étonnant que les problèmes les plus profonds ne soient en somme *nullement* des problèmes» (*Tractatus* 4.003). Voilà pourquoi «toute philosophie doit être critique du langage» (T. 4.0031), puisque c'est par abus de langage que l'on pose des problèmes qui ne se posent pas, et que si l'on scrutait leur logique, on verrait que leur langage ne contient aucunement la possibilité de la différenciation problématologique qui permet de décider quand on a une énigme et quand on en a la solution. «Une réponse qui ne peut être exprimée suppose une question qui, elle non plus, ne peut être exprimée. L'énigme n'existe pas. Si une question se peut absolument poser, elle *peut* aussi trouver sa réponse» (T. 6.5). Cela revient-il à dire que tout problème relève du langage et doive être résolu par lui, et que s'il ne le peut, le problème n'existe pas? En réalité, tout ce qui est postulé ici est que, si l'on peut parler de ce qui fait problème, on doit pouvoir parler de ce qui doit être la solution, *pour la même raison.* Quelle est-elle? Si l'on *peut* exprimer un problème, c'est-à-dire ce qui doit être démarqué comme tel, on doit pouvoir reconnaître ce qui fait question *comme faisant question,* ce qui implique nécessairement que l'on doive pouvoir, *a contrario,* décider quand on n'a pas ou plus de question. Ceci ne signifie forcément rien d'autre que ceci: ou bien le discours tenu ne nous met pas en présence d'une question, ou bien il est réponse. L'identité d'une question permet, on s'en doute, de l'identifier, de la reconnaître, donc de dire quand elle se trouve résolue et par quoi. Si une question se différencie d'une réponse et doit pouvoir s'en démarquer pour qu'elle puisse réellement se résoudre, et non se reproduire indéfiniment, alors il faut bien que l'expression de la question diffère de celle de la réponse, et la marque à cet effet. Si l'on a un langage pour dire la question, pour l'identifier spécifiquement, on ne peut pas ne pas avoir, corrélativement, de langage pour la réponse, et l'on ne peut pas ne pas y trouver la différenciation de leur complémentarité indissociable, de leur renvoi réciproque. Le langage doit être porteur de la différence problématologique, tel qu'il puisse l'affronter. Je dis «*puisse*» car il faut bien se rendre compte que Wittgenstein, pas plus que les autres philosophes qui nous parlent de questionnement à l'époque ne pensent le questionnement à partir de lui-même. Il est vu au travers d'autre chose, au travers d'un dérivé au-delà duquel on ne remonte pas et qui sert, si l'on veut, de «réducteur». Ainsi, il ira de soi que résoudre un problème consiste à le faire disparaître, une fois résolu, et que, faute de cela, le problème n'existe pas. Dire cela permettra d'ailleurs de l'évacuer, comme une résolution normale, puisque montrer qu'un problème n'en est pas un a le même effet que de le supprimer. Cela explique que Bergson, Valéry, Wittgenstein ou Carnap aient tant divergé dans leurs réponses malgré une idée commune qui, elle, n'a rien de «positiviste» au sens où on l'entend habituellement.

En ce qui concerne plus particulièrement Wittgenstein, il dira donc que «toute philosophie est critique du langage» (T. 4.0031) dans la mesure où il est le «réducteur» du questionnement pour notre auteur. Le langage rend possible l'authentique interrogation et ce qui compte est de la délimiter par rapport à celle qui est fallacieusement telle. Le questionnement n'a pas à être théorisé comme tel puisqu'il relève d'un réducteur, le langage, qui lui confère toute sa mesure et ses propriétés fondamentales. «Le doute ne peut exister que là où il y a une question, une question que là où il y a une réponse, et celle-ci que là où quelque chose peut être dit» (T. 6.51). Le raisonnement de Wittgenstein est clair: face au problème de l'impossibilité de la philosophie à se donner un fondement pour, précisément, se résoudre ses problèmes, il faut déconstruire ceux-ci et voir en quoi ils sont insolubles. Le langage, au travers de la théorie du sens et du non-sens, est la clé réductrice, en ce qu'il représente la condition de possibilité de la différence problématologique impensée. Car Wittgenstein n'ayant pas de problématologie, il considère comme allant de soi que, lorsqu'il ne «subsiste plus alors de question, cela même constitue la réponse» (T. 6.52). Qu'est-ce qui nous assure que ceci constitue bien une réponse? La dissolution des questions serait-elle une façon adéquate de les résoudre? Cela tiendrait-il à ce que la résolution «classique» a en commun avec la «résolution» par dissolution que toutes deux font disparaître *eo ipso* les questions qu'elles traitent? Si c'est effectivement le cas, ne faudrait-il pas mettre l'idée à l'épreuve par l'intermédiaire d'une théorie des questions? Mais comment procéder de la sorte quand on soutient que le langage, et sa logique, est la clé réductrice du questionnement? En somme, il est impossible à la logologie de rendre compte de sa propre «nécessité» de manière non circulaire, parce que cette nécessité découle du respect de la différence problématologique et que celle-ci, à son tour, se résorbe dans le langage comme moyen de l'assurer. Dès lors, on affirmera qu'il va de soi qu'il faut traiter les questions par un langage adéquat de la manière qu'il affirme adéquate. Le langage ne parle-t-il pas pour lui-même et par lui-même, au travers de sa logique immanente ?[14]

Il s'agit ici d'un présupposé théorique sur la résolution des questions qui aura des conséquences sur le reste de la pensée de Wittgenstein, comme on le verra à propos de sa conception du silence.

Avant de considérer les opinions fort semblables de positivistes comme Carnap ou Schlick, j'aimerais donner une brève explication sur ce qui, sinon, pourrait sembler arbitraire dans leur position, à savoir l'idée que la dissolution d'une question peut tenir lieu de réponse. Cela peut apparaître paradoxal, de surcroît, et faute d'explication à proprement parler problématologique, incompréhensible.

Faisons appel à notre mémoire sur ce qui a été dit précédemment des questions philosophiques. En quoi se distinguent-elles des autres ? Une question est spécifiquement philosophique lorsque la formulation de cette question constitue sa réponse. Elle contient sa propre résolution dans le discours qui la fait surgir comme telle. Par sa venue au concept, elle se pense, elle est pensée pour et par elle-même. Dans un système panthéiste par exemple, arriver à *poser* la question de la liberté, laquelle y constitue un réel problème par la faille qu'elle instaure dans le déterminisme généralisé, revient à pouvoir conceptualiser la liberté comme possible sur de telles bases. Répondre sur une question, en philosophie, équivaut à déployer la question en réponse(s). La réponse problématologique, appréhendée comme telle, maintient la différence de même nom. Faute de séparer questions et réponses par une marque ou une détermination quelconques, la question s'abolira dans le dire indifférencié du propositionnalisme, lequel tue la question qu'il ne peut préserver par son in-différence aux problèmes comme tels. Par contre, si l'on opère à partir de la différence problématologique, *dire* que l'on *répond* sur une *question* introduit par le seul jeu des termes une différence explicite, une marque, qui suffit à signaler la question au travers de la réponse qui la thématise et, ce faisant, la résout à la fois. Ailleurs qu'en philosophie, le but de la réponse n'est pas de stipuler la question, mais bien de la supprimer, de la dépasser ; c'est la conception habituelle de ce que l'on entend par solution.

L'affirmation de dissolution de la question est résolution, non pas en raison du fait qu'elle est un mode de suppression de la question, mais parce qu'elle instaure une différenciation explicite entre ce qui fait question et le résolutoire. A quel titre la suppression de la question serait-elle d'ailleurs le modèle de toute solution possible ? Cette idée fonctionne comme évidence dans la mesure où elle se nourrit de l'expérience commune ou de la science, et l'on sait la valorisation de ces deux types de connaissance pour le cadre de pensée qui nous intéresse pour l'instant. On aura alors beau jeu de préférer l'expérience ou la science dès lors qu'on aura d'emblée postulé la validité du mode de réponse qu'elles mettent en œuvre l'une comme l'autre. La démarche s'apparente d'ailleurs au coup de force, et celui-ci est inéluctable. Pourquoi le coup de force, le postulat ? En effet, la réflexion sur ce qu'il importe d'instaurer comme rapport question-réponse sous-tend bien évidemment ce que le positivisme estime adéquat comme réponse en philosophie. Or, s'il devait expliciter la nature du lien question-réponse, il ne pourrait plus s'en tenir à la seule vérification logico-expérimentale comme critère de différence problématologique. Il ne peut donc que défendre une *certaine idée* de cette différence, au travers de manifestations privilégiées, mais dont le privilège, précisément, ne se justifie pas en dehors de cette idée *a priori*. Ce qui fait que le positivisme est bien obligé d'affirmer comme *a priori* le modèle résolutoire qu'il préconise. Faute d'autre justification que l'auto-affirmation de sa supériorité théorique, puisée à l'efficacité comme valeur, qu'incarnent la science et le sens commun, le positivisme n'a d'autre validité que celle qu'il s'attribue, et par là, il est opposable à tout autre mode de validité qui agirait de même. Aucune philosophie anti-positiviste ne s'y est trompée.

Continuons notre analyse. Lorsqu'on nous dit que le critère de la signification est la vérification, nous ne pouvons que constater le caractère autoréfutatoire de cette assertion car elle est invérifiable comme telle. Je dis bien « comme telle » car le critère de vérification a un sens si on le relie au questionnement comme instauration de la différence problématologique. Il vise à faire respecter celle-ci par une démarcation irréfutable des questions et des réponses établie au stade de la réponse. Le prix à payer est donc la prise en compte du niveau problématologique comme niveau thématique. Par cette prise en compte, on aboutit toutefois à une limitation insoutenable pour le positivisme, à savoir sa propre modalisation de la différenciation problématologique, et à l'aveu de celle-ci comme plus fondamentale que toutes ses dérivations, dont la modalisation positiviste. C'est en dehors d'elle-même que celle-ci prend sa signification, et en elle-même, elle n'en a pas, d'où l'auto-réfutabilité du critère vérificanionniste. La survie du positivisme exige aussi la suppression du fait problématologique qu'il met cependant en œuvre dans la mesure où l'intégration de ce fait rendrait les prétentions du positivisme inassumables, comme prétentions à prescrire a l'apocritique (le répondre) ses normes de résolution. On pourrait accorder au critère de signification un sens limité, échappant par là à l'autodestruction, en lui reconnaissant une certaine capacité de différenciation des réponses par rapport aux questions, mais cela aurait par ailleurs l'effet de mettre à l'avant-plan le fait problématologique que le positivisme se doit également de contrer, en ce que ce fait autorise le discours métaphysique de la pure différence problématologique. Sa critique alors s'effondre dans son ambition monopolistique à l'égard du répondre, répondre qu'il ne peut assumer que non thématiquement, en le réduisant à ce qu'il pose d'emblée comme devant être le réducteur du répondre : le logico-expérimental.

Débarrassons-nous de ce réducteur, et nous n'avons plus qu'une vision particulière du répondre, impropre à l'universalisation qu'elle proclame et dont elle se réclame, une vision qui ne se soutient en rien par elle-même, un immense présupposé dont la seule validité tient en réalité à ce qu'elle nie, à savoir la simple démarcation interne au questionnement qui autorise toutes les formes de différenciation, de la science expérimentale au seul *logos* qui se borne à répondre en disant ce qu'il questionne. Répondre sur une question en l'affirmant insoluble est bien répondre parce que l'on tient un discours et qu'on le rapporte différentiellement et explicitement à une question. Dissoudre est bien résoudre, comme nous le dit le positivisme, sans pouvoir le justifier puisque cela serait faire appel à la différence problématologique. Celle-ci, une fois reconnue, exige un élargissement de la notion de résolution à cela même à quoi le positivisme applique la dissolution comme solution. S'il avouait son fondement, le positivisme se détruirait dans toutes ses requêtes, tant à l'égard de la métaphysique qu'il condamne qu'à celui de la scientificité qu'il veut généraliser.

Le plus explicite des auteurs positivistes sur tout ce qui vient d'être dit est M. Schlick, dans un article écrit en anglais en 1935 dans la revue *The Philosopher* et qui porte le titre «Questions insolubles?» (*unanswerable questions*). Il dit ce que soutient Wittgenstein de manière aphoristique dans le *Tractatus*. «Un examen consciencieux montre que les diverses manières d'expliquer ce que l'on entend par question ne sont rien d'autre, en définitive, que les diverses façons par lesquelles on en trouve la réponse. Toute explication ou indication du sens d'une question consiste toujours à stipuler le moyen de la résoudre. Ce principe s'est révélé fondamental pour la méthode scientifique. Einstein, par exemple, admet lui-même que c'est ce qui l'a conduit à la Théorie de la Relativité (...). Bref, une question qui est insoluble en principe ne peut avoir de sens, ce n'est même pas une question : ce n'est rien qu'une suite de mots sans signification qui s'achève par un point d'interrogation (...). Considérons, par exemple, la question 'quelle est la nature du temps?'. Que veut-elle dire? Que signifient les mots 'la nature de'? Le scientifique pourrait, peut-être, inventer une explication, il pourrait suggérer les propositions qu'il considérerait comme les réponses possibles à cette question; mais son explication ne serait en définitive qu'une description de la méthode de découverte de la réponse vraie parmi cet ensemble de possibles. En d'autres termes, en donnant un sens à sa question, le savant la rend par là même logiquement soluble, même s'il n'est pas capable de la rendre pour autant empiriquement soluble. Sans une explication de cet ordre, les mots 'Qu'est-ce que la nature du temps?' ne représenteront pas de question du tout»[15]. Schlick poursuit tout naturellement son raisonnement en direction du principe positiviste «le sens est la vérification» (*meaning is verification*) dans un texte qui porte d'ailleurs ce titre[16] et qui parut un an plus tard (1936). Une proposition a un sens si on peut l'utiliser adéquatement, en situation, et si l'auditoire peut confirmer cette adéquation d'usage. Par conséquent, si une question demande réellement quelque chose, elle a une signification, et l'on doit pouvoir trouver ce qu'elle requiert, donc vérifier si une proposition y répond ou non.

Quittons Schlick pour Carnap qui, lui aussi, soutient ce principe de signification, entre autres pour attaquer Heidegger[17]. Encore une fois, il faut comprendre ce principe avant de l'abandonner. Il n'a pas d'autre raison d'être que le souci d'éviter un langage qui fasse croire que l'on dispose de réponses quand on ne possède que des questions; un tel langage où on n'aurait que des questions (sans réponses) est un pseudo-langage, car il est impossible que l'on ait des questions sans la faculté d'y répondre, si ce sont réellement des questions. La vérification est l'alignement du sens sur la science. En réalité, il s'agit encore d'un critère propositionnaliste, car on ramène une fois de plus le problématique à l'assertorique, lequel le définit. Dès lors, le critère de signification ne va pouvoir se soutenir que de lui-même, et il ne le pourra car la proposition «la signification est la vérification» est elle-même invérifiable, donc absurde. L'absence de fondation problématologique n'a pas permis aux auteurs de ce critère de voir à quoi ce dernier répondait. Il en est résulté une autojustification inassumable. Sans parler du fait que, mis comme cela, le critère est erroné, parce qu'il est de nature propositionnaliste, justificationnelle, et qu'en négligeant son origine, qui est d'établir un rapport question-réponse, la différence problématologique, il refoule toutes les autres modalités possibles d'un tel rapport. Ce qui est cohérent dans la mesure où ce rapport n'est pas posé comme tel, mais se voit représenté au travers d'une particularisation possible, qui est loin d'être exemplaire encore qu'elle puisse apparaître comme plus évidente. Il y est supposé, en outre, qu'on a la réponse, et qu'il n'y a plus qu'à vérifier l'ajustement, l'adéquation, ce qui est bien trop se donner par rapport à la réalité de l'intellection et du sens.

En niant la nécessité d'affronter la problématisation à partir d'elle-même, le positivisme s'est trompé, pour devenir tout simplement le positivisme, auquel s'oppose la problématologie en tant qu'il incarne la forme la plus radicale de propositionnalisme. Le critère de signification rate le phénomène du sens pris dans sa globalité parce qu'il le partialise au sein même du modèle propositionnel. Il ne peut que vouloir se justifier par soi-même, sans le pouvoir, car ce qui l'expliquerait va à l'encontre du paradigme justificatoire, et se trouverait donc rejeté à ce titre et, partant, il va ériger la justification comme seule signification possible et comme allant de soi, via l'alternative de l'expérience et de la logique selon le type de discours à adopter. Par le refoulement de la raison d'être problématologique de la démarche, le positivisme s'est érigé en doctrine réductrice logico-linguistique, en faisant tout naturellement premier ce logico-linguistique, tuant ainsi toute racine problématologique afin de pouvoir se poser en conception autonome de la science et du langage, avec le questionnement comme dérivé parmi d'autres. Le critère de la vérification n'a plus été qu'une guillotine logico-épistémique, une norme et un critère de jugement au sens le plus terroriste du terme. Carnap survécut bien à la mort du mouvement qu'il contribua à articuler. Il dut acter l'impossibilité de conserver le critère logico-empiriste de la signification comme se satisfaisant de toute évidence. Aussi fut-il bien obligé d'accepter l'idée qu'une question pût être totalement *externe* par rapport à un cadre de désignation, de référence, de résolution, tout en ayant du sens. Il n'en dit pourtant guère plus que ceci : « une question externe est de nature problématique et requiert à ce titre un examen plus approfondi »[18].

Là où il faut voir l'origine de l'impossibilité positiviste est dans l'incapacité de penser la différence problématologique pour elle-même. Elle y est refractée dans le langage et s'y perd comme différence. Elle y est alors concrétisée de façon seconde, donc secondaire, par le biais d'une manifestation privilégiée, qui se niant telle, doit être imposée à partir d'elle-même puisqu'elle serait injustifiable comme privilégiée, à partir de ce qui l'explique et qui se trouve nié pour cela. Un paradoxe est inévitable : comment prouver que l'on répond à une question en montrant qu'on ne peut y répondre. Il faut y voir une conséquence du critère de signification : aucune proposition ne se vérifie comme réponse pour les questions dépourvues de sens. Faute de faire accéder la différence problématologique au concept, on n'a devant soi qu'une formule pour le moins étrange. Par contre, si l'on *part* de cette différence, appliquée à l'interrogation philosophique, on comprend mieux que l'on puisse avoir une réponse sur une question qui la rejette comme telle tout en la résolvant. Mais l'ennui est que si l'on fait sens à ce qui autrement ne semble que jeu de mots ou paradoxe, on est obligé de conclure l'inverse de ce que soutient le positivisme. Une question philosophique se perpétue par nature, au travers des variations de *réponses problématologiques,* variations qui dépendent de l'Histoire, à travers les successions des systèmes de pensée. En somme, le fait qu'une question philosophique soit insoluble par les critères positivistes est de l'ordre même du philosophique. Ce n'est pas quelque chose à dissoudre mais au contraire à prendre en compte comme essentiel à *ce qui* est en *question,* et non comme effet d'une formulation inadéquate. Penser cela serait d'ailleurs inadéquat au vu de ce qu'est la philosophie. Voilà pourquoi c'est toute l'attitude du positivisme à l'égard de la métaphysique qui se révèle fallacieuse. Là où l'on aurait pu le suivre est sur l'exigence non réduite de penser les questions en propre, mais aucun réducteur ne peut faire l'affaire sans détruire cela même qui est à préserver dans le théorique. En tout cas, l'adoption du réducteur primaire qu'a été la langue des savants a entraîné l'effet opposé à ce qui devait se passer, puisque le philosophique s'en est trouvé appauvri de toute sa fondation métaphysique, au profit de l'autojustification du modèle propositionnel sous son vêtement logico-linguistique.

5. La dissolution de problèmes chez Bergson et Valéry

Contrairement à l'idée généralement répandue, le préjugé anti-métaphysique n'est pas un privilège du positivisme logique. La réalité est plus complexe. Le mouvement de dissolution interne à la philosophie est bien plus général qu'on ne le suppose habituellement. Pour ne prendre que la pensée française à cet égard, je me bornerai aux noms de Bergson et de Valéry.

Bergson consacre une bonne partie de l'Introduction de la *Pensée et le mouvant* (1941) à la position des problèmes (1922), et forcément, à la notion de faux problème en philosophie. «Cet effort exorcisera certains fantômes de problèmes qui obsèdent le métaphysicien, c'est-à-dire chacun de nous. Je veux parler de ces problèmes angoissants et insolubles qui ne portent pas sur ce qui est, qui portent plutôt sur ce qui n'est pas. Tel est le problème de l'origine de l'être (...). Tel est encore le problème de l'ordre en général (...). Je dis que ces problèmes se rapportent à ce qui n'est pas, bien plutôt qu'à ce qui est. Jamais, en effet, on ne s'étonnerait de ce que quelque chose existe, matière, esprit, Dieu, si l'on n'admettait pas implicitement qu'il pourrait ne rien exister »[19].

Que cherche Bergson au juste, par rapport à l'homme qui se pose toutes ces questions sur le néant ou sa possibilité ? « Maintenant, le problème que cet homme se pose, le résolvons-nous ? Evidemment non, mais nous ne le posons pas : là est notre supériorité. A première vue, je pourrais croire qu'il y a plus en lui qu'en moi (...) mais autant vaudrait s'imaginer qu'il y a plus dans la bouteille à moitié bue que dans la bouteille pleine parce que celle-ci ne contient que du vin, tandis que dans l'autre il y a du vin, et en outre, du vide » (p. 1305). L'intuition bergsonienne est la contrepartie, la garantie de santé intellectuelle qu'il faut avoir pour résister à la tentation de poser les problèmes « qui nous donnent le vertige parce qu'ils nous mettent en présence du vide » (p. 1306).

On trouve chez Bergson le même souci qui traverse toute la tradition occidentale de se débarrasser d'un certain nombre de problèmes, encore qu'il s'agisse ici de restaurer la métaphysique dans ce qu'elle représente de plus mystique, vu qu'il s'efforce de redonner crédit à l'intuition. La démarche de déconstruction et de dissolution des problèmes est d'inspiration métaphysique, au niveau du type de l'analyse entreprise et du discours tenu, même si l'on se retrouve en présence d'une procédure identique dans l'esprit à celle de Wittgenstein ou de Carnap. Ecoutons Gilles Deleuze à ce sujet : « les faux problèmes sont de deux sortes ; *problèmes inexistants* qui se définissent en ceci que leurs termes eux-mêmes impliquent une confusion du plus et du moins ; *problèmes mal posés* qui se définissent en cela que leurs termes représentent des mixtes mal analysés (...). On demande par exemple si le bonheur se réduit ou non au plaisir ; mais peut-être le terme de plaisir subsume-t-il des états très divers irréductibles, de même l'idée de bonheur. Si les termes ne répondent pas à des articulations naturelles, alors le problème est faux, ne concernant pas la nature même des choses (...). Et, peut-être est-ce le tort le plus général de la pensée, le tort commun de la science et de la métaphysique, de tout concevoir en termes de plus et de moins, et de ne voir des différences de degré, ou des différences d'intensité là où plus profondément il y a des différences de nature »[20].

Chez Valéry, on va retomber sur le même souci de dépasser la problématisation philosophique, considérée à bien des titres comme stérile en comparaison de l'action et de la science. Si l'on lit les *Cahiers* en oubliant qui en est l'auteur, on peut facilement se laisser prendre au piège qui consiste à l'étiqueter comme l'un des plus farouches défenseurs du positivisme anglo-germanique! «Le vrai défaut de la métaphysique, c'est qu'aucune ne répond précisément à une question très précise»[21]. Personne n'y échappe: «que de philosophes, Kant en tête, se sont plus occupés de *résoudre* que de *poser* le problème. En le posant, il faut poser aussi de quoi le résoudre» (p. 482). D'où l'absurdité du métaphysique: «que suis-je? Tu crois que c'est un problème, ce n'est qu'un non-sens» (p. 505). Dès lors, «les termes de la métaphysique sont des billets ou des chèques qui donnent l'illusion de la richesse. Cette illusion n'est pas à dédaigner» (p. 648), car «la philosophie a fini par reconstituer un fonds de problèmes traditionnels dont il n'est pas sûr qu'ils existent autrement que par cette tradition même» (p. 664). Valéry se range ainsi à l'idée que «philosophie ou les questions mal posées» s'identifient intrinsèquement. D'où vient alors le faux problème, l'illusion de l'énigme? «Il n'y aurait pas de métaphysique si la forme d'une *réponse* ne pouvait pas être donnée à une *question* (...). Le langage doit ses vertus et ses vices à cette confusion» (p. 552). Valéry est clair sur ce point: le langage est la source de la métaphysique comme illusion intellectuelle, et cela parce qu'il y est prétendument impossible d'établir ce que nous appelons la différence problématologique. «Il suffit de faire tourner la puissance interrogative et dubitative de soi, de la placer sur les termes des problèmes au lieu de le laisser sur les problèmes donnés, pour faire sentir que ces problèmes sont indéterminés et en impliquent toujours d'autres. Ainsi les problèmes métaphysiques» (p. 547). Ceux-ci «naissent de l'impureté des concepts employés» (p. 541) et ils «sont tels qu'ils s'évanouissent si nous les énonçons» (p. 614). «Les philosophes ont souvent considéré qu'une question existait par ce seul motif qu'ils ne savaient pas la résoudre. L'examen souvent fait voir que ces prétendus problèmes étaient illégitimes (p. 638). Un problème philosophique est un problème que l'on ne sait pas énoncer. Tout problème que l'on arrive à énoncer cesse d'être philosophique» (p. 641). Une question bien formulée comme question doit contenir *a priori* la possibilité de sa réponse, et non sa reproduction variable à l'infini. Valéry, pas plus que les positivistes, ne conçoit que cette duplication puisse constituer réponse. «La forme de *question* est, chez le philosophe, libre et appliquée à tort et à travers quoi que ce soit (p. 666). Le langage permet de distribuer à tort et à travers les points d'interrogation. L'attitude interrogeante étant prise en tout point se révèle vaine assez souvent» (p. 675). Comment reconnaître une vraie question d'une autre, insoluble, sans réponse? «Un mot ne doit jamais servir à créer à lui seul une question. Ils sont faits pour construire comme éléments connus des questions et des réponses. Il faut ne jamais se servir des mots qui par eux-mêmes posent des questions» (p. 664), afin de bien marquer les différences. Le faux problème, à l'inverse, n'est problème que verbalement, car le langage est le médium qui autorise et garantit même la perpétuelle confusion entre questions et réponses. A l'inverse de Carnap, Valéry ne pense absolument pas que le langage puisse offrir de salut puisqu'il est le lieu même de la confusion. «Toute ma philosophie, dit Valéry, se réduit à accroître cette précision ou conscience de soi qui a pour effet de séparer nettement les demandes des réponses» (p. 625) et il est vrai que «peu d'esprits s'inquiètent d'examiner la question avant de fournir la réponse» (p. 602), dans la mesure où bien souvent il n'y a pas de question, parce qu'il n'y a qu'une *forme* interrogative sans problème *réel* correspondant. «Il faut apprendre à concevoir que ce qui est n'est pas nécessairement une question. Et que toute question n'a pas nécessairement un sens» (p. 573). En fait, tout ce qui est pose question en tant que cela est, car le consentement tacite au donné présuppose qu'il y a un énoncé (par qui?). On peut fort bien admettre que les questions posées sur le réel s'abolissent dans un flux continu, au fur et à mesure qu'elles se posent et se reposent de par les réponses que l'expérience y apporte, empêchant ces questions d'être verbalisées même. Elles peuvent l'être, comme c'est le cas en science. On reviendra sur ce point. Pour l'instant, constatons qu'on a une fois encore en vue la «solution» qui consiste à exiger le respect de la différence problématologique par un *modus* privilégié, en l'occurrence par la définition du sens d'une question par sa classe de réponses. Curieux moyen que d'établir une différence en la résorbant par l'un de ses termes, la réponse. «Pouvons-nous poser de véritables questions quand l'espèce même de la réponse ne nous est pas connue? Une question n'a de *sens* que si nous supposons la classe des choses dont l'une serait la réponse. Il faut que nous connaissions cette classe pour énoncer la question. S'il n'en est pas ainsi, notre question *crée* cette classe, et ce n'est plus une question, c'est une proposition affirmative déguisée. Qui a fait le Monde? Ce n'est pas une question, c'est un dogme» (p. 559). L'idée centrale de Valéry est que le passage arbitraire de l'assertorique à l'interrogatif relève de la seule possibilité linguistique, et qu'il n'y a rien là qui ne soit pur jeu de langage.

La conception qu'il se fait de la réponse repose en dernière analyse sur une différenciation problématologique réduite par ce qui n'est pas elle. En effet, la réponse telle qu'il la comprend est une affirmation qui ne peut jamais être problématisée, interrogativisée. Seul le réel, et son corrélat humain, l'action, permet de résoudre les problèmes, et même de les poser sans ambiguïté. La réponse ne peut pas (re)devenir problème. «Toute réponse qui n'a de sens que dans l'enceinte du langage répond à une question qui n'est que de mots» (p. 715). Si l'on peut soutenir que «la plupart des problèmes et difficultés philosophiques se réduisent à des erreurs sur la vraie nature du langage» (p. 725), il faut en déduire que «tout problème dont la solution est indifférente à la pratique ou insoluble par elle (...) est ou inexistant, ou purement verbal, dû au langage, ou mal énoncé. Il faut d'ailleurs toujours évoquer la question de vérification non verbale» (p. 709). Le dépassement du langage naturel, chez Valéry, ne peut se faire par un langage idéal comme chez Carnap, mais par la vie, qui pose des problèmes réels pour des besoins réels et par l'action. Là où Valéry rejoint le souci problématologique est lorsqu'il dit: «on pourrait — et peut-être devrait-on — assigner pour seul objet à la philosophie de poser et de préciser les problèmes sans se préoccuper de les résoudre. Ce serait alors une science des énoncés et donc une épuration des questions» (p. 591). Je dis bien «le souci» car tout l'écart par rapport à la problématologie est aussi dans ce texte.

Que la philosophie doive désormais se préoccuper du questionnement, ç'est clair. Mais qu'elle suppose, sans plus, c'est-à-dire sans *questionner* le questionnement, qu'une telle préoccupation soit identifiée à l'évacuation de certaines questions, au nom d'une intuition sans fondement de ce que questionner doit être, cela est inacceptable. Que, de surcroît, la différence problématologique soit considérée comme inassumable par et dans le langage naturel est encore préjuger. Que, finalement, le dissoudre soit un résoudre est, je l'ai montré, une possibilité indiscutable du répondre, mais elle est justement le contraire du philosophique, lequel répond à ses questions en les posant. Faute de différenciation problématologique, précisément, le caractère résolutoire des affirmations n'apparaît pas, d'où, dans l'impossibilité de distinguer, la volonté d'épurer, de dissoudre, de faire disparaître ce qui, pensé problématologiquement, ne crée aucune difficulté. C'est parce que, d'emblée, on essaie de penser certaines questions sans penser le questionnement qu'on ne parvient pas à les penser comme questions. Elles ne se distinguent plus alors de ce qui les résout, et on n'a guère d'embarras à souligner qu'on ne peut dégager la solution de ce qui en est la problématisation. C'est qu'on opère chaque fois sur une préconception de l'interrogativité qui la réduit à ce que l'on a choisi dès le départ comme principe réducteur: ici, ce sera l'intuition, là le langage, ou son contraire, le non-verbal comme chez Valéry, car le non-verbal est le lieu même où la réponse abolit toujours la question, à croire même qu'il n'y en a pas eu. En tout cas, le type de réponses qui s'y dessinent n'autorise pas de confusion avec les questions: en conséquence, ces réponses ne seraient jamais telles si elles dupliquaient les questions. Ni Valéry ni les autres ne *peuvent* imaginer qu'une réponse puisse dire ce qui est problématique tout en maintenant la différence du *seul fait* qu'elle l'affirme. Pour arriver à s'en rendre compte, il faut un langage centré sur la dualité question-réponse, et non plus sur la proposition ou, comme ils disent aussi, sur le langage (terme indifférencié, donc neutre, à l'égard du questionnement). Ce qu'ils voient du questionnement est déjà ce qu'ils en présupposent. Le modèle de la science, où les réponses *suppriment* les questions qu'elles résolvent et ne les font donc même pas apparaître, puisqu'elles sont le seul résultat tangible, est partagé par Bergson et Valéry; il se détermine comme rapport à l'être pour Bergson[22] et comme réel, actif pour Valéry. Dans un tel cadre conceptuel pour l'interrogativité, le questionnement philosophique est impossible, donc le questionnement du questionnement. Et cela d'autant plus paradoxalement que l'interrogativité pénètre la philosophie, la mine de l'extérieur comme de l'intérieur, rendant d'autant plus impérative la réflexivité de l'interrogation sur elle-même.

Contrairement à l'idée de Valéry, ou du positivisme en général, ce n'est pas parce qu'une demande est déjà réponse, ou que la réponse signifie problème, que la différence problématologique s'estompe. Il faut la penser comme telle, à partir de l'interrogation sur le questionnement. Même si les questions comme les réponses sont écrites dans un langage, cela n'implique pas que le métalangage qui fait la critique et l'épuration du langage soit la clé de toutes les difficultés. Il faudrait encore que ce métadiscours s'inscrive dans une conception problématologique de la discursivité. Et ce que Carnap a fait, en fin de compte, pour ne citer que lui, c'est élaborer une logique du langage comme logique propositionnelle. Il n'y a pas de trace de questionnement dans une telle logique.

6. Le paradoxe du silence chez Wittgenstein

De même chez Wittgenstein : faute de mettre le rapport du silence au langage en termes de questionnement radical, ce rapport apparaît comme un paradoxe qui mine tout le *Tractatus*.

Le silence joue un rôle important chez Wittgenstein dans la mesure où il est le but visé par l'auteur, en plein accord avec l'idée qu'il se fait de la résolution philosophique. Ou bien le problème posé est résolu, et il disparaît une fois la tâche remplie; ou bien le problème ne peut être résolu, et la dissolution doit alors l'aligner sur les autres problèmes, le faisant disparaître lui aussi. La conséquence en est que le problème, qui faisait l'objet du propos, n'est plus et que le discours, qui s'en occupait, cesse aussitôt d'être. D'où le silence. C'est là ce vers quoi tend la philosophie puisque les problèmes qui s'y jouent doivent recevoir l'un ou l'autre sort. «On pourrait résumer tout le sens du livre en ces mots: tout ce qui peut être dit peut se dire clairement, et ce dont on ne peut parler il faut le taire (...). J'estime donc avoir résolu définitivement les problèmes, pour ce qui est de l'essentiel» (*Tr.*, préface).

Tout cela semble parfaitement cohérent jusqu'ici. Mais là où la contradiction surgit est dans la possibilité et la nécessité du *Tractatus* par rapport à cette conception de résolution.

En effet, le langage parle pour lui-même, il se laisse comprendre à partir de soi, sans recours à un quelconque langage du langage, ou métalangage, qui en donnerait la logique. Sa logique lui est immanente, elle se montre mais ne se dit pas. Bien plus, elle ne *peut* pas se dire, car si l'on *pouvait* énoncer le sens des propositions, on *pourrait,* à la limite, sortir du langage pour en parler[23]. En énonçant le sens d'une simple phrase, on dit autre chose que ce que dit cette phrase, car celle-ci ne dit pas «ma signification est telle ou telle». On ne peut donc jamais arriver à capter *le* sens d'une proposition par une autre proposition sans la trahir de quelque manière. La synonymie ou la paraphrase sont-elles impossibles? Si l'on suppose que l'on n'a pas compris ce qui se montre à un premier niveau, on peut le dire dans un second temps, mais ce qui se montre ici doit pouvoir être finalement compris par soi. Une paraphrase ou une synonymie complète sont dès lors impossibles si l'on ne finit pas par *voir* dans ce qui est dit l'indicible qui en est la signification ultime. C'est ce que Wittgenstein appelle l'*image*. Le silence du dire est le sens qui se montre.

Il n'empêche que Wittgenstein dit cela même qui doit seulement se montrer, et c'est le *Tractatus*; il «fait» une logique pour le langage comme s'il était nécessaire de dire ce qu'il est inutile de spécifier. Non seulement ne *doit*-on pas dire ce qui *se* dit de soi-même mais encore ne *peut*-on y arriver, dans la mesure où «ce qui s'exprime dans le langage, *nous* ne pouvons l'exprimer dans le langage» (T. 4.121). N'est-il pas contradictoire, en fin de compte, de dire que le langage est logique en lui-même, qu'on n'en peut sortir, qu'il *montre* sa structure en disant ce qu'il dit, et d'écrire un *Tractatus* qui dise ce qui ne peut qu'être montré, et de plus, se montre *naturellement,* sans placage logique, affirmé aussi bien inutile qu'impossible en droit? D'où l'auto-accusation suicidaire, chère à notre auteur: «mes propositions sont élucidantes en ce que celui qui me comprend les reconnaît à la fin pour des non-sens, quand les ayant utilisées comme étapes il est passé par elles pour en sortir » (T. 6.54).

Le silence n'est pas seulement le champ du sens, d'où la mystique de la signification chez Wittgenstein, il est aussi la seule attitude cohérente face au non-sens qui consiste à parler de ce qu'il faut taire par impossibilité d'en parler. Pourtant Wittgenstein parle. Tout le paradoxe est là. Il nous a donné lui-même le moyen d'y voir clair : le non-sens est le résultat d'une enquête sur le sens, il est la lumière qui éclaire en retour le chemin parcouru pour montrer qu'il était inutile à tous ceux qui pensaient le contraire. Il est bien question de la problématisation philosophique dans le *Tractatus*. Le problème a pour objet cette problématisation même : puisque c'est le langage qui permet d'instaurer celle-ci, la solution, au bout du compte, va en supprimer la nécessité. Et s'il s'avère impossible d'arriver à un tel résultat, cela aura fait voir, comme réponse ultime, que le problème ne relevait pas du langage, comme la vie ou la question du sujet par exemple ; et il est vain, dans de telles conditions, de l'expliciter. La philosophie s'apparente ainsi aux faux problèmes. Elle est ou bien inutile, en ce que l'on sait déjà ce que l'on n'a plus besoin d'apprendre (le montrer rendant le dire inutile) ; ou bien impossible, en ce qu'elle dirait ce qui ne peut se dire, montrant par sa propre impossibilité et son échec qu'il est contradictoire d'en faire autre chose qu'une thérapeutique de la clarté, qu'un non-sens qui provient d'un autre non-sens, ce qui mène à leur destruction mutuelle ou si l'on préfère, à l'autodestruction de tout non-sens possible. Le *Tractatus* ne s'adresse pas à l'homme du commun qui sait bien tout cela, sans le savoir « vraiment », mais au philosophe, qui croit savoir mais qui en réalité ne sait pas. Wittgenstein se pose ainsi comme le Socrate du nihilisme contemporain. D'où son « paradoxe du Ménon » : le *Tractatus* est impossible ou inutile, car si l'on sait tout ce qui ne peut se dire, point n'est besoin du *Tractatus*, et si l'on ignore qu'on doit se taire là où le silence s'impose, il sera impossible de dire ce qu'on doit taire ; ce que montre, par le non-sens affirmé, Wittgenstein. Socrate déjà, comme on le verra au chapitre suivant, s'est réclamé d'une interrogativité indépassable qui, dans les réponses qu'elle déclenche, s'annihile. Mais, le problème de la problématisation philosophique aura été ainsi résolu, et en ce sens l'utilité aura été de faire surgir l'inutilité. D'où le progrès, la cohérence du projet, qui ne peut apparaître que si on pense le *Tractatus* en termes de problèmes, ce que ne font jamais les commentateurs. Pourquoi peut-on dégager une cohérence de fond dans le *Tractatus* ? Le problème de la philosophie est résolu au bout du livre en ce qu'il aura été utile de dire ce qu'il était inutile, au fond, de dire; pour autant, bien sûr, que l'on ait posé le problème de croire que c'était utile. Le non-sens proclamé, ou apparent, du livre est le *résultat* voulu du livre, et cela n'est pas contradictoire si l'on réalise que ce non-sens est la réponse à la question de savoir si telle ou telle démarche a du sens *ou non*. Le non-sens est réponse rétroactive, mais comme *réponse*, elle ne pouvait s'instaurer qu'à l'issue d'une interrogation, et valoir pour elle comme devant signifier sa propre suppression.

Quand Wittgenstein nous dit qu'il parle de ce qui, toujours, se laisse voir et ne se dit pas, la signification, il joue du paradoxe, et on lui reprochera la contradiction. Mais si l'on comprend qu'il y a là un processus de résolution, où la contradiction est le résultat qui se projette sur la résolution et en fait partie à titre de mise en question de sa propre possibilité, on n'a plus le droit d'attaquer cette démarche, comme si l'on avait su à l'avance que la contradiction devait en être la solution. Cela serait revenu à nier qu'il y eût problème, mais, dans ce cas, pourquoi l'aurait-on posé? Wittgenstein n'est contradictoire que pour des approches indifférentes à la dissociation des problèmes et des solutions.

Cela dit, on peut se demander ce que l'on a sauvé au juste en établissant la cohérence de la démarche de Wittgenstein. A l'issue de celle-ci, la philosophe est quand même en mauvaise posture. Le sujet cartésien, c'est-à-dire le fondement, est condamné: il n'est plus que limite indicible des contours de la discursivité. Tout cela est bien sûr conforme à l'état de la philosophie à cette époque. La fracture interne se joue au niveau de la possibilité même de philosopher: le langage de la pensée, le *logos* comme il se nomme depuis l'aube grecque, se révèle inutile puisqu'il ne peut que faire voir l'inessentiel comme étant ce qui en relève. Pour le reste, seul le silence, dissolutoire ou solution ultime, prévaut. «Nous *sentons* que, lors même que toutes les questions scientifiques *possibles* sont résolues, *notre problème n'est pas encore abordé*. A vrai dire, il n'y a justement plus alors de questions, et c'est précisément cela qui constitue la réponse» (*Carnets*, p. 105).

7. La question et le système

La philosophie contemporaine, il n'est pas inutile de le rappeler, s'est vue frappée de plein fouet par la mort du sujet cartésien, ce qui l'a laissée sans fondation, plus problématique que jamais. Le silence s'est abattu sur sa désespérance. Car il faut bien voir que l'alignement sur les sciences, ou leur rejet forcené, n'ont pas d'autre provenance, en dernière analyse, que la prise de conscience, par la philosophie, de son *logos* impossible. D'où la comparaison avec la problématisation scientifique qui, elle, «marche», et sur laquelle il est donc tentant de se modeler. On assiste à une double démarche en fin de compte. Ou bien la philosophie suit la science dans ses ambitions et sa méthode, pour devenir science de la science (néo-positivisme), ou bien elle répond à sa crise en faisant le constat de sa propre impossibilité à dire le problématique autrement que comme crise. La philosophie devient alors le discours sur l'impossible discours, sur l'impossibilité de déboucher sur autre chose que le discours impossible. En ce sens-là, Wittgenstein n'est pas un «positiviste» et il se rattache aux deux dimensions de la fracture philosophique. Le dire qui prend sa vérité dans le non-dire s'essentialise comme *métaphysique négative*, où le métaphysique s'énonce comme désormais impossible et s'annonce dans une fin inéluctable de la philosophie, thème également cher à Heidegger. Que reste-t-il comme chemin ouvert à la pensée ? La littérature, pratiquée par un Sartre ou érigée en modèle au travers de la poésie chez un Heidegger, est une possibilité. Le repli sur soi de la métaphysique est l'aveu d'un échec discursif qui ne peut mener, dans le meilleur des cas, qu'à l'autodépassement, et qui se marque avant tout dans le renoncement. Métaphysique négative *donc* nihilisme. Telle aura bien été l'autre voie empruntée par la réflexion philosophique depuis un siècle, à côté de celle qui a consisté à se donner une positivité calquée sur les sciences. Le positivisme aura bien été une pensée de crise, crise intense de la philosophie et réponse pour laquelle le caractère géographique «anglo-saxon» est inessentiel et cache plutôt le ressort philosophique de la difficulté de philosopher. Quoi qu'il en soit, la positivisation du philosophique a été française et germanique aussi bien, et elle a été l'autre seule possibilité offerte à l'anéantissement du fondement. Face à la problématisation historique fêlant le pensable dans sa positivité, dans ses chances de dépassement, il a fallu acter soit cette incapacité dans des constats modalisés de ce néant, soit le déplacement de la positivité au travers des champs intellectuels qui la réalisent. Les deux solutions ont été parcourues comme elles devaient l'être. Elles débouchent aujourd'hui sur la prise de conscience historique de ce qu'elles ont été, et le recul leur donne sens, rend même valables philosophiquement les impasses qui auront été inéluctablement les leurs. Elles nous obligent en toute analyse à reprendre la problématisation comme question, mais comme question philosophique et plus seulement comme question *du* philosophique, comme historicité du nihilisme.

Les deux réponses à la crise intérieure du *logos* philosophique s'enracinent dans le même problème: la question même du questionnement philosophique, son objet et sa méthode. Et c'est à ce niveau qu'on a vu que le problème s'est mal posé. Au lieu de s'attacher au questionnement comme tel d'emblée, la philosophie contemporaine l'a chaque fois conceptualisé en le réduisant à autre chose, un «réducteur» qui a tenu lieu de premier principe, mais un premier principe qui ne s'avouait jamais être ce qu'il était. S'il avait fallu le déclarer — langage, science, action ou être — *réponse* ultime à la *question* du principe, celui-ci se serait détruit dans sa propre affirmation, car une réponse qui ne renvoie pas au questionnement en lequel il s'origine ne peut se dire réponse de premier principe. On a donc occulté la question, on a posé d'autorité un fondement qui ne l'était pas, et l'on s'est forcément trompé. On n'a offert que du contestable, et chacune des positions (de principe) s'est d'ailleurs vue remise en question, perpétuant de la sorte la problématicité du philosophique au plus profond de lui-même, jusque dans son existence même et sans pouvoir la dire telle.

A cela, il faut répondre en prenant le questionnement dans l'instauration de sa propre originaireté, qui est l'originaire philosophique. Qu'en résulte-t-il sinon la possibilisation du philosopher? Le questionnement, de défaillance de la pensée, devient sa positivité même. La dissolution se dissout dans sa propre affirmation, contradiction propre à nos auteurs qui, en bonne logique, ont débouché sur le mutisme intellectuel. Ce qui explique leur vision erronée de la philosophie est qu'ils ne peuvent réussir à spécifier la résolution philosophique parce que leurs réducteurs sont déjà marqués d'un ailleurs du philosophique: pour ne reprendre que l'exemple de la science, une solution s'y définit par la suppression logico-expérimentale du problème, tandis qu'en philosophie une solution ne peut abolir le problème. Pourquoi est-on *en droit* de distinguer science et philosophie de la sorte? La différence problématologique qu'il aurait fallu concevoir comme telle, peut *aussi* être assurée en stipulant ce qui est question et ce qui est réponse dans un discours portant sur elles, comme elle peut l'être par le mécanisme logico-expérimental. Car qu'est-ce qu'une solution sinon le différentiel de la question, d'où la nécessité de les démarquer *d'une manière ou d'une autre*? En conséquence, on ne peut affirmer comme cela a été maintes fois fait, cependant, chez Valéry comme dans le Cercle de Vienne ou encore chez Carnap, que le fait que la question philosophique était sa réponse en tant qu'elle se trouve formulée dans un système identique pour les deux, soit le signe qu'on ne puisse différencier l'énigme de sa résolution, celle-là se transportant dans celle-ci. Ce qui est perçu comme un défaut ne peut l'être qu'à la lumière d'une démarche réductrice et extérieure à la philosophie, parce que toute la force de celle-ci tient à ce qu'elle pense le problématique en réponse à ce qui y fait problème. Voir un problème me fait voir quelque chose de nouveau. Une nouvelle manière de poser une question, c'est reformuler la même question autrement. Poser un problème là où tout semblait évident, c'est le tout de la pensée créatrice, en science comme dans les autres domaines. Soulever une question consiste à approcher une réalité sous un autre angle. Le questionnement est constitutif de l'expérience, de la perception comme du savoir qui en résulte. Peu importe ici la modalisation de la démarche interrogative.

Que nous aura fait voir ce premier chapitre sur le cheminement du philosopher contemporain ? En tout premier lieu, que le sujet pur, dit aussi « transcendantal » ou encore « conscience de soi » avait achevé sa trajectoire conceptuelle et épuisé ses possibilités, laissant la philosophie aux prises avec la question de sa capacité à résoudre désormais ses problèmes. Il n'y a plus que des sujets empiriques : sur le plan de l'éthique, cela signifie l'affrontement des volontés (Nietzsche) et l'idéologisation de la morale. Celle-ci devient fiction dans la mesure où, depuis Kant, elle s'enracinait dans l'humanité de l'homme qu'incarnait le sujet pur comme synthèse universalisante de la norme d'action individuelle. D'autre part, s'il n'y a plus que des hommes empiriques, l'homme comme sujet non objectivable disparaît et il peut devenir objet de science, au même titre que les autres réalités empiriques (Foucault). La défondamentalisation du sujet, c'est sa mort transcendantale, et du même coup, l'existence comme lieu transcendantal de l'individuel se trouve frappée d'absurdité. L'humanisme aura vécu, jusque dans la quotidienneté. Comment pourra-t-on tenir un discours fondé en raison sur une telle réalité, impensable autrement que par l'absurde ? L'existentialisme, comme tous les autres courants philosophiques depuis un siècle, renferme en lui-même ses exigences de sortie, en l'occurrence, vers la littérature, la réflexion historique comme discours de transindividualité où la rationalité se serait déplacée. Mais tout ceci n'aura finalement été qu'une des modalités de la métaphysique négative, du nihilisme. Parmi les plus importantes, il faut compter le silence. Toutes ces solutions résultent d'un nihilisme que l'on constate ou dont on s'efforce de sortir, en abandonnant le philosophique. La science aura joué un rôle exemplaire à ce niveau, comme modèle résolutoire, opposable à ce titre au simple aveu d'impossibilité.

Mais toutes ces voies sont aujourd'hui épuisées, historiquement parlant, dès lors qu'on les réfléchit consciemment, thématiquement. Cette réflexion prend la problématisation comme concept philosophique, au lieu d'aller vers des solutions qui ne se voient pas telles, en tant que simple vécu imposé par l'air du temps, que l'on traduit d'une manière, ou alors, d'une autre. Cette traduction peut apparaître arbitraire, en tout cas du point de vue théorique, du fait qu'elle repose, par-delà toute modalisation particulière, sur l'impensé que constitue la problématisation philosophique, concept qui renvoie à une exigence principielle et qui ne se limite pas seulement à une charge historique. Ce qui réunit positivisme et nihilisme est le dilemme irréfléchi de la problématisation, irréfléchi en ce que, dans le cas contraire, la racine commune aurait fait disparaître leur opposition. En réalité, ils se détachent l'un et l'autre de leur fondement, et ils émergent comme des réponses qui s'ignorent comme telles, puisque la question à laquelle ils répondent tombe à l'extérieur de leur démarche, qu'elle ne s'y trouve donc pas posée dans toute sa généralité problématologique de question philosophique.

Car, ce qui se pose comme problème suite à la défondamentalisation progressive du sujet pur est la problématisation même, dans sa possibilité de prise en charge philosophique. Positivisme et métaphysique négative voient dans cette problématisation une fêlure, une faille, bref, un état de choses *historique,* sans réaliser qu'il y a là une exigence plus fondamentale du penser, que l'Histoire commande, certes, mais à laquelle elle ne se réduit pas. Il y a donc rejet commun du questionnement par la discursivité philosophique, que ce soit sous forme de scientisation ou de dissolution dans un cas, ou alors de silence ou de dépassement vers un extérieur discursif au champ philosophique dans l'autre cas. Repossibilisation résolutoire à l'image de la science ou aveu d'impossibilité radicale interne, ces deux réponses partagent une vue *a priori* semblable à l'égard de ce que questionner implique, et qu'elles ne questionnent pas. Pourtant, faute de philosopher la question philosophique à partir d'elle-même, positivisme et métaphysique négative vont se heurter à leurs propres contradictions, et par là, se condamner historiquement à leur propre problématisation, qui est la nôtre aujourd'hui comme destin historique de dépasser la simple historicisation du problématique au profit de sa philosophisation.

La métaphysique négative, en effet, nous aura parlé de l'Etre, du silence ou de l'existence absurde comme ne pouvant donner lieu à un discours fondé ou même, plus simplement, à une conceptualisation, puisque l'adéquation à ce qui doit être dit est *a priori* impossible. Quant au positivisme, il a lui aussi débouché dans le contradictoire par l'hypostase non logico-expérimentale du logico-expérimental, comme si ce dernier s'imposait de toute évidence, ce qui le rend opposable par d'autres évidences tout aussi «naturelles». Si l'on y regarde bien, la valeur du logico-expérimental est toute problématologique, puisqu'il s'agit là d'un critère de justification, de détermination des réponses mais non perçues comme telles car on parlera de propositions, faute de réflexion refondamentalisée à partir de ce qui rend possible l'établissement du critère de logico-expérimentalité. Comme tel, ce dernier donne lieu à l'autoréfutation car il se veut proposition universelle, il se prétend, de toute évidence, la norme du propositionnel. Il se détruit tout seul, par le coup de force de son affirmation évidente, en échappant à sa propre norme. S'il était valide, il ne le serait pas, et si ce qu'il énonce s'avère justifié, ce ne peut l'être qu'au prix de l'acceptation de la différence problématologique à laquelle il ressortit. Dans ce dernier cas, le métaphysique comme modalisation *autre* de cette différence redevient possible, sinon nécessaire, puisque c'est là le lieu de signification même du critère logico-expérimental. Dès lors, si celui-ci retrouve une signification acceptable, ce ne peut être qu'au sein d'une conception qui en mine l'universalité, qui le particularise comme modalité, qui affirme ce dont il émane au lieu de le passer sous silence parce que cette source est, fort absurdement, condamnée par lui.

Si l'on voit tout ceci présentement, c'est sans doute parce que le recul de l'Histoire a permis de parcourir en tous sens les voies ouvertes par le dilemme de la problématisation. Notre propre position n'est pas moins historique que celle qui a propulsé métaphysique négative et positivisme dans leurs multiples directions sans issue. Sans issue pour nous, aujourd'hui, qui constatons que les voies parcourues ne permettent pas de résoudre la problématisation du champ philosophique par lui-même comme on pouvait l'espérer au moment où on les explorait encore, ce qui fait alors ressortir la problématisation telle quelle. Une telle démultiplication au sein du pensable aura précédé le retour en arrière sur une situation historique reconstruite sur base d'une refondation philosophique de cette situation; d'où le dépassement qu'elle représente dans sa lecture historicisée. On peut donc soutenir que la problématisation recouvrée comme positivité philosophique intrinsèque est elle-même portée par l'Histoire. C'est elle qui nous contraint à faire de la problématisation un problème théorique fondamental, qui déploie la fondamentalité de sa propre instauration. L'historicité, comme refoulement de l'historique, se trouve ainsi reconfirmée comme dimension du questionnement, mais cette fois-ci, on peut l'espérer, perçue comme telle. Il n'en reste pas moins, de ce fait même, que toute problématisation est aussi libre que la non-problématisation correspondante. Notre démarche est acte de liberté du point de vue historique, puisqu'elle se refoule toujours *comme* historique, pour être philosophique, même si, en tant qu'elle est philosophique, elle s'impose avec nécessité. On peut récuser le dépassement historique du dilemme né de la défondamentalisation. On peut le récuser comme tâche philosophique, malgré l'épuisement des voies de secours, l'absence de sorties de secours encore disponibles. On confirmera par là l'historicité du questionnement comme son propre refoulement, comme matérialisation déplacée au travers de résolutions dérivées, non originaires, de sa propre mise en question, ici présupposée de manière consciente, ce qui veut dire « enfin consciemment contradictoire », donc, peut-on l'espérer, inassumable.

Ce qui est sûr, en tout état de cause, est que le questionnement est devenu historiquement la positivité explicite du philosophique, et que celui-ci ne peut que le penser nécessairement, même si historiquement, son instauration n'est que possible. Cette nécessité fondatrice ne se laisse plus lire comme simple situation qui frappe le philosophique, qui le déstabilise, ce n'est plus de l'historique qui s'incarne historiquement, mais on a là une exigence incontournable de changement de point de vue, qu'on peut toujours récuser par la liberté qu'on a de récuser l'historique dans le théorique autonomisé, mais que l'on ne peut éluder philosophiquement si l'on philosophe cette récusation même; car celle-ci, *comme telle*, confirmera le questionnement dans sa radicalité indépassable, fût-ce ainsi, dialectiquement pour tout dire.

Ce qui épuise les possibles ouverts par la métaphysique négative et le positivisme est que l'on voit bien, aujourd'hui, ce à quoi ils répondent et qu'ils ne peuvent penser sans se détruire. Retourner à la problématisation initiale dans laquelle ils viennent s'insérer à titre d'alternative irréductible — irréductible si l'on ne voit pas le problème commun qui les ramène l'un à l'autre, un peu comme les deux faces d'une pièce de monnaie — c'est revenir en arrière, après avoir vu que l'on ne débouchait jamais que sur des conséquences intenables, mais c'est aussi revenir sur un arrière-fonds de pensée, sur du philosophique, donc de l'historicité et pas seulement de l'historique (qu'elle refoule dans la position théorique, autonome comme telle, d'où le concept de validité comme l'exigence même du théorique).

Une fois que l'on réalise que chacune de ces deux grandes « solutions » répond à un problème qu'elles ne peuvent poser, sans devenir problématologie, et que ce faisant, elles se rendraient impossibles, on voit bien qu'en réalisant tout ce qui vient d'être dit, il n'est plus possible de nier le problématologique, ce qui signifie que, l'affirmation et la lecture ci-dessus faites, la problématologie s'impose *pratiquement*, donc aussi comme exigence théorique à assumer comme telle malgré la liberté que l'on a, non de la refuser (on la confirmerait) mais de l'ignorer. Le lecteur, par la lecture qu'il a opérée jusqu'ici, est problématologiquement engagé. Voilà pourquoi la lecture historique à laquelle je vous ai convié, lecteur, est de part en part, philosophique dans ce qu'elle implique pour l'heure présente. Une fois faite, elle ne nous permet plus d'échapper au questionnement dans ce qu'il nous pose question quant à lui-même, philosophiquement s'entend. Il serait contradictoire, je pense, de procéder au déchiffrement de la problématisation philosophique et de la nier par une pratique philosophique décalée, encore que l'on puisse toujours *pratiquer* cette négation qui, faute d'être conçue, ne s'imposera pas *comme* une négation.

Tout cela pour dire que tous les coups de force que nous avons examinés ci-dessus, outre leurs contradictions internes diverses, ont en commun l'incapacité de voir comment le questionnement fonctionne, a fortiori quand il est philosophique, parce qu'ils l'appréhendent à l'aide de ce qui n'est pas lui, et s'empêchent ainsi de le retrouver dans sa possibilité, qui devrait découler de l'interrogation même. La différence problématologique réduite à une manifestation quelconque, et assimilée à sa modalité réductrice, exclura forcément les autres modalisations, lesquelles seront irréductibles, donc à dissoudre.

Faut-il blâmer quelqu'un d'autre que le philosophe lui-même ? Qui d'autre que lui s'est habitué à résoudre ses problèmes sans jamais poser le problème du problème ? Mais en réalité, peut-on le blâmer ? N'a-t-il pas tout simplement répondu sans le savoir à ce que lui commandait sa situation historique ? Et quand celle-ci a rendu nécessaire la prise en compte de la problématisation, quand celle-ci est devenue, à l'aube de ce siècle, un *état de fait* indéniable, la pensée a d'abord dû réaliser cette problématisation, l'intégrer, l'avaler progressivement dans sa radicalité pourtant initiale, avant de *pouvoir* penser la radicalité du problématique dans sa positivité nouvelle, laquelle oblige désormais la pensée à tourner le dos à ses évidences d'antan, anthropologiques.

Faudra-t-il alors renier la tradition philosophique ? De nouveau, en sacrifiant à cela la philosophie copierait les conditions du progrès tel qu'il se manifeste en d'autres domaines. Un problème philosophique est historique : cela signifie qu'il s'enracine dans l'Histoire et se traduit dans la succession des philosophies. Ainsi, quand on parle du questionnement, il importe de savoir ce que l'on a pu en dire et si ce qui a été dit peut aider la réflexion actuelle. Bien plus, comment le questionnement a-t-il été mis en œuvre dans la pratique, philosophique notamment, dès lors qu'il ne pouvait être pensé pour lui-même ? Comment, historiquement, a-t-il été récusé ?

Telles sont les questions qui vont maintenant être les nôtres. Car, qu'est-ce qu'un problème philosophique sinon une question dont sa propre thématisation est la réponse, et qu'est-ce que la rigueur (et non pas la «méthode») philosophique sinon l'explicitation de ce lien question-réponse? Si la philosophie est ce qu'elle est, c'est que, de manière dérivée (pour nous), elle fonde sa propre interrogation en se la donnant, et quand elle n'a pu le faire, elle ne devait pas le faire, déplaçant par là la question du questionnement en autre chose qui la résolvait pour l'époque, donc pour un temps. L'historicité est dimension constitutive du questionnement en ce qu'elle le rend actuel, présent chaque fois sous certaines formes. Elle est le refoulement de ce qui change, l'expression intemporelle du questionnement, qui s'incarne alors dans un système qui se veut éternel dans sa validité, qui se structure d'une certaine manière. Pour cette raison, la philosophie cherche toujours à se penser comme système de l'interrogativité; et faisons en sorte que ce soit désormais à partir d'elle-même, thématiquement, comme la liberté de prendre en charge l'Histoire, qui est l'acte constitutif de la philosophie, nous invite à le faire.

NOTES

[1] M. Heidegger, *Nietzsche*, vol. 1, pp. 365-366 (tr. fr., Gallimard, Paris, 1971).
[2] M. Heidegger, *L'Etre et le Temps*, p. 22 (tr. fr., Gallimard, Paris, 1964).
[3] M. Heidegger, *Qu'est-ce qu'une chose?*, p. 51 (tr. fr., Gallimard, Paris, 1971).
[4] M. Heidegger, *Nietzsche*, vol. I, p. 355.
[5] M. Heidegger, *L'Etre et le Temps*, § 2, p. 20.
[6] M. Heidegger, *Introduction à la métaphysique*, pp. 18-19 (tr. fr. Gallimard, Paris, 1967).
[7] *L'Etre et le Temps*, § 3, p. 4.
[8] *Introduction*, p. 13. A contraster avec la priorité ontique proclamée dans *L'Etre et le Temps*, § 4, p. 27.
[9] J. Ortega y Gasset, *L'évolution de la théorie déductive*, pp. 214-215 (tr. fr. Gallimard, Paris, 1970).
[10] M. Heidegger, *Acheminement vers la parole*, pp. 159-165 (tr. fr. Gallimard, Paris, 1976).
[11] Déjà Karl Marx le disait: «N'importe quel problème philosophique profond se résout tout simplement en un fait empirique» (*Idéologie allemande*, p. 55, cité par G. Haarscher, *L'ontologie de Marx*, p. 187, Presses de l'Université de Bruxelles, 1980).
[12] *Remarques philosophiques*, p. 66 (tr. fr. Gallimard, Paris, 1975).
[13] *Ibid.*, p. 75.
[14] L. Wittgenstein, *Carnets*, pp. 23-24. *Grammaire philosophique*, p. 2.

[15] M. Schlick, *Gesammelte Aufsätze*, pp. 369-377 (G. Olms Verlag, Hildesheim, 1969).
[16] «Meaning and Verification», *ibid.*, pp. 338-367.
[17] Sur la partie historique de ce débat, voir M. Meyer, «Métaphysique et néo-positivisme», *Revue Internationale de Philosophie,* pp. 93-113, 144-145, 1983.
[18] R. Carnap, «Empiricism, Semantics and Ontology», *Revue Internationale de Philosophie,* 11, 1950.
[19] H. Bergson, *La pensée et le mouvant,* pp. 1303-1304 des *Œuvres* (P.U.F., Paris, 1959).
[20] G. Deleuze, *Le bergsonisme,* pp. 6-8 (PUF, Paris, 1966).
[21] P. Valéry, *Cahiers* I, p. 492 (Gallimard, Paris, 1973).
[22] Même Bergson, malgré son intuition métaphysique, reste obnubilé par la science: «nous revenons donc encore à notre point de départ. Nous disions qu'il faut amener la philosophie à une précision plus haute, la mettre à même de résoudre des problèmes plus spéciaux, faire d'elle l'auxiliaire et, s'il est besoin, la réformatrice de la science positive (...). Il est vrai qu'un perfectionnement de la méthode philosophique s'imposera symétrique et complémentaire de celui que reçut jadis la science positive» (*Œuvres,* p. 1307).
[23] Sur tout ceci, voir M. Meyer, *Logique, langage et argumentation,* pp. 66 et suiv. (Hachette, Paris, 1982).

Chapitre II
Dialectique et interrogation

Socrate est considéré à juste titre comme le père de la philosophie occidentale en ce qu'il a érigé l'interrogativité comme valeur suprême de la pensée. Cette idée n'a pas survécu et sa disparition a donné naissance, à la place, à l'ontologie et au *logos* du modèle propositionnel. Le questionnement s'est vu alors mis au service de l'entité souveraine, la proposition, qu'on a cessé d'appeler réponse. Le questionnement, relégué au rang d'accessoire rhétorique ou psychologique, a peu à peu disparu de la scène philosophique, encore qu'il n'en ait jamais été le thème à proprement parler. Avec Socrate, ce qui s'éclipse est plus une pratique qu'une réalité conçue comme fondamentale. A vrai dire, l'interrogation ne fut ni ne put être théorisée comme telle, ce qui explique l'évanescence et le déplacement du questionnement par réducteurs interposés. Platon, en fin de compte, n'a fait que mettre en évidence les difficultés du *logos* socratique au fur et à mesure qu'il l'exposait, s'obligeant par là à le dépasser et, au bout du chemin, à l'abandonner. Aristote suivra cette voie tout en reparlant du questionnement mais en lui assignant le rôle définitif de révolver rhétorique, auquel Platon, parfois de manière ambiguë, par fidélité à Socrate, refusait de le cantonner. La dialectique est bien l'interaction des questions et des réponses, et ce rapport, pour subjectif qu'il soit, en ce qu'il est dialogique, interhumain, fera l'essence de la méthode scientifique, jusque dans des écrits aussi peu socratiques que la *République*, par exemple. Mais le recouvrement de la scientificité et de l'interrogativité ainsi résorbée coûtera cher à Platon, car Aristote y verra le mélange contradictoire du subjectif et de l'objectif, du jeu entre questionneurs et du savoir. Aristote sera donc obligé d'établir une coupure théorique entre le domaine de la scientificité, dont il lui faudra désormais stipuler les règles — et ce sera la logique avec ses syllogismes — et le champ de l'interhumain, la dialectique. Celle-ci cessera d'être synonyme de science, et elle éclatera en rhétorique, topique et poétique. Aristote pourra parler du questionnement puisqu'il ne s'agit plus d'une démarche scientifique, questionnement qui viendra s'insérer dans la systématicité dialectique. Celle-ci, de scientifique avec Platon, deviendra le lieu de l'interrogativité, lieu réduit puisqu'elle y côtoiera d'autres réalités combien plus importantes où le questionnement compte peu, comme la poétique. Platon, faisant de la dialectique la science même, ne pouvait pas théoriser le questionnement; Aristote, par contre, en réduisant la dialectique à ce qu'elle ne pouvait qu'être, de toute cohérence, a pu se permettre de traiter du jeu interrogatif, mais sans lui donner plus de conséquence que celle que lui avait déjà prêtée Platon implicitement. Aristote a libéré le questionnement platonicien de ce qui le rendait inassumable dans le rôle pourtant secondaire qui a été le sien après Socrate.

C'est ainsi qu'on a pu écrire, pour Platon et Aristote, que «dans le cas des deux philosophes, le problème dont ils sont partis est de savoir dans quelle mesure le progrès intellectuel est assuré par la méthode des questions et des réponses»[1]. On connaît la réponse d'Aristote: «aucune méthode tendant à manifester la nature de quoi que ce soit ne procède par questions»[2], qui s'inscrit dans la stricte limitation dialectique, non scientifique, de l'interrogation, purement réfutative. Comment en est-on arrivé là? Pourquoi, finalement, cette désertion de l'interrogativité de l'esprit comme pouvoir constituant? Telles seront nos deux questions dans ce chapitre, avec le défi de Richard Robinson sans cesse présent à l'esprit: «il est inutile de chercher une raison suffisante justifiant la doctrine platonicienne selon laquelle la méthode suprême consiste dans le rapport question-réponse, parce qu'il n'y en a pas»[3]. N'est-ce pas là l'indication que nous avons perdu le sens du questionnement, si cher aux Grecs?

1. La dialectique et Socrate: rôle de l'interrogation dialectique dans les dialogues aporétiques

Socrate interroge. Il prend à partie ses interlocuteurs afin de leur montrer qu'ils ignorent ce qu'ils croyaient savoir. Comme Socrate, lui, sait qu'il ne sait rien, la question posée au départ demeure non résolue à la fin. C'est dans ces dialogues aporétiques qu'apparaît le plus clairement son ambition contestatrice. Celle-ci a toujours pour cible l'autorité dont sont investis socialement ceux qu'il est convenu d'appeler les notables. Ce sont ceux qui avancent des opinions en guise de savoir, et qui ne sont guère accoutumés à la répartie vu leur position sociale. Celle-ci est le garant du bien-fondé de leurs dires. Les sophistes, à l'époque de Socrate, font partie de ces notables. La démocratie athénienne les tient encore dans la plus haute estime. Ainsi, sophistes ou non, ces notables sont les uns admirés, entourés ou consultés comme Protagoras ou Hippias[4], les autres, riches et puissants, tel Céphale qui pontifie au début de la *République* sur la vieillesse. Tous, ils parlent de manière péremptoire, avec la ferme assurance de ceux qui sont habitués à évoluer dans des milieux faisant office de miroirs et d'amplificateurs à l'égard des idées du Maître. La maîtrise, voilà ce que Socrate remet en question. Le rôle social de son interrogation dialectique l'amène chaque fois à se pencher sur des thèmes éthico-politiques tel que de savoir si l'excellence (*aretē*) s'enseigne ou non, s'il faut réellement un Maître qui vous la communique pour l'acquérir.

La vertu (*aretē*) se trouve bien plutôt en chacun des hommes. Point n'est besoin d'un autre pour la révéler à soi. D'où la célèbre devise «connais-toi toi-même!» du *Charmide* (164d), qui sert précisément de fondement à la libération humaine. La sagesse est à chercher en soi-même et non dans un Maître qui l'enseigne. D'où la tiendrait-il à son tour, sinon d'un autre Maître, faisant ainsi de la vérité une notion sociale? La vertu (*aretē*) est présente en chaque homme: elle n'est pas affaire de technique, donc d'enseignement, et elle n'est pas davantage inscrite dans le rang social que chaque individu occupe[5]. Ce «connais-toi toi-même!» signifie «pense par toi-même!». C'est là l'apologie d'une liberté de penser qui coûtera la vie à Socrate: on ne conteste pas la maîtrise sans s'attirer la colère des Maîtres. En étant mis en question dans leur autorité de notables, ceux-ci, qui se figuraient posséder la science de toutes choses *ipso facto*, se découvrent ne pas être plus savants que le dernier des hommes de la Cité, et moins savants encore que Socrate. C'est l'ordre même de la Cité qui est bouleversé par l'interrogation socratique, car c'est la position sociale qui s'y trouve mise en cause. Les notables, sous le feu des questions de Socrate, doivent répondre et se justifier dans leurs propos. Mais l'autorité, par définition, habitue mal ceux qui en jouissent à répondre et à se justifier. La prétention de connaissance éclate alors, dans l'interrogation dialectique, pour ce qu'elle est: une prétention sociale. Socrate, qui est pauvre[6], serait-il donc plus savant que les plus riches et les plus réputés (= notables) pour leur sagesse (ceux qui ont la *sophia*)[7]?

On peut donc affirmer que l'interrogation, dans les dialogues aporétiques, joue un rôle critique. Par la simple réciprocité du jeu questions-réponses qui situe le rapport des interlocuteurs, qui le définit, on est en droit d'affirmer que chacun, n'étant que questionneur et répondant, est l'égal de l'autre. Le questionnement place ainsi les partenaires sur le même plan en leur conférant tour à tour le même titre. Le questionnement cesse d'être l'apanage de celui qui *peut* obtenir réponse, donc du plus fort. Du point de vue théorique, l'interrogation ici ne mène pas au savoir, mais elle maintient la problématicité de ce qui est mis en question: l'opinion avancée par l'interlocuteur de Socrate n'est pas le savoir qu'elle *paraissait* être. L'interrogation fait surgir un savoir et un non-savoir, ce qui n'est pas et passe pour être surgit comme n'étant pas: l'être et l'apparence, *Sein und Schein*.

Socrate et les sophistes semblent d'accord sur un point: l'interrogation, par elle-même, ne fait pas surgir la connaissance de ce dont il est question, tout au plus fait-elle voir que ce qui est en question le demeure. D'où le caractère aporétique de ces dialogues. Peut-être est-ce même pour cela que les juges de Socrate le prirent pour un sophiste? Comme eux, Socrate dialogue avec la jeunesse, mais à l'inverse des sophistes, il ne trône pas, comme Hippias[4], afin de dispenser ses réponses. Corrompre la jeunesse implique qu'on lui insufle les réponses, les jugements que la jeunesse doit adopter. N'est-ce pas là une attitude sophistique, bien plutôt que socratique? La force questionnante de son *logos* demeure présente dans tous les entretiens. Le sophiste n'aime pas le questionnement car il se tient dans l'apparence de la réponse, il ne dit pas ce qui est, mais fait passer pour être ce qui en réalité n'en est que le simulacre et le double trompeur[8]. S'il affectionne la controverse, ce n'est pas pour distinguer le vrai de l'apparent et du faux, mais au contraire pour se placer dans l'ombre de la vérité. La controverse du sophiste est éristique car elle ne vise qu'à la victoire sur l'interlocuteur, et non la mise en évidence de la vérité. Le sophiste peut donc défendre toutes les causes, moyennant finances, puisque la victoire lui importe plus que la vérité, victoire qu'il peut remporter sur son interlocuteur en s'appuyant précisément sur l'infinie multiplicité du sensible, invoquée selon tel ou tel aspect en fonction des circonstances. Malgré son relativisme, le sophiste est dogmatique: le Maître-sophiste *semble* s'adonner à l'interrogation dialectique, il *semble* ne pas avoir les réponses puisqu'il discute, il *semble* ne pas être du côté des notables qu'il représente à l'occasion. Une chose est sûre: le sophiste se complaît dans l'apparence, et comme les notables, il aime l'argent. Bien plus, il a besoin du questionneur, comme Céphale a besoin de Socrate[9] au point de l'amener à lui par violence⁹. Le questionneur joue le rôle de l'élève, donc de celui qui s'adresse à un Maître. La question de l'élève ne sert pas à découvrir la réponse, mais à permettre au Maître de vérifier sa certitude existentielle de Maître sur l'élève. Le Maître répond à l'élève, certes, puisque celui-ci paye pour l'entendre, mais l'interrogation de l'élève meurt dans la réponse donnée (ou vendue). Socrate, lui, cherche à maintenir vivante la problématicité du propos, car rien, sinon la prétendue compétence du Maître, ne *justifie* l'arrêt dans l'interrogation. Pourquoi les interlocuteurs de l'entretien éristique s'arrêtent-ils, puisque la réponse n'est pas donnée en vérité? En fait, l'interrogation n'est qu'un prétexte pour le Maître d'affirmer sa maîtrise¹⁰, une maîtrise exercée sur toute chose possible au nom d'une réputation qui elle aussi n'est qu'apparence. Ce qui fonde la compétence, dans la controverse éristique, est indépendant du processus de questionnement: la compétence du Maître ne tient pas au fait qu'il produit la réponse, car il n'en produit que le simulacre¹¹. Il est encore dans le problématique, alors qu'il se croit déjà arrivé à la réponse. Platon nous le montre bien dans les dialogues aporétiques, en tant qu'ils sont aporétiques.

Il faut donc distinguer le processus de questionnement, qui a lieu au cours d'un entretien (= dialectique), et la controverse, dans laquelle il y a apparence d'interrogation et réalité d'une maîtrise¹⁰ de la part du sophiste détenteur des réponses quelles que soient (d'où l'indépendance dont je parlais précédemment) les questions. La Cité grecque, piégée par les apparences, assimilera d'ailleurs Socrate à un sophiste. Mais comment distinguer l'interrogation qui mène au savoir, de l'entretien qui ne vise qu'à la victoire sur l'autre¹⁰ comme réalisation de la maîtrise? Socrate ne procède-t-il pas par réfutation (*elenchos*), comme le sophiste qui s'abandonne à la dispute pour réfuter et vaincre l'adversaire? Comment distinguer dialectique et éristique, interrogation et affirmation issue de la controverse? Le problème est d'autant plus insoluble que le questionnement semble entaché par un paradoxe qui rend impossible la dialectique comme méthode d'acquisition du savoir: «il est impossible à un homme de chercher, ni ce qu'il sait, ni ce qu'il ne sait pas. Ni d'une part ce qu'il sait, il ne le chercherait en effet, car il le sait, et en pareil cas, il n'a pas du tout besoin de chercher; ni, d'autre part, ce qu'il ne sait pas, car il ne sait pas davantage ce qu'il devra chercher»¹². En vertu de ce paradoxe, le questionnement ne permet pas d'étendre le savoir, donc de l'acquérir.

Avec ce paradoxe du *Ménon*, on entre ainsi dans ce que Sir David Ross appelait la période intermédiaire (*middle dialogues*) du platonisme. L'analyse de l'interrogation, conçue comme identique à la dialectique, est centrée, certes, sur le problème éthico-politique de l'excellence (*aretē*) — comme le sous-titre du dialogue de *Ménon* l'indique bien — mais aussi sur le thème plus général de la dialectique comme processus cognitif. Il y a donc un glissement dans la conception de la dialectique. Pour le Socrate des dialogues aporétiques, la dialectique remplit une fonction critique et, comme je l'ai dit précédemment, une fonction épistémologique minimale. Platon semble se démarquer par rapport à Socrate — si l'on postule que le «vrai» Socrate est celui qui n'a rien écrit parce qu'il préférait ne rien affirmer, et privilégiait la question à la réponse — lorsqu'il met l'accent sur la réponse plutôt que sur la question, sur la résolution (la vérité, la science) plutôt que sur l'examen critique. La dialectique cesse alors d'être interrogative, mais devient bien plutôt *la* méthode pour parvenir à *la* réponse, à ce qui vaut en vérité et en réalité. Les interlocuteurs de Socrate vont se muer, au fil de l'évolution de la pensée platonicienne, en faire-valoir des thèses «positives» de Platon. Comme l'a montré Popper, Platon fera preuve, en matière éthico-politique, d'un autoritarisme qui n'aura finalement plus rien à envier à celui mis en cause par Socrate dans les dialogues aporétiques.

2. La dialectique et la méthode par hypothèses comme réaction au *logos* socratique

C'est dans le *Ménon,* et avec lui, que la signification de la dialectique se centre davantage sur la réponse et son acquisition que sur la question posée. Pour finir, Platon ne gardera que l'élément-réponse : les préoccupations platoniciennes concernant alors la question de savoir ce qui fait qu'une réponse est réponse. Le contenu objectif, la validation, le mélange des genres, la prédication, constitueront les thèmes principaux de sa démarche ontologique et métaphysique. Je ne puis, dès lors, rejoindre Richard Robinson, lorsqu'il écrit : «Le fait est que le mot 'dialectique' a une forte tendance, chez Platon, à désigner 'la méthode idéale, *quelle qu'elle soit*'. Pour autant qu'il s'agisse d'un titre honorifique, Platon l'applique à chaque stade de sa vie à ce qui semble être pour lui, à ce moment, la meilleure procédure (...). Cet usage, en plus du fait que Platon a réellement changé sa conception de la meilleure méthode, a pour effet que le sens du mot 'dialectique' subit une altération substantielle au cours des dialogues»[13]. Cette altération n'est en rien le fruit du hasard ni des caprices de Platon ; ce qu'il appelle chaque fois *dialectique,* et qu'il conçoit comme la meilleure méthode, est cela même qui mène à la réponse, une réponse étant supposée *vraie* pour être réponse, et la vérité se décidant en se portant au niveau du *réel,* on comprend que Platon se soit préoccupé d'ontologie et de métaphysique. Il est vrai que Platon évolue dans sa conception de la dialectique : il se sépare de Socrate en refusant de faire de celle-ci une simple méthode d'interrogation. Car, en n'étant que cela, la dialectique se limiterait à l'opinion. Elle n'atteindrait pas la vérité qui ne dépend pas de ce que savent (et veulent savoir) les questionneurs, ou de ce qu'ils ignorent. Elle ressemblerait trop à l'*éristique* tout en n'étant pas identique à elle. N'a-t-on pas pris Socrate pour un sophiste ?

La dialectique, conçue comme interrogation, ne mène qu'au savoir minimal qui affirme la certitude de l'ignorance. Elle ne fait pas avancer le savoir au-delà de ce constat de non-savoir. Le paradoxe du *Ménon* est clair sur ce point : questionner pour apprendre la vérité n'est pas possible. Si l'on veut comprendre comment l'acquisition du savoir a lieu, ce n'est pas en termes de questionnement qu'il faut la concevoir par conséquent. Ce paradoxe est considéré par Platon comme un sophisme, puisqu'il a conduit à montrer que l'on ne peut rien apprendre. Mais tout ce qu'il montre, en réalité, est l'inadéquation de la méthode socratique de l'interrogation, dès lors qu'il s'agit de fonder la vérité. Certes, on peut arriver à la vérité par le dialogue, mais rien, a priori, ne prouve qu'on l'a obtenue, rien, dans le dialogue même, dans le jeu questions-réponses, n'est garant que la réponse vaut effectivement comme réponse à la question posée au départ. La vérité dans le dialogue présuppose, comme condition minimale pour être obtenue, que les interlocuteurs soient de bonne foi : caractéristique subjective qui ne permet pas de distinguer objectivement Socrate d'un quelconque sophiste.

Apprendre la vérité, accéder à la réponse à la question posée au départ, n'est guère possible si l'on reste dans la sphère du problématique, lequel n'est qu'aporétique, par rapport à ce qui est recherché. La vérité ne s'obtient pas par le dialogue, même mené de bonne foi, et en dehors de toute ambition de maîtrise et de manifestation d'autorité. On apprend en réalité par réminiscence[14] selon Platon : on trouve en soi la vérité que l'on ignorait. Le dialogue n'est que l'occasion du rappel, comme le fait voir l'épisode de l'esclave dans le *Ménon.* L'interrogation, si chère à Socrate, devient désormais pour Platon le simple instrument pour faire surgir une vérité enfouie dans le fond de l'âme. La théorie de la réminiscence rejoint la devise « connais-toi toi-même ! » : en se souvenant de ce que chacun sait, il apprend ce qu'il ignorait, mais ce qu'il apprend ne lui est pas enseigné par un Maître. D'où le Maître tiendrait-il lui-même son savoir ? D'un autre Maître, et ainsi de suite à l'infini ?

Le débat dialectique, qui met en présence des interlocuteurs qui questionnent et répondent, n'est pas ce qui *fonde* le savoir, ce qui *justifie* les réponses *comme telles*. Au mieux, il n'est que l'occasion du souvenir pour celui qui veut apprendre. Dès lors que ce qui importe dans la dialectique est ce qui fonde les réponses comme telles, ce n'est plus le côté «réponse» comme telle qui compte, mais c'est la valeur justificatrice de l'énoncé qu'il devient nécessaire d'étudier. C'est donc ce qui ne renvoie plus au problématique, et éventuellement, à l'aporétique, qu'il faut envisager désormais, selon l'aspect qui supprime précisément la problématicité. Evacuer l'hypothétique de l'entreprise dialectique afin de mettre à jour le côté *apocritique* (*apocrisis:* la réponse) de ce qui se dit au cours du débat. Pour mieux voir l'intention qui anime Platon à ce stade-ci de sa démarche, il faut en revenir à Socrate.

Quelle est en réalité la conception du langage qui sous-tend le débat dialectique chez Socrate ?

Socrate donne l'impression qu'à l'inverse de ses interlocuteurs, il ne répond jamais et demeure éternellement au niveau de la question. En réalité, Socrate répond et réfute dans le dialogue, et le caractère aporétique des *Premiers Dialogues* ne porte pas sur la forme grammaticale du discours : la contradiction affirmée, que ne dépassent pas les interlocuteurs à la fin de ces dialogues, suffit à mettre en lumière et en évidence le problème (non résolu). La problématicité du discours ne tient pas tant à la structure interrogative — laquelle n'est en rien nécessaire pour signifier un problème quelconque — qu'à la structure même de ce que l'on appelle *dialogue*.

Qu'en est-il du *logos* dans le dialogue ? Les interlocuteurs qui participent au débat en se posant des questions et en y répondant au fur et à mesure mettent en œuvre un *logos* : ce faisant, ils se comprennent et avancent dans le débat, quitte à poser des questions supplémentaires si une incompréhension vient à poindre. Si chacun joue tour à tour (ou après un certain temps) le rôle de questionneur, chacun assume également (et en proportion inverse) la fonction de répondant. C'est en cela que la dialectique — comme entretien composé de questions et de réponses — réalise l'égalité absolue des interlocuteurs par-delà toute relation d'autorité éventuelle qui est évacuée du débat : chacun des interlocuteurs remplit le rôle de questionneur ou de répondant joué par l'autre un instant plus tôt. Ce *logos,* auquel les interlocuteurs participent en se livrant à l'entretien, est l'unité d'une différence : les questions sont prises comme telles, par différence d'avec les réponses qui sont aussi considérées comme telles, par chacun des interlocuteurs. Pour qu'il y ait dialectique, il faut qu'une proposition, donc en général, que le discours puisse être et réponse et question indifféremment, la différence apparaissant au cours de l'entretien. Quand je dis «question», je devrais peut-être préciser et dire «problème»: l'accent n'est pas mis sur le type de phrases, il ne s'agit pas ici de phrases dont la *forme* est interrogative [15], mais d'énoncés en général qui sont mis sous forme assertorique le plus souvent, quoique non nécessairement. On utilise d'ailleurs souvent l'expression «traiter une question», et on le fait effectivement sans faire appel à aucune phrase de forme interrogative, pour dire tout simplement «traiter un problème». De même, on dira «X demande si p», où «p» représente une proposition disant p, et ce que X pose en posant «p» est en réalité une question «p?». C'est «p» qui est en question, ce qui implique que l'assertion «p» peut devenir question, au sens de problème mis en question par X.

Le *logos* est donc *apocritique*, dans la mesure où il est le lieu de la réponse, et *problématologique*, dans la mesure où il dit ce qui fait problème, ce qui fait question (sous forme interrogative ou non). Une assertion qui est énoncée au cours de l'entretien peut devenir problématique et faire l'objet d'une question de la part de l'interlocuteur. Cette problématicité de l'assertion s'impose au questionneur qui la voit soumise à son jugement en tant qu'interlocuteur. Mais une telle conversion d'un énoncé, qui de réponse devient problème, est une même réalité du point de vue du *logos*, même si pour le questionneur elle fait question et que pour l'autre interlocuteur elle est réponse. Cette conversion présuppose une *convertibilité*: celle inscrite dans le *logos* même, qui peut être et réponse et question, problème, en tant que *logos*. Le débat dialectique met en présence un questionneur et un répondant — que chaque interlocuteur devient tour à tour — et instaure la différence entre le problématologique et l'apocritique. Ce qui vaut comme réponse dépend de l'interlocuteur qui l'affirme, et si cette réponse s'avère être un problème, cela ne le devient que pour *l'autre* interlocuteur. Cette unité apocritico-problématologique du *logos* est l'unité d'une différence réalisée tour à tour par les interlocuteurs dans la relation dialectique.

1. La conception du *logos* que Socrate met implicitement en jeu dans la relation dialectique implique la convertibilité de ce qui fait question en réponse, et vice versa. Cette vision du discours qui s'instaure explicitement avec Platon au travers de la réflexion sur l'activité discursive — *la dialectique* — laisse clairement apparaître le fait suivant: on peut résoudre un problème en le supposant résolu. Cette supposition est alors une *hypothèse*. L'hypothèse est, certes, une position de base dans le débat dialectique, mais elle est aussi, par là même, une conjecture, une assertion problématique (ce qui est son sens mo-

derne, que l'on oppose souvent, et à tort, au sens platonicien) puisque le débat dialectique vise à soumettre cette position de base à l'épreuve des questions et des réponses.

2. Si le processus de questionnement est identifié à la dialectique, non seulement le paradoxe du *Ménon* va détruire la portée cognitive de celle-ci, mais la réponse peut demeurer problème. Or, le savoir vise précisément à évacuer la problématicité. La dialectique est bien plutôt réminiscence, et non interrogation. Certes, celle-ci rend bien celle-là possible en tant qu'elle cause le choc de la souvenance, mais elle est comme une échelle qui permettrait d'accéder au premier étage d'une maison sans porte. Pas plus que l'échelle n'est la maison même s'il n'y a pas d'autre moyen pour pénétrer à l'intérieur de l'édifice, l'interrogation n'est cognitive.

Le fait que la réminiscence soit ce qui assure le progrès intellectuel, dans les dialogues comme le *Phédon*, la *République* ou déjà le *Ménon*, révèle à suffisance que Platon ne tient plus l'interrogation comme fondement et source de savoir. Elle est encore source du savoir, mais non ce qui fait que le savoir est savoir. Le fondement du savoir comme tel a ses ressorts psychologiques dans la réminiscence et ses ressorts logiques dans la méthode par hypothèses, que nous allons examiner.

Dans les dialogues dits de la maturité, la dialectique fondatrice de savoir n'aura plus rien à voir avec l'interrogation[16]. La conception du *logos* qui va alors prévaloir ne reposera plus sur le couple question-réponse, mais sera centrée sur la valeur objective de l'assertion. L'accent ne sera plus mis sur la présence d'un interlocuteur qui questionne et qui répond pour caractériser le *logos*. L'auditoire de Socrate devient inessentiel, à la limite il sert de faire-valoir aux conceptions de Platon. Le *logos* ne se conçoit plus à partir de la relation questionneur/répondant, l'interlocuteur devient le réceptacle du discours asserté. L'interlocuteur, dont le dialogue fait l'égal du locuteur par la discussion, se bornera alors à proposer des opinions dont il n'y a plus lieu de se préoccuper. «Pour le moment, dit le vieux Parménide, tu as encore égard aux opinions des hommes: ainsi le veut ton âge»[17]. Cet égard est essentiel dans la conception de la dialectique comme dialogue, et inessentiel dans une conception centrée sur l'assertion, telle que Platon la développe dans le *Sophiste* (261d-263d). L'énoncé n'est pas étudié comme réponse mais comme assertion, tout renvoi à la problématicité étant éliminé de l'analyse du savoir, du *logos*. Le jugement y est étudié comme tel, dans sa valeur objective de jugement vrai portant sur ce qui est en réalité.

Monopole du jugement, auditoire dont le rôle épistémologique est nul, tout cela mène à une conception dogmatique du discours et du savoir. C'est par la présence d'un auditeur qui questionne également que se trouve réalisée l'égalité des partenaires. Si l'auditeur assume seulement un rôle passif et se borne à n'être que le réceptacle des idées du locuteur, on ne peut plus guère parler de relation égalitaire ou de relation sans autorité.

Dans la période intermédiaire de l'évolution platonicienne, Platon situe encore le savoir, la dialectique, par rapport à l'interrogation comme occasion. Le Maître n'inculque pas un savoir à l'élève, mais se borne à lui fournir ce qu'il faut pour qu'il se souvienne. S'il en était autrement, le savoir du Maître ne pourrait que procéder à son tour d'un autre Maître, et ainsi de suite à l'infini. Dès lors, le Maître, comme l'élève, questionne et répond à propos d'une réalité indépendante dont le rapport dialectique est révélateur mais non créateur. C'est à la même vérité que la réminiscence s'attache, « aussi bien dans nos interrogations quand nous interrogeons, que dans nos réponses quand nous répondons »[18]. Le savoir qui a pour objet cette réalité ne peut donc être étudié à partir du rapport question/réponse, puisque cette réalité est indépendante de ce rapport. La question fait surgir le savoir (= la réponse) dans l'esprit du questionneur, il est déjà enfoui en lui, et ce qui fait qu'il est savoir ne dépend ni de la question qui, *hic et nunc,* le fait éclore, ni de la réponse à la question qui est tout aussi circonstanciée que la question. En clair, le savoir n'est pas vrai, parce qu'il supprime l'ignorance de tel ou tel individu, ignorance qu'atteste la question, mais il est vrai pour d'autres raisons, non subjectives.

3. On peut donc clairement établir la différence entre les *Middle Dialogues* et les *Late Dialogues* (D. Ross) en ce qui concerne les rapports entre dialectique, science et interrogation. Pour Platon, Socrate, quoi qu'il y paraisse, met en œuvre des réponses mais il n'évacue pas le problématique du *logos*. Le savoir semble impossible à acquérir par la dialectique conçue comme processus de questionnement (= comme dialogue). Platon admet encore qu'il faut questionner pour arriver au savoir, considéré comme réponse. La méthode par hypothèses permet de montrer l'évacuation de la problématicité du *logos*. Le savoir expurgé de tout renvoi à ce qui est question, on ne parle plus de réponses non plus. La dialectique cesse alors d'entretenir tout rapport au processus de questionnement. Elle devient la validation du *logos*. Dès lors qu'on étudie les réponses exclusivement, dans ce qu'elles ont de cognitif et d'objectif, ce n'est plus comme réponses qu'elles sont considérées mais comme jugements. C'est la période de maturité.

Venons-en à la méthode par hypothèses, liée, elle, au processus de questionnement.

Cette méthode part de l'interrogation, et d'un *logos* conçu à partir d'elle. Le but de cette méthode est de garantir l'obtention du savoir, de la réponse vraie. Cette réponse ne peut en rien traduire la problématicité, de telle sorte qu'une fois obtenue, la réponse ne peut plus faire question. En clair, cela signifie que la réponse vraie clôt le débat qui a amené la question initiale dont cette réponse est la réponse. A l'intérieur du débat, il y a échange de vues, les réponses avancées par les interlocueurs sont problématisées, et le débat progresse de la sorte. Avancer une réponse à une question, alors que la réponse va faire à son tour l'objet d'une nouvelle question, n'est rien d'autre qu'avancer une *hypothèse*, que l'on soumet ainsi à l'épreuve de la discussion. Le but de la dialectique, dans les *Middle Dialogues*, est de garantir un savoir, c'est-à-dire une réponse *anhypothétique*. La dialectique est la méthode de passage de l'*hypothétique* à l'*anhypothétique*.

Le recours à l'hypothèse est caractéristique d'une méthode couramment utilisée à l'époque de Platon, en mathématiques : la méthode *analytique*.

De quoi s'agit-il au juste ?

L'*analyse* consiste à supposer le problème posé au départ comme étant résolu, puis à régresser par déduction jusqu'à une proposition connue et vraie. La convertibilité du problème et de la réponse n'est possible qu'en raison de la nature apocritico-problématologique du *logos*, comme je l'ai montré précédemment. C'est cette convertibilité qui permet de considérer la proposition énonçant le problème en proposition-réponse. L'énoncé en question demeure hypothèse tant qu'il n'est pas démontré.

Il existe un autre procédé, également connu des mathématiciens de l'époque, qui est la *synthèse*[19]. La synthèse procède de manière inverse de l'analyse : elle part de ce qui est connu pour arriver à la solution du problème posé au départ. Ici aussi, il y a convertibilité de la proposition-problème en proposition-solution : le problème est présenté sous une forme assertorique, et la synthèse a pour objet de faire de cette assertion une conclusion d'un argument déductif. La convertibilité inscrite à l'intérieur du *logos* permet et l'analyse et la synthèse, puisque dans l'une et l'autre manière de procéder, on traite le problème à résoudre comme réponse : une réponse *hypothétique*, certes, le temps d'effectuer la déduction qui confirme l'hypothèse et la fait devenir réponse. Il existe néanmoins une différence importante entre l'analyse et la synthèse: l'analyse part du problème lui-même, tandis que la synthèse part d'une autre proposition qui est connue. Par conséquent, l'analyse est une méthode plus adaptée au débat dialectique conçu comme succession de questions et de réponses, de réponses et de questions. La synthèse n'est pas une bonne méthode de découverte dans la mesure où elle ne stipule pas comment il faut choisir la proposition de base, étant donné le problème à résoudre. L'analyse est plus «naturelle» dans la résolution des *problèmes,* tandis que la synthèse sert davantage à réarranger la déduction de telle sorte que les principes — auxquels on *aboutit* dans l'analyse — soient présentés en premier lieu, conformément à leur nature. La préséance de l'analyse, en mathématiques comme dans toute science, et la nécessité de la faire suivre d'une synthèse, sont clairement stipulées par Pappus: «... dans la *synthèse,* procédant en sens inverse, on suppose ce à quoi on est arrivé au stade final de l'analyse et, en arrangeant en ordre naturel comme conséquents ce qui se présentait comme antécédents auparavant, on arrive finalement à la construction de ce qui était recherché»[20].

Que l'on procède par analyse, ou que l'on procède par synthèse, on est pourtant obligé de supposer chaque fois vraie une proposition au moins. Dans l'analyse, on part d'une proposition qui fait problème et on la suppose résolue: de là, on en déduit une proposition connue. Mais une inférence peut fort bien être valable tout en ayant une prémisse fausse. Quant à la synthèse, elle part d'une prémisse indémontrée que l'on suppose vraie, mais qui ne fait elle l'objet d'aucune validation, de telle sorte que l'interlocuteur doit être d'accord avec celui qui fait la synthèse sur la prémisse: hypothèse, postulat ou axiome, la prémisse de la synthèse échappe elle aussi à la démonstration, et n'a de validité qu'à la suite d'une convention tacite ou expresse de la part des interlocuteurs en présence. Elle peut être connue comme vraie indépendamment, ce qui déplace le problème.

La conception que Platon se fait de la dialectique ne peut se réduire à l'analyse ni à la synthèse: la conception du *logos,* et donc du savoir, fondée sur l'interrogation autorise des réponses qui ne sont que des assertions de problèmes, et ce que Platon désire est précisément une conception de la réponse qui élimine tout renvoi éventuel à la problématicité du dire. Ni l'analyse — le mouvement ascendant vers les principes — ni la synthèse — le mouvement descendant des principes — ne produisent un savoir exempt de problématicité, dans la mesure où le point de départ demeure hypothétique dans les deux procédés de résolution. «Obligation donc, en toute matière et pour tout homme, de faire porter sur le point de départ le plus gros effort d'examen, en vue de savoir si c'est à bon droit, ou non, qu'on se l'est donné pour principe »[21]. Si l'on demeure dans le domaine de l'hypothèse, on croit trouver des réponses en produisant des inférences conformes à l'hypothèse, alors qu'en réalité, c'est toute l'inférence qui est hypothétique en raison du statut problématique de la prémisse. « Quand en effet le commencement est une proposition dont on n'a point le savoir, quand la fin et les propositions intermédiaires ne sont liées ensemble à partir de ce dont on n'a point le savoir, quel moyen y a-t-il de faire une vraie science avec un pareil système de propositions qui s'accordent ? »[22].

En quoi consiste la dialectique, et en quoi se différencie-t-elle de la simple analyse et de la simple synthèse ? En d'autres termes, comment peut-on atteindre le principe anhypothétique et évacuer de la dialectique toute problématicité ?

3. La dialectique, l'analyse et la synthèse

La dialectique platonicienne est sans aucun doute une méthode enracinée dans l'analyse, donc dans l'hypothèse. Elle part d'une assertion faisant problème, et en cherche tout d'abord les conséquences. « Puis, si quelqu'un s'en prenait à l'hypothèse elle-même, c'est à lui que tu signifierais son congé, et tu refuserais de lui répondre avant d'avoir examiné si les conséquences, qui partent de l'hypothèse dont il s'agit, sont entre elles consonantes ou bien dissonantes »[23]. La démarche dialectique vise à faire accéder l'esprit à la sphère de l'anhypothétique. Formellement, pour qu'un tel résultat se produise, il faut que l'inférence dialectique procède en passant d'une hypothèse à une conclusion telle que la conclusion soit aussi la prémisse d'un argument permettant de déduire l'hypothèse. La synthèse, qui inverse l'ordre de l'analyse, doit donc être entreprise *simultanément* dans le raisonnement dialectique. Il n'y a plus d'hypothèses dans une telle situation, puisque cela même qui sert de prémisse, de point d'appui, est en un autre sens, le terme final d'une autre chaîne de justification. Cela implique la convertibilité totale de chaque terme de cette chaîne A, B, ... Z, constitutive du *logos*: convertibilité de l'hypothèse en *solution* par la dialectique, c'est-à-dire par le mouvement analytico-synthétique.

Il faut bien distinguer la dialectique, telle que je viens de la caractériser *formellement,* de l'analyse *et* de la synthèse subséquente. La dialectique n'est pas simplement une analyse *suivie* d'une synthèse justificative: l'analyse n'est faite que pour autant qu'elle est synthétique en même temps. En clair, on n'infère pas B de A, et puis on vérifie que A est vraie en la déduisant de B, on infère B de A *en tant que* B est ce qui justifie A.

La dialectique est une synthèse qui présuppose une analyse, et une analyse qui présuppose une synthèse, et non une analyse étayée par une synthèse. La synthèse, dans ce second cas, se borne à réarranger explicitement l'ordre de l'analyse: au cours de celle-ci, on régresse jusqu'à des principes supposés vrais, tels que ceux-ci impliquent déductivement la conclusion à partir de laquelle l'analyse a procédé. Le but de la procédure analytique est de donner lieu à une synthèse subséquente. En effet, si Z est l'expression de l'hypothèse à vérifier, et A, la proposition à laquelle on aboutit par analyse, ce n'est pas pour s'arrêter à A que l'on a fait l'analyse. On suppose que A est vraie, on connaît A pour des raisons extérieures à la démarche analytique. Si l'on s'arrête à cette proposition vraie, c'est parce que l'on peut dire que, A étant vraie, Z l'est aussi. N'est-ce pas là une inversion de l'ordre analytique?

Une telle inversion est souvent effectuée par les mathématiciens eux-mêmes; ils se limitent rarement à la simple analyse[24]. Pourtant, on se souvient que Platon critique[22] la méthode utilisée par les géomètres et la différencie de la dialectique. La raison à cela est, à mon avis, que ni l'analyse, ni l'analyse suivie de la synthèse ne suffisent à faire abandonner le terrain de l'hypothèse: le géomètre régresse analytiquement jusqu'à une proposition dont la vérité demeure indémontrée, et tout ce que la synthèse fait, c'est inverser l'ordre de l'analyse aux fins de l'exposition des résultats. Ce faisant, le géomètre a l'illusion d'avoir validé son hypothèse elle-même, alors qu'en réalité, il la tient pour valable du début à la fin. Il faut savoir que c'est encore une hypothèse, et non une connaissance établie scientifiquement. Comment pourrait-il en être autrement, puisque l'analyse, comme la synthèse, ne peuvent opérer qu'à partir d'hypothèses? Le dialecticien, lui, le sait, et ne tombe pas dans l'illusion du vrai savoir, là où il n'y a qu'une position de base pour l'accord des interlocuteurs qui décident d'en tirer toutes les conséquences (c'est le sens du mot *hypothesis*, sens qui montre bien qu'il s'agit d'un concept issu de préoccupations dialectiques). Lui aussi, part d'hypothèses, mais il les considère comme telles, afin de les supprimer comme telles. Pour Platon, les deux procédés de la dialectique sont bien l'analyse et la synthèse, ainsi que l'indique le *Phèdre* (265d), mais ils sont utilisés de manière spécifique en philosophie. Platon admet que l'on part d'hypothèses, et qu'on procède par synthèse, mais pour se dégager d'un savoir provisoire, il est nécessaire d'intégrer ces deux mouvements au sein d'une démarche unique et globale, ascendante-descendante. Si l'on passait de l'analyse à la synthèse pour rendre compte de l'hypothèse sans effectuer un mouvement global intégrant l'analyse et la synthèse, « on s'empêtrerait, comme ceux qui pratiquent l'antilogie, à parler dans le même temps du principe aussi bien que de ce qui part de ce principe »[25]. La démarche dialectique n'est pas une analyse que l'on inverse ensuite en synthèse, mais une analyse qui n'est valable qu'en tant qu'elle *est* aussi synthèse : s'il faut justifier l'hypothèse pour la supprimer comme telle, « c'est la même procédure qui te servirait à en rendre raison »[26], et non *une* analyse et *une* synthèse. La dialectique doit d'emblée opérer sur l'anhypothétique, et le mouvement ascendant doit partir de lui[27], ce qui n'est ni le cas de l'analyse, ni celui de la synthèse, ni celui de l'analyse inversée en synthèse.

Il faut reconnaître qu'il n'est guère aisé de voir en quoi la dialectique diffère de l'analyse et de la synthèse combinées, ou encore d'admettre qu'elle puisse en différer. L'analyse, comme la synthèse, part de ce qui est problématiquement vrai et ne peut quitter ce terrain; toute réponse, dans une telle conception du *logos,* est susceptible d'être l'assertion d'un problème, assertion qui est, comme telle, l'expression d'une hypothèse servant de base à la relation dialectique. La dialectique, telle que Platon l'envisage dans les *Middle Dialogues,* semble au contraire être exempte de toute problématicité alors qu'elle n'est qu'un composé d'analyse et de synthèse. Mais l'analyse que l'on inverse en synthèse par la suite n'exclut pas davantage la problématicité du point de départ. Le fait de régresser jusqu'à une position de base n'a de sens que si celle-ci implique cela même qui a servi de point de départ à la régression. La position de base de la synthèse échappe au mouvement justificatif déduit. N'est-ce pas là ce que fait le mathématicien et que ne doit pas faire le dialecticien ? La solution qui reste est d'imaginer la dialectique comme la « synthèse » de ces deux mouvements en un seul, comme je l'ai moi-même suggéré. Mais dans ce cas, tout renvoi à ce qui est hypothétique étant exclu, le mouvement unique ascendant-descendant ne pourrait être qu'une reprise, qu'une duplication d'une analyse (et/ou d'une synthèse) opérée, elle, à partir d'hypothèses. Cela permettrait ainsi de comprendre pourquoi, selon Platon, on peut procéder dialectiquement sur l'idée de Bien, par un mouvement ascendant-descendant, sans faire de cet anhypothétique par excellence une réalité déduite sur base d'hypothèses. Le gros problème est de savoir comment s'effectue ce passage de l'analyse (combinée à la synthèse) à la dialectique, car ce passage rend possible l'évacuation de tout élément problématique du *logos.* La difficulté semble insurmontable : *ou bien* l'analyse et la synthèse sont d'emblée *apocritiques,* et l'on comprend mal la critique faite à l'encontre des mathématiques et la nécessité d'en différencier la dialectique, *ou bien* elles sont empreintes de problématicité, et l'on voit mal ce qu'aporte de plus la dialectique qui ne se compose de rien d'autre que d'analyse et de synthèse. On connaît la solution platonicienne : elle va consister à faire de la dialectique le lieu même de la justification du *logos*. Celui-ci, centré sur l'*épistémè*, est vidé *a priori* de toute problématicité. Il n'aura plus rien à voir avec l'interrogation ni avec la réponse. Ce sera un ensemble d'*Idées*. Platon, en ne parlant plus d'hypothèse et d'anhypothétique, aura expurgé la problématicité du *logos,* ce qui est une manière de montrer *de facto* que cela est possible.

Il ne faut pas oublier qu'à ce stade de l'évolution platonicienne, l'interrogation n'est que l'*occasion* de la réponse, ce qui l'amène à être proférée. Ce n'est en aucune façon ce qui la *fonde* comme réponse. Ce qui fait en sorte que la réponse vaut comme telle n'est pas à chercher dans sa nature de réponse, et si cette recherche s'appelle la dialectique, force est de voir que le renvoi au processus question/réponse est inessentiel à l'approche dialectique. L'ambiguïté des *Middle Dialogues* à ce sujet tient au fait que, d'un côté, Platon s'efforce de mettre à jour le processus par lequel on arrive à la réponse, et que d'un autre côté, en se centrant sur la réponse comme telle, tout ce qui n'est pas elle devient inessentiel, et le processus dialectique thématisé s'avère n'être en définitive que la justification du discours, indépendamment des questions qui l'ont fait naître comme tissu de réponses. Or, il est clair que ces deux processus diffèrent, ne fût-ce que parce que le second considère comme accessoire le statut apocritique du jugement, et que le premier lui attribue une fonction essentielle, puisqu'il y a renvoi aux questions.

Pour montrer que la dialectique fait sortir de l'hypothétique celui qui s'y livre, Platon va se consacrer à montrer comment le jugement est *fondé absolument* dans sa vérité de jugement, et va abandonner tout souci de montrer comment la dialectique fait accéder l'esprit de l'hypothétique à l'anhypothétique. La dialectique cessera d'être conçue comme une méthode d'interrogation permettant le passage des questions aux réponses — ce qu'elle devrait seulement être si l'on s'en tient à la conception du *logos* pratiquée par Socrate — mais elle sera une, ou plutôt *la* procédure de validation. L'interrogation philosophique meurt sans nul doute avec Socrate pour devenir ontologique, ou ontologico-métaphysique, avec Platon. La vérité, et la réalité, de ce qui importe en philosophie va désormais se trouver en dehors de l'activité questionnante.

La question de l'être des choses est la question socratique par excellence. «Qu'est-ce que X?», telle est la forme de cette question que Socrate adresse sans cesse à ses interlocuteurs. Pour mieux voir comment s'opère le passage d'une conception de la dialectique centrée sur l'interrogation à une conception ontologique, examinons le lieu même de l'intersection entre question et être qu'est la question socratique.

4. La question de l'être ou le déplacement du problème de la question à celui de l'être

Le surgissement de l'interrogation, chez Socrate, faisait éclore la dualité de l'ignorance, qui se prend pour un savoir, et d'un savoir, qui se sait ignorance. L'ignorance présente dans un savoir qui ne répond à rien est en fait une *apparence* de savoir, alors que le savoir qui est l'assertion de l'ignorance de Socrate est un savoir *réel*. L'interrogation socratique fait éclater l'*apparence* et le *réel*. Elle pose une pluralité, car *la* réponse s'inscrit dans un espace d'alternatives. L'interrogation naît toujours sur fond d'une multiplicité et le but de l'interrogation est d'avoir *la* réponse, c'est-à-dire *une* réponse. Supprimer la multiplicité par la réponse, supprimer l'apparence pour parvenir à l'unité, tel est le sens de l'interrogation chez Socrate. Le multiple est l'apparence posée par la question, et l'unité est le réel pensé par *la* réponse. Il en va ainsi pour toute question, car elle étale l'alternative et le multiple comme ce qui est à dépasser.

La question socratique par excellence porte sur l'unité des notions débattues au cours de l'entretien. Si l'on traite de X, Socrate demande toujours ce qu'*est* X. Toute question, quelle qu'elle soit, présuppose que le X dont elle s'enquiert est quelque chose, sans quoi la question ne viendrait pas à être posée. Toute question présuppose donc, à titre implicite, la réponse à la question socratique («qu'est-ce que X?»). Toute réponse à toute question vise l'unité, mais l'unité de la réponse n'implique en rien que la réponse porte sur l'unité. Parce que l'interrogation socratique cherche explicitement à démasquer l'apparence de vérité dans le discours, cette interrogation doit porter thématiquement sur l'unité de ce qu'elle questionne. Toute autre question vise certes l'unité à travers la réponse recherchée, mais cette unité est présupposée et dans la réponse et dans la question même, dès lors que celle-ci n'est pas la question socratique par excellence. Toute autre question vise l'unité, parce qu'elle sert à amener l'esprit à *la* réponse, et non pas parce qu'elle a elle-même pour objet ce qui est l'unité.

La question socratique par excellence, «qu'est-ce que X?», est donc celle dont la réponse est présupposée par toute question. Demande-t-on si la vertu est bénéfique, que l'on présuppose que la vertu est quelque chose, ceci ou cela? Une telle radicalité dans l'interrogation problématise tout, et c'est là le sens de la dialectique pour Socrate. Toute question, comme toute assertion en général, présuppose que X dont il est question dans un *logos* est quelque chose. Cela même est hors question dans le discours dès lors que la question traitée n'est pas la question socratique par excellence. Ce que X est présupposé et fonctionne comme étant l'objet de ce que l'on appellera plus tard un *jugement analytique,* et que les Grecs appelaient une définition (*horos*). Ce qui est analytique échappe au débat et se trouve littéralement *hors-question* : ce n'est pas là-dessus que doivent se prononcer les interlocuteurs, mais c'est *à partir de* cela qu'ils doivent se prononcer (= répondre) au cours de leur entretien. Ce sous-entendu, cet implicite généralisé, demeure un présupposé, une *hypo-thèse,* qui est susceptible d'une multiplicité d'interprétations. La question «qu'est-ce que X?» qui recherche l'unité n'est possible et posable qu'en raison de cette multiplicité. A priori, la question «qu'est-ce que X?» peut recevoir une infinité de réponses, le pronom «que» est *indéfini.* C'est cette multiplicité qui autorise la sophistique : le sophiste joue tantôt sur telle acception implicite, tantôt sur telle autre pour juger sur les choses dont il parle en public. La question socratique par excellence, en étant posée, vise à fixer, à expliciter une acception univoque pour tout le reste du débat.

Pour Socrate, cela même qu'est X est hypothétique dans tout jugement et pour *toute* question. S'il y avait une réponse à la question socratique par excellence, elle dupliquerait ce qui est précisément en question, à savoir que X est quelque chose, alors que c'est précisément ce qui est recherché. La réponse déplacerait la question sans vraiment la résoudre, et rien ne permettrait *a priori* de trancher entre un répondant qui affirmerait que la vertu *est* ceci et un autre qui soutiendrait plutôt que la vertu *est* cela. C'est l'affaire de définition. La question socratique par excellence ne peut que rester sans réponse, d'où le caractère aporétique de la démarche de Socrate dans les dialogues de jeunesse de Platon. On s'accorde sur le sens de l'*hypo-thèse* afin qu'elle serve à faire progresser les questionneurs dans le débat, mais cette hypo-thèse ne peut que demeurer hypothétique en fin de compte, ce qui implique qu'elle puisse faire l'objet d'un accord intersubjectif et non d'une vérification totale.

Pour Platon, semble-t-il, la question de ce qu'est X peut trouver une *réponse,* et c'est là le sens de la dialectique. Si l'on pose une question sur ce qu'est X, on présuppose une chose qui existe come X, la boue ou le ciel par exemple. Il y a un enracinement préalable dans le sensible, puisque la question de l'être de X porte sur X. Si la question de l'être des choses est celle qui a une réponse présupposée par toute question sur ces choses, elle n'en est pas moins dernière par rapport à la prise en considération de ces choses. On prend conscience des choses dont on demande ce qu'elles sont, et on en prend conscience avant de demander *ce* qu'elles sont, sinon il n'y aurait plus aucune différence entre demander ce qu'est le ciel et ce qu'est la boue; l'une et l'autre ne représenteraient qu'une inconnue, Y, dans les deux cas, et ce ne serait plus la boue comme telle, ou le ciel comme tel, qu'on interrogerait, mais une réalité Y confuse et indifférenciée.

La question «qu'est-ce que X?» *présuppose* donc l'antériorité d'un rapport au sensible, au X en question, même si elle *affirme* une antériorité, d'une autre nature: celle de la réalité sur l'apparence, du non-sensible sur le sensible, de l'unité sur la multiplicité. Cette *antériorité d'une autre nature* tient au fait que tout jugement et toute question sur une chose quelconque X présuppose que X *est* quelque chose, cela même dont la question socratique par excellence s'enquiert. Pour résoudre la question socratique par excellence, il faut donc effectuer un mouvement aller-retour du sensible, qui est antérieur pour l'homme, au non-sensible, qui jouit d'une antériorité d'une autre nature, afin de montrer en quoi le non-sensible est l'être, l'essence (*ousia*) du sensible interrogé. Il y a donc un double mouvement qui est l'analyse et la synthèse. L'esprit qui l'effectue procède par *réminiscence*. Celle-ci remplit un double rôle. D'un côté, c'est d'elle que procède le mouvement dialectique. Elle révèle un déjà-là vers lequel l'esprit revient. Ce retour vers l'antériorité arrive au terme d'une régression analytique opérée sur le sensible et débouche sur la position d'un terme premier, lequel ne peut être premier que pour un autre ordre que le sensible, ordre dont la synthèse assure l'explication *en liaison avec le sensible* (*dianoia*). L'affranchissement à l'égard du sensible se fait à l'issue de ce double mouvement par une opération supérieure de l'esprit (*noésis*) qui ne reprend que les réalités découvertes par anamnèse. L'anamnèse est la découverte d'un non-sensible, certes, mais faite à la faveur d'une relation sensible, ce qui la rend seulement préliminaire par rapport à la démarche dialectique telle que la conçoit Platon. La réminiscence fait prendre conscience que ce que l'on a appris et que l'on sait étaient enfouis dans la mémoire sans qu'on le sache. On sait ainsi qu'il y a quelque chose d'antérieur au sensible et qui le fait découvrir tel qu'il est comme sensible. Celui-ci sert de point de départ et d'arrivée.

D'où le second rôle de la réminiscence. Il est de déplacer le problème de l'acquisition du savoir du champ de l'interrogation à celui de l'ontologie. Par le contact avec le sensible, on apprend quelque chose, à savoir ce qu'il est, mais ce n'est pas de lui qu'un tel savoir procède.

Le souvenir fait apprendre ce qu'est le sensible comme quelque chose d'antérieur. En se souvenant, on sait qu'on savait, sans savoir, puisqu'on l'avait oublié. Le problème de l'acquisition du savoir devient celui des rapports entre le sensible et le non-sensible, lequel est appelé l'Idée et qui bénéficie de l'antériorité par rapport au sensible. L'Idée est ce qui fonde le sensible[28]. Elle est découverte par réminiscence comme étant ce qui est *en réalité* antérieur au sensible. Je dis *en réalité* car la question — je l'ai montré plus haut — présuppose pour Platon l'apparence comme multiplicité sensible, ce qui *fonde* la réponse comme vérité ne peut être que le contraire de l'apparence et du simulacre. La réponse fait apprendre cette causalité, ce rapport ontologique de ce qu'est X à l'égard de sa propriété de sensible. Ce qui fonde la réponse comme telle est donc de nature ontologique, et cela n'a rien à voir avec sa nature de réponse. La relation question-réponse ne met en œuvre que l'antériorité *pour nous,* et non l'antériorité en soi, posée par réminiscence comme étant d'une autre nature. La question, en général, témoigne toujours d'un écart, qui est, pour Platon, celui du sensible et de l'intelligible, alors que le but de la dialectique est d'évacuer de tout savoir le sensible, multiple et de réalité apparente. Comment faire, si les réponses du *logos* renvoyent toujours aux questions? L'*Idée*, elle, est commune aux questions et aux réponses[18], elle est ce qui est *hors-question* car elle est présupposée par toute question, ou répétée analytiquement par elle. Hors question, elle est une réalité extérieure aux hypothèses que sont les réponses susceptibles d'être des problèmes, et les problèmes susceptibles d'être des réponses. Si la réponse vraie, exempte de problématicité, ne l'est qu'en raison de l'Idée, de l'intelligible mis en œuvre, c'est celui-ci qu'il importe d'étudier, et seulement lui. C'est ce que fera Platon dans sa période de maturité, en mettant en œuvre une conception du langage, du *logos,* qui marquera toute la tradition occidentale subséquente. Cette conception ne sera plus conçue à partir de l'interaction dialectique — dont les mécanismes n'ont guère été étudiés par Platon — mais deviendra une échappée psychologique de la dénotation et un sous-produit de l'ontologie.

Le domaine de l'en-soi dans son rôle de fondation du sensible devient l'autre pôle de la philosophie en devenant théologie. La *métaphysique* d'Aristote tentera, vainement d'ailleurs[29], d'articuler la *théologie* sur la conception *ontologique* du *logos* centré sur l'assertion, issue de Platon.

5. La dialectique et la logique

La réminiscence situe l'acquisition de la vérité au niveau ontologique par la position des couples *antériorité pour nous/antériorité en soi, intelligible (Idées)/sensible, cause/effet* qu'elle implique.

Mais quel est le lien entre ces couples et la dialectique, dont la réminiscence n'est que l'introduction à proprement parler?

La question de l'être de X est la question essentielle de tout traitement dialectique de X. Qu'est-ce que X? Une telle question, dont la réponse est présupposée dans toute question sur X, possède a priori une infinité de réponses. Chacune de ces réponses est *équivalente* par rapport aux autres: «X est a», par exemple, peut autant se prévaloir d'être la réponse que «X est b». Rien ne permet de savoir, au simple jugé de la réponse, si celle que l'on a sous les yeux est la bonne. Il est donc nécessaire de poser des questions plus précises permettant de cerner le problème. Une réponse de type «X est a» à la question «qu'est-ce que X?» suppose que X est quelque chose et présuppose de ce fait l'existence d'un sensible. D'où la nécessité de se reporter au sensible pour obtenir la réponse. Car la question de l'être de X ne peut être que la dernière dans l'ordre des questions. Reposant sur une enquête sensible, cette question ne peut avoir de réponse qu'hypothétique eu égard à la vérité. Etant donné cette fatalité, peu importe par où commence l'enquête sensible sur X. Pour traiter de la question de l'être des choses, «on doit s'y entraîner sur de menus et plus faciles objets avant de le faire directement sur ceux qui ont le plus d'importance»[30]. Si l'on s'enquiert de la Beauté, peu importe la belle chose qui sert de point de départ sensible à l'interrogation. De manière générale, on peut formuler n'importe quelle hypothèse pour résoudre la question socratique par excellence, si on suppose que sa réponse contribue à la résolution de la question initiale. Ainsi, dans le *Ménon*, pour savoir ce qu'est la vertu, Socrate demande si elle s'enseigne (86 d). Il faut bien voir que toute réponse sur la vertu, ou sur un X quelconque, présuppose que la vertu est quelque chose, et si l'on peut répondre à une question particulière sur la vertu, c'est pour pouvoir expliciter *en retour* ce qu'est la vertu. Mais il est clair que ce qu'est la vertu ne peut être dit qu'hypothétiquement, puisque tout dire sur elle présuppose cela même qui est en question, puisque toute réponse sur ce qu'elle est présuppose précisément ce qu'elle est, et ne peut donc consister qu'en une duplication du problème à résoudre. Il n'y a pas de démonstration possible de l'essence, dira Aristote.

Pour Platon, on peut néanmoins obtenir la validation d'une assertion sur l'être de X. Une fois que l'on a formulé une hypothèse sur ce qu'est X, on retourne au sensible par la méthode de la division. «C'est au rebours d'être capable de fendre l'essence unique en deux selon les espèces en suivant les articulations naturelles»[31]. On obtient ainsi ce qui est le propre du X traité, et ce qui lui est essentiel (*Sophiste* 264e). Une fois que l'on a les Idées successives, on refait ce qui a été fait sur le sensible, mais avec seulement de l'intelligible. C'est le Même qui doit se dire, et que l'on retrouve ainsi. La dialectique retrouve ce qui a été analytiquement et synthétiquement appris mais n'en garde que l'intelligible. Le *logos* est gouverné par l'exigence d'*identité*. Et ce qui se dit doit se dire comme justifié, comme non problématique, c'est la seconde exigence *logique,* qui devient elle aussi le propre du *logos*: l'exigence de raison suffisante. L'identité a pour corollaire la non-contradiction: en exigeant une réponse, le questionneur veut un terme de l'alternative composée par les réponses *possibles*, une réponse parmi *toutes* les réponses possibles.

La question de l'être de X amène le questionneur à quitter le terrain sensible, ce qui l'oblige donc à faire de l'être un domaine régi par de tels principes, qui sont les principes de l'intelligibilité même, et de la discursivité propre à la tradition occidentale.

6. La mort du questionnement comme constituant et ses conséquences sur le destin de la pensée occidentale

Avec Platon, c'est le questionnement qui meurt, lentement et inexorablement. De constituant essentiel de la démarche philosophique, avec Socrate, il sera relégué à un rôle, assez accessoire, de mécanisme psychologique et rhétorique. Ce faisant, Platon aurait-il commis le «meurtre du père»? Ce n'est malheureusement pas si simple, dans la mesure où Socrate s'était barré toute conceptualisation du questionnement, et qu'en s'efforçant d'y accéder, Platon a abandonné celui-ci dans la constitutivité fondatrice à laquelle la rupture socratique aurait dû normalement conduire.

Le reproche fait à Socrate est avant tout de ne s'être guère préoccupé du répondre, de s'être même interdit la possibilité de celui-ci, qu'il pratiquait pourtant. D'où son refus de l'écriture. Socrate, en un sens, est cohérent: questionner, pour lui, ne vise pas à obtenir la réponse mais à montrer que ceux qui prétendent l'avoir se trompent. La question demeure intacte à la fin de l'entretien, mais pas l'interlocuteur. Il y a même une positivité dans l'aporie socratique, dans la mesure où elle seule permet de distinguer Socrate du sophiste. Socrate démasque les fausses réponses que le sophiste propage, car il *sait* qu'il ne *peut* répondre, qu'il ne sait *rien*. Le *logos* socratique *doit* rester problématique et ses réponses, demeurer questions. Si le questionnement du sophiste est purement rhétorique, en ce qu'il sert de prétexte à des réponses préexistantes, celui de Socrate, par contre, empêche tout répondre. Ses réponses ne sont là que pour la mise en question, elles l'expriment, tout en étant impossibles *comme* réponses.

La différence problématologique, ainsi rabattue sur l'une de ses dimensions — en l'occurrence ici, les questions à l'exclusion des réponses — ne pouvait accéder au concept. L'écart entre une pratique, qui se distribue selon les deux niveaux du questionnement, et un théorique, absent, certes, dans le cas de Socrate, mais qui peut se lire quand même, s'est imposé à Platon. A quoi sert de questionner si ce n'est pour obtenir des réponses?

Quelle sera l'attitude de Platon face à cette objection? Il fera porter tout le poids de son attention sur le répondre. Qu'est-ce qui fait qu'une réponse est réponse? En posant une telle question, c'est la justification qui va forcément passer à l'avant-plan. On pourrait croire que ce qui justifiera le répondre le caractérisera, malgré le déplacement logico-épistémologique que résume le concept de justification, par rapport aux questions, puisqu'il s'agit du *répondre,* notion qui renvoie, dans sa formulation même, à la question. Pourtant, Platon ne suivra pas cette voie. Car il pense qu'une réponse ne se réfère qu'à une question résolue, laquelle disparaît de ce fait. Dès lors, ce qui justifie une réponse ne tient pas à la question qu'elle résout; celle-ci ne se posant plus, elle n'expliquera rien. Le répondre doit pouvoir se justifier par lui-même, systématiquement; non pas comme répondre, mais comme tissu de *jugements.* Le jugement, c'est la réponse dont on évacue tout ce qui la constitue comme réponse: par la forme, ils ne se différencient pas. Ce qui est de l'ordre de la réponse *comme telle* devient inessentiel, secondaire, et paradoxal, même, si l'on conserve au questionnement sa fonction cognitive, assumée désormais par la coordination déductive des jugements.

La dialectique débuta par le dialogue, l'interrogativité en acte, et elle devint science. Ce fut là le grand tournant de la philosophie occidentale: le culte de la science n'a pas d'autre origine que le déplacement de l'interrogation en scientifisation du pensable. Mais c'est d'un refoulement qu'il s'agit car le philosophe, par ce transfert d'intérêt, a pu croire que la justification, le logico-épistémique, était la seule manière d'aborder l'interrogativité de l'esprit qu'il ne parvenait pas à conceptualiser comme telle. Si Socrate s'est trouvé dans l'incapacité de formuler le problématologique, Platon ne le pourra davantage, pour la même raison en quelque sorte : le privilège donné à une seule des deux dimensions de la différence problématologique. Celle-ci alors s'estompe, et avec elle, le questionnement comme tel, qui doit trouver « résolution » d'une manière ou d'une autre, mais toujours déplacé, refoulé. Platon fera du *logos* un in-différent problématologique, perpétuant autrement le paradoxe du *Ménon* qu'il pensait éviter en récusant toute constitutivité au questionnement. Platon s'est donc efforcé d'aller chercher ailleurs cette constituance et l'épistémologique cessera d'être caractérisable problématologiquement, comme le message de Socrate aurait pu le laisser à penser. Le paradoxe du *Ménon* n'est en réalité que le résultat, sinon le constat de l'in-différence problématologique. Ce paradoxe en est la pure explicitation. Pensez cette différence, et le paradoxe s'estompe. Je sais alors ce que je cherche en tant que cela fait *question* et je l'ignore en même temps parce que, sinon, je ne me la poserais pas : ce qui fait question n'est pas réponse mais au contraire la rend nécessaire. Faisons l'économie de la différenciation ci-dessus, et le paradoxe s'imposera inévitablement. A celui-ci correspond d'une certaine façon le Mythe de la Caverne. Si l'on connaît la vérité, on ne pense plus devoir l'apprendre. Si on l'ignore, on ne peut davantage l'acquérir. On sait, ou on ne sait pas. Apprendre est impossible dans ces conditions : ceux qui ne savent pas ne se souviennent pas de ce qu'ils savent sans le savoir, rien ne sert donc de leur communiquer la vérité, elle ne forcera la porte en aucune manière. Comment pourraient-ils chercher ce qu'ils ignorent, et comment pourraient-ils savoir qu'ils l'ignorent?

La théorie de la réminiscence est-elle la bonne solution à ce paradoxe? Elle ne fait que le répéter : si je sais ce dont je dois me souvenir, je n'ai plus besoin de faire appel à ma mémoire; et si je l'ignore, comment puis-je me le rappeler? Platon n'a pu répondre à ce nouveau défi qu'en gardant au questionnement un rôle minimal. Par les questions que l'on se pose, qui se posent à nous au travers des multiples circonstances de la vie, l'âme fait affluer à la surface ce savoir enfoui depuis toujours. Le questionnement a ainsi le rôle de cause occasionnelle en ce qu'il a pour fonction d'actionner le mécanisme de la réminiscence en le circonstancialisant. Il n'est plus besoin de penser la différence problématologique dans un tel cadre théorique : ce qui est dans la question est ce qui se trouve dans la réponse, indifféremment; si différence il y a, elle est de l'ordre du temporel, du passage inessentiel par rapport à l'éternalisation du savoir acquis, passage aussi parce qu'il marque simplement le fait que l'on se souvient de ce que l'on avait oublié, et que l'on a besoin, en l'occurrence, d'avoir *présent* à l'esprit.

Le « *ce que* » que l'on trouve dans la question comme dans la réponse est bien sûr un fondement, *ce qui fait que* la réponse est plutôt qu'elle n'est pas, opposition que l'on capte par celle d'exclusion mutuelle du *vrai* et du *faux*, ce qui fait que X *est* ceci et pas autre chose (l'essence). Mais il y a plus : c'est l'ontologisation du répondre en tant qu'abolition de la différence problématologique, du problématologique inassumable comme tel, qui est en œuvre ici. L'ontologie est le produit du déplacement-refoulement du questionnement comme tel en tant qu'elle est réponse à la question non posée du questionnement. Quand Socrate demandait, par exemple, ce qu'*est* la vertu, il n'escomptait pas de réponse qui ne fût contradictoire. Platon, qui a une théorie de la réponse, a forcément une théorie de l'être, laquelle réduit le répondre, le rend occasionnel, rhétorique. *La possibilité même du dépassement socratique dans une conceptualisation du répondre comme jugement implique l'ontologisation du pensable* car, pour répondre sur ce qu'est X, il faut présupposer que X *est* et que c'est sur cet être qu'on s'interroge au fond. L'ontologie est le discours problématologique que la philosophie ne peut tenir, elle ne provient de rien d'autre que de l'impossibilité, pour le philosophique, de prendre en charge la différence problématologique. L'analyse et la synthèse font toujours référence à des problèmes; la dialectique, c'est la même chose moins cette référence. L'ontologisation de l'interrogation philosophique la réduit à une démarche épistémologique, non qu'il faille négliger celle-ci en philosophie, mais c'est elle qui néglige le philosophique en propre lorsque la justification des jugements devient modèle absolu. D'où le problème du commencement anhypothétique, qui doit répondre aux mêmes exigences d'apodicticité que les autres propositions, et surtout, qui doit simplement *être* pour que l'on soit hors du problématique. La réminiscence occupe ainsi un stade intermédiaire dans la conception de la dialectique chez Platon. N'a-t-il pas avalé le questionnement, même réduit, important par là toutes les critiques adressables à Socrate fort justement? Chez Socrate, la différence problématologique indicible se matérialise dans le tour de rôles questionneur-répondant des partenaires d'un dialogue réfutatoire. Platon ne se soucie plus de la différence, qu'il « assume » en se préoccupant exclusivement du répondre, pour finir par ne plus s'intéresser qu'à l'activité judicatoire, logico-ontologique. L'économie d'une pensée du questionnement peut être faite, puisque ce n'est plus en ces termes-là que la progression constitutive de l'esprit se pose désormais. Voilà pourquoi on peut parler d'*assumer* : Platon répond au défi en changeant de terrain de bataille. Implicitement, le questionnement hante la démarche platonicienne comme l'ombre de Socrate. Après tout, une question reflète un état d'ignorance à dépasser, et ce que l'un ne sait pas peut être connu par un autre, d'où le caractère subjectif de la question que l'on pose. Si le savoir est objectif, comment pourrait-il alors s'expliquer en termes de questionnement? Est-ce que Platon évite le reproche en assignant au questionnement la fonction purement psycho-rhétorique qu'il lui attribue? Clairement non, car il est impossible de ne pas prendre conscience que la dialectique, pour Platon, répond au défi socratique en ce qu'elle se veut *résolutoire;* c'est donc qu'elle a partie liée aux questions dont elle se veut absolument indépendante par le propositionnalisme que la dialectique veut promouvoir. Mais elle est résolutoire de problèmes qu'on n'a plus le droit de poser, puisque tout se *résout,* par *analyse,* en propositions, comme si aucune question ne se posait plus, une fois qu'on se situe d'emblée dans un ordre qui les exclut; alors que cet ordre est né du besoin de les traiter. Le paradoxe va resurgir au niveau du rapport de l'analyse et de la synthèse, ainsi qu'à celui du statut consécutif de la dialectique.

Avant de voir ce point en détail, il est bon de penser avec soin le doublet ontologie-épistémologie, car on oublie trop souvent, depuis Heidegger, qu'ils sont indissociables *en nature.* On échoue toujours à vouloir se débarrasser de l'une contre l'autre, car elles sont nées d'une même démarche. On peut s'étonner de voir mêlés, assez indisctinctement chez Platon, l'épistémologique, au travers du rôle du justificatoire qu'illustre le paradigme d'alors de la science, la géométrie, et l'ontologie. La vérité et le fondement de cette vérité constituent la charnière de cette interaction. On est en droit de penser d'ailleurs que Platon n'aurait pas scindé les domaines. Le fait qu'une proposition soit vraie est qu'elle n'est pas fausse, l'identité, analytique, est ici l'expression fondatrice, «logique». La vérité justifie la proposition comme telle dans son statut même de proposition. Certes, la quête épistémologique n'est pas nouvelle, encore que chez Socrate le questionnement était d'ordre éthique. Mais c'est sa fonction de modèle qui l'est, et elle le tient de l'ontologisation comme seul moyen de surmonter l'incapacité platonicienne de penser comme telle la différence problématologique. Est-ce à dire que l'ontologisation est première dans ce mouvement d'indifférenciation problématologique? Dans la mesure où l'accent se trouve mis sur ce qui *fait* le répondre dans son autonomie, on doit dire que c'est plutôt la constitution d'un ordre de jugement comme «réponse», occulte comme telle, au défi problématologique qui va cristalliser simultanément l'épistémologique et l'ontologique. Il n'y a pas de prééminence, mais le fait est que l'on peut prendre la démarche par l'une ou l'autre de ses conséquences, et faire de celle choisie la première. Ceci encore révèle l'ignorance du problématologique quant à son rôle moteur à l'égard de ces multiples effets dont on n'a pas fini de mesurer toute l'ampleur.

Le tournant platonicien a été décisif à cet égard. Il a imposé un modèle du pensable désormais inassumable : 1. le souci ontologique est devenu la seule réalité métaphysique possible ; 2. souci qui est indissociable de l'épistémologique, en ce que le jugement refoule toute interrogativité (d'où son autonomie) au profit d'une essence qui justifie ce qu'il dit comme étant vrai, et non pas faux. L'essence est fondement, et par là se rejoignent la justification du jugement et l'ontologisation du répondre qui le supprime *comme* répondre. Si le jugement est autonome, il est susceptible d'être vrai, et il peut dire ce qu'il dit en ceci que *ce qu'*il dit est ce qui rend raison de lui, et cela seulement. *Ce qui fait* que le jugement dit ce qu'il énonce *en vérité* tient alors à l'*essence* de ce qui est dit, et fonde par là cette vérité en raison. Il est clair que l'ontologique et l'épistémologique sont inséparables et qu'il est vain de vouloir les scinder. Si le *souci* est différent dans les deux cas, il faut bien voir qu'ils répondent à la même in-différence problématologique, à la même exigence de refoulement du problématologique et que perpétuer ce dernier ne redonnera pas vie à une métaphysique, qui demeurera, dans sa *forme* de *souci*, de l'ontologie. Et Kant, on l'a vu, se prête bien à la double lecture, mais on ne peut la casser à l'avantage de l'ontologique ou de l'épistémologique. Le dépassement, pour être radical, doit lui-même se questionner dans sa propre nécessité, et pour ce faire, renoncer à l'ontologisation du métaphysique, comme à son épistémologisation. La question de l'être, coupée de son corrélat épistémologique, n'est qu'illusion, et elle se trouvera toujours opposable à la question du connaître comme voie d'accès à interroger préalablement. Inversement, la question de l'être peut à son tour lui être privilégiée car l'on ne connaît jamais que ce qui est, et connaître le connaître revient à déterminer l'être du connaître. On n'en sort pas. Dès lors qu'il y a hypothèse de fracture possible, il y a lutte sans vainqueur. Cela peut sembler étonnant aujourd'hui de voir couplés l'ontologique et l'épistémologique. Ils fonctionnent distinctement, mais leur genèse est la même. Quant à ce qui les distingue, ce sont des règles de fonctionnement à découvrir, et l'on ne cherchera cela qu'avec Aristote qui va les séparer nettement en domaines propres. Avec la question corrélative : la connaissance appropriée à l'être, comme « nouvelle métaphysique », peut-elle donner à l'ontologie un statut scientifique, étant donné que la différence d'objet ne veut pas dire éclatement correspondant du mode d'accès, puisque l'épistémique est la norme cognitive généralisée à tout *logos* ?

En tout cas, ce que la dialectique platonicienne nous a permis de voir a trait aux conséquences de l'indifférence problématologique. Prendre le paradoxe du *Ménon* pour un simple sophisme, c'est se reconnaître le droit de ne pas le prendre au sérieux. Faute d'expliciter l'interrogativité, on en déplacera le paradoxe — qui résulte de sa non-explicitation dans un discours où le problémato-logique serait différenciable, identifiable — et l'on condamnera la solution qui répond à l'exigence d'expliquer ce que le questionnement assure à n'être pas solution. Le problématologique, d'impensable, va se formaliser autrement, par le biais d'un réducteur, puisé aux sources riches du modèle propositionnel, qui ne pourra pas évacuer la réalité qu'il ne peut concevoir comme telle puisque ce réducteur a la mission de l'abolir tout en l'intégrant.

L'analyse et la synthèse ont joué un rôle déterminant dans la constitution du savoir philosophique depuis les Grecs. Platon le premier en a proposé l'articulation comme *méthode* de résolution philosophique, méthode d'où, pourtant, toute problématicité serait extirpée. Mais Socrate rebondit sans cesse, et l'on retrouvera la réalité interrogative, déguisée, occultée, et paradoxalisée dès la dialectique platonicienne. Seule la démarche d'Aristote sera cohérente, mais le prix exorbitant. L'analyse et la synthèse, intégrées comme *dialectique* chez Platon, nous font voir cependant un trait caractéristique du questionnement philosophique : il constitue son objet par sa propre constitution, et par là, il donne quand même corps à un aspect essentiel, non contradictoire, du problématologique, même dans sa négation. A savoir, son incontournabilité.

7. L'analyse et la synthèse comme réducteurs problématologiques primaires dans la tradition occidentale

Ce qui va se passer avec l'analyse et la synthèse est exemplaire, en ce que leur apparition comme fonctions résolutoires, dès Platon, va être déterminante dans tout le mode de philosopher qui va suivre.

Socrate se différencie d'un sophiste quelconque non par l'exercice de l'interrogation, qui leur est commun, mais par la non-réponse qui la clôture, si l'on peut dire. Avec Platon, on retombe sur le même souci de la réponse qui anime le sophiste, ce qui fait que Platon, pour s'en démarquer, se doit de refouler l'interrogation hors du champ théorique qu'il instaure. L'analyse, comme la synthèse, sont des modes de résolution. L'une part du problème résolu, l'autre se donne une médiation pour arriver à cette solution, qu'elle ne peut poser d'emblée. Le but est le même, ce qui les a fait considérer, l'une et l'autre, comme substituables et non comme complémentaires, puisqu'il s'agit, dans les deux cas, d'aboutir à la solution du problème envisagé. La dialectique, pour Platon, c'est l'analyse et la synthèse combinées en dehors de toute référence aux problèmes à résoudre : on est là en présence d'un mouvement qui se soutient de soi-même, grâce à l'autonomie propositionnelle. D'où ce fameux « monde platonicien » des Idées qui existent par soi, et qui sont les vrais objets, ce qui est demandé et ce qui est dit à la fois au sein d'un même *logos* qui annule la différence. Réponse et question sont convertibles, et cela permet de poser un problème au travers de sa résolution, comme c'est le cas dans l'analyse. La géométrie s'appuie sur cette convertibilité, que pratiquait d'ailleurs Socrate dans la mesure où les réponses qu'on lui proposait dupliquaient indéfiniment la question initiale dans une problématicité déguisée, certes, mais insurmontable.

Platon prend ses distances à l'égard de l'analyse, chère à la géométrie, précisément en raison du caractère hypothétique de ses résultats. On dirait plus exactement problématique, dans notre terminologie, mais l'idée est bien sûr la même, car il s'agit de définir un savoir, qui ne peut être, comme tel, hypothétiquement (problématiquement) vrai mais doit l'être absolument, sans possibilité de doute, d'alternative propositionnelle possible. Un savoir hypothétique représente une vérité supposée, c'est-à-dire un discours dont on *ne* peut *pas* dire qu'il soit vrai : il n'est donc pas plus vrai qu'il n'est faux. Et que signifierait encore un savoir qui ne serait qu'hypothèse ou enracinement dans l'hypothèse ? La réponse à cette question est claire depuis Platon, une telle idée renferme une contradiction dans les termes. Une connaissance qui ne serait que conjecturale à propos de ce qu'elle connaît se détruirait d'elle-même dans ses prétentions cognitives. Car un savoir qui ne serait que possibilité de vérité contiendrait *a priori* l'erreur, la non-adéquation au réel qu'il affirme par ailleurs décrire sinon expliquer. Un tel savoir du réel pourrait être adéquat à ce réel tout en ne le décrivant pas en vérité, tout en se révélant non-savoir. Mais en quoi a-t-on encore du savoir si celui-ci, par sa problématicité intrinsèque, ne sait du réel qu'il connaît que ce qui, n'étant que possible, ne peut être, par définition, le réel même ? Le savoir du réel doit représenter ce qu'il dit en savoir, ce qui implique qu'il ne peut y avoir la possibilité de non-adéquation si ce savoir est réellement savoir adéquat à ce qu'il sait. Ce qui est doit donc être et ne peut pas ne pas être, dès lors qu'on connaît *ce* qui est.

Tel est le statut de l'*épistémè* depuis les Grecs. La problématicité ne peut y apparaître, et cela sera le sort désormais réservé à la connaissance, d'une part, et au questionnement, d'autre part.

La connaissance est alors l'élimination des alternatives, dont s'autorisent pourtant le doute ou la croyance, et l'on pense à la célèbre opposition que reprend Descartes dans sa lettre à Regius[32], où il met en parallèle le doute et la science, l'une étant définie par rapport à l'autre en raison même de ce que nous appellerons un rapport de problématicité inverse. La procédure par élimination n'est d'ailleurs rien d'autre que la démonstration par l'absurde, dans la mesure où, d'un problème qui s'exprime par l'alternative, on rejette à bon droit l'un des termes, ce qui en vérifie *ipso facto* la validité de l'autre. Ce qui compte n'est pas le problème posé : on ne peut rien connaître de positif du fait de la problématisation. Ce qui importe, au contraire, est le traitement des propositions contraires, considérées en elles-mêmes et pour elles-mêmes. La cohérence par élimination du contradictoire devient par conséquent la *seule* norme de vérité. La réfutation, si chère à Socrate, a donc définitivement changé de signification. La dialectique devient ce qu'elle sera depuis, non un rapport enraciné dans le dialogue, mais une positivité émergeant de la contradiction qui fait ressortir le résultat de l'élimination de son contraire.

Le reproche de Platon à l'encontre des géomètres est fort édifiant à cet égard. Il ne critique pas le fait qu'ils utilisent la méthode hypothético-déductive lorsqu'ils font de l'analyse et de la synthèse, puisqu'il n'y a pas moyen de faire autrement que de partir d'une hypothèse, d'un problème que l'on *suppose* résolu, c'est-à-dire d'une solution purement hypothétique, problématique et, comme telle, dépourvue de vérité indubitable. Ce que Platon souligne est que les utilisateurs de la méthode analytique ignorent ce fait et pensent opérer à partir de certitudes. Mais se sont-ils jamais interrogés sur le point de départ en tant que celui-ci ne devrait plus faire problème pour vraiment être tel ? C'est de cette préoccupation que date également l'identification de la philosophie à la recherche du point de départ comme premier principe absolu, souci que l'on retrouvera aussi bien chez Aristote que chez Descartes, mais non comme réelle *question*.

Ainsi, lorsque Platon parle de la géométrie, il rappelle bien que « l'âme est contrainte d'user d'hypothèses pour conduire sa recherche, elle ne remonte pas jusqu'au principe, car elle est impuissante à dépasser le niveau des hypothèses »[33]. Si l'on ne peut faire l'économie des hypothèses, que peut-on faire que ne fait déjà la géométrie ? « Le discours seul, grâce à sa puissance dialectique, peut atteindre au principe du tout en traitant ses hypothèses non comme des principes mais comme de réelles hypothèses »[34]. Au fond, il faut évacuer l'hypothétique et non travailler avec lui. D'où l'instauration de la dialectique qui va combiner la synthèse à l'analyse au lieu de les considérer comme deux possibilités *équivalentes* de déduction. Si l'on sait que l'analyse requiert la synthèse, c'est en raison de la simple nature hypothétique de la démarche analytique, qu'il faut assumer comme telle, pour pouvoir la dépasser dans la dialectique qui permet d'opérer en dehors de toute problématicité. Le point de départ est ontologiquement distinct de l'hypothèse, puisqu'il en est, en quelque sorte, la négation. La pensée pure fonctionne en dehors de toute question, elle est alors le vrai savoir, le point d'arrêt dans la gradation et la perfection.

Si la géométrie se contente d'hypothèses, cela provient du fait qu'elle se satisfait de l'analyse ou de la synthèse, qu'elle juge donc d'égale valeur pour la déduction qu'elle produit. Pour Platon, si l'on doit bien partir d'hypothèses, on ne peut en rester là; l'analyse ne peut suffire parce qu'elle se *donne* le problème résolu à titre d'hypothèse.

Analyse et synthèse ne sont pas substituables. Quelle est alors leur relation exacte? La réponse à cette question, on s'en doute, permettra de comprendre la contradiction entre l'impossibilité d'un savoir qui ne parte pas d'hypothèses et la nécessité qu'il y a, pour le savoir, de ne rien avoir en commun avec elles, puisque la problématicité n'empêche pas l'erreur et par conséquent, le non-savoir.

La dialectique comprend, en plus de l'analyse, la synthèse qui fait revenir la pensée sur ses pas, en donnant une *justification* — ou une réfutation — à l'une des deux réponses contradictoires que l'on suppose vraie, à l'une des deux *propositions* dont on doit décider si elle est réellement vraie, et connue comme telle, ou si elle ne l'est pas. On déduit des conséquences qui sont les conditions de vérité de cette déduction, ou plutôt, du principe de cette déduction, principe qui se trouve alors vérifié du fait que l'on est retombé sur une proposition connue comme vraie dont lui, et non l'opposé, découle. Le tout est donc de dériver ce principe de la synthèse car, autrement, l'analyse ne pourra pas échapper à la problématicité de son point de départ.

Tout ceci semble assez simple, en fin de compte, en tout cas sur le plan théorique, même si appliquer cette double démarche requiert de l'intuition dans chaque cas spécifique. Mais en tant que démarche de raisonnement, ni l'analyse, ni la synthèse, ni leur emboîtement ne donnent l'impression de susciter une quelconque difficulté.

En est-on si sûr? Examinons les choses de plus près. Pour que la proposition posée à titre d'hypothèse soit vérifiée, donc assertée comme vraie, il faut que l'on déduise, par l'analyse, la proposition initiale de la synthèse, laquelle est l'inversion de l'ordre analytique. Si l'on ne peut inférer n'importe quelle proposition mais bien celle qui sous-tend la synthèse, on doit bien en conclure que la synthèse se trouve alors contenue dans l'analyse. Elle n'en est pas logiquement séparable, et Platon a raison d'objecter aux géomètres la non-indépendance des deux processus. Mais le prix de cette conclusion est élevé. En effet, cela signifie tout simplement que la synthèse est, comme mouvement propre, superflue sinon impossible, qu'elle n'existe pas en soi, sinon comme simple convention, comme mécanisme d'inversion automatique. Dans cette implication réciproque des points de départ et des points de chute, on a un immense cercle déductif, une pétition de principe qui demeure non vérifié en dernière synthèse (ou analyse). A moins que l'on ne préfère y voir un ensemble de propositions convertibles, car la convertibilité de A et de B n'est rien d'autre que leur implication mutuelle. La synthèse impossible, c'est la dialectique, au sens où Platon l'entend, qui se trouve frappée de plein fouet, et qui ne peut s'évader de l'empire hypothétique. Reste alors la grande proclamation de différence : la dialectique n'est pas la géométrie parce que l'une *sait* qu'elle part d'hypothèses tandis que l'autre, qui n'agit cependant pas autrement, l'ignore. En quoi ce savoir évite-t-il la problématicité ? Il ne l'évacue que par simple décret : la dialectique comme telle doit, à ce titre-là, être non problématique. La prise en compte du caractère hypothétique de la pensée géométrique permet de stipuler l'opposition, donc de définir la dialectique. La réaliser, on le voit bien, est une autre chose et cela semble échapper à Platon. Le concept même d'*hypothèse* est peut-être la clé de l'énigme. En effet, ce concept suggère une problématicité refoulée dans une réponse, la proposition-hypothèse, réponse qui à son tour n'est pas explicitée comme telle. L'hypothèse est alors le concept de l'indifférenciation problématologique, celui qui résorbe la question et la réponse dans une réalité neutre. Reconnaître l'hypothèse, c'est penser ce que le mathématicien met en pratique sans l'avouer, à savoir qu'il importe, pour connaître, de nier le questionnement. Penser ce refoulement par l'intermédiaire du concept d'hypothèse devient alors positif, car cela ouvre le domaine de la connaissance à une réflexivité qu'ignore le mathématicien malgré sa pratique.

Il reste bien sûr une autre solution, l'alternative devant être que la synthèse est indépendante de l'analyse. C'est d'ailleurs impératif si l'on veut éviter la circularité et permettre la justification qui fait de la proposition supposée vraie une vérité fondée. La synthèse qui serait contenue dans l'analyse serait, du même coup, redondante, et, si on la définit à part, conventionnelle, *ad hoc*. Cela a fait dire à ceux qui ont bien compris le recoupement ou l'inclusion, qu'analyse et synthèse sont au fond la même chose. On pense à Aristote qui étudie sous le nom d'*Analytiques* Seconds et Premiers ce qui relève de la synthèse : le syllogisme, en effet, est passage du connu à l'inconnu ; on y reviendra. Si pour Aristote cet amalgame est inévitable, pour Platon, il est inadmissible. Il équivaudrait à enraciner la synthèse dans ce qui est problématique alors que, précisément, sa fonction est de l'en arracher.

Faisons maintenant la considération suivante : l'analyse et la synthèse sont séparées. Que se passe-t-il alors ? On tombe sur une invraisemblance, car la conséquence ultime de l'analyse *n'est pas* le principe de la synthèse, de l'inversion de raisonnement. De quoi celle-ci va-t-elle se nourrir par rapport à l'analyse ? « Si ce qui se produit dans l'analyse est le passage d'un résultat à ses *conséquences* (...), comment pouvons-nous inverser le processus et tomber encore sur une conclusion valide, ainsi que la description que Pappus fait de la synthèse le suggère ? Si P implique Q, il n'est pas habituel qu'il soit vrai que Q implique P »[35]. En somme, l'indépendance de la synthèse ne permet pas d'ancrer la justification de l'analyse par rapport à elle, ce qui serait à tout le moins nécessaire. Superflue dans le premier cas, la synthèse est maintenant devenue impossible au sens où le paradoxe du questionnement, dans le *Ménon,* rend celui-ci ou impossible ou inutile. Cela n'est en rien le fruit du hasard, dans la mesure où tout le poids de la quête interrogative se trouve déplacé de manière implicite, mais intentionnelle, dans le doublet analytico-synthétique, comme l'a voulu Platon en l'appelant dialectique.

Une synthèse autonome n'aurait guère de sens dans la mesure où elle doit venir appuyer l'analyse pour en supprimer les hypothèses. Par soi, elle perd sa raison d'être. De plus, la probabilité de vérifier les conditions de l'analyse est faible si l'on a cette indépendance, si, effectivement, le point de départ de la synthèse n'est pas analytiquement déterminé.

On tombe alors sur le paradoxe suivant. Ou bien la synthèse est contenue implicitement dans l'analyse, ou bien elle fonctionne indépendamment. Dans le premier cas, on déduit des conséquences hypothétiques à partir d'une solution supposée, mais des conséquences qui ne sont pas quelconques en ce qu'elles conditionnent le mouvement de la décision synthétique. La démarche est circulaire, la synthèse est faussement utile comme raisonnement à part. Rien de neuf par rapport à ce qui a été admis au départ ne résulte du double mouvement. Dès lors, on *doit* poser la synthèse comme différenciée, comme suffisante par soi, comme pouvant être entreprise pour elle-même. Mais si on accepte cette deuxième situation, on est obligé de considérer la synthèse comme n'ayant rien à voir, logiquement s'entend, avec l'analyse, ce qui soulève le problème de sa possibilité.

Couché en d'autres termes, le paradoxe revient à dire que Platon est obligé de rendre synthèse et analyse indépendantes pour qu'il y ait élimination des hypothèses de l'analyse, et il ne peut le faire car elles ne sont pas concevables l'une sans l'autre. Ou bien la synthèse naît des résultats de l'analyse pour en confirmer l'hypothèse, et la synthèse restera aussi problématique que son commencement. Elle est inutile *comme telle* puisqu'elle a pour fonction de faire sortir du champ hypothétique. Ou bien, au contraire, la synthèse est autonome en ce qu'elle n'inverse pas de manière purement automatique l'ordre de l'analyse, et l'on voit mal comment elle pourra confirmer l'hypothèse qui a engendré l'analyse, puisqu'elles sont indépendantes.

La dialectique platonicienne semble incapable de dépasser la méthode hypothético-déductive qu'elle rejette chez les mathématiciens. Comme telle, on le comprend aisément, elle ne pourra survivre, car elle ne répond pas à la question qu'elle s'était pourtant assignée : d'où provient la validité du donné conceptuel préexistant que sont les Idées ?

Ce sera Aristote qui fera littéralement éclater la dialectique platonicienne. Mais il y aura un acquis indépassable qui va marquer la pensée à travers toute son histoire, et sur lequel Aristote pas plus que ses successeurs ne reviendront; bien au contraire, puisque cela constituera la base et le moteur de la métaphysique ontologique que nous avons héritée des Grecs.

La raison fondamentale à cette marque imprimée sur le philosophique tient à cette démarche qui consiste à le rendre in-différent au problématologique. Le mécanisme passe par des réducteurs. Par-delà les critiques que l'on peut adresser à la dialectique, Platon se livre à une dévalorisation de la problématisation par une simple attitude discursive. Il admet l'hypothétique qu'il rejette, et qui se trouve jusque dans la science de son temps. Il *dit* l'hypothétique et ce faisant, le prend en charge dans un discours qui le dépasse et l'annihile. On objectera sans doute, comme nous avons pu le voir, qu'il n'a pas réussi dans sa tentative, mais cet échec n'est précisément tel que par rapport à un idéal platonicien d'évacuation du problématique, idéal qui va assigner à sa réflexion une positivité incontestée dans la mesure où il est cela même qui fait qu'il y a échec. Platon n'a pu échapper à la problématicité, et cela constitue un dommage qu'il faudra réparer. On ne se demandera plus si, tout au fond des choses, cela représente réellement l'exigence principielle de la pensée et de l'*épistémè*, une propriété essentielle sans laquelle elles ne peuvent exister. Il y a d'ailleurs une ambiguïté que nous avons relevée à propos du concept d'hypothèse qui le place d'emblée en dehors de la sphère de la réflexion sur le questionnement, la problématologie. En effet, l'*hypothèse* tient à la fois de la question et de la réponse, sans faire place à une quelconque démarcation possible. Asexuée si l'on peut dire, elle participe donc de l'analyse dans ce que celle-ci se veut, pour Platon, réductrice de ce que le questionnement doit expliquer, à charge désormais à l'analytico-synthétique d'y parvenir en évacuant l'interrogativité au profit de la propositionnalité pure. Pour Platon, l'hypothèse est à éliminer en tant qu'elle est proposition qui ne serait pas encore proposition : une proposition en attente, si l'on veut, mais que l'on ne situera plus en termes de questionnement pour n'avoir plus à affronter le doxique — on dirait aujourd'hui le subjectif — et le paradoxe tel qu'on le trouvait dans le *Ménon*. La difficulté est ainsi bien cernée, et si elle ne l'est pas, on a, en tout cas, abandonné l'interrogativité. Ce qu'il en reste est une problématicité de type purement assertorique : une hypothèse est vraie ou fausse, elle peut être l'un ou l'autre tant qu'on ne l'a pas dialectisée, mais elle ne « demande » rien. Elle se situe à l'extérieur d'une condition interrogative qui lui est purement occasionnelle et, dans le meilleur des cas, éducative. Laissons ainsi à Socrate ce qu'il garde de positif. Mais pour le reste, il y a la vérité : celle qu'un discours a ou n'a pas, et dont « on » se *demandera* bien s'il l'a en telle ou telle occasion, ce qui ne changera rien à cette propriété, qui lui fait ou non défaut.

Par-delà la tentative propre de Platon, on assiste donc à un déplacement-refoulement réussi, lui, du questionnement via des notions réductrices supposées assurer le même rôle mais qui, faute de prendre thématiquement le questionnement en compte, déplace avec lui son paradoxe. Cela aussi on l'a vu à propos de la synthèse, impossible ou inutile comme telle. Un tel déplacement paradoxal est d'ailleurs inévitable dans la mesure où ce qui le résout est, rappelons-le, l'instauration explicite de la différence problématologique, et non son annulation dans des théorisations neutres et externes au questionnement.

L'analyse et la synthèse joueront un rôle exemplaire à cet égard, et pas seulement pour des raisons historiques comme on pourrait le penser dans un premier temps. Elles vont fonctionner comme des réducteurs primaires du problématologique, parce qu'elles ont été conçues comme des moyens de résolution de problèmes avant que le concept résolution ne devienne synonyme de décomposition (analytique) en éléments (plus) premiers, comme la synthèse qui devint à son tour combinaison de ces mêmes éléments en un tout. En fait, l'analyse et la synthèse ont été les réducteurs de la différence problématologique, l'une faisant découvrir ce que l'autre permettrait de justifier. Mais —

réducteur oblige — l'amalgame ramena la quête initiale à la quête de justification. Découvrir quelque chose de neuf, c'est pouvoir justifier ce que l'on a déjà trouvé, trouver dont on ne se souciera guère en définitive. On en parlera bien, mais pour le résorber aussitôt. Qui dit justification et vérification assigne à la raison un rôle limité puisqu'il la cantonne à ne travailler que sur du préexistant, qu'on l'appelle le « monde des idées » ou le « donné » n'y change rien : c'est situer un même processus dans des philosophies différentes où les mêmes cases doivent finalement être remplies pour satisfaire au systémique de ces pensées et qui se trouvent baptisées chaque fois avec une étiquette interne.

Bref, puisqu'il importe de penser la résolution et la problématisation dont elle est issue, il faut bien réduire ce couple à un autre qui leur sera in-différent, mais qui aura néanmoins une fonction semblable. Ceci explique le glissement auquel on a assisté avec l'analyse et la synthèse, qui vont ainsi se déproblématiser, fût-ce idéalement avec la dialectique de Platon.

On pourrait objecter que la géométrie, en ne se reconnaissant pas hypothétique, et la dialectique en intégrant cette dimension, sont respectivement non problématologique *et* problématologique. La dialectique serait ainsi interrogative, non pas malgré elle mais intentionnellement et positivement, à l'inverse de la mathématique. Mais l'objection ne tient pas car elle oublie que la géométrie comme la dialectique se veulent justificatives des assertions qu'elles posent. Le souci est le même dans les deux cas, mais la dialectique veut éliminer la problématicité en la posant et non en l'ignorant. Admettre l'hypothèse comme base de la démarche intellectuelle pour aller vers un non-hypothétique fondamental et réellement (ontologiquement) premier, c'est consacrer l'inessentialité et le caractère occasionnel de la problématisation dont on pourrait se contenter si on n'y prenait garde et si on ne voyait pas qu'elle est aussi inévitable que le passage par le sensible l'est pour l'âme éprise de connaissance.

Parce que l'analyse et la synthèse ont été les modes de problématisation et de résolution chez les Grecs, ils se devaient d'être réduits problématologiquement. Modes de résolution, c'est-à-dire fondements même du pensable et structuration de ce dernier. Ils ont pu être réduits progressivement, par désertion *de facto* en géométrie et *de jure* chez Platon, pour une raison assez simple si l'on y réfléchit bien. D'emblée, analyse et synthèse ont été pratiquées, sinon même conçues, avec une idée sous-jacente quant au questionnement même quand elles s'y référaient expressément. L'analyse suppose le problème résolu et cela suffit à le traiter : convertibilité et propositionnalisme marquent dès le départ l'analyse; on pourrait d'ailleurs dire le propositionnalisme tout court dans la mesure où la convertibilité d'un problème en solution, ou plus exactement en hypothèse, repose sur la souveraineté de la proposition et de l'assertion réductrice. Platon n'a pas dû aller très loin pour enraciner sa dialectique en dehors de son interrogativité constitutive initiale. Mais il est vrai que l'analyse et la synthèse demeurent ambiguës et que Platon, du moins dans ses déclarations d'intention, veut la clarté à l'égard de la problématicité une fois pour toutes. L'analyse est problématique par son point de départ parce qu'elle est résolutoire à l'égard d'un problème donné, qu'elle maintient ce problème jusqu'à la fin tout en se donnant l'illusion du contraire, par convertibilité propositionnelle précisément.

Il reste peut-être l'impression que l'analyse et la synthèse n'ont servi de réducteurs problématologiques que pour de seules raisons historiques. Pourquoi cela et non autre chose, après tout? Certes, elles renvoient à l'interrogation, mais pourquoi le font-elles essentiellement, et non accidentellement? A cela, il faut dire que si l'on a un problème à résoudre, soit on procède à partir de lui-même, soit la solution procède d'autre chose: on a, respectivement, l'analyse et la synthèse si on propositionnalise l'alternative. Et, différence problématologique oblige, il faut que ce qui fasse question diffère de la réponse, sinon on aura une pétition de principe (*question-begging* dit-on fort justement, en anglais), où l'on admet ce qui est en question comme ne faisant pas (plus) question, alors que c'est précisément ce qu'il faut établir. L'inférence — qu'Aristote appellera syllogisme, dialectique ou scientifique — n'est rien d'autre qu'un procédé de différenciation problématologique. Une inférence circulaire n'est pas une inférence, ne démontre rien de ce qu'elle se propose de prouver. L'analyse, comme la synthèse, sont donc des inférences, des déductions: elles visent à établir une question comme ne faisant plus question sans toutefois admettre au départ ce qui doit être résolu comme étant acquis. Mais vidées de toute relation au problématique, l'analyse et la synthèse, qui ne se différencient que par rapport à cette relation qu'ils matérialisent autrement, se retrouveront indifférenciables. Aristote aura beau jeu d'appeler *analytiques* ses études consacrées à ce que l'on caractérise comme synthèse. Il n'y aura plus alors que de l'inférence, une logique du raisonnement qui s'occupera du lien propositionnel, comme théorie de la vérité. L'analyse et la synthèse vont subir une inévitable mutation après l'échec de Platon à les intégrer dans un mouvement unifié. Aristote sera bien sûr le premier à tirer des conclusions qui seront capitales pour l'avenir de la philosophie. Avant de les examiner plus en détail, il n'est pas inutile d'esquisser brièvement ce qui va se passer dans ce mouvement de déplacement constant de cette historicité constitutive du questionnement.

L'analyse et la synthèse, on l'a vu, n'ont pu être démarquées comme processus d'inférence : complémentaire de l'analyse, la synthèse perd sa signification. L'analyse contient la synthèse, la vérification qu'elle est et non l'invention qu'elle se voudrait être. Réciproquement, la synthèse présuppose l'analyse, et les deux sont ainsi convertibles. Ce qui permet à Kant de définir analytiquement — dans l'*Analytique transcendantale* — les conditions de la synthèse, donc de l'expérience. Etant entendu, bien sûr, que l'on a ici réponse à une question de justification — le *quid juris*? de la Déduction Transcendantale — et que le sujet obtient cette réponse de manière «copernicienne», c'est-à-dire en déduisant à partir de la réalité de sa capacité interne ce qui la rend possible comme déduite et déductible. Il n'y aurait pas la possibilité de l'expérience dans ce retour qu'effectue le sujet sur soi-même comme tel, si l'analytique du sujet, opérée sur lui par lui (donc pas l'entendement), n'était intrinsèquement synthétique; ce qui oblige l'entendement à se déduire rattaché à la sensibilité.

Chez Descartes, on assiste à une autre démarche, puisque, loin de vanter la synthèse, c'est-à-dire le passage du connu à l'inconnu, qu'Aristote appelait syllogisme scientifique, Descartes la récuse comme stérile. Elle vérifie ce que l'on a déjà trouvé mais, en soi, elle n'ajoute rien et n'est qu'un simple procédé d'exposition. La *méthode*, elle, est inventive; n'étant pas synthétique, elle est forcément analyse. C'est en redonnant vie à une analyse qu'Aristote avait résorbée dans la synthèse, quand il s'agissait de science, que Descartes va instaurer son discours de la méthode. La raison tient à ce que Descartes scinde métaphysique et méthode pour fonder la validité de celle-ci dans un principe découvert de telle manière qu'il mette en œuvre cette méthode et rende ainsi son autonomisation possible à l'égard des sciences, qui vont pouvoir désormais s'en réclamer.

Ce qui permet à ces auteurs de jouer, et même de jouer si contradictoirement, en mettant tout le poids sur une analyse première (Descartes) ou au contraire, sur la constituance primaire de la synthèse (Kant), n'est rien d'autre que le rapport ambigu, paradoxal même, qu'entretiennent l'analyse et la synthèse. Descartes va se porter du côté de Platon en acceptant un dédoublement qui, une fois posé, consacre la redondance de la synthèse. Kant, de son côté, rejoint Aristote pour assigner au scientifique le caractère synthétique qui, le respect de la présupposition oblige, est intrinsèquement analytique. Peut-on dire que Descartes est philosophe de l'invention et que Kant se préoccupe de la justification? On pourrait le penser à première vue. En réalité, ils opèrent tous deux sur fond de réduction, donc d'in-différence problématologique. Kant parlera du caractère constituant de la synthèse, comme Descartes le fera à propos de l'analyse.

8. La fracture aristotélicienne de la dialectique

Pour Aristote, la dialectique de Platon contient deux démarches contradictoires. Si l'analyse s'enracine dans l'hypothèse, il faut que la synthèse s'en dissocie complètement pour trouver sa valeur justificatoire indiscutable que l'on veut lui attribuer. Par là, la synthèse rencontrera l'exigence de scientificité qui, depuis Platon, se définit par l'inscription du *logos* hors de toute problématicité. Une telle rupture de l'analyse et de la synthèse entraîne forcément une nouvelle conception de ce qu'il faut entendre par dialectique. Elle sera le champ du problématique, et comme l'analyse est une inférence au même titre que la synthèse dont, à cet égard, elle ne diffère pas, on appellera encore *Analytique* l'étude de la synthèse. Celle-ci ne sera rien d'autre que la syllogistique. Aristote accepte l'idée que l'analyse contient la synthèse, ou, ce qui revient au même, que celle-ci renvoie à celle-là dans la mesure où l'on infère une conséquence de propositions qu'on admet au départ dans les deux cas. Ce qui les différencie est inessentiel puisque c'est de l'ordre du traitement de ce qui fait problème en tant que cela fait problème. Analyse et synthèse faisant double emploi comme mise en ordre de propositions, étant donc indistinctes sur ce seul plan qui désormais seul compte, on ne le différenciera plus. Mais on distinguera de manière radicale le rapport au problématique, à l'hypothétique, que l'on expulsera de la science : ce sera la dialectique selon Aristote, dialectique qui captera ce que Platon voulait isoler par son concept d'analyse, et que l'on ne peut isoler comme telle dans la mesure où l'analyse qui se veut scientifique ne peut qu'être synthétique. En effet, l'analyse, comme la synthèse, est déduction de conséquences dès lors qu'on n'en considère plus que l'aspect propositionnel. Les géomètres, que critiquait tant Platon, l'avaient bien compris eux qui utilisaient indifféremment l'une pour l'autre.

Aristote scindera donc la dialectique platonicienne. Ce qui était l'analyse, par sa problématicité de base, sera la dialectique pour Aristote, étant entendu que la dialectique ne peut, pour cette raison même, être scientifique comme Platon le prétendait. L'analyse scientifique, par contre, ne sera rien d'autre que la synthèse, laquelle constitue l'inférence nécessaire. A cause de cette cassure, Aristote se devra de faire la théorie de ce que lui appelle la dialectique et de ce qu'il appelle la syllogistique scientifique : l'argumentation et la science respectivement, si on veut s'exprimer de façon plus contemporaine. Ce qu'il faut voir est qu'en autonomisant des domaines jusqu'ici distincts, Aristote se devait de devenir le théoricien de ce qui jusqu'à lui avait requis un autre type d'approche, indifférenciée en l'occurrence. En résumé, « la dialectique (chez Platon) est toujours présentée comme la méthode du véritable savoir, et elle est définie à la fois comme l'art de bien interroger et de bien répondre, et d'autre part comme l'art de réunir et de diviser dans l'ordre des Idées (...). La définition de la dialectique, telle que la formule Aristote, met fin à toute hésitation (...). Par suite, il n'y a plus rien de commun entre la recherche de la vérité et la dialectique »[36].

Allons plus loin dans l'examen qu'Aristote nous livre à propos du savoir.

Le syllogisme est synthèse, ce qui signifie que l'on part du connu pour aller vers l'inconnu; en ce sens, Aristote peut soutenir qu'il résout par la syllogistique le paradoxe du *Ménon*. « Par démonstration, j'entends le syllogisme scientifique (...); si la connaissance scientifique consiste bien en ce que nous avons posé, il est nécessaire aussi que la science démonstrative parte de prémisses qui soient vraies, premières, immédiates, plus connues que la conclusion, antérieures à elle »[37]. Bref, « avant de tirer la conclusion du syllogisme, il faut dire sans doute que, d'une certaine façon, on la connaît déjà, et que d'une autre façon, on ne la connaît pas (...). Faute de cette distinction, on tombera dans la difficulté soulevée par le *Ménon* »[38]. Une conclusion qui découle nécessairement de certaines prémisses n'est pas nécessairement connue comme telle. Même si l'on connaît par ailleurs les prémisses dont elle découle, on ne connaît pas nécessairement cette conclusion en particulier. « On ne peut donc pas accepter la solution que certains proposent. *Sais-tu ou ne sais-tu pas que toute dyade est paire ?* demande-t-on. La réponse étant affirmative, on présente à l'interlocuteur une dyade déterminée qu'il ne pensait ni exister, ni par suite être paire. La solution proposée consiste à dire qu'on ne sait pas que toute dyade est paire, mais seulement que tout ce qu'on sait être une dyade est pair. Pourtant, le savoir porte sur ce dont on possède la démonstration ou dont on a admis la démonstration. Or, la démonstration qu'on a admise porte non pas sur tout triangle ou tout nombre qu'on *sait* être triangle ou nombre, mais d'une manière absolue, sur tout nombre et tout triangle. En effet, on ne prend jamais de prémisse telle que 'le nombre que tu *sais* être nombre' ou 'la figure rectiligne que tu *sais* être rectiligne' mais bien des prémisses s'appliquant au nombre ou à la figure en général. Tandis que rien, j'imagine, n'empêche que ce que l'on apprend en un sens on le connaisse, et en un autre sens on ne le connaisse pas »[39].

Que signifie ici l'argument d'Aristote? La démonstration n'a pas pour objet le savoir et son extension, elle ne peut s'y référer dans la mesure où ce qu'un individu sait lui est relatif, et peut différer pour un autre. La démonstration, elle, a une portée universelle. On a ici la constitution d'un domaine propre: la *ratio essendi*.

La grande ambiguïté de ce raisonnement d'Aristote tient à ce qu'il prétend décrire malgré lui l'extension du *savoir*, auquel il s'interdit, par ailleurs, de faire référence. Le paradoxe est d'autant plus criant que le vocabulaire «synthétique» propre au syllogisme scientifique fait appel à l'idée de «plus connu». En réalité, on a chez Aristote une conception de la scientificité qui reproduit l'amalgame du progrès et de la justification. Un fait bien connu des commentateurs: «la théorie de la science démonstrative n'a jamais été érigée pour guider ou formaliser la recherche scientifique. Elle se soucie seulement d'exposer les faits déjà sus. Elle ne décrit pas ce que font les savants, ni ce qu'ils devraient faire pour acquérir leur connaissance. Elle n'est qu'un modèle formel d'enseignement et de présentation du savoir »[40].

La démonstration est inférence, syllogisme, mais, comme on l'a vu, un syllogisme très particulier puisque tout syllogisme n'est pas scientifique. La dialectique procède elle aussi par inférence. On ne peut pas dire qu'elle constitue le savoir que la démonstration expose, puisque la coupure est désormais radicale entre dialectique et connaissance. Car ce qui démarque le savoir est que toute problématicité se trouve évacuée, d'emblée si l'on peut dire. Voilà pourquoi tout est déjà su, dès les prémisses, lorsque l'on fait de la syllogistique scientifique. Par contre, la dialectique ne se débarrasse pas de sa problématicité initiale, et pour cette raison, elle ne rejoindra jamais la science avec laquelle elle se différencie par une hétérogénéité radicale. Mais l'opposition n'est plus, comme chez Platon, problématicité versus non-problématicité. L'idée même d'éradication de celle-là au profit de celle-ci est refoulée, hors de propos. Il en résulte une théorie toute nouvelle du discours qui sera l'ontologie où la pluralité reproduit la possibilité de multiples réponses, où l'univocité reflétera l'unicité de ce qui aura été la réponse et qui sera désormais la vérité. Dès lors, on aura une *réalité* propre à cette univocité, comme le mouvement correspond à l'ontologisation du pluriel de l'être. *Que sera l'ontologie sinon le discours d'où l'opposition de la problématicité et de la non-problématicité est expurgée ab initio?* Voilà en quoi elle se démarque de la science et de la dialectique, avec lesquelles elle est cependant en relation. Certes, on trouve une référence, et même une étude du champ de la problématicité chez Aristote, contrairement à Platon. Ce qui peut faire apparaître ma position sur l'instauration du discours ontologique comme contradictoire. A moins que le fait que l'on puisse lire le couple science-dialectique à l'aide de celui de problématique-non problématique ne soit précisément la preuve qu'un dépassement par l'ontologie s'impose.

En science, dit Aristote, «il n'est pas possible d'interroger, du fait qu'on ne peut pas prouver une même conclusion par le moyen de données opposées»[41]. La science n'a pas affaire à des alternatives, à des problèmes dont on discuterait le pour et le contre, mais elle établit la vérité d'une proposition par démonstration, précisément en dehors de toute alternative et à partir de l'indubitablement connu. A l'inverse, la dialectique est «une méthode qui nous met en mesure d'argumenter sur tout problème proposé, en partant de prémisses probables»[42]. Le raisonnement dialectique repose sur l'interrogation, la question à débattre se pose parce qu'elle s'appuie non sur du vrai mais sur du probable, de l'opinion même (*endoxon*) et sûrement pas de la science: «est dialectique, le syllogisme qui conclut de prémisses probables»[43]. Quant à la science, elle s'interdit la contradiction inhérente au débat dialectique: «une conclusion démontrée ne peut être autre qu'elle n'est, avec cette conséquence que le syllogisme doit partir de prémisses nécessaires. En effet, bien que de prémisses vraies, il soit possible de tirer une conclusion sans démontrer, il n'est pas possible d'en tirer une conclusion qui ne soit pas une démonstration; c'est déjà là un caractère de la démonstration»[44]. Avoir la science, c'est ne pas pouvoir *ne pas* concéder une conclusion. La nécessité n'est rien d'autre que la version propositionnelle de l'élimination de toute alternative, donc de tout problème possible, et cela dès le niveau des prémisses.

En lisant tous ces textes, on a vraiment l'impression de se retrouver en présence de la distinction que Platon s'est efforcé d'abolir, sans y réussir faute d'avoir pu distinguer la science de la dialectique par un rapport inverse dans l'interrogativité. On a également l'impression qu'Aristote veut lui aussi aller au-delà de cette distinction entre problématicité et non-problématicité par l'ontologie, comme Platon pensait pouvoir y parvenir avec sa dialectique qui était *aussi* ontologique. N'a-t-on pas là une position ambivalente, sinon même contradictoire, de la part d'Aristote?

En réalité, Aristote, en séparant ce que Platon ne pouvait dissocier, s'est donné la possibilité d'en parler. On a même ajouté qu'il se devait d'en faire la théorie. D'où la syllogistique, d'où la rhétorique. Il en va de même pour l'ontologie. Mais on peut se demander pourquoi l'ontologie ne s'est pas plutôt résorbée au point de disparaître étant donné que l'interrogativité comme son absence positive, résolutoire, dans la science, sont devenues possibles grâce à la coupure aristotélicienne au sein du champ dialectique platonicien.

La réponse à cette question peut d'ores et déjà être résumée de la manière suivante. Aristote ne pourra pas tenir la séparation entre science et dialectique. La problématicité ne sera qu'un ordre de réponses déguisé sous la forme interrogative et la non-problématicité ne pourra se passer d'interrogation pour s'instaurer, puisqu'il y a élimination de l'alternative par la science. La positivité de celle-ci est un idéal qui naît en dehors d'elle. La coupure totale est alors intenable, encore que nécessaire car le passage du problématique au non-problématique se doit d'être pensé par qui veut une théorie de la science quelque peu valable. Dès lors, la discursivité va devenir centrale et occuper tous les niveaux car la science et la dialectique *affirment*, et Aristote n'aura plus d'autre ressource que de refaire le coup de force que Platon avait opéré à l'égard de l'anhypothétique. Platon, on s'en souvient, avait décrété l'existence de l'anhypothétique par simple complémentarité avec l'hypothétique. Ce que c'est et comment on y accède était, bien sûr, une question délicate. Mais l'anhypothétique étant analytiquement contenu dans l'hypothétique, il ne restait plus à Platon qu'à jouer sur l'indifférenciation problématologique du concept d'hypothèse, laquelle, n'étant pas située par rapport au questionnement, ne pouvait donc être que réponse, même si ce n'est pas comme telle. Le tour était joué, mais à de telles ambiguïtés, Aristote préférera l'ontologie qu'il expurgera, d'emblée cette fois, de toute dualité problématologique possible. Coup de force plus radical, certes, mais identique dans l'esprit. L'ontologie, première, générale et thématisée comme telle, sera au questionnement chez Aristote ce que la dialectique lui aura été chez Platon.

Le rapport entre science et dialectique recouvre la dualité du non-problématique et du problématique. Le dualisme ne s'abolit que dans l'ontologie généralisée du propositionnalisme, qui expurge toute référence à l'interrogativité. Mais là, une autre difficulté surgit, qui n'est que le déplacement du paradoxe du *Ménon*, laissé sans solution. Tout ce qui se dit *est*, et cela de multiples façons. Or, ce multiple est de trop, car le *logos* propositionnel repose, dès l'origine, sur l'exclusion nécessaire, source d'affirmation, où toute alternative *doit* être exclue. D'où l'idée de contrainte, de nécessité, dont ce *logos* est porteur dans l'assertabilité qu'il veut engendrer. Avec l'être multiple, rien n'empêche le discours d'énoncer ce qui peut simplement être, ce qui est par accident, ce qui peut devenir en étant autre. Le *logos* perd son apodicticité, puisque le discours ne dit plus seulement ce qui est comme devant être nécessairement ce qu'il est, à l'exclusion de la proposition opposée, fausse, à rejeter si l'on veut que le problématique soit absent du *logos*. La problématicité, le débat rhétorique, la contingence resurgissent comme discours possibles. La pluralité des acceptions de l'être permet à toutes les différences de s'exprimer, au lieu de s'exclure au profit d'*un logos,* d'une «réponse». Il en résulte une fragmentation du discours et de la raison. La proposition qui se dit peut coexister avec d'autres, possibles, sur le même sujet, sans aucune nécessité à prévaloir sur les autres. *A contrario,* un fondement qui tranche, un être unique d'où découle l'unicité en général, fait en sorte que, sur un même sujet, une seule proposition est vraie, et nécessairement puisque les autres ne peuvent l'être du même coup. L'unité de l'être, c'est l'être-sujet qui sous-tend la prédication; mais l'être est-il bien sujet, substance, seulement donc nécessairement? L'ontologie est alors prise dans une tenaille, qui la condamne d'emblée et qui en est sa condition d'impossibilité originelle. Ou bien, l'être est multiple, éparpillé selon les diverses catégories, et le discours, qui énonce ce qui est, le fait de façon plurielle, à l'encontre du souci d'unité, d'unicité, de nécessité, dont le *logos* propositionnel se veut le porte-parole. Rien n'empêche qu'une affirmation puisse ainsi librement s'opposer à une autre, et malgré cela, rester chacune propositionnelle. Ou bien, l'être est une entité séparable de ses différentes incarnations, il assure l'unité au *logos* et fait en sorte que celui-ci soit ce qu'il est. Il en est le fondement, le principe, et à ce titre, il redonne au *logos* sa contraignance propositionnelle. On parlera d'Etre. Plus de problématicité si les alternatives doivent être tranchées par leur éradication ontologique. L'être ne peut ête multiple et il doit l'être, il ne peut être comme tel et il doit l'être; l'être est, pour le propositionnalisme, à la fois impossible et nécessaire. Impossible, puisque la multiplicité dialectique, la problématicité, doit se propositionnaliser sans être réduite à l'*épistémè* comme chez Platon; nécessaire puisqu'elle doit être évacuée aussi bien. L'ontologie est la réponse à la question qui supprime toute question, qu'on la pose (Heidegger) ou non ne change rien à ce que la démarche ontologique a de contradictoire dès le départ, comme telle.

9. La question des principes: Aristote a-t-il réussi l'autonomisation du déductif?

La coupure de l'épistémique à laquelle Aristote se livre va forcément relancer la question des principes. Pour Platon, le point de départ de la science est à la fois nécessaire et seulement préparatoire pour accéder à la vérité philosophique, car il s'agit de sortir de l'hypothèse, ce qui implique qu'on prenne d'abord conscience de cette problématicité. Mais cette démarche même fait déjà partie de la dialectique. Le dépassement de l'hypothèse vers l'anhypothétique est une étape préliminaire que doit entreprendre le dialecticien, c'est-à-dire le vrai savant. La recherche d'un point de départ authentique, et non pas seulement méthodique, nous pousse vers cette idée suprême, théologique, que joue le rôle du Bien chez Platon. Philosopher sera désormais identifié à rechercher le point de départ vrai, au-delà de ce que dit la science et de tout rapport au sensible, ce sera donc la métaphysique. Mais là où le bât blesse est que le point de départ n'est nulle part interrogé comme tel depuis les Grecs. Il est même ce que l'on a instauré pour éviter, pour évacuer, le questionnement. Il n'est fondement qu'en tant qu'il se situe en dehors de toute interrogativité. Comme le refoulement de celle-ci se situe encore rapport à elle, l'anhypothétique seul peut faire l'affaire. Il n'y aurait pas besoin d'aller au-delà de l'hypothétique si ce dernier n'était la manifestation par excellence de la problématicité, donc du non-savoir dont se contentent des sciences imparfaites comme la géométrie. Imparfaites, non par les résultats, mais par l'idée du savoir qu'elles réfléchissent implicitement. Une telle réflexion, qui sera le propre du méta-physique, ne changera rien au contenu de ces résultats car les réfléchir présuppose leur acceptation préalable. Mais ce qui est sûr, toutefois, est que l'on ne peut s'en tenir à une telle attitude qui est plus que littéralement irréfléchie. La question du savoir est ontologique par nature, et non pas épistémique. Les raisons, en tant que raisons des choses, sont des essences, leurs essences. Pour Platon, l'accès au point de départ se fait grâce à la médiation analytique : l'accès à l'anhypothétique n'est que le résultat de cette analyse qui fait déboucher sur le vrai point de départ des choses, dont il est la condition synthétique. Si l'on coupe la synthèse de l'analyse, la question du point de départ rebondit, en quelque sorte. Mais ici encore, le point de départ n'est là que pour raturer tout questionnement, non pour l'instaurer : il doit être connu avant coup, et cela nécessite une *psychologie* où l'on montrera comment on passe du particulier, sensible, à l'universel, intelligible. Quant au principe de la synthèse, il n'est tel qu'en tant qu'il commande logiquement celle-ci. Ce n'est que par rapport à elle qu'il se trouve au premier rang. Il est le résultat d'un processus cognitif hétérogène par rapport à elle, mais il est aussi le résultat d'une démarche qui le place *finalement* en premier lieu, par reconstruction si l'on veut. La synthèse autonome ne peut tirer ses principes d'elle-même. On n'y a pas accès dès le départ, car le principe n'est tel qu'en fonction de ce qui suit. Il vient donc à la fin, puisque ce n'est qu'en présence de la totalité de la série que l'on peut savoir ce qui en est le premier terme. Le principe est premier par rapport à ce qu'il suit, et il faut *d'abord* savoir ce qui suit avant de pouvoir déterminer ce qui est *premier*. Le principe justifie bien ce qu'il se. commande, et il ne *se* justifie que par ce qu'il commande. Il est donc autant résultat final que condition même de ce résultat.

On pourrait penser qu'il y a là une contradiction : la synthèse renvoie bien à l'analyse qu'elle présuppose, qu'on les dissocie ou non. Mais pour Aristote, il y a là deux ordres différents, précisément. L'ordre du savoir et l'ordre ontologique, la *ratio cognoscendi* et la *ratio essendi*. Ce qui est premier dans l'ordre des essences est dernier dans l'ordre du savoir; le principe peut donc être résultat, mais seulement en tant que produit d'une démarche intellectuelle différente. On a deux types de principes[45] : le principe qui sous-tend la démarche qui se termine par la position du principe de la synthèse n'est pas lui-même dans la synthèse. On peut se demander, toutefois, comment on peut, dans de telles conditions, affirmer que la synthèse, la *ratio essendi*, se trouve coupée de l'analyse, de la *dialectique,* dont elle ne peut pourtant pas se passer pour être. Car il ne suffit pas d'affirmer l'autonomie pour la créer. C'est ici que l'on voit bien en quoi le platonisme a pu fonctionner en tant que modèle historique. Platon, en effet, a posé l'in-différence problématologique comme critère du répondre, faute de pouvoir assumer l'interrogativité de l'esprit par un discours qui permette de faire la différence, et partant, d'accéder au répondre explicitement comme tel. Aristote, en décrétant que la synthèse, pourtant bien analytique, se soutient d'une spécificité qui l'autonomise, pense faire face adéquatement à la nécessité de scinder l'inséparable. Mais cela ne suffit pas, car on va le voir, les difficultés vont se déplacer une fois de plus.

Que penser de cette double instauration, la *ratio cognoscendi* et la *ratio essendi?* La synthèse, qui marque celle-ci, ne ferait-elle pas connaître, qu'elle s'oppose à «l'ordre des raisons»? On est en droit de le juger de la sorte, car toute référence au connaître, comme Aristote le rappelle[39], doit être absente du syllogisme démonstratif. Pourquoi dire que le propre de la synthèse est de nous faire passer du connu à l'inconnu? Et si le vrai n'existe qu'au niveau de la *ratio essendi*, est-on dans la non-vérité au niveau antérieur? «Mais alors, nous dit P. Aubenque, n'y a-t-il pas quelque ironie à parler d'un point de départ qui n'est pour nous qu'un terme à peine entrevu, et d'une cogniscibilité en soi qui ne serait cogniscibilité pour personne?»[46] Le dilemme est clair: ou bien le savoir se distribue sur le double niveau de la *ratio*, ou bien il est l'apanage d'un des deux. Dans ce dernier cas, on a la *ratio essendi* qui se détermine par le savoir accumulé, et la *ratio cognoscendi* qui n'est que *dialectique,* non cognitive, enracinée dans le plausible et l'opinion; ou l'inverse: la *ratio cognoscendi* est un savoir, mais non la *ratio essendi.* Ceci est exclu, comme d'ailleurs l'hypothèse d'une *ratio cognoscendi* qui ne serait pas impliquée comme connaissance de ce qui *est,* car alors, le savoir ne pourrait être que démonstratif, ce qu'Aristote récuse également. Reste la première position, qui affirme que le savoir se dédouble en deux ordres, l'ordre analytique et l'ordre synthétique. On pense ainsi à ce passage, qui ouvre la *Physique*[45], où la connaissance est définie comme passage du plus connu pour nous au plus connu «en soi». Mais là aussi, des problèmes insolubles apparaissent. La synthèse renvoie à l'analyse dont elle ne peut se séparer en fait. On retrouve là toute l'ambiguïté du rôle de la dialectique, qui est de l'ordre de l'opinion et du probable. Vérité et opinion s'opposent, comme le problématique au non-problématique. Il faut donc que la synthèse fasse apprendre aussi, mais d'une universalité qui, comme le dit Aubenque, n'intéresse littéralement personne. La *ratio essendi* ne peut se passer de la *ratio cognoscendi* qu'elle postule mais dont elle doit se démarquer radicalement, car le non-problématique ne peut reposer sur le problématique. Aristote aurait aimé lui aussi pouvoir simplement décréter, en l'occurrence que ces deux ordres n'avaient rien en commun, mais à l'examen, ils se révèlent étroitement imbriqués. La *ratio cognoscendi* est à la fois superflue et nécessaire par rapport à l'autre, cognitive et non cognitive. On ne résout rien en disant simplement qu'il y a «l'universel qui fait connaître absolument» car, Aristote, moins que tout autre, estime l'universel détachable du particulier. Bref, le dédoublement, qui s'impose comme la seule solution acceptable, peut difficilement prévaloir dans la mesure où, une fois encore, le non-problématique ne jouit pas de l'autonomie qu'Aristote voudrait lui attribuer. Pensons un instant au rôle ambigu de la dialectique. Que dit Aristote? Que l'utilité de la dialectique est d'offrir ses prémisses à la science: «en ce qui regarde les principes premiers de chaque science, il est en effet impossible de raisonner sur eux en se fondant sur des principes qui sont propres à la science en question, puisque les principes sont les éléments premiers de tout le reste; c'est seulement au moyen des opinions probables qui concernent chacun d'eux qu'il faut nécessairement les expliquer»[47]. En bonne logique, Aristote ne peut affirmer que la vérité va sortir de l'opinion, vu qu'il y a un fossé qualitatif qui, irréductiblement, les sépare. Une différence de nature les éloigne l'une de l'autre, Aristote le dit bien[48]. Pourquoi, dans ces conditions, affirmer le contraire? La réponse est simple: cela résulte de l'analyse implicite, et impliquée, dans la synthèse: de la nécessité de dédoubler et de scinder la *ratio,* couplée à l'impossibilité d'y parvenir. S'il nous fallait spécifier en quoi l'interrogation permet d'accéder aux prémisses de la science, on dirait que c'est par l'élimination de l'alternative et l'émergence d'un corrélat hors question. Peu importe si ce corrélat a pris sa source dans une contradiction, ou une aporie, provenant de démarches subjectives, comme l'on dirait aujourd'hui. Car le résultat est bien une réponse à l'exclusion de toute autre. La différence entre la dialectique et la philosophie, productrice d'un tel savoir originaire, tient à ce que celle-ci n'a pas d'adversaire à affronter dans un débat qui n'est que purement théorique[49]. Le problème s'enracine dans la nature des choses, et non dans une opposition d'individus. L'aporie exige la diaporie, c'est-à-dire l'examen du problème particulier dans la contradictoirité de ses réponses. On retrouve d'ailleurs cette démarche dialectique à propos de la «démonstration» du principe de non-contradiction, le plus fondamental d'entre tous. Un tel principe ne se laisse pas démontrer puisqu'il se présupposerait dans la démonstration. Le cercle vicieux, ou *petitio principii*, ou encore *question-begging*, suppose que l'on se donne la réponse dans la question, ce qui rend celle-ci superflue puisqu'il n'y a pas vraiment de question. Il est significatif de constater que, pour Aristote, le cercle vicieux caractérise le lien propositionnel et ne se traduit pas vraiment en termes de questionnement: le cercle mine l'inférence, le syllogisme, au point de l'empêcher. Pour qu'il y ait inférence, il faut distinguer prémisse et conclusion. D'où la célèbre définition du syllogisme, qui semble s'imposer d'elle-même comme une évidence mais dont la validité n'a de sens que problématologique: «le syllogisme est un discours dans lequel certaines choses étant posées, quelque chose d'autre que ces données en résulte nécessairement par le seul fait de ces données»[50]. Le syllogisme n'existe que par le fait de la différence problématologique. Supprimez celle-ci et vous aurez un processus de question-begging: rien d'*autre* ne résultera de la prémisse, sinon elle-même, dupliquée. Le caractère additif du savoir synthétique résulte de la différenciation question-réponse. Mais pour éviter d'avoir à situer la synthèse par une problématicité incontournable, Aristote propositionnalise l'inférence, *même dialectique*. Tout ceci pose bien évidemment la question du statut de la dialectique en tant que conception de l'interrogativité.

10. La dialectique d'Aristote est-elle une théorie du questionnement?

Si, par théorie du questionnement, on veut dire que l'auteur parle d'interrogation, alors clairement, Aristote a une théorie du questionnement. Mais si le questionnement se doit d'être autre chose que du propositionnalisme déguisé, alors je crains qu'Aristote ne perpétue l'in-différence problématologique dans la théorisation du dialectique qu'il nous présente. A la limite, on pourrait dire qu'Aristote se trouve bien forcé de parler d'interrogativité, et de l'assertoriser, puisqu'il ne peut faire l'économie d'une analyse impliquée dans la synthèse. Par une de ces confusions dont l'histoire de la philosophe a parfois le secret, on lit bien souvent qu'Aristote, comme Platon et Socrate, est un « grand questionneur » et qu'il croit à la force motrice du questionnement. Faut-il alors perdre de vue cette phrase des *Réfutations sophistiques,* citée en début de chapitre: « aucune méthode tendant à manifester la nature de quoi que ce soit ne procède par questions » ? Car l'interrogation, faut-il le rappeler, est purement négative, réfutatoire, et la dialectique ne pouvant pas n'être que cela, ne peut pas n'être qu'interrogative. D'ailleurs, ce qui vient en premier n'est pas la question mais les opinions qui, elles, suscitent ou non des questions. « Un problème dialectique (...) doit être une chose sur laquelle le vulgaire n'a aucune opinion ni dans un sens, ni dans l'autre, ou a une opinion contraire aux Sages, ou bien encore sur laquelle les Sages ont une opinion contraire au vulgaire, ou bien enfin sur laquelle il y a désaccord parmi les Sages ou au sein du vulgaire »[51]. La question naît du désaccord; les modalités viennent de nous être rappelées. Mais si toute question présuppose une « thèse probable », comme il est dit dans les *Topiques,* celle-ci ne répond à rien, elle doit être première si l'on veut éviter la régression à l'infini des questions. Au commencement était la proposition, la réponse qui ne répond à rien. Bref, « nul homme en possession de son bon sens n'avancera ce qui n'est admis par personne, ni ne poserait en question ce qui est évident pour tout le monde ou par la majorité des gens »[52]. D'ailleurs, même dans la partie constitutive de l'interrogation dialectique, on part de l'assertion préalable. Le questionneur s'attaque — puisque tel est son rôle — à une réponse qui, si elle résiste, ou si l'opposée s'effondre, se trouve acceptée. Les questions posées fonctionnent comme des prémisses à l'égard de la conclusion préétablies ou plus exactement, pré-trouvées. Elles opèrent régressivement, analytiquement, à l'égard de la thèse initiale dont elles sont conséquences. « Au contraire [de la science] la rhétorique et la dialectique correspondent à un mouvement de pensée inverse: elles remontent de la conclusion aux prémisses. En effet, dans l'argumentation rhétorique ou dialectique, on connaît d'avance la conclusion (...). Ce qu'il s'agit de trouver, ..., ce sont les prémisses, c'est-à-dire les propositions à partir desquelles on pourra construire la conclusion déjà *connue* »[53]. Des questions-prémisses ne peuvent être que des *propositions* reconverties. Bien plus, les questions ne sont que « rhétoriques » à l'égard de « réponses » déjà disponibles. Ne nous étonnons pas que problèmes et propositions jouissent de la convertibilité, de l'interchangeabilité, chère au propositionnalisme: «La différence entre le problème et la proposition tient surtout à la tournure de la phrase. (...). Il en résulte tout naturellement que les problèmes et les propositions sont en nombre égal, puisque de toute proposition on peut faire un problème en changeant simplement la tournure de la phrase»[54]. Une question, une proposition dialectique, se ramène à une proposition, vraie ou fausse, et le but est d'établir l'un ou l'autre: la question n'existe qu'en tant qu'alternative propositionnelle. Quelle est la propriété essentielle d'une question qui renvoie à un contenu propositionnel alternatif, où le seul but est d'obtenir un «oui» ou «non» au sujet de ce contenu propositionnel? La fonction ne peut être que justificative, ou ce qui revient au même, réfutatoire, infirmative, de la proposition contenue dans la question. Ce qui est demandé est une confirmation ou une infirmation: il n'y a rien à trouver de plus; le savoir ne sera savoir qu'à titre de résultat validé. La proposition est donc essentielle, et son aventure dialectique, inessentielle, provisoire, contingente. La dialectique est fort curieusement jugée à l'aune de la scientificité, fort curieusement, non pour nous qui avons vu l'origine de cette attitude réductrice, mais pour ceux qui prétendent voir dans la dialectique une *erotétique*, comme dit Aristote dans les *Réfutations sophistiques* (II, 171a18), une articulation du questionnement *à partir de lui-même*, plutôt qu'en termes de ce qui l'abolit nécessairement. Faut-il ramener l'interrogativité au choix alternatif, parce que la contradictorité est un concept propositionnel? Aristote dit bien qu'il faut ou nier ou affirmer: on comprend bien que questionner, dès lors, ne soit finalement que cela, ou au mieux, préparatoire à cela. Que faire alors de la différenciation sans cesse réitérée du propositionnalisme, où l'idée de vérité est centrale, et du dialectique? Celui-ci ne démontre pas, ne renvoie pas à une proposition, mais il le demande: en quoi la trouve-t-il, en quoi ne raisonne-t-il pas comme la synthèse, en quoi ne fait-il pas d'emblée référence à du propositionnel préétabli? Affirmer que «dans la démonstration, il n'est pas possible d'interroger», parce qu'on s'interdit tout recours à l'aporie, aux opposés (*Seconds Analytiques,* I, 11, 33), c'est supposer un peu vite que rien n'est demandé dans une inférence scientifique, ce que l'examen de la circularité a permis de réfuter. La dialectique n'est donc qu'accessoirement interrogative, là-dessus, les commentateurs semblent d'accord[55]: ce qui compte est le traitement propositionnel, le sort réservé à la proposition dans l'hypothèse, dans l'alternative, ce qui n'a pas d'autre signification que ceci: définit une alternative la proposition dont les attributs peuvent être différents de ce qu'ils sont. La différence est ici le maître-mot, ou ce qui équivaut à la même chose, l'*identité*. Des attributs contraires donnent des propositions contraires, mais des attributs seulement différents suppriment tout simplement la nécessité de la proposition. La différence, ici, suffit à mettre en question (la vérité de) la proposition puisqu'elle autorise la possibilité d'une autre proposition. La réponse n'est donc pas unique, ce qui veut dire que la question n'est pas résolue, qu'elle continue de se poser. Une alternative naît de la seule différence dans les attributs que l'on peut prédiquer d'un sujet, et cela entraîne une dualité, que l'exclusive de la vérité à l'égard de ce qui n'est pas elle — en l'occurrence, le faux — ne tolère pas. La dialectique, comme la science, vise à choisir, à établir *une* proposition : c'est là le *terminus a quo* et le *terminus ad quem* à la fois. « Il y a autant de façons de choisir les propositions que nous avons distingué d'espèces dans la proposition elle-même » (*Topiques* I, 14, 105a33), et cela porte bien évidemment sur la signification, l'acquisition et surtout sur l'identité et la différence qui couvrent d'emblée la totalité du champ dialectique (*Topiques* I, 13). Rappelons-nous l'équivalence proposition/problème : le raisonnement syllogistique devient l'unité qui les in-différencie. Le syllogisme contenant son analytique implicite, avec la différenciation résiduelle de l'alternative et de la nécessité. On ne questionne pas : on raisonne, donc on questionne. « Les éléments à partir desquels les arguments dialectiques sont constitués sont numériquement égaux et sont identiques à ceux qui servent de sujets au raisonnement (...). Or, toute proposition, comme tout problème expriment soit le propre, soit le genre, soit l'accident, car la différence aussi, étant donné qu'elle est de la nature du genre doit être mise sur le même rang que le genre »[56]. Ces quatre rubriques sont des variations dans la différence, différence de l'être, différence d'attribution possible. La définition comme le propre sont des réciproques du sujet, des substituts, comme dans « le convenable est beau » et, respectivement, « l'homme est un être capable d'apprendre la grammaire », ce qui n'est pas une définition. D'autres attributs peuvent appartenir au sujet à un degré variable, comme le genre, qui n'appartient pas qu'au sujet mais aussi à d'autres, et l'accident dont le contraire peut appartenir au sujet. Puisque la définition est « surtout une question d'identité ou de différence » (*Topiques* I, 5, 102a8), et que « toutes les notions que nous avons énumérées pourraient en un certain sens, être de la nature de la définition » (*Topiques* I, 6, 102b33), il s'ensuit que c'est bien l'interaction sujet-attribut, la constitution du propositionnel comme *réponse barrée* qui occupe Aristote. Le lien intrapropositionnel, c'est l'être. La différence, avec ses modalisations reprises ci-dessus, va résorber la différence problématologique : la différence sera ontologique, et par la scission de la *ratio cognoscendi* et de la *ratio essendi,* on assistera au découplage de l'*être* et du *connaître,* dissociés et indissociables, bref, paradoxalement liés. Les quatre modalisations du différentiel apocritique ne seront ainsi que des modes de caractérisation du répondre, du traitement des questions, un répondre qui, s'originant ailleurs que dans le questionnement s'abolit come tel dans un discours qui unifie le méta-théorique et son objet dans la neutralité du *logos* indifférencié et autosuffisant. La dialectique, comme la synthèse, vont s'ontologiser, mais la dialectique n'est-elle pas synthétique, en un sens, comme l'analyse dialectique l'est tout autant, au même titre et indissociablement?

Avant d'aborder le registre de l'ontologie, il faut revenir sur la dialectique des principes telle qu'on la trouve mise en œuvre dans l'établissement du principe de non-contradiction. Quelle est la signification de cette dialectique pour la problématologie? Il s'agit, on se le rappelle, de montrer que, si l'on ne peut démontrer ce principe, on peut à tout le moins établir qu'il est irréfutable en réfutant toute réfutation possible. Aristote nous dit qu'un opposant au principe le vérifie, pratique la contradiction et valide par là même le respect de la non-contradiction; ce faisant, il détruit le contenu de sa position. L'important, pour nous, n'est pas de savoir si Aristote a raison ou non. On peut bien lui objecter que l'incohérence finale de l'opposant est conforme au programme de ce dernier. Ce qui compte est plutôt que ce principe, qui stipule qu'on nie *ou* qu'on affirme, nécessairement, n'a pas d'autre justification que sa répétition indépassable. La dialectique n'a rien guère produit d'autre résultat que de confirmer le propositionnalisme en ce qu'il a de plus infondé. On aurait pu espérer qu'une validation — puisqu'on ne peut parler de démonstration — du principe de non-contradiction allait le dialectiser, le mettre en rapport avec sa nature dialectique, *donc interrogative,* et fonder à tout le moins ce principe comme principe du répondre. En toute cohérence, si ce principe ne peut se prévaloir que d'un enracinement dialectique, c'est parce qu'il est lui-même dialectique, il le dit bien d'ailleurs; il est principe *du* dialectique, il marque les contraires en stipulant leur traitement. Rien de tel ne s'est produit pourtant, ce qui prouve bien que la dialectique n'est plus qu'une forme du propositionnalisme, dont la science est une autre. Pas de fondation interrogative à ce principe qui n'a de sens que par là: il ne reste plus alors à offrir qu'une irréfutabilité de sa réfutabilité.

Quant à l'in-différence problématologique, on a déjà vu qu'elle affectait tout le champ dialectique en réduisant le problème à la proposition, elle-même ramenée dans sa contradictoireté possible à des variations, qui crée l'alternative (donc question) par la plus infime d'entre elles, puisqu'il n'y a plus unicité de la réponse. Le genre, la définition, le propre et l'accident sont de tels réducteurs. On assiste d'ailleurs à une démarche analogue au niveau des *catégories*. «Il est caractéristique à cet égard, dit Aubenque, qu'Aristote désigne les catégories par des interrogatifs»[57]. En fait, si on se reporte à la liste des dix catégories, six d'entre elles sont des formes interrogatives en grec même, et toutes se réfèrent à des interrogatifs en dernière analyse[58]: l'action, par exemple, correspond à la question «qu'a fait X?». Kahn nous fait remarquer que Ockham, le premier, s'était aperçu de ce fait et qu'il y voyait les formes de la question ontologique du sujet, de l'essence. Bref, les catégories, au départ, servent à interroger, avant de caractériser les modes de prédication, avant de s'assertoriser, en quelque sorte. D'où la coexistence, dans les *Topiques,* entre, d'une part, les catégories et, d'autre part, les modalisations de l'identité dont on a parlé plus haut. Celles-ci ont trait aux multiples questions, constituent des marques, des provenances. D'autre part, puisque *la* réponse supprime la pluralité, le différentiel, il faut bien que l'on définisse les marques de substituabilité dans le discours. Une catégorie représente une telle marque: elle assigne un champ d'univocité bien circonscrit dans le *logos* globalement équivoque, pluriel[59]. Etant donné le rôle croissant de l'ontologie, qui va venir relayer l'articulation des deux ordres dans leur imbrication paradoxale, on va assister au glissement ontologique des catégories, comme l'a si bien démontré Charles Kahn. *L'unité de l'être et le fait qu'il se dit de multiples façons,* insurmontables dans leur pluralité, rendant ainsi impossible une ontologie positive (Aubenque), *recouvrent la dualité du pluriel propositionnel et de l'identité propositionnelle, c'est-à-dire, respectivement,* du problématique et de sa suppression judicative. A la dialectique, qui n'a pas d'objet propre et qui, de la sorte, peut tous les traiter, va se substituer l'ontologie, dont la généralité sera insurpassable, avec le mérite de déplacer l'opposition irréductible du problématique et du non-problématique à un niveau de préoccupation où elle ne compte plus: l'être n'est-il pas ce qui est commun à toutes choses, indifféremment? L'unité de l'être portera désormais tout le poids de la décision apocritique qui se refoule. Je dis bien, qui se refoule, car la question «qu'est-ce que X?» va transporter avec elle toute l'impossibilité de philosopher l'interrogation philosophique avec un au-delà qui ne proviendrait pas de l'interrogativité réfléchie comme telle. Le propositionnalisme régnant et sur la dialectique et sur la science, l'ontologie unifiant l'ordre propositionnel sera essentielle.

La question de l'être, qui sera pour Aristote celle de l'essence, va s'inscrire dans la fracture de la dialectique platonicienne entre synthèse et analyse. On dit cette question première, la plus première de toutes. mais comment la résoudre sans présupposer une différence quelconque, qui permette de dire que l'on parle de X plutôt que de Y ? Cette distinction entre l'essence et le fait se retrouve dans la typologie des questions qui ouvre le livre II des *Seconds Analytiques* : on a un savoir *que*, un savoir *si*, un savoir *pourquoi* et un savoir du *ce que*. Ce sont en définitive les quatre possibilités d'élimination d'alternatives s'originant dans un contenu propositionnel donné dès le départ : le *que (oti)* se réfère directement au fait propositionnel que le *pourquoi (dioti)* justifie, également par une proposition ; le *si (ei esti)* établit la proposition que le *ce que (ti esti)* détermine comme telle. En d'autres termes, le *ce que* répond à ce qui est demandé, toujours, mais on peut, moins directement, affronter un choix propositionnel (le *si*) et puis le faire (le *que*), en établissant bien sûr une proposition plutôt que toute autre (le *pourquoi*).

L'essence de X n'est pas ce qui vient en premier : il faut beaucoup connaître sur X avant de pouvoir dire ce qu'il est essentiellement. La question socratique, l'être de X, n'est primordiale que par rapport à un mouvement d'inversion. Ce qui explique qu'il se trouve alors présupposé au sein de cet ordre second : la méta-physique n'est philosophie *première* qu'au sein d'un univers intellectuel qui sépare l'*être* du *connaître*. Scission difficile à assumer, car comment peut-on poser l'*être* sans se situer dans un ordre où affirmer, connaître, surgissent du même coup ? *A contrario*, comment peut-on imaginer que l'on connaisse quelque chose qui ne *soit* pas ? D'où le débat, aussi éternel qu'absurde, parce que mal conçu, entre la priorité de l'être sur le connaître (il y a un être du connaître), et l'inverse (l'être n'existe pas en soi ; dès lors qu'on l'affirme, d'ailleurs, on se réfute).

Allons plus loin : que demande-t-on quand on demande « ce qu'est X » ? Rien ne dit que l'on doive fournir, que l'on puisse fournir, ce qu'Aristote, et d'autres, appellent l'essence. Si l'on généralise, l'être n'est plus que ce présupposer absolu, qui est vide, qui n'est que néant, donc mouvement. En tout état de cause, la question sur l'être des choses, ou sur l'Etre, s'inscrit dans la même ligne : la suppression du problématologique, son déplacement qui en fait mention, certes, mais au sein d'un discours de pure forme. Quant au questionnement, il n'était, de toute façon, déjà plus qu'une partie de la dialectique chez Aristote.

11. De la question de l'être à l'être de la question

Il est temps de conclure ce chapitre sur la dialectisation de l'interrogation, qui n'aura été, en fin de compte, que l'étape instauratrice de son refoulement dans l'ontologie. On l'a vu : Aristote va isoler la question de l'être au sein d'un mouvement synthétique où elle est effectivement première, par artifice. On peut aussi soutenir que l'analyse et la synthèse se distribuent de part en part : en science, comme en philosophie. On peut préférer penser que l'ontologie, dans sa généralité, va tout englober. Quoi qu'il en soit, on a, avec la *ratio essendi,* une autonomisation de l'ontologisation. Et c'est un savoir. Que connaît encore, que *fait* encore connaître, la *ratio cognoscendi*? Ce qu'elle doit, elle ne le peut.

Cette fameuse différence de l'être et de l'étant n'a rien de contemporain. Elle n'est rien d'autre que le résultat de la scission des deux *ratio*. C'est parce que leur coïncidence semble impossible que l'être de la *ratio essendi* ne s'identifiera jamais avec le connaître factualisé de la *ratio cognoscendi*. Il n'y aurait pas de différence ontologique si l'être n'était jamais que le produit d'un après-coup. Affirmer que l'être se trouve alors à la base de toute affirmation, c'est oublier le mouvement qui mène à la synthèse, à l'inversion, où le dernier devient premier. En perdant de vue l'occupation du champ synthétique par l'ontologie, victime elle aussi du répondre comme norme plaquée sur toute dialectisation, nécessairement analytique au sens des géomètres, on risque de tomber dans le genre d'erreurs que l'on trouve aussi bien chez Platon que chez Heidegger : que pour reconnaître la maladie de quelqu'un, par exemple, il me faut savoir au préalable ce qu'est la maladie; ou encore, que pour me repérer dans le présent, le passé et le futur, j'ai besoin de savoir ce qu'est le temps. Et comme l'a bien dit Saint Augustin, c'est l'inverse qui toujours se produit. On peut continuer le raisonnement : doit-on savoir ce qu'est le questionnement pour poser des questions ? Tout cela est clairement absurde, et le sens commun s'est justement élevé contre la prétention philosophique réduite à l'ontologie, en affirmant que l'on n'a pas besoin de ces savoirs soi-disant préalables sur ce qu'est X ou Y pour opérer avec eux. Ils n'ont donc rien de préalable, sinon pour ces philosophes détachés du réel par leur souci ontologique. Un athée peut être aussi bon géomètre qu'un menuisier bon connaisseur du bois, bien qu'il n'ait pas réfléchi sur son essence. Comment pouvons-nous raisonnablement espérer convaincre du contraire notre menuisier quand les faits vont à l'encontre de l'ontologie, assimilée par tous à la philosophie ? C'est à ce stade, me semble-t-il, que la pensée du fondamental perd sa crédibilité, pour devenir dans l'esprit de beaucoup un artifice intellectuel, stérile de surcroît. Parce que, depuis longtemps, on se méprend sur le fondamental.

Regardons de près la question «qu'est-ce que X?». Rien, en elle, ne stipule qu'il y est question d'*essence* plutôt que d'autre chose, une propriété particulière par exemple. Que demande-t-on quand on demande ce qu'*est* X ou Y? Prenons un exemple, avant de nous pencher sur la structure formelle de la question même. Qu'est-ce que la littérature? Voilà une belle question en vérité. Mais elle ne spécifie pas le type de réponse qui la satisfait. La preuve en est que, par une telle question, on peut s'enquérir de beaucoup de choses: Qu'est-ce qui fait que le langage devient littérature? Quelles sont les conditions qui font qu'une œuvre sera dite littéraire? Quel est l'effet produit par ce que l'on appelle littérature? Etc. Aucune de ces questions n'épuisera, bien sûr, le champ du littéraire, mais toutes peuvent représenter ce que le questionneur veut savoir par sa quête initiale. Que celle-ci porte sur un certain type de langage, sur un effet ou sur un corpus, peu importe. Peut-être même que l'essence du langage s'en trouvera cernée ici ou là. Mais de cette essence, il n'est pas question a priori dans l'interrogation «qu'est-ce que la littérature?» car cette interrogation ne dit pas qu'une telle essence existe et que c'est précisément cela dont il est question. On peut certes le penser, mais l'on présuppose que l'être, l'essence, constitue l'objet de cette question «qu'est-ce que X?», ce qui est manifestement un hors-question, sinon le hors-question par excellence de cette question, donc ce qui l'annule; et là est bien la fonction de l'ontologie. Le questionnement se ferme sur l'essence: elle est déjà cela chez Aristote. Rappelons-nous: on ne peut démontrer l'essence. Or, démontrer, on l'a vu, c'est instaurer la différence problématologique, mais de façon propositionnelle. Ce sera cette conception de l'inférence, où rien de problématologique n'apparaît, qui sera codifiée par Aristote et qui a prévalu telle quelle depuis plus de deux mille ans. La non-circularité fonde «l'autre chose» qui se trouve en jeu dans le syllogisme; mais pourquoi faut-il «autre chose» dans une déduction plutôt que le même? Cela ne nous est pas dit, d'autant plus que bien des auteurs, de Descartes à Stuart Mill, n'arrêteront pas de répéter qu'il n'y a pas, dans la conclusion inférée, autre chose que le contenu des prémisses. Soit. Ce qui nous retient ici est que la propositionnalisation de l'inférence en est une fausse conception. Elle ne s'explique pas par le simple tissu propositionnel, purement assertorique.

L'essence qui ne se démontre pas, cela résulte du fait qu'elle est le sujet de l'inférence, ce qui est hors question dans l'interrogation *à laquelle tout syllogisme nous renvoie*. Autrement, on retomberait sur une pétition de principe, un processus de question-begging. Voilà que l'essence, donc le sujet, est hors question; elle est même ce qui permet l'interrogation, donc ici, le syllogisme. La boucle est bouclée : l'essence conditionne la question et la détermine. Ce qui se discute, contradictoirement même, est l'attribution. Et l'on a alors la célèbre codification du propositionnalisme : un jugement se composera d'un sujet et d'un prédicat qui l'*identifie* (l'être), et non plus, comme chez Platon, de mixtes d'Idées. L'unité de l'être, qui se dit de tant de façons, sera bien l'essence, comme le précisera Aristote dans la *Métaphysique*.

Tout sera inférence, puisque on aura la propositionnalisation généralisée de la différence problématologique. La dialectique, comme l'ontologie, sera sous l'empire du syllogisme, rendant plus énigmatique que jamais la scission de l'analytique et du synthétique par ailleurs séparés. Si Platon ne pouvait concevoir distinctement l'analyse et la synthèse, parce que celle-ci est contenue dans celle-là, dont elle doit se séparer pour la vérifier d'où la dialectique qui réunit tout cela, Aristote, lui, ne pourra finalement faire mieux. Certes, il va bien codifier les règles dialectiques et les formes syllogistiques, mais cela ne suffira pas à déplacer de façon valide la réduction problématologique, son indifférence même, décrétée dans un ailleurs qui n'en fait aucunement mention. On infère en argumentation, comme l'on apprend en science. Le plus connu et le moins connu sont des notions dialectiques que la syllogistique se doit d'importer, pour être opérationnelle, synthétique.

S'il y a bien une question neutre, universelle, quant à la réponse possible, c'est bien la question socratique. Toutes les autres ont des présupposés limitatifs, impliqués d'ailleurs par leurs réponses. Tandis que la question « qu'est-ce que X ? » fait coïncider la réponse avec son présupposé, à savoir que X est ceci ou cela, ce qui est ce que l'on demande précisément. Cela revient à dire qu'elle ne présuppose rien, et que toute réponse peut convenir, ou encore qu'elle indique toute présupposition possible, analytiquement comme dira Kant. On peut aussi bien affirmer qu'elle est première par rapport à toute question, y compris donc celle dont son présupposé est réponse, comme l'on se trouve en droit de dire qu'elle est vide et littéralement *indifférente* à ce qui la résout. Première, certes, mais synthétiquement première ; logiquement première, même si l'ontologie va occuper l'entièreté du terrain synthétique à partir de Platon, et surtout, d'Aristote. L'être et le connaître vont être difficiles à séparer malgré les efforts de certains, surtout aujourd'hui, pour isoler l'ontologie de manière plus radicale. Ce qu'il faut bien voir est que la radicalisation ontologique se produit avec Aristote essentiellement. Pour Platon, l'analyse contient la synthèse car on voit mal ce qui permettrait à la synthèse de vérifier la démarche analytique sans que celle-ci soit en interaction *a priori* avec l'inversion de la synthèse. Autrement, elle serait miraculeusement vérificatrice de ce par rapport à quoi elle est affirmée indépendante. La synthèse ne saurait fonctionner par soi, et c'est ce que Platon avait compris en regroupant, sans succès il est vrai, l'analyse et la synthèse au sein d'un même ensemble, la dialectique. Aristote ne pouvait s'en tirer en les séparant à nouveau, tout en assimilant fort justement la synthèse à son *Analytique* correspondante. La scission des deux ordres permet d'éviter la contradiction des deux points de départ, mais elle fait mal comprendre la distribution des savoirs, qui ne se distribueront pas en fin de compte. Aristote ne pourra qu'ontologiser la synthèse, et partant, y englober l'analyse: l'être sera partout. L'unité de l'être deviendra alors énigmatique, car il se dit de tellement de façons: pluralité, donc dialectisation analytique, unité, donc synthétisation possibilisant l'inférence contraignante du syllogisme démonstratif. L'opposition du problématique et du non-problématique s'en trouvera déplacée, ontologisée, est-il plus juste de dire. Quant à la *ratio cognoscendi*, ne se corrélant pas à l'*être*, mais préparant ce rapport de vérité, elle sera en contact avec l'*étant*, à moins que ce ne soit avec l'apparence, ou l'apparaître si l'on veut être plus généreux avec les phénomènes. Les grands dualismes ontologiques sont fixés avec Aristote. Synthèse et analyse vont se démultiplier, créant toutes les dichotomies: on va ainsi les retrouver dans la science comme dans le raisonnement en général. L'ontologie, partant de la question socratique «qu'est-ce que X?», sera synthétique avant tout, se subordonnant une analytique implicite, à déplier selon les besoins. Ce qui est parfaitement conforme à la généalogie de l'ontologique: la question de l'être est venue saturer l'être de la question pour que toute question s'y ramène en définitive. L'ontologie doit fonder la synthèse qui, sinon, aurait un insoluble problème de point de départ. D'ailleurs, la synthèse ne peut réellement s'autonomiser, elle ne peut que renvoyer à son *alter ego* dont elle veut l'externalisation. Et l'on est confronté à nouveau avec l'incapacité de clairement désanalytiser la synthèse, si ce n'est par décret. L'ontologie est le suprême effort des Grecs pour parvenir à l'impossible.

L'analyse de la question de l'être nous pousse vers l'essence comme signification ultime. Le prix en est encore une fois l'indifférence problématologique, et quand on repère une certaine différence, elle est, par pure critique interne, le témoin d'un obstacle à surmonter: la polysémie de l'être doit pouvoir déboucher sur l'unité, et Aristote, on le sait, n'a pu la conceptualiser. Le recours à la transcendance ontologique restait le seul chemin ouvert, et l'on a déplacé à nouveau la difficulté avec Dieu.

Mais la question de l'être ne renvoie à l'*ousia* que par coup de force de lecture et l'on en a vu l'origine. La seule lecture valide est, pour une question « qu'est-ce que X? », que l'être désigne le pluriel de la réponse comme possibles inscrits *a priori* du fait qu'il y a question. Il définit l'unité de la question par les pluralités de réponses, la différence avec la question, la différence problématologique. L'ontologie est une déviation par rapport à cette lecture, qui colle au plus près à la question comme telle, sans lui assigner, de l'extérieur, un rôle *qu'elle n'a pas*. L'être est l'opérateur de l'interrogation car il indique la différence problématologique. Il ne contraint pas à l'essence, car aucune réponse plus qu'une autre ne se trouve *demandée* dans la question socratique, devenue ontologique que par impossibilité à réfléchir le questionnement comme tel.

Quant à l'Etre lui-même, il ne saurait faire question isolément sans, en tant que question, se référer au questionnement et par là il cesse de l'abolir, ce qui implique le renversement de l'ontologie, renversement que l'on a vu être problématologie.

NOTES

[1] J. Evans, *Aristotle's Concept of Dialectic*, p. 8 (Cambridge University Press, 1977).
[2] *Réfutations Sophistiques* 8, 169b, 25, cité dans J.M. Le Blond, *Logique et méthode chez Aristote*, p. 25 (Vrin, Paris, 3e éd., 1973).
[3] R. Robinson, *Plato's Earlier Dialectic*, p. 82 (Oxford, 2nd ed., 1953).
[4] Parlant des auditeurs de Protagoras, Platon fait dire à Socrate : « Quant à moi, la vue de ce chœur me causa une joie extrême, par les merveilleuses précautions qu'on y prenait pour ne jamais gêner la marche de Protagoras en se trouvant par-devant lui; mais au contraire, dès qu'il faisait demi-tour, et, avec lui, ceux qui l'accompagnaient, c'était par une belle manœuvre bien réglée, que ces infortunés auditeurs se séparaient sur un côté et sur l'autre, puis en exécutant leur évolution circulaire, prenaient chaque fois, avec la plus grande élégance, leur place à l'arrière (*Protagoras*, 315b). Quant aux disciples d'Hippias, « il était visible qu'ils étaient en train d'interroger Hippias (...). Lui, assis sur son trône, rendait à chacun d'eux son arrêt et leur donnait des explications détaillées sur l'objet des questions qu'on lui avait posées » (*Protagoras*, 315c, traduction française L. Robin).
[5] « Le principe, selon lequel le répondant doit toujours dire ce qu'il pense réellement, est une partie du principe selon lequel la dialectique ne reconnaît aucune autorité (...). 'La question n'est pas qui dit cela, mais si cela est dit en vérité ou non' (*Charmide*, 161c) ». Richard Robinson, *op. cit.*, p. 79.

⁶ *Apologie de Socrate*, 23c.
⁷ «Ensuite de quoi, j'allai en trouver un autre de ceux dont la réputation de sagesse était plus grande encore que celle du précédent. Nouvelle occasion de me rendre odieux à celui-là et à beaucoup d'autres (...). Peu s'en fallut que ceux qui avaient la plus belle réputation ne fussent, à mon avis, ceux auxquels il manquait le plus, alors que d'autres, qui passaient pour valoir moins, étaient davantage des hommes convenablement doués sous le rapport du bon jugement» (*Apologie* 21c-22a). Dès lors, «je vous dis que ce n'est pas de la fortune que naît le vrai mérite, mais que c'est le vrai mérite qui fait la bonne fortune, les autres choses humaines aussi» (*Apologie*, 30b).
⁸ *Sophiste*, 239c-d.
⁹ *République I*, 327b-c.
¹⁰ *Phédon*, 91a.
¹¹ *Sophiste*, 268c.
¹² *Ménon*, 80 E.
¹³ R. Robinson, *op. cit.*, p. 70.
¹⁴ *Ménon*, 81d; *Phédon*, 72e-73a.
¹⁵ La langue allemande distingue fort à propos le mot *Fragesatz* du mot *Frage*.
¹⁶ R. Robinson, *op. cit.*, p. 69.
¹⁷ *Parménide*, 130e.
¹⁸ *Phédon*, 75d.
¹⁹ Euclide, *Eléments*, XIII.
²⁰ Pappus, *Collections*, VII, pp. 635-636.
²¹ *Cratyle*, 436c.
²² *République*, 533c. Cf. 510c: «Ceux qui travaillent sur la géométrie, sur les calculs, sur tout ce qui est de cet ordre (tu dois, je pense le savoir), une fois qu'ils ont posé par hypothèse l'existence de l'impair et du pair, (...), celle d'autres choses encore de même famille selon chaque discipline, procèdent à l'égard de ces notions comme à l'égard des choses qu'ils savent; les maniant pour leur usage comme des hypothèses, ils n'estiment plus avoir à en rendre nullement raison (*logos*) ni à eux-mêmes, ni à autrui, comme si elles étaient claires pour tout le monde; puis, les prenant pour point de départ, parcourant dès lors le reste du chemin, ils finissent par atteindre, en restant d'accord avec eux-mêmes, la proposition à l'examen de laquelle ils ont bien pu s'attaquer en partant».
²³ *Phédon*, 101d.
²⁴ Sir T. Heath, *Euclid's Elements*, commentary p. 140, Dover, N.Y., 1956.
²⁵ *Phédon*, 101c.
²⁶ *Phédon*, 101d.
²⁷ *République*, 511c.
²⁸ *Phédon*, 100cd.
²⁹ Cf. P. Aubenque, *Le problème de l'être chez Aristote*, P.U.F., Paris, 1962.
³⁰ *Sophiste*, 218d.
³¹ *Phèdre*, 265c.
³² Lettre du 24 mai 1640.
³³ *République*, 511 a.
³⁴ *Ibid.* 511 b.
³⁵ J. Hintikka et U. Remes, p. 12, *The Method of Analysis* (Reidel, Dordrecht, 1974).
³⁶ Hamelin. *Le système d'Aristote*, p. 230, Alcan, 1920 (cité par J.M. Le Blond, *Logique et méthode chez Aristote*, p. 6, Vrin, Paris, 1973).
³⁷ Aristote, *Seconds Analytiques* (Tr. fr. Tricot, Vrin), I, 2, 71 b 20.
³⁸ *Ibid.* I, 1, 71 a 25.
³⁹ *Ibid.* I, 1, 71 a 30-71 b 8.
⁴⁰ J. Barnes, «Aristotle's Theory of Demonstration», p. 77 in *Articles on Aristotle*, ed.

J. Barnes, Duckworth, 1975, London.

[41] *Seconds Analytiques,* I, 11, 77a30 sq.

[42] *Topiques,* I, 1, 100a18.

[43] *Ibid.,* I, 1, 100a30.

[44] *Seconds Analytiques,* I, 6, 74b15.

[45] «L'antérieur selon l'ordre logique n'est pas le même que l'antérieur selon l'ordre sensible. Dans l'ordre logique, c'est l'universel qui est antérieur; dans l'ordre sensible, c'est l'individuel» (*Métaphysique,* A II, 1018b32); «au surplus, *antérieur* et *plus connu* ont une double signification, car il n'y a pas identité entre ce qui est antérieur par nature et ce qui est antérieur pour nous, ni entre ce qui est plus connu par nature et plus connu pour nous» (*Seconds Analytiques,* I, 71b30-72a). Bref: «La marche naturelle, c'est d'aller des choses les plus connaissables pour nous et les plus claires pour nous à celles qui sont plus claires en soi et plus connaissables; car ce ne sont pas les mêmes choses qui sont connaissables pour nous et absolument» (*Physique,* I, 184a16).

[46] P. Aubenque, *Le problème de l'être chez Aristote,* p. 65 (PUF, Paris, 1966).

[47] *Topiques,* I, 2, 101b.

[48] Voir, pour plus de détails sur ce sujet, J.M. Le Blond. *Op. cit.,* p. 44 et sv.

[49] *Topiques,* VIII, 1, 155b10.

[50] *Premiers Analytiques,* 24b18-22.

[51] *Topiques,* I, 11, 104b.

[52] *Ibid.* I, 10, 104a7.

[53] Pierre Hadot, «Philosophie, dialectique, rhétorique dans l'antiquité», *Studia Philosophica,* 39, 1980, p. 145.

[54] *Ibid.* I, 4, 101b28 et suiv.

[55] P. Aubenque, *Op. cit.,* p. 255. J.M. Le Blond. *Op. cit.,* p. 26.

[56] *Topiques,* I, 4, 101b15.

[57] *Op. cit.* p. 187.

[58] Charles Kahn «Questions and Categories» in *Questions,* p. 227 (H. Hiz, ed. Reidel, Dordrecht, 1979).

[59] C. Kahn, *Ibid.* p. 229.

Chapitre III
De la rationalité propositionnelle à la rationalité interrogative

1. La crise de la raison

La raison occidentale est en crise. Elle peut rendre raison de tout sauf du fait qu'il faille rendre raison de tout. La rationalité serait ainsi une valeur, la norme même de toute valeur; «l'impératif catégorique» par excellence. La rationalité, en devenant de la sorte une exigence morale, ne se soutient d'aucune nécessité, puisqu'elle les fonde toutes. Mais le fondement est remis en cause: car l'évidence du rationnel, que nous avons tous héritée de Descartes, a perdu sa prégnance fondatrice; en l'occurrence, il s'agit de la mort du sujet, sujet qui est précisément le fameux «sujet cartésien» du *Cogito,* dont la fonction, rappelons-le, est d'être le hors-question de *toute* question possible en lui servant de clé résolutoire absolue, radicale et universelle. Quant à l'investissement du champ éthique, il s'achève avec Kant, duquel la prudence cartésienne avait préféré rester absente.

Avec la mise en question du sujet cartésien, le cœur de la rationalité est attaqué: faute d'enracinement résolutoire, c'est la rationalité dans son intégralité qui se retrouve problématisée. Une rationalité déductive, propositionnelle, appuyant l'assertorique de la raison dans une assertion fondamentale, tel le *Cogito,* qui vérifie le contenu de son assertion dans sa propre assertabilité. On est plongé d'emblée dans le propositionnel qui réfléchit sa propre fermeture par l'évidence irrécusable qu'il se donne.

Descartes est bien le penseur de notre destin rationnel, y compris dans l'effondrement du modèle de raison que nous vivons aujourd'hui. Si la crise du fondement déstabilise la rationalité héritée, l'oriente vers certains buts et certaines modalités propres, elle ne la modifie pas autrement qu'en creux. En clair, l'espace de pensée tel qu'il se trouve défini se voit simplement marqué d'un signe moins, sans être vraiment dépassé du fait de sa carence désormais fondamentale.

L'exemple de la science et de la technique illustrera le propos. La crise de la raison n'est rien d'autre qu'une crise du sujet. L'absence de point de départ unifiant notre conception du monde ne détruit pas celle-ci mais la fragmente tout simplement. Dès lors, la science sans sujet, comme la norme éthique déshumanisée vont pouvoir surgir en toute liberté, sans avoir à rendre d'autre compte que de celui de leur propre assurance. La rationalité interne, fragmentée, autonome sera forcément garantie par l'efficacité puisqu'elle ne dépendra plus que de soi, instaurant, tel le *Cogito,* sa norme immédiate de résolution, sans avoir à se situer par rapport à une totalité dont la norme interne, mais globale, fait défaut. La nouvelle rationalité sera analytique, au sens où il s'agit de décomposer les problèmes sans se soucier de les intégrer en retour dans des ensembles plus grands qui leur donnent sens.

Que signifie en profondeur un tel mouvement de fragmentation généralisée? Première réponse: il donne l'image d'une unité de la raison puisque *toute* la raison se caractérise de la sorte; image paradoxale puisque le contenu est inverse de cette vision. Si tout se déchire, s'autonomise en parcelles, normes partielles de fonctionnement, il n'y a plus à proprement parler de modèle unique de norme, si ce n'est ce fait-là, la cassure. «Il faudra aller jusqu'au bout, en se demandant si la phase ultime ne franchit point un nouveau pas dans le Renversement du rationnel en son contraire. Un nouveau pas sans doute; mais du même genre? Ou nouveau surtout par son caractère irréversible?»[1]. Deuxième constatation: la crise de la raison aboutit forcément à une surrationalisation dans tous les domaines. La cassure des champs du pensable correspond à l'abandon d'une norme unique de résolution. Par là, une souplesse résolutoire, adaptée, peut s'instaurer en collant au plus près à l'objet. La pensée se fait alors manipulatoire, elle s'essaye en se frottant à cet objet, faute d'une norme unique, préétablie et peut-être fausse parce qu'inadaptée aux nécessités particulières de la situation. Dès lors, la pensée se fait *technique* à l'égard de l'objet, en même temps qu'elle se *théorise* comme *science*. En effet, faute de pouvoir dépasser un comportement vérificatoire, la rationalité se vide de toute propositionnalité qui ne se ramène pas à la scientificité éprouvée du rapport atomisé dont la science est bien souveraine. La problématisation du pensable comme tel, vécue négativement, donne forcément lieu à une surcompensation scientifique, techniquement assumée, dans la mesure où la science garantit petit à petit les résultats obtenus un à un, sans souci ni nécessité de globalisation. La science devient ainsi la norme implicite du rationnel et du pensable tout à la fois, parce qu'elle incarne l'analyticité de l'esprit à la perfection et parce qu'en fin de compte, elle réalise une sorte d'unité par défaut, un modèle résolutoire à responsabilité limitée, qui ne fonctionne bien qu'en isolant et qu'en partialisant les unités les unes par rapport aux autres. La scientificité est bien le substitut et le déplacement d'une pensée sans principe, dont elle ne peut donc être que le principe implicite, la norme qui s'impose sans pouvoir se justifier et surtout, mais aussi, sans avoir à le faire.

Le dilemme devant lequel on se trouve placé est alors le suivant. Ou bien on récuse la science et l'on ouvre la voie à l'irrationnel sous ses formes les plus multiples: religieuses, politiques et même purement théoriques. Ou bien on accepte le fait de la scientifisation généralisée et sa nécessité technique, opératoire, dont elle s'accompagne désormais, et on se ferme à toute rationalité raisonnable, au sens propre du terme, à savoir que la rationalité d'une telle entreprise ne peut s'autofonder, et par là se détruit. Par conséquent, quelle que soit la voie choisie, surrationalité partielle ou irrationalité tout court, la raison ne fonde plus et ne se fonde plus. Le fonctionnement technique, le fait que «cela marche» se retrouve au même niveau philosophique que n'importe quel dogmatisme religieux, par exemple.

L'ambiguïté de la position de ceux qui rejettent la science aujourd'hui, parfois pour couvrir une ignorance cultivée à bon compte, tient à ce que, pour retrouver une rationalité originaire, ils en condamnent la forme la plus achevée. Dès lors, la question se pose de savoir si ce rejet mène à l'obscurantisme ou si, au contraire, il s'efforce de le combattre. Entre les deux solutions, la voie est étroite, la critique de la science s'amalgame bien souvent à une exaltation d'un au-delà pensable mais comme impensé et indicible, récupéré bien souvent par des valeurs purement et simplement affirmées valides au nom d'une tradition historiquement vécue comme pré-rationnelle, donc comme anti-rationnelle. Tout ceci, faute de pouvoir ouvrir la rationalité à un nouvel espace, à l'intérieur duquel la proposition, fût-elle scientifique, aurait sa place et sa légitimité, à côté d'un niveau fondationnel propre, non propositionnel, non assertif. Car l'assertorique ne peut se fonder, et même quand on croit qu'il le fait, avec et depuis Descartes, il n'y parvient qu'en s'instaurant, de manière occulte, par inférence problématologique, comme on va le voir ci-après. La raison sera problématologique, ou ne sera pas : seule une telle conception ouvre l'assertorique sur ses fondations par son intégration dans l'interrogativité, en consacrant l'assertorique comme apocritique, lequel renvoie au problématologique qu'il résout par position différentielle. Le propositionnalisme ne débouche plus que sur le néant de tout dépassement interne, ramenant par là toute issue possible à l'implicite, ou pire, à l'irrationnel dont il s'affirme la norme inversée et universelle. Or, tout le problème est là : si la raison occidentale semble avoir épuisé ses possibilités, c'est parce qu'elle fonctionne depuis toujours sur sa propre assertivité, dont elle réfléchit l'évidence interne avec Descartes. En réalité, on n'asserte que pour répondre et aucun discours, quel qu'il soit, ne se trouve instauré à son propre niveau, comme s'il ne répondait à rien, à rien d'autre qu'à sa propre nécessité de s'instaurer. Toute assertion répond à une question, en laquelle elle s'origine. L'esprit ne progresse qu'en se posant des questions, et non en rationalisant déductivement des résultats qui ne résulteront plus de rien à force de ne résulter que d'eux-mêmes. Où sera alors le point de départ si chaque résultat doit résulter d'autre chose, et encore d'autre chose ? La raison ne se soutiendra alors que du coup de force d'un point de départ imposé, mais Dieu étant mort, il ne restera plus qu'une chaîne irrationnelle de raisons, où l'on pourra rendre raison de tout, *dans* la chaîne, sauf de la chaîne elle-même comme nécessité *initiale* de structure. Et tout l'édifice sera miné. La raison, conçue comme enchaînement propositionnel justificatoire, ne peut se fonder, et ceci explique la crise qui, inévitablement, survient lorsque toute l'attention critique se porte sur l'originaire, le fondement, pour les raisons historiques que l'on a vues. Le point faible de la rationalité occidentale est son point de départ, puisque ce qui la fonde doit rester infondé ou se fonder soi-même. La crise de la raison aujourd'hui n'est rien d'autre que la crise d'une certaine raison, la raison assertorique, ou l'assertoricité comme rationalité exclusive, une assertoricité devant s'imposer d'elle-même. L'homogénéité assertorique qui caractérise le pensable depuis l'aube grecque devait entrer en crise dès l'instant où le fondement de l'assertorique, qui en réfléchit assertoriquement l'universalité affirmée, se révèle problématique. Mais le problématique est l'indicible de l'ordre assertorique. La raison s'est fermée sur elle-même par son propositionnalisme généralisé, condamnant ainsi à l'irrationnel toute solution s'efforçant de répondre à une crise interne radicale inévitable. Ne pouvant intégrer positivement la problématicité qui la détermine fondamentalement, la rationalité occidentale ne pouvait que se fracturer devant la problématisation comme fait historique. La problématologie met au contraire en lumière la rationalité du rationnel, elle en démonte la structure, même lorsque la rationalité se retrouve amputée de son socle au profit d'une superstructure repliée sur soi, affirmée autonome. L'explication de la fondamentalité non assertorique est la seule réponse à la crise du sujet parce qu'elle brise l'équation devenue vide d'une rationalité réduite à l'assertoricité pure et simple, en montrant que la question cartésienne comme question du fondement doit être reposée, pour elle-même, afin de resituer adéquatement la raison et la pensée à l'égard des schèmes assertoriques qui n'en sont qu'une part. Descartes n'est pas simplement l'origine historique d'un modèle en crise, mais il est aussi celui qui, le premier, a donné l'exemple d'un questionnement radical bien vite rabattu, certes, sur l'assertoricité initiale qu'il a toujours supposée à la raison; questionnement qui, pour être refoulé, n'en est pas moins présent de manière sous-jacente. La démarche cartésienne a indiscutablement répondu à une crise de fondement en son temps, elle illustre toujours par-delà ses résultats dépassés ce qu'il faut entendre par fondation philosophique.

2. La crise cartésienne et l'héritage contemporain

La crise de la raison est donc avant tout une crise de la conscience comme lieu de la réflexivité absolue, principielle, qui a finalement gagné l'ensemble du *logos*. On pourrait croire, sinon espérer, que l'on a dépassé l'opposition de la métaphysique négative et du néo-positivisme pour aller vers une philosophie contemporaine de dépassement. Malgré le vocabulaire, il n'en a rien été. Certes, l'eau a coulé depuis que positivismes et nihilismes se sont affrontés, l'un pensant toute solution impossible, ce qui inclut la science, et l'autre ne voyant de salut qu'en elle. Ce qui reste au plus profond de ce double mouvement de fuite, et qui s'est perpétué dans les pensées contemporaines, est une crise de principe, de l'homme, du sujet, une crise de la rationalité occidentale et de ses progrès. La rationalité occulte (parce que ne pouvant se dire) qui prévaut est un modèle partiel qui, universalisé à tous les échelons de la vie pratique et des sciences, apparaît comme global, puisqu'il est le seul. Rationalité localisée, pragmatique, adaptée techniquement à la maîtrise d'une fin *donnée,* elle ne peut être qu'idéologique, en ce qu'elle ne peut se dire *la* rationalité, tout en fonctionnant effectivement comme telle. On a ainsi l'impression, trompeuse, qu'un certain positivisme n'est pas mort, alors qu'il n'en est rien, du point de vue philosophique en tout cas. La spécificité du positivisme était précisément sa volonté expresse de passer pour la codification expresse de *la* rationalité globale.

En résumé, je dirai que c'est l'assertabilité de la raison qui s'est globalement impossibilisée. La contemporanéité s'est parfois efforcée de transformer le négatif en positif, de faire de ce handicap historique une caractéristique constitutive: le manque de principe est ainsi devenu une position de principe, la dissémination une richesse, le sujet une trace; le langage métaphorique et flou l'essence même du *logos*. Ne faut-il pas faire contre mauvaise fortune bon cœur? Mais cette démarche cache mal la contingence sur laquelle elle prétend s'ériger. Elle veut faire passer pour traits essentiels ce qui est accidentel, ce qui provient d'un état de choses dépassé et nié, comme si cette négation était un aspect constitutif de notre être. Ainsi, le fait que l'ancien principe de la pensée, l'homme, soit mort comme tel, ne signifie ni que la pensée du principe soit vaine ou impossible, ni que l'homme soit une trace, une case vide, un manque. Ces termes traduisent anhistoriquement un certain devenir, et non ce que nous sommes en réalité.

C'est sur le fond de la mort du cartésianisme que sont nés de tels concepts, concepts dont l'apparente positivité refoule plutôt une impossibilité de dépasser ce qui est dépassé, de remplir ce qui est devenu réalité vide, autrement qu'en faisant du vide le plein même qu'il faut recouvrer, un vide du principiel que l'on positivera en réalité effective. Mais il est paradoxal de continuer d'opérer avec des catégories que l'on sait non pertinentes, en voulant faire de cette non-pertinence un trait pertinent de substitution. Il est paradoxal de dire qu'une certaine réalité conceptuelle n'a plus cours, et de perpétuer en creux cette réalité par l'affirmation que le creux est bien la réalité. Comment peut-on à la fois soutenir que le sujet fondateur est indicible comme tel, et faire de cet indicible le sens même du discours anthropologique, sinon de la réalité humaine elle-même? Ne continue-t-on pas, de la sorte, de penser à partir des mêmes termes, mais renversés? La trace de l'origine, chez Derrida, fonctionnera exactement comme de l'originaire: il *se* produit en s'occultant et devient effet; le déplacement ici est production. La non-adéquation de l'originaire à lui-même par un *logos* de l'originaire est d'ailleurs une vieille idée du propositionnalisme que l'on trouve déjà chez Descartes, puisque la *ratio cognoscendi* ne peut poser en premier lieu ce qui est réellement premier; d'où le retour analytique à l'origine, innée ou *a priori,* que l'on ne peut jamais cerner qu'avec un décalage et une éternelle inadéquation. N'est-on pas tout simplement dans une insurmontable contradiction à vouloir constater la mort du sujet cartésien tout en voulant la dépasser par l'assertion qu'il est encore trace de lui-même? Ne justifie-t-on pas ce qui est devenu l'injustifiable avoué, à savoir que le fondement est anthropologique? Derrida le reconnaît lui-même, tout en récusant toute critique, parce qu'elle reposerait sur le seul souci de l'identité de la cohérence. « Par exemple, la valeur d'archie transcendantale doit faire éprouver sa nécessité avant de se laisser raturer elle-même. Le concept d'archi-trace doit faire droit et à cette nécessité et à cette rature. Il est en effet contradictoire et irrecevable dans la logique de l'identité. La trace n'est pas seulement la disparition de l'origine, elle veut dire ici (...) que l'origine n'a pas disparu (...). Et pourtant nous savons que ce concept (de trace originaire) détruit son nom et que, si tout commence par la trace, il n'y a surtout pas de trace originaire »[2]. Avec des concepts tels que ceux de *trace* ou de *différance*, on traduit le décollement du sujet à l'énoncé, au discours même, dont il devient impensable qu'il puisse en être le maître, comme d'une expression de soi. La *différance* est ce décalage, ce rattrapage impossible du sujet par le sujet, sans cesse différé dans le mouvement du discours à l'égard de cet originaire. Le sujet sera parlé et signifié dans une chaîne sans fin de signifiants, dans un réseau qui le déploie et l'éloigne à la fois. Et que dira donc Lacan, si ce n'est précisément que « le signifiant est ce qui représente le sujet pour un autre signifiant », expression célèbre qui consacre le fossé et la scission du sujet d'avec lui-même, l'altérisant par l'échange, dont le stade du miroir est l'initiation ? Comment le sujet pourra-t-il s'intercaler entre le *« je »* de son discours et lui-*même* ? Comme chez Barthes, où le sujet ne colle plus au texte, dont il n'est que porte-parole et non auteur au sens théologique, Lacan fait du sujet cette présence absente, cette rupture qui fait que l'homme n'est plus que signe, avec une signifiance qui se libère du rapport fixe au signifié, et se déplace à son endroit. L'herméneutique, ainsi, va devoir surgir. Le sujet, autre que soi, n'avancera que masqué, en établissant son identité par le refoulement de l'autre que soi qu'il est. Son identité est à ce prix, et ce prix est donc l'inconscient. Par là se trouve refoulé le décalage rhétorique à soi, rhétorique parce que l'identité n'est plus que figurée et non littérale. La logique du Moi régnera en maître par ce leurre que l'individu se joue à lui-même, une logique de l'identité qui est la logique de *son* identité. Le manque est la non-identité, la marque du sujet détrôné. Mais sommes-nous vraiment des petits sujets cartésiens, en mal d'Œdipe-Descartes ? Ne serions-nous pas davantage une problématicité qu'aucune réponse, de quelque ordre qu'elle soit, ne pourra réduire ?

La Raison cartésienne n'a finalement pu se survivre que par une exclusion lui garantissant le monopole de ses œuvres, si l'on en croit cette fois Michel Foucault. Exclusion du fou, le hors-raison par excellence, exclusion de ceux qui refusent l'ordre rationnel incarné dans le social, exclusion de tout ce qui échappe à la norme de conduite morale qui finalise cette Raison. S'il y a le fou et le délinquant, il y a donc aussi l'anormal; et la sexualité illustrera bien l'arbitraire de cette normalité, en même temps qu'elle la mettra en œuvre.

La défondamentalisation du sujet, c'est bien sûr plus que Derrida, Lacan ou Foucault. C'est la fracture des harmonies anciennes, en musique comme en peinture, toutes deux plus «abstraites» que jamais[3]. C'est la rupture formelle en poésie, avec Mallarmé, Eliot ou Pound. C'est la problématisation au niveau même de la prose, par le décentrement de la narration sans début ni fin, sans sujet qui totalise, ce que le Nouveau Roman illustre bien; mais c'est aussi l'énigmaticité qui devient elle-même objet de fiction, comme chez Kafka. On pense au texte intitulé *L'examen* où un domestique se fait finalement engager pour n'avoir pas répondu aux questions de son employeur, faute de les avoir comprises. Cette incompréhension est ce qui fait réussir ce domestique. Belle allégorie de l'affirmation de la problématicité comme positivité nouvelle, allégorie de l'absurde kafkaien selon un schème de pensée qui ne peut répondre sur le problématique sans se voir dans la contradiction, par indifférence problématologique[4]. D'où le soi-disant absurde, qui surgit dans le propositionnalisme comme l'impossibilité à conceptualiser le problématique dans sa positivité irréductible à l'ordre assertorique.

Ce qui est certain est que le *logos* de l'assertabilité généralisée par le propositionnel va se trouver frappé de plein fouet par cette crise de la raison. Le répondre va devenir de plus en plus un problème, encore que non pensé comme tel; la fiction ne réfléchit pas, même si elle met en œuvre(s). Le répondre, objet de soi-même, c'est toute l'interrogation sur le langage qui surgit, c'est le vingtième siècle qui commence. Si le néo-positivisme est une épistémologie sans sujet, parce que logiciste, le structuralisme, lui, plongera dans le linguisticisme enserrant le sujet dans un système de différences, de rapports de signifiants et de signifiés. Les mythes n'ont plus d'individualité, plus d'auteur dont le repérage assurerait la signification. Celle-ci émerge des correspondances entre mythes, chacun d'entre eux étant le signifiant de l'autre. Le sujet n'est pas à l'origine du symbolisme, mais dans le symbolisme, où tout dans la structure renvoie à tout par jeu de différences. Le sujet se structure au sein d'un réseau qui le définit par la signifiance: en lui-même, il ne signifie rien. Le sujet, dans sa non-identité à soi devient une différence parmi d'autres dans le système général des différences possibles.

Ce sujet, Heidegger l'avait déjà abandonné avec son *Dasein*. Mais qu'on ne s'y trompe pas: l'être, je l'ai dit, est opérateur problématologique en ce qu'il ouvre la question à la multiplicité du répondre et à l'identification de *la* réponse; toutefois l'ontologie occulte le problématologique, précisément en mettant «la différence» là où elle ne l'est pas. La question *sur* la question de l'être, vue au travers des possibles humains ou de l'histoire des conceptualisations prétendues de cette question, n'est rien d'autre que la question de la problématisation, niée puisque l'être relie questions (multiplicité et possibilité) et réponses (identité et unité réelle). La réflexion de Heidegger surgit à une époque de problématisation intense, qui est celle de la défondamentalisation du sujet pour définir un au-delà de l'humanisme et du primat du sujet. Avec la problématisation qui s'accroît, il est normal que le répondre s'interroge sur soi, donc ici sur l'être (avant de vraiment attaquer le langage, la *Sprache* même), par retour conservateur à l'ontologique aristotélicien qui clôt toute interrogativité par déplacement neutre et neutralisateur. L'ontologie ainsi réfléchie, et non plus pratiquée, est l'expression de la problématisation qui augmente sans pour autant devenir pressante au point d'être thématisée pour elle-même, comme telle. Car s'interroger sur l'être, c'est une manière refoulante de s'interroger sur le problématique même, en s'offrant le moyen traditionnel de le rabattre sur le solutionnel sans avoir à interroger ce problématique dans son interrogativité même.

Le répondre deviendra aussi, chez Heidegger, enquête sur le langage. Ainsi, le répondre sera de plus en plus son propre objet dans toutes les traditions de pensée. Le discours s'autoréférentialise aussi bien en littérature, où l'on assiste à la fictionnalisation du fictionnel, à l'apparition du livre dans le livre (Borgès), du lecteur dans le livre qui se défait au fur et à mesure qu'il se fait (Calvino). Le répondre qui se thématise ne le fait pas comme tel, puisque le questionnement continue d'être frappé de la condamnation platonicienne. Cette réflexion se dessine par conséquent au sein même de l'ordre propositionnel qu'il fracture, dont il *est* la fracture. L'ontologie va devenir un au-delà du subjectivisme cartésien en étant la pensée de l'ontologie que celle-ci ne peut effectuer par elle-même. On aura reconnu dans l'ontologie-rupture la réponse heideggerienne à la crise qui se creuse avec la défaite allemande de quatorze-dix-huit. Mais le répondre qui se réfléchit, c'est bien sûr le langage qui se prend pour objet en tant qu'activité. Celle-ci sera-t-elle réductible à de la proposition? Pourra-t-on encore figer la production du discours à ce qui seulement en résulte? La proposition se désagrège: du dit on passe au dire, à l'action, donc au *fait* de mettre en avant de la proposition. En évoluant de l'énoncé à l'énonciation, on abandonne sans doute le simple champ propositionnel, sans pour autant aborder le répondre comme tel, c'est-à-dire en référence à l'interrogativité instauratrice. Il n'empêche que ce faisant on introduit de fait la distinction entre la raison et la preuve : la raison de dire se différencie de la preuve de ce qui est dit, un *ce qui* qui renvoie à un ordre de causes enracinées dans l'objet, par opposition à des raisons qui sont à rechercher dans le sujet. Et, c'est ici qu'il importe de bien voir les connexions essentielles qui vont se nouer, au-delà de toute apparence d'autonomie. Le déplacement qui s'effectue met au centre le sujet de l'énonciation, donc l'intentionnalité dans le discours, et celui-ci devient un acte, une action, une activité. On associera à cette nouvelle conceptualisation les noms de Searle et de Austin. Mais le seul fait que l'on s'attache aux raisons du dire, au « qui parle ? » pour expliquer le sens et la validité de ce qui est dit va aussi déterminer une certaine attitude marxiste, qui évoque le nom d'Althusser. D'aute part, toujours le simple fait de considérer les raisons plutôt que la preuve va déclencer le renouveau de la rhétorique au vingtième siècle, avec Perelman d'abord, avec Ducrot ensuite. On aurait tort, au nom des oppositions et des différences de toutes sortes, de refuser de voir ce que toutes ces démarches ont en commun, à savoir un socle génétique identique, une même fracture dans l'identité fondatrice, fichtéenne pourrait-on préciser, du sujet moderne.

Le sujet qui meurt, c'est un peu l'homme qui renaît autre, ce sera son identité nouvelle. Le fait que le sujet se fracture par le biais de l'avènement de la rhétorique, de la sémiotique, de la rupture du causal au profit de raisons non contraignantes mais marquées, tout cela fera en sorte que l'on verra le sujet comme rhétorique, comme lieu de l'énonciation, comme le siège des raisons par contraste avec celui des enchaînements irréfutables des preuves. Le sujet se rhétorisera, au sens large du mot rhétorique : il sera ce qu'il est en étant chaque fois autre, en étant ainsi ce qu'il n'est pas, conscience d'objet, inconscience de soi, marque non dite qui se retourne toujours contre sa propre présence dans un dire qui se réfère à ce qu'il n'est pas. Il cesse d'être fondateur, on pourra d'autant mieux en parler, à partir, précisément, du fait de parler. La réflexivité se déplace sous la détermination du répondre qui se manifeste ainsi par son caractère opératoire. Le fait de pouvoir être autre chose, de se temporaliser dans l'opposition à soi, le changement (A devient non-B après avoir été B), tout cela renvoie à une idée de base, la problématisation, le fait de pouvoir répondre à ce que l'on est par l'assertion de sa problématicité constitutive ; d'où le A qui *est* B et non-B en ce qu'il s'indique à soi par l'alternative du problématique. La question que nous sommes à nous-mêmes contient toutes les alternatives, toutes les éventualités d'être autre. Est-ce pourtant ainsi que l'on va comprendre la rhétorisation de l'humain, comme un répondre qui s'instaure expressément? Ce sujet qui est lui-même en ne l'étant pas ne peut être pris littéralement pour ce qu'il est, on ne peut que se le figurer, il est le trope même, source de tout tropisme; il se situe par rapport à l'ordre propositionnel même, dont il *est* la fracture. Il *est* cela. Ontologie, destruction de l'ontologie comme lecture historique de son éternelle impossibilité, *Dasein*, décalage inauthentique à soi, dans bien sûr, une altérité qui est fondamentalement définie par rapport à une *tradition*, à un ordre propositionnel qui prescrivait au sujet ses exigences d'avoir à être fondé par lui. Les deux vont de pair: si le sujet est autre, par rapport à quelle identité antérieure ontologique et temporelle y a-t-il différenciation? Et l'opposition du littéral et du figuré, peut-on même la penser en dehors d'un démarquage du propositionnel de lui-même? L'homme qui meurt, c'est l'homme-fondement qui disparaît, pour une anthropologie en creux, «en passé», en manque et en oubli remémoré de son oubli inévitable et pourtant surmonté, en rupture qui n'est qu'une fausse sortie, parce que ce qui se casse est bien plutôt l'équation du sujet, du fondement et de l'humain. L'humanisme, le fondamentalisme et le rôle du sujet ne seront critiqués que par excès, sous l'emprise d'un déplacement qu'on ne conçoit que comme coupure radicale, faute de pouvoir la saisir à l'aide du mouvement du répondre, qui rend compte des altérations primordiales. Car la mise en question, qui oriente le répondre vers sa propre prise de conscience, au point de devenir expressément problématologique, amène la conceptualisation du sujet à être A et non-A, une alternative, un possible, que le propositionnalisme nous condamne à ne percevoir que sous forme d'opposés, là où il faudrait plutôt voir un problème dont A et non-A sont bien les signes. La rhétorisation qui propose de voir dans l'homme ce qu'il est en ne l'étant pas nous suggère que c'est là une manière — figurée ou figurative — de parler. Par un tel langage, on n'a pas quitté le vieux terrain, on l'a seulement aménagé, puisque l'on accepte la contradiction nouvelle comme un mode propositionnel parfaitement légitime dès lors qu'il n'est plus pris littéralement. La propositionnalité est devenue tropologique, et non problématologique. Tout ne sera plus que manière de ne pas dire ce que l'on dit, pour pouvoir continuer encore à le dire. La torture du langage, qui a fait que l'on a pu proférer n'importe quoi selon les formes les plus abstruses, n'est pas loin. Une telle démarche découle directement d'une discursivité que l'on voudrait pouvoir surmonter et que l'on ne réussit pas à dépasser.

On pourrait cependant être tenté de voir dans la mort du sujet le signe d'une rupture radicale, comme l'expression même le laisse à penser. La discontinuité serait l'essence de l'historique. Rien n'est moins vrai. L'homme surgit de façon centrale pour disparaître comme fondement deux siècles plus tard selon une logique continue. Il y a anachronisme à isoler ce phénomène et à projeter la discontinuité sur la généralité de l'histoire, que l'on a sectionnée de la sorte.

Quand on parle de fondement, on parle de fondation. Un tel rapport se définit problématologiquement comme passage différentiel, cela même qui est en question exige réponse qui ne la duplique pas. Et si le but du répondre est d'exprimer le questionner, il faut faire la différence au niveau réflexif de la thématisation interrogative. Telle est la nature de l'inférence, à laquelle l'homme ne peut échapper. A cause de l'impossibilité du questionnement à se dire, l'inférence ne sera que propositionnelle. Et elle subira une évolution dans sa conception, dont le moment causal et mécanique est exemplaire en ce qu'il va placer la réalité humaine à l'avant-plan. L'inférence causale et le primat anthropologique sont intrinsèquement liés. En effet, la causalité se définit par la régularité d'une inférence AB telle que de A, on déduit B. Si l'on n'a pas de sujet unique A, sous-tendant tout «sujet» de jugement possible, on n'aura jamais un lien AB causal, nécessaire, pour lequel A ne peut aller avec non-B, comme d'ailleurs non-A avec B; cela signifie que A implique B comme une même cause produit un même effet. Si A, l'homme, cesse d'être ce fondement, il est lui-même susceptible d'être en question, donc d'être situé en termes d'alternative, A et non-A, avec laquelle B pourra être associé; d'où l'écroulement de l'inférence causale en inférence sémiotique (A est signe qu'il y a B) comme inférence pré-problématologique. Quelle est la mutation que va subir l'inférence pour qu'elle devienne causale avec pour effet l'enracinement de la causalité en l'homme ? Question subsidiaire : pourquoi ce modèle de la raison déductive va-t-il s'effondrer, ou plus exactement, se déplacer en une nouvelle conception de l'inférence telle que l'homme y soit plutôt assujetti qu'assujettissant comme c'était le cas auparavant ?

Commençons par cette dernière question.

Plus la problématisation investit la pensée, plus le sujet se révèle en question; et plus le sujet fait objet de question, moins il domine le répondre comme opérateur du passage à la réponse. Cela signifie, en paradoxe apparent seulement, que l'on parlera bien davantage du sujet, de ses rôles et de sa place, en le situant à partir d'autre chose que lui-même puisqu'il a cessé de fonctionner comme principe. Avec le répondre qui fait problème au travers de la mise en question du sujet, celui-ci va se trouver problématisé au travers même du *logos* : le sujet du discours, qui se dit et qui conditionne par là le passage à la réponse va alors être mis en question, donc soumis à l'inférence dont il se croyait le maître. Démasqué, débusqué, dans cette assurance, le sujet va se voir désormais subordonné au *logos,* un *logos* dont les lois vont étrangement (et faussement) s'autonomiser. La causalité, qui déterminait la conception que l'on se faisait de l'inférence, avec l'homme pour support, va apparaître plus proche du rapport problématologique «question implique réponse», rapport tel que, d'un problème donné, on passe directement ou non à la réponse. Etant donné que A ne fait plus question, on peut répondre sur B, donc sur «B?» en tant que B fait question, avec la possibilité minimale d'avoir non-B. L'inférence vise, par la réponse, à exclure l'un des contraires : on est bien passé, par A, à la réponse sur B. On dira aussi que par A se trouve associé B plutôt que l'inverse, on dira que la présence ou que l'occurrence de A signifie celle de B, et non son contraire. La formulation du passage en termes de signification correspond à l'investissement par le *logos* du lien causal, lequel se déréifie, et par voie de conséquence, s'appuie sur les structures du *logos,* et non plus sur la liberté constitutive et transcendantale de l'homme. Par cette déréification, qui brise l'action instauratrice de réalité, dont le sujet était maître depuis Kant et Descartes, l'inférence se déplace sous forme de structure d'énonciation, décolle de la référence qui se trouve posée comme différente, extérieure et conditionnée par ces structures. Car si l'on parle désormais de référence, c'est pour démarquer ce qui, dans les signes, la dénote, et ne la dénote pas. La fusion avec le référent est brisée : le langage va parler de lui-même en tant qu'il peut parler d'autre chose. Sens et référence : par la mention du fait qu'il y a de la référence, on postule une différence d'avec le réel pur, extra-langagier, qu'on voudra aussitôt voir abolie par l'idée même de référentialité langagière. C'est Frege mais c'est aussi Saussure, et Derrida ou Lacan car la chaîne des signifiants va s'autonomiser par rapport aux signifiés d'où «l'arbitraire du signe». L'homme-fondement garantit la nécessité du lien référentiel : il s'agit là d'une telle évidence qu'on n'en fera pas mention tant qu'elle le demeure. Si l'on parle du décalage dans la relation signifiant-signifié, on souligne *ipso facto* que le garant d'avant a cessé d'être, et que la fondation *a priori* de cette instauration d'adéquation a fait long feu. Par son inscription sémiotique, le locuteur a cessé d'être fondateur. Ce qu'il faut bien garder présent à l'esprit, en définitive, est le passage progressif qui s'effectue sur les conditions même du passage inférentiel, sur sa signification *comme* processus de signification. Il y a une rhétoricisation du sujet qui se joue, avec, pour conséquence, l'instauration de la psychanalyse et le renouvellement de l'analyse textuelle. Car le sujet, loin d'être la réponse source de toute réponse, exclusion contraignante de l'alternative se révèle de la sorte lieu rhétorique, clôture *a priori* du répondre, impossibilité de questionner qui ne fasse retomber le questionneur sur lui-même. La mise en question lui permet de se voir autre; Sartre continuera bien à parler de conscience cartésienne, mais il y mettra et l'altérité (par définition) et la mauvaise foi (altérité, donc inconscient). S'il est le dernier à déployer l'illusion du primat cartésien de la conscience, il n'en évitera pas le piège pour autant.

De quoi s'agit-il lorsqu'il est question de paradoxe de la conscience ?

A. *Toute conscience est conscience de soi*

Le contraire est impossible. «Si ma conscience n'était pas conscience d'être table, elle serait conscience de table sans avoir conscience de l'être ou, si l'on veut, une conscience qui s'ignorerait soi-même, une conscience inconsciente, ce qui est absurde»[5]. Sartre représente sans nul doute l'ultime tentative faite par la philosophie de la conscience pour sortir de ses embarras. L'importance philosophique du freudisme a pour première raison d'être qu'il représente une ouverture face aux difficultés rencontrées par la philosophie de la conscience comme philosophie de l'Absolu.

B. *Toute conscience n'est pas nécessairement consciente d'elle-même*

En réalité, si, à la suite de Sartre, on tient A ci-dessus pour une proposition vraie, on ne peut non plus nier que B le soit également. «Habituellement, lorsque nous sommes conscients d'un objet, nous n'avons pas en même temps conscience de cette conscience. L'attention à notre activité de conscience rendrait en effet moins précise et moins efficace l'action que nous voudrions exercer sur eux»[6]. Ainsi, lorsque je fais quelque chose, je ne suis pas conscience de le faire. Je le fais, et c'est tout. Ce qui ne signifie pas que je sois *inconscient* de ce que je fais. «Plus il y a connaissance, moins il peut y avoir connaissance de la connaissance. C'est ce que confirme l'expérience la plus apparemment insignifiante. On perçoit non seulement sans connaître ce qu'est la perception, mais sans même savoir qu'on perçoit (...). L'homme le plus évolué, le plus complexe, dans la grande majorité de ses innombrables démarches (...) ne connaît pas qu'il connaît, n'est pas conscient de sa conscience (...). Si je vois telle couleur, telle forme, si je me rappelle telle scène de mon passé, si j'associe ou je dissocie telles idées, si je poursuis une série de raisonnements, je ne suis pas *forcément* conscient de ce que je fais (...). Je ne peux aisément contempler ce tableau, résoudre ce problème, en prenant la contemplation de ce tableau et la résolution de ce problème pour objets d'examen, de méditation et de connaissance. Je ne peux connaîre et en même temps connaître ce connaître »⁷. Ainsi, « plus le sujet accorde d'attention à l'objet qui lui est donné, ..., plus il est absorbé dans son commerce avec l'objet, et plus le sujet s'oublie lui-même »⁸. Quand le sujet compte, il est donc absorbé complètement dans l'accomplissement de son action, ce qui est sans doute souhaitable s'il désire éviter des erreurs.

Depuis Descartes, la pensée irréfléchie est assimilée à la conscience pour des raisons historiques. Que se passe-t-il si l'on admet que la conscience est toujours conscience d'elle-même et que l'activité irréfléchie de l'esprit n'est pas conscience? La conscience serait alors conscience de pensées inconscientes. Mais dans un tel cas, la conscience étant conscience de pensées inconscientes, elle ne serait plus conscience de soi, ce qui est contraire à l'une des hypothèses (A). Pour prendre conscience de cette seconde conscience, il en faut une troisième pour qui la seconde est irréfléchie, ce qui est encore faux *ex hypothesi*. Dès lors, Sartre a raison d'affirmer que (1) si la conscience caractérise la vie de l'esprit et (2) si toute conscience est conscience de soi, alors (3) la vie irréfléchie de l'esprit est conscience, au même titre que sa vie réflexive. Or, ce qu'il s'agit d'établir est justement la validité de (1), ce que nous allons montrer être impossible. Quant à (2), nous avons vu que cette proposition est inacceptable.

Si la conscience réflexive a pour objet la conscience irréfléchie, celle-là, pour être conscience, donc conscience de soi, requiert qu'elle soit conscience pour une troisième conscience, laquelle..., etc. C'est cette régression à l'infini que Sartre reproche à Husserl. « Chaque fois que les consciences observées se donnent comme irréfléchies, on leur superpose une structure réflexive dont on prétend étourdiment qu'elle reste inconsciente »⁹. Le paragraphe 15 des *Méditations cartésiennes* de Husserl est explicitement visé, l'on peut y lire que « si nous disons du moi qui perçoit le monde, et y vit tout naturellement, qu'il est intéressé au monde, alors nous aurons, dans l'attitude phénoménologique modifiée un dédoublement du moi; au-dessus du moi naïvement intéressé au monde s'établira en spectateur désintéressé le moi phénoménologique. Ce dédoublement du moi est à son tour accessible à une réflexion nouvelle, réflexion qui, en tant que transcendantale, exigera encore une fois l'attitude désintéressée du spectateur ».

Sartre, pour éviter cette régression, refuse¹⁰ de faire de la conscience un objet intentionnel de la conscience. Dès lors, la conscience de soi n'est pas couple connaissant-connu et ne peut entretenir de relation cognitive à soi. On peut se demander comment Sartre peut même *savoir* comment est la conscience, puisque ma conscience ne peut m'être donnée qu'à ma conscience. Dans ce cas, elle doit échapper à la connaissance. Quoique Sartre parle d'une *seule* conscience, il ne faut guère se leurrer, nous avons deux consciences, ou deux modes d'être de *la* conscience : la conscience irréfléchie, étant intentionnelle, possède un objet ; la conscience réflexive, par contre, thématise la conscience irréfléchie, son contenu, sans qu'elle soit son objet (?). Dès lors, si la conscience est une, *elle doit être ce qu'elle n'est pas, et ne pas être ce qu'elle est*, c'est-à-dire double, à la fois être dirigée intentionnellement sur un objet et ne pas l'être. Par synthèse, les deux consciences n'en forment peut-être qu'une seule mais à condition d'en postuler une troisième qui les synthétise. Et si c'est la seconde qui synthétise, alors la première ne synthétisant pas, elles sont encore deux consciences différentes.

Le paradoxe de la conscience s'énonce comme suit : *ou bien* la conscience est conscience de soi, *ou bien* elle ne l'est pas.

(1) *Si* la conscience n'est pas conscience de soi, elles est inconsciente d'elle-même. Absurde.

(2) *Si* la conscience est conscience d'elle-même, *ou bien* la pensée irréfléchie est conscience, *ou bien* elle ne l'est pas. Dans le deuxième cas, on tombe sur une contradiction (puisque la conscience est conscience d'une pensée inconsciente, donc la conscience est conscience d'être inconsciente d'elle-même). Dans le premier cas, on aboutit également à une contradiction (puisque une pensée consciente doit être réfléchie, par hypothèse (2), elle ne peut être irréfléchie).

Mis en d'autres termes, ce paradoxe revient à ceci. La pensée irréfléchie est-elle conscience ? Supposons-le. Ou bien la conscience est conscience d'elle-même, ou bien elle ne l'est pas. Dans le premier cas, toute pensée irréfléchie n'est possible que si elle n'est pas *eo ipso* réfléchie, consciente d'elle-même. Nous avons montré (B) que c'était faux. Dans le second cas, nous aurions une conscience inconsciente.

Peut-être la pensée irréfléchie n'est-elle pas conscience ? Supposons-le un instant. La conscience étant conscience des objets intentionnés, visés par la pensée irréfléchie, la conscience est alors conscience d'une pensée non consciente, ce qui est contradictoire.

Ce qui va découler de la rhétorique du sujet est la scission entre son identité et cette altérité ; la contradiction sera résolue par l'introduction du postulat de l'inconscient. Ce sera l'inconscient qui mettra en œuvre la rhétorique du sujet. La primauté déterminante de l'inconscient donnera toutefois à la subjectivité un statut sans cesse déplacé par rapport à elle-même, une identité fictive, un être qui globalement renvoie à autre chose. Il se tropologise, et la «nouvelle rhétorique» sera anthropologique par destination: l'éclatement métaphorique, à la Lacan, sera supposé adéquat à son objet; même si le fait de pouvoir dire n'importe quoi détruit forcément cette adéquation, et ce qui revient au même, la vérifie quoi qu'il est dit. Le sujet n'en reste pas moins l'altérité, l'alternative, parce que problématique et problématisé. Une problématicité qui continue de ne pouvoir se dire, mais qui est dite comme signifiant dans la mesure où le signifiant renvoie à autre chose que soi, et n'*est* en tant que cette référentialisation *autre*. Une référentialisation qui, pensée à la lettre, peut en se retournant sur elle-même, dénoncer sa propre identité dans le décalage à soi (la différance). Le sujet rhétoricisé dans cette opposition, dans ce non-être qu'il est, sera *eo ipso* à débattre comme question, encore qu'impensable *comme question*.

Cette rhétorisation n'est rien d'autre que la non-contraignance de l'opératoire-sujet, l'altérité qu'il porte en lui, aussi bien par le jeu de son inconscient que de sa conscience (conscience dont Sartre nous dit bien qu'elle est ce qu'elle n'est pas, et qu'elle n'est pas ce qu'elle est). Le fait de pouvoir être autre signifie pour la subjectivité qu'elle n'est plus l'identique sous-jacent à toute temporalisation, à toute modification prédicative. Elle est elle-même en devenir, et cette dialectique qui soumet le sujet à ses lois a cette conséquence que la facticité recouvrée, synonyme de détranscendantalisation, place le sujet comme l'inférence à un niveau plus souple: rhétorique, dialectique, sémiotique, peu importe les termes choisis. Ils renvoient tour à tour à un même état de choses, à savoir que l'inférence va s'affaiblir en quelque sorte, par la prise en compte de la non-identité. A quoi renvoie l'idée de question sinon au pluriel des réponses dont elle s'autorise *a priori*? Y aurait-il même question, sinon? Le sujet et l'inférence demeurent liés, mais l'évolution de cette relation interdit le maintien du primat anthropologique. La notion de signification, de renvoi de sens, prend le pas parce qu'elle permet à l'inférence de ne pas impliquer de conclusion nécessaire, et qu'elle possibilise ainsi l'altérité dans le passage inférentiel. Faute de conception interrogative de l'inférence, on demeurera dans la simple non-contraignance des signes, comme si ce concept résumait à lui seul la problématisation du lien causal; alors qu'en réalité, il l'occulte. Il importe bien de voir le fait suivant: la causalité, comme la déduction en général, constituent un mode de résolution de problèmes. Comme telle, la causalité et les autres types d'inférence s'ignorent comme aspects de mise en œuvre de la différence problématologique. Dès lors, analogie, causalité, rapport sémiotique, où d'un A on passe à un B, se révèlent comme entités autonomes, sans être perçus comme moments d'un devenir. Le questionnement en se réfléchissant comme tel et non de façon dérivée fait voir la distance qui sépare, et donc unit, ces différents moments qui sont non isolables dans la conception de l'inférence, laquelle est résolutoire. La négation du questionnement, c'est la négation de cette historicité, négation qui autonomise en moments distincts (ou même en filiation mais extrinsèque) le processus de résolution de problèmes, moments qui sont d'autant plus isolables qu'ils portent des noms eux aussi bien distincts.

L'inférence problématisée comme lien causal va devenir argumentative, mais une argumentativité toute propositionnelle en ce qu'elle ne connaît que des thèses qui s'opposent, et non des questions dont on débat et en fonction desquelles il faut trancher entre réponses possibles opposées pour obtenir la réponse. En cela, on ne peut se satisfaire avec une simple résurgence de l'ancienne rhétorique en nouvelle (Perelman) même si elle s'explique pour les raisons mentionnées plus haut. Une inférence qui définit un passage de A à B sans exclure non-B livrera forcément une conclusion problématique, et l'on en dira simplement que par A se trouve indiqué B. Les contemporains parleront «d'implicature», d'«implication sémiotique» basée sur le rapport entre une consécution de signes, sans y voir une nouvelle forme de l'inférence. Si la fonction de A est de signifier B, il s'agit d'une fonction sémiotique liée à la rhétorique générale de l'inférence où la question B se décide en s'appuyant sur A. Pourquoi peut-on dire B? Parce que l'on dit A : le lien de A à B ne tient pas à A ni à B en tant que tels, donc ce à quoi A et B se réfèrent l'un et l'autre (causalité) mais au fait que si l'on dit A, on doit vouloir ou pouvoir dire B. C'est dans le dire et non dans le dit que l'on trouvera la raison de ce dernier. A et B forment une double alternative (A ? B ?), et l'inférence est réponse à une question étant donné l'*autre*. Une phase comme «Jean est venu» ne se justifiera plus par le simple fait qu'elle est vraie, une évidence qui l'imposerait donc en dehors de toute autre considération. On se penchera plutôt sur la raison qui explique qu'on la dise, par-delà toute prise en compte de sa vérité. Les raisons de ce qui est dit vont alors se trouver dans son énonciation plutôt que dans son contenu. D'où la question, très contemporaine, de leur rapport. Remarquons bien que, si la voie de la problématisation a été empruntée, elle n'en demeure pas moins non thématique au total, car pas plus que la causalité qui est processus de résolution de question, on ne perçoit la rhétorique de l'inférence comme liée à un concept du problématologique.

Reprenons nos questions à propos du glissement anthropologique, dont on a pu dire qu'il s'agissait plutôt d'une fracture radicale inaugurant l'ère de la fragmentation. Ce qui est vrai est que la pensée s'est pulvérisée faute de principe fondateur : la morale comme les idéologies, somme toute les valeurs au sens large, ont perdu non seulement leurs justifications mais surtout leur justifiabilité. Toutes les formes de culture ont acté la dissémination en même temps qu'elles se sont elles-mêmes disséminées en multiples fragments. D'où les modes intellectuelles. Plus essentiellement, on pourrait soutenir que l'homme-fondement reposait sur une hiérarchisation elle aussi démantelée par l'évolution sociale d'égalisation. Aux grands bourgeois, dont Marx a justement dénoncé l'oppression, ont succédé les petits bourgeois, comme si l'égalisation des conditions tant revendiquée n'avait profité qu'à ceux soucieux d'élévation sociale à l'intérieur du système (c'est le socialisme quand le petit bourgeois monte et le fascisme quand il descend). Pour eux, chacun est l'égal de tous, et ce sera l'enfer mimétique de René Girard, où le contenu, le signifié, sera l'Autre comme signifiant, ce qui vide le sujet de ce qui lui restait de contenu propre et d'assurance individuelle. Chacun veut ce que l'autre veut parce qu'il le veut, et non parce que des raisons intrinsèques, désormais défaillantes, commandent ce choix. L'homme est devenu sans qualités, support vide d'un narcissisme épuisant, où chacun est le comptable frustré de ce que fait le voisin, le boutiquier de sa propre bêtise arrogante, immergée dans le bien-être et l'assurance d'être «comme tout le monde»: un être qui compte, en somme. Aux dépens de l'autre, qui fait de même puisqu'il est le même. Comment être autre, donc soi-même, lorsqu'on n'est plus qu'une décimale dans la numérotation de masse, et qu'on le revendique, de surcroît? La mort du sujet pur laisse les sujets empiriques se constituer les uns par rapport aux autres, dans un jeu de miroirs, où chacun vise à l'universalité de *son* je par mimétisme d'avec celui de l'autre. Et réciproquement.

Si l'homme est problématisé dans sa fonction de sujet pur, fondateur, au terme d'une évolution le mettant en question à ce titre, il n'en est pas moins vrai que cette fonction est récente. Avant l'humanisme de la Renaissance et sa conceptualisation philosophique cartésienne, l'homme n'avait pas de place réellement privilégiée dans l'ordre des choses. Il a fallu un renforcement du platonisme, avec l'émergence d'un sujet au-delà du scientifique et du mathématisme pour faire contrepartie, pour que l'on retrouve l'idée de liaison analytique, contre Aristote qui l'avait syllogistisée. L'effet pervers en avait été une scolastique se faisant passer pour apodictique, se mélangeant indistinctement au scientifique, alors qu'elle n'était que basse rhétorique; la contraignance des géomètres s'est perdue du même coup. Ici aussi l'histoire s'est faite peu à peu parce que l'Histoire se fait de la sorte, sans qu'on s'en rende vraiment compte au moment où les choses se passent, en raison même de la durée continue qui en constitue le cours et ne fait pas advenir les situations en une fois. L'émergence de l'inférence causalisée a lieu avec la ressemblance pour arrière-fond, pour devenir ensuite ordre déductif et association, chez Descartes et Hume respectivement. Ce n'est pas, comme le soutient Foucault, que la déduction soit coupée de l'univers de la ressemblance[11] parce qu'elle la récuse, alors que précédemment la ressemblance faisait la connaissance. C'est, plus profondément, une identité floue qui doit être assurée par des critères où, par l'ordre, on pourra clairement identifier ce qui est différent et donc analyser ce qui est distinct. Le concept d'identité sous-tend la ressemblance comme la déduction, laquelle, je le répéterai encore, procède de la différence problématologique. En l'absence de celle-ci, ressemblance et déduction apparaîtront forcément comme hétérogènes. La ressemblance met de l'identique là où la déduction s'y refuse, mais la déduction est, au même titre que la ressemblance, opération sur l'identité, et par conséquent, sur la différence. Mettre de l'ordre (déductif) entre A et B, tel que B procède de A, c'est les déclarer différents. Chercher l'ordre, c'est assurer que le non-identique soit connu comme tel, et *a contrario,* que les équivalences puissent s'instaurer. On compare encore avec de la déduction, on établit des rapports, ce que l'on sait avoir été cher à Descartes, comme l'attestent aussi bien les *Règles* que sa *Géométrie.* L'association d'un A et d'un B restera le fait du sujet, pour autant qu'il les soumette l'un et l'autre à la déduction, et à partir du siècle suivant, à l'expérience. La rupture cartésienne, si tant est qu'il y en ait une dans le propositionnalisme, se laisse plutôt déchiffrer comme le fruit d'un glissement de l'inférence où tout était signe de tout, où les questions trouvaient toujours n'importe quelle réponse disponible, ce qui créait une véritable impossibilité de répondre. Celle-ci s'explique par le fait que toute question s'autorise de la sorte à des contraires qui loin d'évacuer la question, la maintiennent telle quelle, rhétoriquement, par l'affirmation des opposés irréductibles qui la traduiront. Le sujet réel sera l'homme en ce que c'est lui qui sera alors la clé du résolutoire propositionnel, par lequel un sujet d'énoncé pourra émerger au-delà de toute opposition possible, à sa propre image. La prédication devient possible par l'identité, stable, du sujet de la proposition dont elle s'accompagne. C'est parce que *je suis* sujet que je peux former l'idée de sujet, donc de prédication, donc de jugement. Le sujet identifié par ce qui en est dit dans le prédicat peut bien recevoir un prédicat opposé : son identité même de sujet ne lui est pas ôtée et la contradictoirété rhétorique devient exclue; on ne peut tout dire, et son contraire; la substantification qui réifie les idées assure à leurs relation un nouveau statut: la causalité comme cela même qui donne un contenu de chose aux idées que nous nous formons à leur *sujet*. Que dira alors Descartes? «Lorsque je pense que la pierre est une substance, ou bien une chose qui de soi est capable d'exister, puisque je suis une substance, quoique je conçoive bien que je suis une chose qui pense et non étendue, et que la pierre au contraire est une chose étendue et qui ne pense point, et qu'ainsi entre ces deux conceptions il se rencontre une notable différence, toutefois elles semblent convenir en ce qu'elles représentent des substances. De même quand je pense que je suis maintenant, et que je me ressouviens outre cela d'avoir été autrefois, et que je conçois plusieurs diverses pensées dont je connais le nombre, alors j'acquiers en moi les idées de la durée et du nombre, lesquelles par après, je puis transférer à toutes les autres choses que je voudrai» (*Méditation Troisième*). Mais quelle est la nature de ce transfert? Il s'agit là, au sens le plus strict, du philosophique même: si je peux concevoir la diversité appliquée à une substance, moi-même en l'occurrence, la multiplicité sera mode de caractérisation des substances, de la substance *en général*. La réflexivité sera principielle, et même principe de la causalité en ce que c'est par la réflexivité que la pensée dégage une substantialité qui lui est attachée, donc un corrélat objectif et objectivable à la déduction qui se centre dans le sujet pensant.

Avant Descartes, l'homme n'apparaît pas comme fondement parce que, tout simplement, l'inférence n'est pas causale: toute proposition peut répondre à toute question. Disons-le même franchement: le processus de réponse s'ignore même comme inférence, puisqu'il faudra la causalité pour que l'inférence puisse se penser plus adéquatement. Ce n'est seulement que lorsque le mode de répondre analogique sera lui-même remis en question que des contraintes sur le répondre vont surgir par le biais d'un hors-question, c'est-à-dire d'une réponse première, image de toutes les autres, le *Cogito*, affirmant le primat anthropologique. De même, c'est par la remise en question de ce hors-question que l'inférence va se libérer de ce primat, pour se décausaliser et prendre d'autres formes plus larges. Et l'on aura une déductibilité définie à partir d'un *logos* se retournant sur soi-même, encore que situant cette problématisation en dehors de toute problématisation possible d'elle-même.

La pensée contemporaine a donc procédé, en gros, à une conceptualisation du *logos* en y intégrant la crise du sujet, s'interdisant par là de la dépasser sinon par dénégation. Il y a pétition de principe à se refuser au recentrage philosophique, puisque l'on se donne comme réponse une question que l'on se refuse à poser, au nom du fait, précisément, qu'on en a la réponse.

Il ne fait malheureusement guère de doute que la pensée ne se retrouve pas dans les multiples fragmentations issues de l'absence de principe. Chacune d'entre elles va exprimer un point de vue, mais rien de plus. Comme pour la rationalité partielle, on dira qu'il y a désormais *la* «philosophie du point de vue». Le nihilisme éthique, la perte des valeurs, l'arbitraire et l'opposabilité des thèses, l'absurdité existentielle, la sophistique dans le fond comme dans la forme — dont la gymnastique verbale délirante des années soixante, soixante-dix illustre bien mon propos — sont les manifestations les plus évidentes de la fuite devant l'originaire que l'on ne parvient pas à concevoir autrement qu'en tant que sujet. La réflexion ne pourra pourtant se rassembler pour dépasser sa propre crise qu'en se donnant un nouveau fondement plutôt qu'en récusant *a priori* une telle problématique. Ce qui a été démontré dans les pages qui précèdent est que la défondamentalisation du sujet obéit au même mouvement de problématisation qui a vu le sujet se fondamentaliser après la Renaissance. Le mécanisme demeure mais les effets varient. La problématisation du discours a exigé, contre la rhétorique, un sujet plus hors question que ne pouvaient l'être les sujets de jugement. Avec la problématisation qui augmente et frappe le sujet pur à son tour, on cesse d'être assuré que de A on tirera B plutôt que le contraire; le sujet A lui-même renferme une alternative. L'homme devient question, donc s'empirise comme le reste. L'expérience subjective devient la variation même, A va vers B comme avec n'importe quoi d'autre. Dès lors, A ne sous-tend plus B contre toute alternative: ce qui change est le statut du sujet, ce qui se perpétue est le questionnement dans son historicité.

La philosophie a été depuis toujours la quête la plus radicale qui soit; c'est en cela que réside sa spécificité, notamment à l'égard des sciences. La philosophie vit indiscutablement une crise des fondements, comme cela a été le cas pour d'autres disciplines. Ne préférons pas la facilité de la fuite en avant qui consiste à perpétuer des pensées sans issue parce que sans principe.

De la sorte, la philosophie renoncerait à elle-même, dans son historicité comme dans sa vocation.

3. Questionnement et historicité

La question qui se pose maintenant concerne le sens du retour à Descartes. Plus fondamentalement, il s'agit de situer la lecture historique par rapport à l'instauration philosophique novatrice. Le paradoxe est que la pensée cartésienne a épuisé ses ressources et que, aussi bien, nous ne pouvons nous dispenser de la réinterroger. N'est-ce pas là le paradoxe même du philosopher? Si l'on considère la philosophie comme un ensemble de propositions dont la validité nous interpelle, alors il est clair que l'on va se heurter à un tissu de contradictions, et même d'erreurs, en tout cas, de doctrines opposées à propos de questions jamais tranchées. Le contraste avec la science est saisissant. La philosophie ne progresse pas, si l'on entend par progrès l'accumulation de résultats emboîtés les uns dans les autres. Une telle vision est parfaitement conforme à un certain modèle de la raison, qui ne connaît ni réponses ni, par conséquent, questions. Elle se meut dans l'in-différence à l'égard de cette dualité et elle a beau jeu de dévaloriser la pensée dont les réponses sont tout entières tournées vers le questionnement et son expression. Si l'on perçoit bien le fait que les réponses philosophiques sont problématologiques, même lorsque, ignorant la différence de même nom, elles se font passer pour des «résultats», quitte à se détruire par là même, on aura compris que la philosophie se perpétue dans l'ouverture de son questionnement. Les réponses servent chaque fois à mettre en question et à solliciter le philosophe, qui ne peut alors que considérer l'histoire de la philosophie comme son interlocuteur le plus contemporain. La pensée est constamment sommée de s'interroger sur elle-même au travers des réponses successives qui, toutes, ont été questionnement, et même, question du questionnement parce que philosophie. Certes, la question était refoulée, déplacée, elle *dérivait* comme l'implicite d'une nécessité constante affirmée paradoxalement dans un dire qui la présupposait sans jamais, cependant, pouvoir se dire.

L'idée de *dérivé* est essentielle à ce stade. Que faut-il entendre par dérivation et par dérive? Prenons un exemple simple. Si l'on dit «Napoléon est vainqueur d'Austerlitz, de Iéna et d'Arcole également», on parle indirectement, de manière dérivée, du génie militaire de Napoléon. On ne dit pas cela expressément, mais on le dit quand même, peut-être malgré soi. Il est donc bien *question* du génie de l'empereur, même si cette *question* n'est pas explicitement au départ. On pourrait d'ailleurs dire tout aussi bien qu'il est question des succès militaires de Napoléon plutôt que de son génie, ou encore qu'il se trouve répondu à la question implicite de ses plus grandes victoires, etc. Comme aucune question n'a été explicitée, on en dérive l'existence possible, elle est le fruit d'une inférence; et d'autre part, la pluralité est impliquée dans l'idée même de lecture dérivée. En bref, la question du génie de l'empereur est ici une question dérivée, dérivée de la réponse, et non une question originaire, puisqu'elle n'a pas été originairement posée avant la réponse.

Il en va exactement de même avec la question du questionnement par rapport aux réponses philosophiques : il y a dérivation de cette question à partir des réponses qui la déplacent et, en un certain sens, la nient tout en mettant en œuvre ce questionner; d'où la perpétuation du paradoxe du *Ménon*.

Dérivation, donc lecture du passé à la lumière d'un présent qui le fait déchiffrer, mais aussi, possibilité d'autres lectures, selon le type du problème posé. Dérivation, donc, bien sûr, formalisation non originaire de l'originaire, en l'occurrence le questionnement, mais aussi suggestion de dérive. La dérive comme mouvement se trouve connotée dans l'idée de dérivation. En effet, par le passage à ce présent qui permet la lecture du passé, on a du même coup l'histoire du processus. Il y a eu dérive tant que la philosophie ne s'est pas perçue comme questionner du questionnement; dérive parce qu'elle dérivait de sa propre réalité originaire sans la poser originairement et que cela se passait historiquement. La philosophie a toujours été interrogativité radicale. En ce sens, il y a articulation de l'historique, du variable, à partir de quelque chose de constant à partir duquel on repère d'ailleurs ce variable et ses formes. J'appelle ce rapport l'*historicité,* et sa partie en évolution, l'*historique,* avec lequel il faut le contraster. L'historique, pour la philosophie, c'est bien la succession des doctrines, dans leur diversité et leur opposition, ou simplement, leur hétérogénéité. L'historicité, au contraire, c'est le caractère problématologique de ces conceptions en tant qu'elles sont et posent question, en tant que, chaque fois, il y est question du questionnement au travers de réponses qui l'expriment différemment, donc de façon dérivée. L'interrogativité de la philosophie demeure dans son histoire même, et là est bien le secret de «Platon vivant». L'important est de bien saisir la différence entre l'historicité et l'histoire. L'histoire, traditionnellement, ne connaît que les ruptures, les événements qui se succèdent et qui rompent plus ou moins radicalement avec ce qui précède. Ce sont des moments discrets qui, parce qu'ils sont rupteurs, font évoluer les choses : on passe de A à B, comme d'une cause à un effet. L'historicité, elle, procède d'un autre esprit. Elle lit le passé à la lumière du présent, elle voit dans le passé le présent qui va donc advenir de façon différentielle, progressivement. Il n'y a là aucun finalisme caché, ni même aucun anachronisme qui sous-tend la lecture. L'historicité est un concept articulatoire en ce sens que se trouve posé au départ, donc pour le présent, le rapport au passé. Il est le passé-pour-le présent, et non la nécessité du Devenir contenue dans un départ originel et inconnaissable en soi mais surdéterminé. D'autre part, le reproche éventuel de projection anachronique ne se justifie pas davantage, puisqu'il y a, dans le concept d'historicité, une recherche d'éléments présents en tant qu'ils ont affecté le passé et non pas indépendamment. De plus, il est bien clair que le poids du présent autorise une pluralité de lectures, dans la mesure où le passé se trouve éclairé à titre de dérivation de facteurs présents choisis parmi d'autres possibles. Le passé n'existe pas en soi, mais il n'est que par cet effet de dérivation dont il a été amplement traité.

La lecture qu'il faut désormais récuser en histoire est celle qui ignore l'historicité. Elle considère les événements historiques comme des faits, à l'instar de la physique. Les événements se présentent comme des blocs de passé — l'historique sera alors mémorable — et leur succession sera un processus qui les situera en extériorité les uns par rapport aux autres, chacun étant autonome, entraînant l'autre. Le fait historique existe en soi. Le rapport historique relie deux faits, A et B, autonomes et dont la succession est causalement perçue comme interne aux faits eux-mêmes. L'historicité, au contraire, consiste à voir la relation de A à B comme étant l'inclusion de B dans A avant que la différenciation croissante ne sépare B de A. Le rapport B/A évolue différentiellement, en corrélation, ce qui finit par faire de A la cause explicative de B une fois que la différence entre eux s'impose à l'attention. Prenons un exemple: la Révolution française. Il était un temps où on la voyait comme un tout, un fait en soi qui devait être étudié comme fait national. A ce titre, elle faisait rupture avec l'Ancien Régime dont elle était bien issue: A cause B, et B est rupture puisque révolution. Mais ainsi que François Furet l'a bien montré dans *Penser la révolution française,* suivant en cela Tocqueville, le rapport de la Révolution à l'Ancien Régime révèle davantage une progression continue, où le concept-clé serait celui de la centralisation de l'Etat avec la rénovation de structure qu'une telle centralisation impliquait à un moment donné de relative fermeture de l'Etat à l'égard des forces vives, laquelle ne pouvait que nuire au renforcement de l'Etat. Peu importe ici que l'explication soit ou non la bonne: ce qui compte est la démarche qui consiste à concevoir l'Ancien Régime comme contenant la centralisation, donc la Révolution, dont la nature radicalement ruptrice devient plus relative.

L'historicité comprend la causalité historique comme une différentielle de rapport, une corrélation en mouvement. On l'a bien vu. Dans le cas qui nous intéresse plus directement, le questionnement, le contraste entre une lecture de l'historique enracinée dans l'historicité et une lecture qui prend l'historique pour un donné objectif et extérieur est saisissant là aussi. On pourrait dire qu'il y a le moment auquel le questionnement est thématique à soi-même, et l'époque qui précède qui ignore le questionnement comme tel. Cette découpe binaire n'est bien évidemment pas fausse, mais elle est un peu courte par les points d'interrogation qu'elle laisse subsister, par-delà ceux qu'elle indique. L'impression qu'elle véhicule est qu'il y aurait une sorte de cassure, de «coupure épistémologique», entre un avant dans l'erreur et un après qui nous plongerait dans le vrai. Comment expliquer le changement s'il y a une telle rupture aussi radicale? Et surtout, comment expliquer le réveil, le saut dans le dévoilement, puisque l'antérieur est irréductible à ce qui suit? Une telle vision, je l'ai dit, a pour seul mérite de faire problème; en l'occurrence, elle soulève la question du caractère historique de tout questionner au travers de celui qui marque le questionner du questionnement. Nous y reviendrons. Pour le moment, il y a lieu de contraster une telle lecture de celle que l'on peut faire lorsqu'on s'appuie sur l'historicité. On pourrait objecter que l'on n'a pas questionné le questionnement avant la problématologie, et qu'il y a donc bien rupture. Parler de questionnement *comme tel* ne signifierait rien de plus que le non-questionnement du questionnement, et que celui-ci ne s'adressait même pas de façon dérivée à lui-même. D'où la critique d'anachronisme. Nous l'avons récusée. Mais ce qui ennuie, dans cette objection qui réduit l'historicité à la considération «des faits historiques bruts», est qu'elle nous présuppose une conception du passé où tout se trouverait impliqué à l'état latent. Mais cette présupposition nous est étrangère dans la mesure où le passé n'existe pas davantage en soi, indépendamment des questions du présent. Les réponses se réfèrent dans le passé de manière articulatoire. Selon nous, il est parfaitement équivalent de dire que l'on n'a pas questionné le questionnement ou qu'on l'a questionné, mais pas comme tel. Car si on n'a pas questionné le questionnement comme tel, on a forcément questionné le questionnement par autre chose qui symbolisait cette exigence d'interrogativité radicale, qui exprimait le besoin de philosopher. Le questionnement absent du philosopher réflexif, c'est le questionnement présent autrement, c'est un questionnement différent de ce qu'il est en réalité mais cependant réel dans ses effets. La lecture qui nie l'historicité et celle qui la met en œuvre arriveront ici à ce résultat identique dans la mesure où l'on voit mal comment on pourra se rapporter au passé en dehors de son propre présent, le nierait-on par ailleurs. La pensée a bien questionné le questionnement «avant», mais non thématiquement. Ce qui implique d'autres formes, et aussi, la perpétuation du paradoxe du *Ménon*. Parallèlement, la thématisation réflexive du questionnement devient son expression adéquate au moment où tout ce qui vient d'être dit comme difficulté devient su, donc dépassé, comme expression possible du problème que pose l'interrogativité radicale à elle-même (puisque radicale). Historiquement dépassé. Cette réflexivité du questionnement est d'ailleurs inscrite différentiellement, comme autoposition de la différence problématologique, la source de toute différence possible, dans le passé qui nie le questionnement comme tel pour l'exprimer autrement (pour *nous* seulement, paradoxalement). Le questionnement qui en vient à être questionné comme tel et pour lui-même, est une modalisation contenue dans l'interrogativité radicale de la philosophie. La question est présente de façon dérivée dans toutes les réponses qui la nient, et se nient donc comme *réponses* pour nous qui avons aujourd'hui cette possibilité de lecture du passé, laquelle lecture est dérivée du surgissement problématologique lui-même. La question du questionnement comme totalement transparente à soi est implicitement contenue dans ce qui précède son propre repérage, comme le rendant possible. Cette question, dans sa forme problématologique, n'est pas meilleure que les autres, puisque les autres répondaient à l'Histoire autant qu'elle. Mais, sous-tendant ces autres «réponses», la question explicite qui se trouve aujourd'hui posée leur est immanente bien que, ou plutôt parce que, elle en est issue comme un présupposé qui finit par se dire. L'avant et l'après deviennent une présence interne, non perçue, et une présence autonomisée, respectivement. L'une découle de l'autre selon un rapport différentiel *plus... plus...* où plus la pression à dire l'interrogatif s'accroît par problématisation généralisée du culturel, plus l'interrogatif va tendre vers sa propre explicitation. Le questionnement a donc bien toujours été en question, mais différemment. Il n'y a aucun anachronisme à interroger Platon, Aristote ou n'importe quel autre penseur sur le rapport à la problématicité, dans la mesure où, de manière dérivée, on trouvera cette problématique au fondement de toutes leurs problématiques, puisqu'il s'agit de la problématique du fondement même. On ne comprendra pas la question du questionnement comme telle si on ne part que de son instauration telle quelle; on ne comprendra pas ce qui la fait advenir si on se refuse à voir en elle une caractéristique de la pensée qui existait avant que de naître, si l'on peut dire; on ne comprendra pas ce qui la fait être telle si on ne parvient pas à capter ce qui l'empêchait d'assumer sa forme adéquate; on ne la comprendra pas davantage si on ne saisit pas que l'on n'est pas passé miraculeusement d'une absence à une présence, mais que l'on a progressivement glissé vers la facticité perçue de celle-ci, qui l'a détachée en quelque sorte.

On pourrait d'ailleurs tenir le même discours à propos de l'anthropologie et de l'humanisme. Celui-ci naît *de facto* avec la Renaissance, et *de jure* avec le cartésianisme, pour disparaître au plus tard en ce début de siècle. On connaît cette thèse de Foucault. Mais plutôt que de parler d'une double coupure, d'un avant et d'un après, il convient de bien voir que la philosophie parlait de l'homme avant l'humanisme et qu'il continue de le faire après sa défondamentalisation. Ce qui vraiment change, entre ces deux moments, est le rôle de l'homme, puisqu'il va acquérir une prééminence unique. Mais on ne saisira pas grand-chose à ce qui apparaît et disparaît, c'est-à-dire à ce qui évolue, si on se borne à la découpe duale de l'avant et de l'après de la fondamentalisation de l'homme. Pour intégrer cet événement capital, il importe de voir que l'homme a «existé» bien avant sa primauté philosophique et que celle-ci résulte d'un glissement qui se produit à l'époque de la Renaissance. Un certain mouvement se poursuit, dont la forme est à un temps donné marqué par l'humanisme et plus tard, par la défondamentalisation. La place centrale de l'homme tient à un certain rôle qu'il assume dans ce mouvement, mais on ne peut séparer cette place de ce processus historique, qu'il ne crée pas. Si l'on part de l'homme-fondement comme évidence de ce rôle de fondement, instauré comme rupture épistémologique à l'égard de ce qui précède, on est destiné à devoir accepter ce qui doit être expliqué, parce qu'une telle vision des choses rend forcément inexplicable ce «point de départ». Aucune théorie de la coupure ne *peut* rendre compte des événements-seuils qui procèdent de ces coupures. L'homme, pour reprendre notre exemple, n'a pas toujours été sujet mais il se laisse déjà lire, selon des propriétés essentielles, dans des philosophies qui ne l'ont pas (et ne pouvaient pas) institué réalité première.

Comme cela vient d'être vu, l'idée d'historicité est cruciale à plus d'un égard. Elle offre une lecture non positiviste de l'Histoire en ce que les événements ne sont pas disjoints mais glissent les uns par rapport aux autres, corrélativement et différentiellement. La causalité est un rapport de signification et de pertinence, et non une force externe, ce qui suggère un monisme étranger au jeu complexe des facteurs du réel. Alors que les «ruptures épistémologiques» ouvrent la voie à l'irrationnel, et en tout cas, à l'inexplicable, l'historicité permet de saisir le nouveau à la fois comme différentielle (faible) par rapport à l'ancien (lointain), et comme un effet autonomisé. Et c'est ce que l'on sait, par ailleurs, aussi bien de «l'apparition» de l'Homme que de la rupture constituée par la Révolution française. Tout ceci ne veut pas dire qu'il n'y a pas de ruptures en Histoire, mais simplement qu'elles ne sont pas totales, qu'elles naissent sur fonds de glissements différentiels de certains facteurs, glissements qui créent des ruptures à un autre niveau. La rupture est le surgissement d'un facteur à un certain moment du glissement, qui transpose le facteur en fait différent de ce qui l'a précédé. On pourrait dire aussi que la rupture, au sens où on l'entend habituellement, est un moment dans le rapport différentiel, lequel est nié en tant qu'historicité. L'historique ne sera plus alors que des faits en extériorité, rupteurs l'un par rapport à l'autre, vision qui s'imposera si l'on perd de vue le jeu de l'historicité dans la constitution de la lecture historique.

Quel est l'enseignement que l'on peut tirer maintenant à propos du questionnement ? Comment l'historicité nous concerne-t-elle au-delà du seul rapport à l'histoire de la philosophie et à son interrogation pertinente ?

Il est indéniable que la question du questionnement détermine l'historicité dès l'instant où l'on réalise qu'on ne peut l'aborder sans se demander ce qui fait qu'on ne l'a pas posée jusqu'ici. En se posant la question du questionnement, surgit inévitablement la question de son non-questionnement : pourquoi poser ou ne pas poser cette question ? Ce qui relève de l'Histoire est devenu une simple alternative formelle. L'historicité de ce non-questionnement, ou de ce questionner, refoule ce qu'il y a d'historique dans cette réalité pour le réduire à du non-historique. Certes, on pourrait poser autrement le problème et en faire une question plus historique : pourquoi ce non-questionner s'est-il perpétué jusqu'à la problématologie ? Là encore, le résultat sera le même. Le renvoi à l'historique place simplement sur ce dernier la charge du non-questionner. L'historicité se voit associée au refoulement du questionnement comme impossibilité de se thématiser. Parce que la non-thématisation est historique, l'historicité sera la dénégation de l'historique, et par conséquent, d'elle-même. Quand la problématologie s'instaure, l'historicité devient explicite, comme ce refoulement interne au questionnement qui refoule l'historique (tout) en y répondant. L'historicité est alors le questionnement qui se refoule lui-même, qui se refoule comme historique, pour se déplacer en expressions successives qui se présentent, non pas relativement, mais absolument. A la problématicité caractéristique de la philosophie va tout naturellement se substituer la prétention à la vérité, une vérité purement assertive, sinon autonome et scientifique. L'historicité détourne le questionnement de lui-même et le dirige sur autre chose que soi, en l'occurrence le répondre, non en tant qu'il *se* dirait, mais sur *ce* qu'il dit. L'historicité permet ainsi au réel d'être dit au travers du prisme interrogatif sans que celui-ci soit perçu ; et elle donne au réel son statut ontologique anhistorique, de présent-présence car le réel sera toujours le réel. L'historicité, parce qu'elle engendre le répondre dans le questionnement même, est forcément la dynamique de la différence problématologique. Elle fait apparaître l'extériorité de l'acte interrogatif par refoulement de cet acte. Elle est le phénoménalisateur du monde. Le questionnement ne sera historique qu'en s'en détachant, qu'en s'en rendant autonome. Autonomie bien relative, mais théoriquement absolue. En fait, on assiste là à l'avènement du théorique comme domaine autonome. Réfléchie, l'historicité ne supprimera pas ce mouvement mais le fera saisir.

Si l'historicité est le refoulement de l'interrogativité, comment expliquer que la problématologie soit historiquement possible ? Une telle conclusion serait, de fait, intenable; elle se réfuterait de soi-même. En se disant, le questionnement refoule la différence problématologique comme étant le refoulé, mais ne la supprime pas car il l'affirme ce faisant. Il la déplace comme exigence thématique du discours réflexif. Et parce qu'elle est exigence constante et «naturelle» au questionnement, par-delà l'événement qui rend ce dire actuel, la différence problématologique se situe en dehors de l'historicité qui la dynamise comme une constante. Le questionnement qui se dit, c'est le refoulement de l'historicité dans son rôle de refoulement qui est aboli; rôle de l'historicité qui devient donc connu, laquelle permet à la pensée, soumise à l'Histoire, de n'en pas tenir compte pour, chaque fois, considérer le réel comme inébranlable et présent, telle une nécessité qui imposerait sa présence en dehors des vicissitudes du temps. Le questionnement expulse ainsi l'historicité comme condition externe, une fois que les deux peuvent se dire. Le questionnement qui accède à l'autonomie théorique par le moment problématologique se pose comme dérobé à l'Histoire. L'historicité continue de se détacher de l'historique pour opérer selon des lois propres.

L'historicité qui se dit s'énonce comme différente du questionnement. Elle s'affirme comme *n'étant pas* le questionnement. On peut ajouter: comme sa différentielle. Elle parle *du* questionnement, elle est en fait le discours *du* questionnement, sa réflexivité comme différence problématologique, sa propre différentielle historique. L'identité est bien rompue dans cette mise en discours du questionnement issue de sa propre affirmabilité. En ce sens, elle assure le rôle que le transcendantal jouait chez Kant; le transcendantal n'étant en fin de compte qu'un moment historique particulier de l'historicité. Le possible, qui définit le transcendantal, a surtout été une notion logique: un *mode du répondre* qu'il faut aujourd'hui concevoir comme mode du *répondre*. Qu'est-ce que le possible sinon une alternative du répondre par rapport à une question ? S'il est possible que Jean vienne, il peut aussi ne pas venir, la question demeure. Par contre, s'il est impossible qu'il ne vienne pas, alors il doit venir, et c'est bien là l'unique réponse (possible).

Tout ceci pour dire que l'historicité est la possibilité du questionnement en tant que différenciation problématologique qui refoule la question pour faire surgir la réponse; et qui, au stade réflexif, rend possible la réponse qui dit le questionnement tout en maintenant cette même différence.

L'historicité nous est apparue d'emblée comme dénégation de l'historique : elle le réalise, au sens propre du terme. Elle le fait être réalité, ce qui suggère une permanence anhistorique. L'historicité est le concept articulatoire du présent et du passé. Elle conditionne toute lecture de l'Histoire, lecture qu'on écrira en minuscules, histoire, pour la différencier de son objet réel. L'historicité étant le refoulement du rapport interrogatif à l'égard de *ce qui* est interrogé, de ce qui fait l'objet de l'interrogation, elle en est du même coup la condition d'objectivité, sinon d'objectivation. Dès lors, le passé surgit en oubli du présent qui le rend possible. Cela ne veut pas dire que l'on en revienne à l'hypostase du passé comme bloc en soi de faits bruts à considérer dans leur extériorité hétérogène. Ce qui se trouve impliqué dans l'objectivation du passé est, plus simplement, l'histoire, la phénoménalisation de l'historique, la déprésentification des facteurs du réel, c'est-à-dire leur évolution par rapport à un présent dont ils sont absents ou, au contraire, pour lequel ils sont déterminants. L'historicité étant devenue «consciente», l'objectivation du passé se poursuit selon une certaine factualisation des différentielles de l'Histoire, avec, en plus, la conscience du processus par lequel cette factualisation a lieu et qui interdit toute positivisation du passé en un en-soi à la manière de la physique ou d'une certaine histoire. Il ne s'agit donc pas de renoncer à l'histoire telle qu'elle s'écrit depuis Hérodote, mais de reprendre les «faits» à la lumière des interrogations implicites qui déterminent la factualité de ces faits, leur présent en quelque sorte. Le mot *histoire* ne signifie-t-il pas *enquête*?

Quant à la philosophie, elle est tout entière sous l'emprise de l'historicité : elle vit comme présent l'interrogativité constante des réponses philosophiques qui procèdent les unes des autres. La philosophie, victime du modèle propositionnel, s'est plongée dans l'ambiguïté qui a consisté à étudier les réponses (non comme telles) tout en ne se souciant que de ce qu'elles problématisaient, sachant bien ainsi qu'elles n'étaient pas nécessairement vraies.

Il y a une continuité historique du champ philosophique qui sous-tend la progression des réponses, en tant, précisément, qu'elles sont réponses. Chaque philosophe, contestant implicitement ces réponses, reprend la question de la philosophie, et repose à neuf la question de l'originaire sans voir que, ce faisant, il poursuit le mouvement qui fait évoluer la philosophie. D'un autre côté, il repart à zéro mais, de ce fait là, il perpétue la tradition philosophique, aussi paradoxal que cela paraisse. On a l'impression contraire sous l'emprise du propositionnalisme de la réponse. On récuse les réponses passées dans leur validité, pour repenser l'originaire, et l'on va faire du neuf. Et l'on fera du neuf chaque fois, et cette radicalité même assurera la permanence philosophique.

Ainsi, Descartes. Il veut un fondement radical, mais ce fondement ne sera rien d'autre que celui qu'exigeait la raison propositionnelle. Il répète cette rationalité qu'il fonde.

4. L'historicité et l'histoire de la philosophie : un présupposé qui dérive

La philosophie se caractérise, on l'a dit, par le fait qu'elle résout ses problèmes en parvenant à les formuler. La raison à cela est que la philosophie, comme questionnement radical, ne peut que se questionner elle-même *en tant qu'elle questionne,* précisément. De là, et de là seulement, découle l'idée que questionner, en philosophie, ne signifie pas autre chose que le répondre même, pour autant que la formulation articulatoire des interrogations maintienne la différence problématologique, à défaut de la poser thématiquement comme on procède ici. Mais la philosophie, pour n'avoir jamais pensé cette différence, pour n'avoir jamais *pu* la penser, ne l'a pas moins mise en œuvre à titre de présupposé constant, dans le sens précis qui vient d'être rappelé. Aristote déduit la validité du principe de non-contradiction de l'interrogation contradictoire qu'il se donne, comme Descartes déduira la nécessité incontournable du *Cogito* du doute même.

Le doute sera bien de l'affirmativité déguisée, comme l'exigence universelle de non-contradiction et l'hypothèse de sa propre contradiction l'ont été au préalable chez Aristote. Il n'empêche que le coup de force propositionnaliste qui assertorise la raison en la postulant là où, au contraire, elle se révèle en creux, repose en dernière analyse sur une déduction interrogative ; interrogativité que l'on refoulera puisqu'on ne peut la penser comme telle, puisqu'on ne peut que la penser qu'en en faisant une modalité de l'assertion, le modèle et l'unité de la raison.

Dès lors que la philosophie s'occulte à elle-même comme dynamique interrogative, elle ne peut que déplacer l'exigence radicale de différenciation problématologique qu'elle met en œuvre par ailleurs. Aristote et Descartes, pour ne citer qu'eux, se livrent bien à une déduction interrogative, mais ils ne peuvent la concevoir telle du fait de l'emprise propositionnaliste bien qu'ils soient conscients par ailleurs de la spécificité de leur raisonnement. Aristote le démarque en l'appelant dialectique. Quant à Descartes, il oppose la force de son raisonnement à la syllogistique stérile, tout en ne sachant pas très bien lui-même s'il s'agit d'une déduction ou d'une intuition. La spécificité philosophique de son raisonnement ne peut s'imposer à lui, car il ne dispose, pas plus qu'Aristote, d'un espace propre pour un autre type d'inférence que celui offert par les ressources fermées du propositionnalisme. La différence que présentent leurs raisonnements est ainsi abolie au sein de la norme unique, la déduction propositionnelle. On a pourtant avec eux un type particulier d'inférence, irréductible, puisqu'il lie la proposition à ce à quoi elle répond et qui n'est que *différentiellement assertable,* problématologiquement dira-t-on si l'on adopte notre terminologie.

Par l'in-différence problématologique dont la philosophie a fait preuve, malgré une *pratique* contraire reposant sur une spécificité non théorisable, la pensée a questionné en affirmant, en affirmant autre chose que le questionnement, en le refoulant même, mais ce faisant, elle l'a déplacé comme implicite fondamental, comme exigence occulte à traduire, fût-ce indirectement, de manière détournée, comme *problème* déterminant toute sa matrice de *questions* spécifiques. Par-delà toute idée de «méthode», le questionnement a imposé à la philosophie ses contenus, le *sens* de ses questions. Ce qui peut cacher ce fait est la pluralité des philosophies et leurs oppositions globales ou partielles: on n'a que des propositions, des tissus de propositions, situées les unes par rapport aux autres, se définissant au sein de relations de différence plus ou moins grande, jusqu'à être radicale. L'histoire du pensable est ainsi abolie dans un anhistorique qui est le réel philosophique, immuable. Pourtant, le questionnement fonde toute différence possible, en tant que celle-ci définit, de manière interne, le répondre même, lequel s'instaure différentiellement. S'il y a réponse, donc question, il y a différence. Celle-ci n'existe pas en soi mais articulatoirement, comme concept problématologique. La pluralité des philosophies, prise en elle-même, témoigne donc de leur caractère apocritique en même temps qu'elle en est le refoulement. L'historicité de ces philosophies est alors le refoulement de leur histoire, ce qui produit l'illusion qu'elles valent en soi, indépendamment de ce qui les origine. Ce qui cependant est vrai du questionnement est qu'il se refoule dans ce qu'il produit. Ce qui est erreur du point de vue de l'historicité est vrai de la structure, d'où l'importance des philosophies non problématologiques pour la problématologie. Mais l'historicité faisant partie du questionnement, la perpétuation de ce refoulement, comme constituant, ne peut toutefois être nôtre, dans la mesure où il faut que ce refoulement soit expressément assumé et non pas ignoré. Ces pensées prennent les mêmes questions, en se donnant chacune une prétention absolue à la vérité, absolue car refoulant toute détermination historique, un peu comme si le « savoir absolu » s'y traduisait chaque fois. L'évolution gommée annule toute portée à la philosophie ainsi conçue, car celle-ci n'offre plus qu'une juxtaposition de thèses différentes, allant jusqu'à l'opposition propositionnelle, le vrai *ou* le faux.

Reste alors le relativisme qui resitue historiquement les doctrines, malgré l'affirmation explicite d'adéquation anhistorique, adéquation à l'exactitude non située d'une philosophie à restituer. Le relativisme est l'historicisme qui comprend mal l'histoire, puisqu'il ne voit pas dans ce qu'il étudie ce qui traverse l'histoire et en tisse la continuité, la trame. Il isole analytiquement les philosophies et pour les sauver chacune, il les détruit toutes en ce qu'elles se relient différentiellement, par une historicité qui refoule quelque chose de commun, l'historique, et qui les fait se placer *toutes* en dehors de l'histoire au sein d'un univers de validité absolue. Le relativisme mine bien cette prétention et la ramène à ce qu'elle est, mais au prix de l'incompréhension d'un refoulement constant de la détermination philosophique originaire. En bref, relativiser la philosophie n'est rien d'autre que la rapporter à autre chose qu'elle-même, c'est la faire réponse à une question qu'elle ne se donne pas, qui est extérieure à elle, c'est abolir sa radicalité qui lui assure pourtant sa spécificité; finalement, c'est ne pas percevoir l'interrogativité même qui l'anime de manière récurrente et qui aboutit à la duplication historicisée de ses problèmes, lesquels demeurent. Relativiser revient encore à ramener à un point de vue qui se veut l'annulation de tout point de vue et ce faisant s'annule lui-même. Par le relativisme, on perd l'historicité de la philosophie, c'est-à-dire la dynamique qui consiste à situer non historiquement un rapport historique au questionnement. Le relativisme étudie les philosophies une par une, en contexte si l'on veut, et perd *la* philosophie qui se trouve en chacune d'elles, c'est-à-dire une interrogativité qui, pour être historiquement située, se trouve modulée de façon constante, par différences successives et continues. Relativisme et juxtaposition anhistorique ont en commun la même faille: ils ne *peuvent* saisir la différence problématologique comme historicité, comme une constante qui est constamment refoulée et traduite différemment au cours de l'évolution de la pensée; articulation du Même et de l'Autre, la différence problématologique est l'historicité comme refoulement historicisé de la constante interrogative, comme modalisation différentielle de ce qui doit être intégré comme nouveau. Nions cette différence, et il n'émergera que la succession du Même, ce qui abolit la succession; ou alors on ne prendra en compte que la succession comme altérité continuelle, et le continu philosophique disparaît. Dans les deux cas, l'articulation faisant défaut, la philosophie est trahie au profit de l'un des pôles de la différence gommée. Si les questions trouvent réponse dans leur propre affirmation, et qu'il n'y a que de l'affirmation, on se heurte à la double conséquence de n'avoir aucune question dans le champ du pensable tout en n'ayant *en fait* que du problématique opposable et contestable une fois ramené au plan assertorique qui monopolise la pensée, parce qu'il n'y a pas de «solution» dans un tel plan de théorisation. Le Même est cette constante, l'Autre en est sa destruction qui en vérifie constamment la constance, et par là, ne laisse apparaître comme réellement stable que la destructibilité des «solutions», ce qui montre bien le caractère paradoxal de toute non-prise en compte de la différence problématologique. Les philosophies sont des réponses qui s'ignorent comme telles, soit en n'étant que «historiques», soit en étant le savoir absolu lui-même, négateur de toutes les autres philosophies. Alors que l'historicité repositionne l'anhistorique historiquement et permet, ce faisant, d'intégrer les différences philosophiques comme différentielles d'une même préoccupation fondamentale. L'historicité du questionnement philosophique nous force à interroger la philosophie selon ce double mouvement.

Ce que le questionnement implique comme problématique, même déplacé et, par là, indéterminé en surface, est une vision du fondamental, du rapport au réel, de la globalité et de son accès humain, poursuivi d'ailleurs au travers de toutes les ramifications de l'humain, fût-il appréhendé comme sujet. On pourra critiquer les réponses, et on devra d'ailleurs le faire sur le plan de la rigueur philosophique étant donné que le principe actif du philosophique ne doit pas rester à l'écart du philosophique explicite, sans que cela ne produise de difficulté quelque part. Mais la problématique, elle, par contre, s'origine dans la différence problématologique qui conditionne, non la variété indéfinie des réponses, mais la constance sous-jacente des questions qui sont le philosophique comme tel.

5. Aristote et Descartes

Aristote a exemplifié le type même de la «démonstration» philosophique lorsqu'il s'est penché sur le principe de non-contradiction. Non qu'il l'ait adéquatement justifié, mais il a réellement mis en œuvre ce que l'on peut caractériser comme une inférence problématologique, laquelle consiste à déduire la réponse du seul fait de poser la question. Cette différence étant niée, on est alors en présence d'une déduction qui n'en est pas une, et que la Science a beau jeu de récuser, elle qui n'apparaît telle à ses propres yeux qu'une fois ses résultats justifiés, logiquement, au sens le plus strict.

Si l'on se reporte à cette irréfutation de la non-contradiction, il s'agit bien d'une problématisation dont on infère la réponse. Et c'est là le propre du raisonnement philosophique. Pourquoi est-ce le cas? La philosophie n'est pas seulement questionnement, mais elle l'est radicalement, ce qui implique que le questionnement même ne peut lui échapper. La réflexivité est ainsi le maître-mot du philosophique. En questionnant le questionnement, la philosophie s'instaure philosophiquement, mais non historiquement. Historiquement, le questionnement philosophique est né de l'effondrement des réponses non philosophiques, mythologiques par exemple. Un tel acte de naissance ne produit de saut qualitatif que s'il est repris dans une constituance qui se thématise à partir d'une nécessité auto-instauratrice. Il n'empêche que ce mouvement, bien que réel, se déplacera, puisque le questionnement ne sera pas conceptualisé à partir de lui-même, à l'époque.

On pourrait penser que la rigueur philosophique, qui consiste à répondre en thématisant les questions elles-mêmes, laisse une variabilité totale au contenu de la philosophie, ou même, qu'elle n'a pas de justification propre, opposable à une autre façon de concevoir la philosophie. La philosophie n'a jamais questionné le questionnement, même au travers de la succession de ses démarches; mais elle a toujours été déterminée par un questionnement radical dont les propriétés n'en sont pas moins présentes, en impact. Elle a véhiculé un tissu de présuppositions par rapport à sa radicalité affirmée. D'où le déplacement paradoxal, que le *Ménon* illustre bien. Parlons maintenant du présent. Si la philosophie se pose comme le questionnement radical, elle ne peut que réfléchir cette radicalité interrogative dans ce questionnement même, quel que soit l'objet *affirmé* de telle ou telle philosophie particulière. Ce que l'on a appelé la rigueur philosophique, pour éviter de calquer la science qui parle de méthode, découle de cette réalité de contenu, et elle n'en est aucunement détachable, comme une possibilité parmi d'autres. Il y a donc des questions qui n'ont pas de sens, en philosophie comme ailleurs; et il y a des questions qui sont même totalement absurdes, mais bien évidemment pas pour les raisons étroites mises en avant par les positivistes. Une question qui n'a pas de sens est une question qui vide le respect de la différence problématologique, en ce qu'elle ne contient pas la différenciation du connu et de l'à-connaître. Le connu fonctionne ici comme ce qui a déjà trouvé réponse. La réponse problématologique introduisant la différence, elle crée le sens. Certaines réponses ont ainsi un sens dérivé du fait des systèmes de pensée par rapport auxquels elles se situent; d'autres, par contre, définissent le système de référence. Tel est le propre des questions instauratrices de la philosophie qui, par après, engendrent des questions plus «classiques», si l'on prend comme norme les systèmes voisins, la science par exemple.

Si l'on se reporte à l'argumentation d'Aristote pour justifier la primauté absolue du principe de non-contradiction, on constate qu'on a là une «déduction» opérée à partir de l'interrogation même. Le simple fait de mettre en question ce principe suffit, si l'on adhère à la théorie propositionnelle du questionnement, à vérifier cela même que l'on questionne. Traduisez: mettre en alternative. Contestons le principe, qui affirme l'alternative en son exclusivité interne, et nous posons une alternative avec exclusion à la clé. Le questionneur est ici un être qui réfute. Voilà pourquoi, en dépit de la démarche qui est effectivement conforme à ce que nous disions plus haut à propos du raisonnement philosophique, la problématologie ne trouve pas son compte avec ce que nous propose Aristote.

Descartes, on va le voir, n'agira pas autrement avec le célèbre *Cogito*. Mais là où la parenté entre les deux penseurs est la plus frappante est peut-être dans le rôle qu'ils assignent l'un au principe de non-contradiction et l'autre à l'évidence. Les deux sont censés aller de soi: le critère de l'évidence est autofondateur en ce qu'il est évident. En contestant cela, on conteste sa propre lumière naturelle à comprendre quoi que ce soit. Quant à la démonstration philosophique proprement dite, elle sera exemplifiée dans le questionneur-objecteur aristotélicien et dans le questionneur-douteur cartésien.

Pourquoi rejeter l'ontologie? «Science introuvable», elle ne permet pas davantage de trouver. Tout se mêle à tout puisque tout «est». Toute distinction interne ne peut surgir que d'un ailleurs dont l'ontologie ne pourra rendre compte, sans coup de force. Comment se donner des conditions d'accès à ce qui est, lorsque l'on n'a, pour seule base, qu'une vision indifférente et neutre à l'égard de ces conditions? Parler de l'être est même impossible, puisque le discours ainsi tenu ne présente aucune garantie de vérité quelconque: il est opposable à n'importe quel autre. Bref, l'on-tologie se détruit d'elle-même en tant qu'elle se présente capable de traiter d'un au-delà d'elle-même d'où elle ne peut se tenir, où elle ne peut à la fois dire que l'on connaît l'être et faire partir la connaissance de l'être, connaissance qui en est la seule voie d'accès. Question de méthode. Une fois renversé l'ordre des priorités en ordre des raisons, Descartes, il est vrai, s'est peu soucié d'ontologie. Car d'où se tenir pour parler de l'être si l'on n'a pas une théorie du discours vrai?

Il y aura d'ailleurs unité de la méthode et de la métaphysique, chez Descartes. La méthode vaudra aussi bien en science, garantissant ainsi l'unité de l'esprit humain dans son rapport à ce qui est.

Descartes déplace l'unité qu'Aristote voulait faire assumer par l'ontologie au niveau de la méthode. L'ontologie avait pour fonction de donner des critères de réponse tout en abolissant le questionnement, donc le répondre comme tel. La fonction de la méthode sera identique chez Descartes. Une telle attitude s'explique par le rejet de la syllogistique, mais, si l'on y regarde bien, c'est la synthèse qui se trouve rejetée. Avec la synthèse, Descartes se débarrasse aussi bien de l'ontologie, qui n'a d'autre priorité que synthétique, que de la démonstration au sens où Aristote l'entend. Celle-ci requiert que les prémisses soient plus connues que la conclusion, mais ne sont prémisses que ce qui précède une conclusion, par ailleurs connue, et l'impliquent. Ce qui postule la connaissance *antérieure* de la conclusion. D'où la circularité, qui amène Descartes à dire que les syllogismes sont stériles en ce qu'ils ne font rien connaître, comme l'ontologie d'ailleurs. «Il faut remarquer que les dialecticiens ne peuvent former aucun syllogisme en règle qui aboutisse à une conclusion vraie, s'ils n'en ont pas eu d'abord la matière, c'est-à-dire s'ils n'ont pas auparavant connu la vérité même qu'ils déduisent dans leur syllogisme. D'où il ressort qu'eux-mêmes n'apprennent rien de nouveau d'une telle forme» (*Règle* X). Le recentrage sur l'analyse va donner à la géométrie, aux mathématiques, un rôle privilégié. La synthèse aristotélicienne est circulaire parce qu'analytique. Dès lors, il faut partir de cette analyse même, pour la dissocier de la synthèse, «qui ne peut servir qu'à pouvoir exposer plus facilement à d'autres des raisons déjà connues; et que par conséquent il faut la faire passer de la philosophie dans la rhétorique» (*ibid.*); étant entendu que c'est maintenant la synthèse qui va définir la dialectique.

Certes, les géomètres usent bien de la synthèse, «non qu'ils ignorassent entièrement l'analyse, mais, à mon avis, parce qu'ils en faisaient tant d'état, qu'ils la réservaient pour eux seuls, comme un secret d'importance» (*Secondes réponses*). Soit. Ce qui compte n'est pas que l'analyse invente ce que la synthèse expose, mais qu'il faille réinventer l'invention, et de ce fait, dissocier l'analyse pour en faire une démarche *sui generis*.

L'idée qui anime Descartes n'est peut-être pas aussi simple, ni évidente, qu'il l'affirme. Si la méthode a besoin d'une métaphysique qui la justifie, en retour l'accès au métaphysique est tributaire d'une méthode. D'où l'unité de la méthode et de la métaphysique au sein d'une raison humaine unitaire, ce qui va à l'encontre de la conception aristotélicienne des sciences, découpées selon des genres (*Règle* I). D'où également une circularité entre la métaphysique et la méthode. Descartes est contraint de se dégager de l'ontologie, de la synthèse et du syllogisme, et de restaurer les vertus de l'analyse au niveau le plus fondamental. Les critiques à l'égard de la tradition ontologique et de sa syllogistique stérile sont des conséquences de cette démarche, laquelle rebondit dans les sciences. Car l'ontologie est peu apte, avec la syllogistique circulaire qui la traverse, à faire progresser le savoir dans sa différenciation. Une analytique se doit d'être une théorie de la connaissance, une *ratio cognoscendi* où l'ordre, donc la non-circularité, sera respecté. Ce sera l'ordre des raisons où ce qui vient en premier sera réellement premier, et non pas premier au sein d'une raison scindée afin d'éviter la contradiction.

6. L'analyse et le doute chez Descartes

On voit bien qu'il faut à la fois unifier le champ métaphysique et la méthode, et les séparer pour dépasser l'ontologie traditionnelle. Telle sera la tâche impossible de Descartes. Sa réponse consiste à mettre en œuvre une procédure analytique pour arriver à la première des certitudes métaphysiques, le *Cogito,* procédure qui s'enracine nécessairement dans ce fondement indubitable, puisque fondement radicalement *premier,* y compris par rapport à la méthode. Celle-ci une fois validée de la sorte, elle ne peut que s'imposer au niveau de la *ratio cognoscendi* en général : elle en constitue toute la trame. L'analyse aura une valeur universelle pour toute scientificité possible. En quoi diffère-t-elle de la déduction au sens aristotélicien et classique du terme ? L'ordre analytique est avant tout un ordre et, qui plus est, un ordre du connaître : la connaissance de A précédera celle de B si la première est nécessaire à la seconde, quand bien même la relation entre A et B serait inverse. Mais l'essentiel est à chercher au plus fondamental encore : la critique de la synthèse, au sens scolastique du terme, va faire de la synthèse un objet de doute; bien plus, cette synthèse-là contient en elle le doute dans la mesure où tout s'y peut affirmer ou rejeter. Elle est donc, selon les mots de Descartes, rhétorique. Le doute est alors l'incapacité de démarquer le vrai du faux, c'est-à-dire qu'elle s'oppose au savoir, lequel, en retour, sera la suppression, la sortie du doute. Méthodique, le doute est aussi métaphysique puisqu'il mine l'ontologie dont la suprématie n'a pu être que synthétique. Le doute de la synthèse, en elle et contre elle, le propulse ailleurs, le transforme en constituant à l'égard du constitué, si l'on veut être assez généreux pour faire de la synthèse un savoir constitué. Le doute est ainsi complémentaire de la synthèse. Il enracine la spécificité de l'analyse, et la consacre même. Le doute, en effet, n'est pas une manifestation sceptique mais il a un rôle constitutif dans la mesure où il doit permettre, par son dépassement, d'arriver au vrai plutôt qu'au faux, donc au savoir. Il se situe à la base de la méthode, il est l'*autre* du déjà-trouvé, qu'il constitue comme tel en tant que dépassement de toute alternative. Le doute définit le savoir, comme l'alternative (du vrai et du faux) le fait à l'égard de la vérité: dans ce cas les deux notions renvoient indispensablement l'une à l'autre. Si Descartes part du doute pour constituer l'en-deçà de la synthèse, donc l'analyse, et en faire la base du savoir, c'est donc inessentiellement pour des raisons autobiographiques, comme le laisse entendre le début du *Discours de la méthode,* ou même la première *Méditation.* Le doute est universel pour le simple fait qu'il doit se référer à tout savoir possible, y compris celui, éventuel, de la sensibilité ou des mathématiques. Les auteurs anglo-saxons ont rarement compris cela: les raisons de douter sont rejetées parce qu'excessives, ou alors elles sont simplement jugées inacceptables, puisque, en bons empiristes, ils acceptent la valeur cognitive des sens. Bref, partir du doute est considéré comme peu raisonnable. Et l'on retrouvera la même critique, avec d'autres arguments, chez Austin, ou encore chez Kenny. Cette incompréhension de la démarche cartésienne vient de ce que ces auteurs négligent le souci constant chez Descartes de s'opposer à la synthèse, à la fois par le biais de la mise en question de la *tradition* scolastico-ontologique, et par celle de tout savoir pour lequel on ne se donne pas la voie d'accès démonstrative au vrai, voie d'accès qui permet d'éliminer le faux, l'alternative, bref, le *doute* qui nous fait osciller de l'un à l'autre.

Il n'empêche que si Descartes devait nécessairement commencer par le doute, ce n'est pas le doute qui constitue le *fondement* nécessaire de la *ratio cognoscendi.*

7. Le *Cogito ergo sum* comme déduction problématologique

Le fondement de la *ratio cognoscendi,* la première *réponse,* est le *Cogito.* Le doute est bien plutôt l'expression du problème. Le fait de le poser en donne la réponse: je doute, et *au moment*[12] où je doute, je pense, et par conséquent, je suis; et ceci n'est plus à mettre en doute mais est au contraire résultat indubitable.

Le *Cogito ergo sum* pose de sérieuses difficultés. Les rappeler n'est d'ailleurs pas une fin en soi; ce qu'il nous importe de montrer est qu'elles naissent d'une difficulté à concevoir le questionnement comme tel. Car Descartes part du doute, qui est bien une modalité de l'interrogation, mais jamais il ne pose celle-ci au fondement de sa démarche, au fondement de la démarche qui a pour objet le fondement de toute démarche. Descartes s'est livré à une enquête sur la radicalité comme aucun autre philosophe ne l'a fait. D'où la place capitale qu'il occupe encore aujourd'hui par-delà le cliché habituel qui, dans tous les manuels, le consacre comme «père» de la philosophie moderne. Ce qui est premier au sens où Descartes l'entend *de toute évidence* est premier du point de vue de l'absolue justification. Cela va de soi, on ne s'interroge absolument pas pour savoir si cet absolument premier doit bien revêtir cette propriété plutôt qu'une autre. Cela signifie une certaine conception de ce qui compte comme principe, lequel doit donc avoir l'évidence qui, cela va de soi, détermine le principe comme tel. «Ces principes, dit Descartes dans la lettre qu'il écrit au traducteur des *Principes* précisément, doivent avoir deux conditions: l'une, qu'ils soient si clairs et si évidents que l'esprit humain ne puisse douter de leur vérité», et l'autre qu'ils soient, bien sûr, plus premiers que toutes les autres propositions. Mais est-ce évident que le principe absolument premier qu'est le *Cogito* — on parlera de Dieu plus loin — doive être évident? L'évidence va-t-elle de soi? En tant que notion neutre par rapport à l'interrogativité, manifestée par le doute, mais évacuant toute conception alternative, elle définit, non problématologiquement puisque neutre, le répondre qui n'est pas nommément tel puisque le propos n'est pas situé en ces termes. L'idée est pourtant bien là: suppression de toute alternativité, ce qui implique la nécessité qui se soutient d'elle-même, donc plus de doute qui n'inaugure rien parce qu'il échappe à l'ordre des assertions. L'évidence est ce qui s'impose comme allant de soi: il va de soi qu'elle va de soi, il est évident que l'évidence est évidente. Tout cela est circulaire, mais l'évidence présente l'avantage de faire l'économie de mettre en question ce que l'on recherche comme principe. La fonction de l'évidence étant d'évacuer la problématicité, elle est elle-même non problématique, elle impose comme non problématique l'impératif du non-problématique. Ce qui ne se questionnera pas. Bien plus, le non-problématique ne sera pas pensé comme résolution du problématique mais comme son absence, par indifférence refoulante de toute référence à ce couple défendu. L'évidence définit donc bien l'exigence principielle dans une telle vision en ce qu'elle la pose en dehors de toute interrogativité et qu'elle se la donne comme quelque chose que l'on ne peut ni ne doit mettre en question, tant l'évidence va elle-même de soi, instituant de la sorte la réflexivité dont le sujet pensant sera bien vite le porte-parole initial. Bref, on ne pose pas de question qui ne se pose pas, et tel est bien le statut du principe, du *Cogito,* première affirmation indubitable si l'on *décide* de douter de tout. Le point de départ s'affirme mais ne donne lieu à aucune interrogation qui, comme telle, le caractériserait. Et la boucle, circulaire, est bouclée.

Or, que constate-t-on? Premièrement, que l'on n'a pas d'interrogation proprement dite sur le point de départ. Cela ne signifie pas que l'on ne parle pas de ce qui est absolument premier; bien au contraire, puisqu'on en parle, il en est même littéralement *question* mais de façon seconde et secondaire, dérivée, car on lit la question de la nécessité d'affirmer, de poser le point de départ. Mais il est conçu, ou plutôt admis, comme affirmation première en un sens particulier et non questionné: ce qui est premier l'est dans l'ordre du dire assertorique; le doute n'est donc mis en avant que pour être évacué. On retrouve Platon, le premier opposant d'Aristote si l'on peut pratiquer ainsi l'*a contrario* historique. Platon aussi pense que l'interrogativité est accessoire à la connaissance, et même, qu'elle en obscurcit la vraie nature, les sources de sa validité, laquelle est à chercher ailleurs que dans une référence quelconque à ce qui est de l'ordre du problématique et de son corrélat suppressif, le répondre. Si l'on considère le doute comme une modalité interrogative, il en résulte nécessairement que l'interrogation ne saurait sous-tendre la réponse dans sa valeur même de réponse. Mais cette valeur ne peut venir que du doute. Au point de départ se situe donc le *cogito* et non le *dubito,* lequel lui est toutefois assimilé en ce qu'il se range parmi les modes de *penser (cogitatio),* entendons: de l'affirmer, plutôt que sous la rubrique de l'interroger. La pensée se trouve ramenée à la proposition et le questionnement, inessentialisé par l'idée de vérité comme épurateur du doute, rabattu, même, sur le champ assertorique de la *cogitatio*: je doute, donc j'affirme que je doute dès ce moment, et je ne puis pas douter que je doute, quand je doute. Le *Cogito* est assertorique, il affirme sa propre certitude, sa propre validité indubitable, car si l'on en doute, on pense encore. Bref, c'est la pensée assertive qui fonde l'ordre des raisons, et non pas l'interrogation qui n'en est, par la modalité du doute, que la faille à combler au plus vite. Il importe d'affirmer avec certitude, car l'incertitude du doute ne contient en elle aucun jugement, aucune positivité possible. La preuve en est qu'il suffit de douter, donc d'*affirmer* son doute, pour qu'on soit déjà certain d'une chose, à savoir que l'on pense par l'intermédiaire de cette affirmation. Il va de soi que Descartes ne dissocie en rien la pensée de son affirmation, de la méta-pensée, que les deux coïncident donc dans une intuition parfaite : celle qui consiste à dire que chaque fois que l'on doute, on est *certain* que l'on pense car dire que l'on doute n'est plus douter, mais asserter de la façon la plus positive qui soit. Dans le doute cartésien, qui n'est qu'intuition que parce que Descartes identifie le doute avec l'expression de ce doute, il y a la réflexivité immanente à tout acte de l'intellect. La conscience, comme on appellera cette réflexivité immédiate et naturelle, sera forcément intuitionnante. Ce n'est pas le doute qui est porteur de sa suppression dans une réponse absolument première parce que le doute est radical, mais c'est l'expression du doute, le *fait* de douter, qui échappe au doute et qui, par conséquent, ne fait aucun doute. Descartes le dit bien dès la Seconde Méditation : le *cogito ergo sum* est vrai chaque fois que je le *prononce* ou, ce qui revient au même, que je le conçois dans mon esprit [13].

Le doute est porteur de la réflexivité de la pensée : en doutant, on *exprime* un doute, laquelle expression ne fait elle-même aucun doute. D'où la première *affirmation* qu'est le *Cogito*. Sa validité repose sur l'idée que l'on se fait de la validité, donc de la connaissance : l'évacuation du problématique. Cela ne peut être dit [13], sans présupposer une référence bannie à la dialectique de l'interrogation, laquelle consacre le répondre comme suppression de la question, ou à tout le moins, comme son dépassement par différenciation problématologique. Dès lors qu'on s'interdit une telle référence, on doit bien présupposer, à titre d'évidence, la justification, qui va devoir s'autojustifier comme idéal du savoir : ce sera le critère de l'évidence. Mais il y a plus : le doute, s'il ne peut être point de départ, sera toutefois le contenant de la première certitude, le *Cogito*, car du doute émerge sa propre suppression. Résultat paradoxal qui s'explique par le fait que le doute est une assertion déguisée, une pensée positive et non une question. Analyse oblige : le doute se résout en sa solution supposée, ou plus exactement, il se convertit de lui-même en sa propre réponse. Mais pour Descartes, avec le doute, il n'y a pas eu de réelle question : douter, c'est déjà penser [14], et penser, c'est déjà savoir que l'on pense [14]. On est dans un répondre qui n'est tel que parce qu'il n'y a jamais eu de question *comme telle*. Et à la fois, parce que le doute nous plonge dans la problématicité, on n'en sortira pas avec le seul *Cogito* : d'où le recours à Dieu ; mais déduit analytiquement à partir du *Cogito*, il en aura la validité au lieu de la lui conférer. D'où le fameux « cercle cartésien », qui naît de ce double impératif : « Si le *Cogito* sert à prouver Dieu, et Dieu à prouver le *Cogito*, on n'est plus devant un *nexus rationum* mais devant un paralogisme, une violation caractéristique du principe cardinal de l'ordre »[15] Dieu a la validité problématique des équations instituées à partir du doute, et à la fois, il en lève la problématicité de par son rôle de garant absolu. On ne sort pas du cercle, rendu nécessaire par le fait que le *dubito* est à la fois un doute réel et son contraire, une affirmation, un savoir positif. Si le *Cogito* est bien le principe absolument premier et certain, on n'a pas besoin de Dieu. Et si l'on a besoin de Dieu, c'est que le *Cogito* qui permet de le déduire n'est pas une vérité absolue. Comment Dieu pourra-t-il jouer le rôle que Descartes lui assigne, émergeant du *Cogito* qu'il est censé valider tout en étant aussi problématique que lui ? Platon, l'analyse, la synthèse, et leurs rapports impossibles, tout cela ressurgit, déplacé.

Descartes se livre à un double coup de force : d'une part, il fait du doute une assertion de pensée parce qu'il définit[14] penser comme « tout ce qui se fait en nous de telle sorte que nous l'apercevons immédiatement par nous-mêmes », présupposant le *Cogito*, comme conscience de soi dès le départ ; d'un autre côté, il se donne le doute comme une positivité déguisée et non comme une manifestation d'interrogativité. La preuve en est que si l'on doute que l'on pense quand on doute, on se trompe puisque l'on ne peut douter que l'on pense quand on doute. Quand je doute que je pense, je pense encore, ce qui montre que, lorsque je doute, je pense que je pense. Le doute s'est ainsi mué en positivité. La pensée s'affirme d'elle-même dans un doute adressé à son propre sujet.

Le *Cogito* est ainsi l'implicite du doute, parce que l'on a défini a) le doute comme pensée, b) la pensée comme réflexivité immédiate et absolue, indubitable. Mais le doute n'est-il pas le contraire de l'indubitable ? Pourtant, il faut bien qu'il l'engendre ; je doute de *tout,* donc *rien* ne peut me faire sortir de ce doute. Que fait Descartes, qui a désespérément besoin de Dieu ? Dans un premier temps, il va simplement identifier, au nom de la réflexivité des opérations mentales déjà mentionnées, le doute de son expression réflexive. Car du doute (universel) ne naîtra rien qui ne soit douteux, puisqu'il frappe d'avance toute affirmation possible, y compris celle qui permet de l'écarter. Dès lors, il faut bien, en attendant Dieu, s'en tirer d'une façon ou d'une autre ; et le *Cogito* ainsi présupposé comme *réflexivité* de la *pensée positive* condensée dans le doute, permet de tirer la positivité du penser du doute même, lequel s'identifie à son expression, à sa factualisation : c'est le *fait* de douter qui est indubitable, et si l'on assimile le doute au fait que l'on doute, on accomplit quelque chose de positif en doutant de tout, et cela n'est pas à mettre en doute. En quoi consiste ce doute si ce n'est, précisément, dans le fait de le dire ou de le concevoir; bref, de le réfléchir? N'a-t-on rien réfléchi, que tout se trouve dans la *réflexion*? N'est-elle que son propre objet, s'instaurant comme un mouvement vide, tournant simplement sur lui-même?

On peut dire sans hésiter que la confusion entre l'ordre de l'interrogatif et celui de l'assertif, ou assertorique, est à la base des principales difficultés que l'on éprouve à lire Descartes. On pense surtout au cercle et à la nature inférentielle, intuitive ou autre, du *Cogito*. On y reviendra, mais pour le moment, je voudrais surtout montrer en quoi la non-différenciation dont j'ai parlé à l'instant, débouchant sur l'impossibilité de mettre en place un langage adéquat, problématologique, a entraîné les plus sérieuses des difficultés auxquelles la pensée de Descartes s'est finalement heurtée.

Le doute échappe à lui-même; sa fécondité réside dans ce privilège. On peut douter de tout sauf de l'affirmation qui vient d'en être faite: elle lui échappe nécessairement. Mais le doute, étant universel, porte sur toute affirmation et affecte la valeur objective de l'affirmativité de l'esprit en général. Dès lors, pour que la validité de l'affirmation émergeant du doute cartésien ne tombe pas sous le coup de ce dernier, il faudrait qu'il existât un langage qui ne soit pas lui-même problématique, et qui, étant ici littéralement problémato-logique puisque disant le doute, lui échapperait. L'affirmation du doute, elle-même exempte de toute suspicion, implique un langage pour le doute qui soit différent de celui qui fait doute. Si l'on préfère ne pas parler ici de langage, disons plutôt, mais cela revient finalement à la même chose, que l'on instaure une dimension assertorique affirmant le doute par-delà la mise en doute de toute affirmation. Mais Descartes ne laisse aucune place à une différence problématologique de cette sorte, car pour lui, douter n'est pas interroger mais consiste déjà à penser, et la pensée possède une positivité non problématique qui la rend apocritique. Pourquoi adopte-t-il une position unitaire à cet égard? L'idée de transférer la démarche mise en œuvre pour trouver le principe premier, le *Cogito,* au niveau des autres sciences qui ont besoin d'une méthode conforme à la nature humaine, implique l'unité de l'esprit et de la raison tout entière démonstrative. Il ne peut y avoir aucun dédoublement. Ainsi, en découvrant le principe métaphysique du *Cogito,* Descartes met en œuvre ses préceptes: douter de tout, afin de n'accepter pour vrai que ce qui est justifié; analyser le complexe en ses parties élémentaires, car le *Cogito* contient analytiquement la connaissance de mon existence et de celle de Dieu; reconstruire l'ensemble en une chaîne des raisons; et finalement, veiller à ce que l'on ait bien tout; la totalité présupposant que l'on dispose d'un terme absolu, englobant.

Telles sont les quatre règles bien connues du *Discours de la méthode* dont la justification découle de la validité du *Cogito* qui les utilise pour se vérifier, et par là, les fonde.

En somme, Descartes ne peut connaître qu'un seul ordre : celui de la justification qui valide nos propos. L'inférence, la recherche, qui mène à l'absolue certitude doit être d'emblée marquée comme absolue certitude, comme vérité indubitable : elle doit s'imposer de toute évidence en même temps qu'elle doit être démonstrative. Paradoxe bien connu du *Cogito* : intuition ou déduction ?[16] Descartes tient le double langage, il ne peut faire autrement. Mais ce n'est pas tout. La méthode qui permet de découvrir la vérité est un fait de conscience, enfoui dans la conscience qui ne peut rechercher que ce qu'elle connaît déjà. Descartes est bien du côté de Platon en s'opposant à Aristote, mais aussi en récupérant la théorie de la réminiscence. « Pour la question de savoir s'il ne peut y avoir rien dans notre esprit, en tant qu'il est une chose qui pense, dont lui-même n'ait actuelle connaissance, il me semble qu'elle est fort aisée à résoudre, parce que nous voyons fort bien qu'il n'y a rien en lui, lorsqu'on le considère de la sorte, qui ne soit pensée (...). Il ne peut y avoir en nous aucune pensée de laquelle dans le même moment qu'elle est en nous, nous n'ayons une actuelle connaissance » (*Quatrièmes Réponses*). Chercher la vérité par l'analyse est alors retrouver ce qui a été mis dans la conscience, qui a été oublié mais dont l'esprit a la puissance de se resouvenir. « C'est pourquoi, continue Descartes, je ne doute point que l'esprit, aussitôt qu'il est infus dans le corps d'un enfant, ne commence à penser, et que dès lors qu'il sache qu'il pense, encore qu'il ne se resouvienne pas après de ce qu'il a pensé, parce que les espèces de ses pensées ne demeurent pas empreintes en sa mémoire ». L'analyse est réminiscence en même temps qu'elle est déductive : voilà pourquoi Descartes soutient, dans les *Secondes Réponses,* que l'analyse relève de l'invention; alors qu'il est assez clair que la justification démonstrative, ce qu'est aussi l'analyse, se borne à opérer sur du déjà trouvé, sur du donné. « La manière de *démontrer* est double, l'une se fait par analyse, ..., et montre la vraie voie par laquelle une chose a été méthodiquement inventée » (souligné par nous). Il est contradictoire d'assimiler la recherche à la justification dans la mesure où la recherche découvre ou invente le donné dont la justification s'empare. Sauf si l'on adopte la solution platonicienne du progrès dans le savoir comme mise en œuvre démonstrative, « mathématique », de ce qui avant cette opération n'a aucun droit à l'existence épistémique. Une telle solution, faut-il le rappeler, déplace le paradoxe du *Ménon* bien moins qu'elle le résout. Mais sur ce point, Descartes est cohérent : imaginez que la décision de douter, que l'affirmation du doute, ne possède pas la réflexivité positive de la conscience certaine de soi comme vérité indiscutable. On serait alors obligé de concéder que cette recherche du vrai, précédant son acquisition, nous place dans le non-vrai. Comment le vrai sortira-t-il du non-vrai, fût-il problématique en tant que doute? On doit être d'emblée dans la vérité quand on recherche la vérité, ce qui cesse d'être contradictoire, du moins en apparence, si rechercher signifie démontrer ce que l'on sait déjà, mais que l'on ignore tant qu'on ne l'a pas analytiquement prouvé. Voilà pourquoi Descartes ne connaît en fin de compte qu'un seul langage, celui de la justification: quant à celui qui précède sa mise en œuvre, et qui est celui que Descartes utilise forcément avant le *Cogito*, il ne compte pas. Il nous le rappelle dans le dixième paragraphe de la première partie des Principes: «Je n'explique pas ici plusieurs autres termes dont je me suis déjà servi et dont je fais état de me servir ci-après; car je ne pense pas que, parmi ceux qui liront mes écrits, il s'en rencontre de si stupides qu'ils ne puissent entendre d'eux-mêmes ce que ces termes signifient (...). Et lorsque j'ai dit que cette proposition *Je pense donc je suis* est la première et la plus certaine à celui qui conduit ses pensées par ordre, je n'ai pas pour cela nié qu'il ne fallût savoir auparavant ce que c'est que pensée, certitude, existence, et que pour penser il faut être, ..., mais, à cause que ce sont là des notions si simples..., je n'ai pas jugé qu'elles dussent être mises ici en compte». Ce n'est pas seulement affaire de langage, mais de *logos* au sens où à un type de langage correspond une aire de vérité propre. L'argument qui consiste à rejeter les questions de type «qu'est-ce que X?», qui sont ontologico-synthétiques et que récuse Descartes en toute cohérence avec sa préférence analytique, vient mal à propos. Sous couvert de ce rejet, il assimile la question de ce qui prépare le *Cogito* à une question de type scolastique. En réalité, il veut faire l'économie de la question du statut de vérité d'un discours qui cherche la vérité avant de l'avoir trouvée; ou alors, il est obligé de dire qu'on a toujours trouvé la vérité, et qu'on n'a pas besoin de la chercher autrement qu'en justifiant ce qu'on sait sans le savoir, parce que seulement connu «en puissance», comme il dit. Et lorsqu'on essaye de savoir ce que recouvrent le *cogito* et le *sum,* ce n'est pas de la scolastique ou de l'ontologie que l'on prétend faire, mais de la problématologie contrée. Si la science n'existe qu'au niveau des conclusions, donc qu'à partir du moment où l'on a démontré l'existence de Dieu parce que, rappelle Descartes, «j'ai dit que nous ne pouvons rien savoir certainement si nous ne connaissons premièrement que Dieu existe, j'ai dit, en termes exprès, que je ne parlais que de la science des conclusions» (*Secondes Réponses*), alors que connaît-on avant de savoir cela? Telle est bien la question: elle n'a rien de scolastique, même si Descartes l'ignore sous ce prétexte. Si aucune connaissance ne peut être invoquée qui ne suive l'ordre des vérités, est-ce que ce principe qui affirme qu'il faut suivre cet ordre appartient lui-même à cet ordre, ou au contraire s'applique à lui comme une volonté extérieure? Elle est alors douteuse, et l'ordre des raisons lui-même tombe sous le doute, alors qu'il devait l'en faire sortir. Voilà ce que nous voulons dire lorsque nous soutenons que l'idée cartésienne du savoir s'enracine dans l'évidence, c'est-à-dire dans l'autofondation, appelée, en termes subjectifs, l'intuition.

Le raisonnement qui *conduit* au premier principe de l'ordre a beau être intuition, il est aussi inférence car la valeur indubitable de l'intuition a beau ne s'appuyer que sur elle-même, on n'arrivera à ce principe que si au départ on doute de tout. Ce soi-disant double langage, intuition versus déduction, fait oublier qu'il n'y en a qu'un seul possible, eu égard à l'unité de la raison comme évidence autofondatrice, ou distribuée dans les conclusions des déductions. Encore que, comme l'a dit Nietzsche à propos de Descartes, celui-ci ne doute pas de la valeur de la logique, du raisonnement. Descartes tient le double langage de l'intuition et de la déduction, ce qui permet une double lecture du *Cogito,* parce que, pour lui, la déduction s'impose là où l'intuition, devant embrasser d'un coup des complexités très grandes, ne peut fonctionner, et doit être relayée par la décomposition inférentielle de l'ordre pour éviter la confusion. Comme le rappelle Roger Lefèvre, «la certitude déductive dépendant des notions et de leurs liaisons, il s'ensuit qu'une déduction simple est une intuition de relation, une déduction complexe, une relation d'intuitions»[17]. Le double langage, encore une fois, se traduit bien plutôt par l'équivalence.

Quoi qu'il en soit, l'embarras dans lequel nous place le discours du doute, identique au discours dont on doute, nous replonge dans l'amalgame du problème et de la solution, qui fait l'essence du cercle vicieux. Car tel est bien le sort que réserve l'analyse pour pouvoir prétendre à la vérité: elle la suppose et gomme la supposition. Le fameux cercle cartésien, qui nous renvoie sans cesse du *Cogito* à Dieu, tient à la nécessité d'utiliser un discours valide pour valider le discours, c'est-à-dire, ici, démontrer que Dieu existe. Il faut bien être d'emblée dans le discours vrai, puisqu'il n'y en a pas d'autre, même lorsque le problème est d'*arriver* à la vérité, et non de la *présupposer;* auquel cas il n'y a vraiment plus lieu de chercher. On peut, certes, opposer l'ordre des choses et l'ordre des raisons, comme le suggère Guéroult en se référant à la dissociation de l'analyse et de la synthèse. «Toutefois, si l'on se place au point de vue de la *ratio cognoscendi,* le *Cogito* est le seul principe premier, tandis que si l'on se place au point de vue de la *ratio essendi,* c'est Dieu seul qui le sera, puisque, étant l'auteur de toute chose, il est à la fois principe, et du *Cogito* comme simple conscience, et des réalités objectives»[18]. Toutefois le principe du savoir, pour être objectif, doit être principe du savoir *des choses,* donc principe objectif; peut-on d'ailleurs imaginer un ordre des raisons qui fasse abstraction des contenus? Et symétriquement, l'ordre des nécessités objectives n'est pas un ordre dont on puisse *parler,* que l'on puisse *penser,* sans postuler qu'il y a un discours et une pensée qui permettent d'y accéder. Un discours sur un ordre des choses considéré comme indépendant de tout discours autonomise cet ordre au sein d'un discours impossible à tenir. Comment peut-on accéder à un ordre des choses en soi, un ordre qui est différent de l'ordre du discours, de l'analyse, alors que pour en parler il faut bien y parvenir d'une certaine façon et que, par conséquent, cet ordre ne peut être autonomisé absolument? Que peut-on dire de ce que l'on ne peut pas dire? En quoi consiste une *ratio essendi* échappant à l'ordre des connaissances? On ne peut littéralement le savoir. Voilà pourquoi Descartes dit bien dans ses *Sixièmes Réponses* «qu'il faut commencer par la connaissance de Dieu, et après faire dépendre toute la *connaissance* que nous pouvons avoir des autres choses» (souligné par nous).

Il y a quelque chose de factice dans la dissociation de l'analyse et de la synthèse. Les deux se recouvrent, et Descartes l'admet parfaitement, puisque dans les *Secondes Réponses,* il redémontre synthétiquement les résultats obtenus précédemment par l'analyse, car «la manière de démontrer est double: l'une se fait par l'analyse ou résolution, et l'autre par la synthèse ou composition». On peut préférer l'une ou l'autre voie, selon l'objectif poursuivi, mais elles mènent forcément à des résultats identiques. Dès lors, l'idée de Dieu est contenue analytiquement dans le *Cogito,* ce qui ne signifie pas autre chose que ceci: la synthèse est immanente à l'analyse. Et l'on retrouve encore une fois l'idée de Platon concernant la dialectique et son double mouvement.

En bref, l'opposition de l'analyse et de la synthèse est intenable chez Platon comme chez Descartes. La conclusion vaut ce que vaut le principe: on doute de tout, donc rien n'est certain, et si ceci est bien certain, on est forcément dans la contradiction. D'où notre thèse de la scission du problémato-logique et de l'apocritique, en ce que l'on peut répondre sur des questions et respecter la différence problématologique. La synthèse duplicative des résultats de l'analyse fait trop souvent oublier, à ceux qui la défendent, que cette analyse ne peut sortir de sa problématicité initiale autrement que par un coup de baguette magique, faisant ainsi du doute la pensée affirmative qu'il n'est pas et consacrant le vide de l'immanence réflexive, dont le réfléchi ne semble avoir d'autre objet que soi. Car, quand je doute, je ne me pense pas en train de douter, cela même est autre chose. Il n'y aura pas que l'inconscient qui sera impossible, mais bien d'autres activités élémentaires de la conscience: quand je regarde cet encrier sur la table, je ne me vois pas, je ne me pense pas le regardant; je suis tout entier absorbé dans ma préoccupation visuelle.

En réalité, si je doute, je questionne; et douterais-je encore de cela que je questionnerais à nouveau. Et cela est bien la seule et unique réponse qui s'impose, et puis résiste. Dualité impossible pour Descartes, qui récuse la différence problématologique, mais on n'en sort pas cependant: si je pense, alors je questionne. Descartes, sous l'empire du propositionnalisme, sacrifie à l'assertorique: je doute, donc j'affirme que je doute, et je m'affirme ce faisant. Le fait est qu'il ne peut y avoir de régression de type «j'affirme que j'affirme...» parce que, lorsque je doute, et qu'en doutant de cela, je ne fais que le réaffirmer, maintenant intacte cette affirmativité première, ce qui empêche d'aller à l'infini. Ce que fait Descartes n'est rien d'autre qu'une inférence problématologique, puisqu'il passe du doute à sa résolution à partir du doute même. Telle est bien l'essence du raisonnement philosophique. Descartes déplace les choses en se situant en dehors de toute référence à l'interrogativité, en se rabattant sur la version classique de la déduction, laquelle, même lorsqu'elle n'est pas au service de l'ontologie, est justificative. Comme le *Cogito* n'est pas une déduction banale, mais une inférence problématologique, on ne sait plus très bien s'il faut l'étiqueter déduction ou non; d'où la question de Hintikka, encore que l'on puisse dire que le problème se pose déjà pour les contemporains de Descartes. Lequel, fort embarrassé par son modèle analytique, voit bien que le *Cogito* est inférence, mais une inférence très spéciale, *immédiate* si l'on peut dire, en ce qu'elle fait l'économie de prémisses extérieures. S'agit-il alors d'une intuition, cette mystérieuse opération qui deviendra une faculté, dont le rôle semble bien se définir négativement, en un creux résiduel nécessité par l'évidence qui doit être évidente? L'intuition, en tout état de cause, est l'irrationnel de la raison absolue, donc son impossibilité même, au sens où le principe ne peut être *principié* comme dit Descartes.

L'intuition nous met en contact avec les «idées claires et distinctes», qui n'ont d'autre propriété que celle de s'imposer vraies par soi. «Ainsi, chacun peut voir par intuition qu'il existe, qu'il pense», dit Descartes à la *Règle* III. Ce qui pose le problème bien connu de la nature du *Cogito,* énoncé par Guéroult et repris par Hintikka (4): «Descartes se refuse à considérer le *Cogito* comme un raisonnement. Il a, en effet, effectué une révolution philosophique dirigée contre l'Ecole, et ne saurait lui-même s'asservir à ses procédés. Pourquoi s'obstine-t-il alors au moins à trois reprises (*Recherche de la vérité, Discours, Principes*) à présenter le *Cogito* sous la forme qu'il lui dénie?»[19]. Descartes nie le caractère déductif de son raisonnement: «Quand nous apercevons que nous sommes des choses qui pensent, c'est une première notion qui n'est tirée d'aucun syllogisme; et lorsque quelqu'un dit: *je pense donc je suis, ou j'existe,* il ne conclut pas son existence de sa pensée comme par la force de quelque syllogisme, mais comme une chose connue de soi il la voit par simple inspection de l'esprit. Comme il paraît de ce que, s'il la déduisait de quelque syllogisme, il aurait dû auparavant connaître cette majeure: *tout ce qui pense existe.* Mais, au contraire, elle lui est enseignée de ce qu'il sent en lui-même, qu'il ne se peut pas faire qu'il pense s'il n'existe. Car c'est le propre de notre esprit de former les propositions générales de la connaissance des particulières» (*Secondes Réponses*). Descartes, en se plaçant au niveau de l'ordre des raisons, exclusivement justificatif, déductif, ne peut reconnaître l'inférence problématologique que nous avons mise en évidence dans le *Cogito*. D'autre part, il voit bien que le *Je pense, donc je suis* n'a rien d'une déduction propositionnelle au sens traditionnel. D'où son embarras: il nie la déduction mais il présente son raisonnement en termes déductifs parce qu'il ne connaît pas d'autre type d'inférence. La nécessité du *Cogito* repose sur l'impossibilité d'une réponse autre que celle qui est faite, une fois que l'on a opté pour le doute. Elle ressemble autant à une intuition, puisqu'il n'y a pas de prémisses extérieures, qu'à un acte de l'entendement qui peut faire accréditer la thèse «performative» dont parle Hintikka: le dire instaure sa vérité par le fait de dire, et cette vérité résulte d'un certain type d'usages linguistiques, lié à des verbes comme «je promets», par exemple, qui ne sont véritablement *promesse* que par l'acte discursif qui les énonce. La promesse est tout entière dans l'acte énonciatif, dans le fait de dire «je promets». Même si une telle analyse du *Cogito* devait se révéler plausible, elle ne ferait que vérifier l'idée fondamentale qui a été la nôtre, à savoir qu'il y a un langage qui capture la réalité interrogative et qui ouvre un espace hors question ce faisant. Qu'il y ait inférence, passage d'un espace à l'autre, et que ce soit là une forme de déduction où la conclusion s'impose comme hors-question, telle est bien l'une des conséquences importantes de notre philosophie, centrée sur la différence problématologique. Le «Je pense» ne sera performatif que si on lui associe, à titre de présupposé, l'acte réflexif qui consiste à faire l'amalgame entre penser et le fait de penser, tel que penser soit l'énonciation du penser. Un tel amalgame résulte du propositionnalisme généralisé, et de sa contrepartie épistémique, l'idéal justificatoire. La performativité, comme vision théorique du propositionnalisme, est donc trop étroite pour vraiment s'appliquer à Descartes: si la phrase «je demande...» coïncide bien avec l'acte de demander, si la demande n'excède en rien l'acte qui consiste à la formuler, cela n'est vrai qu'à la première personne. L'individu qui dit «il demande du pain» ne demande pas lui-même du pain. Descartes, au contraire, estime qu'il met en lumière des propriétés subjectivement universelles, et non un fait linguistique «à la première personne». Ainsi, si je puis dire de quelqu'un qu'il pense — et Descartes s'adresse parfois en extériorité, à l'aide du «nous» (*Principes*) — je suis en droit de conclure qu'il est; car comment pourrait-il penser sans être? En quoi y a-t-il encore performativité, si ce n'est métaphoriquement? D'autre part, l'interprétation performative ne marche pas toujours; car Descartes montre bien (*Principes* I, 9) que sa conclusion reste valable pour n'importe quel sentiment par exemple, dans la mesure où, si je sens quoi que ce soit, je sais ce que je ressens, j'y pense, et par conséquent, je dois bien être pour l'éprouver de la sorte. Or, «je sens» n'est pas performatif du «je suis» à moins que l'on ne suppose tout ce que j'ai dit auparavant sur la réflexivité immanente de la pensée; laquelle propriété conditionne la performativité, en un sens différent d'ailleurs de celui que pratiquent les linguistes qui professent aujourd'hui cette théorie. La performativité, et «l'implicature» à la Grice, ne sont, au mieux, qu'une conséquence empruntée à la terminologie linguistique et malencontreusement étendue à des usages étrangers à la performativité telle qu'on la conçoit habituellement *stricto sensu*.

Pourquoi le doute seul fonde-t-il le *Cogito*, bien que Descartes se défende de proposer d'autres fondements que le *Cogito* lui-même? Réponse: on peut douter que l'on pense, que l'on marche, que l'on se promène, que l'on mange, ou que sais-je encore, mais l'on ne peut douter que l'on doute. Bref, c'est parce que toute autre «conclusion n'est pas tellement infaillible que j'aie sujet d'en douter, à cause qu'il se peut faire que je pense voir ou marcher» (*Principes* I, 9), mais alors je pense, et le seul point sur lequel je ne puis me tromper est donc que je suis, dit Descartes.

En somme, après avoir écarté le *gadget* de la performativité, on se retrouve bien devant la tension de l'inférence niée mais pratiquée. A dire vrai, le doute lui-même ne porte en lui sa solution que s'il est radical, philosophique: si je doute que je marche, je sais bien que je doute mais je ne sais toujours pas si je marche ou non; par contre, si je doute de *tout*, je dépasse ce doute universel dans l'affirmation de ma pensée et de moi-même. La contradiction est levée, entre le doute *universel* et sa résolution implicite qui l'empêche d'être une fois pour toutes total, si l'on admet la progression de l'esprit, progression temporelle dans le savoir acquis, confirmée par Dieu qui nous évite d'avoir à refaire sans arrêt le chemin puisqu'il conserve les conclusions obtenues. Tout ceci, on s'en rend bien compte, est ce que Descartes veut obtenir comme résultat par ses *Méditations*. Il n'empêche que d'emblée la conscience est transparente à elle-même, de manière innée en quelque sorte, et que d'emblée également l'idée de mon existence et de celle de Dieu habitent en moi. Par conséquent, le doute universel et sa résolution coexistent dans mon esprit, et ce doute empêche donc cette même résolution. En acte, d'ailleurs, comme au niveau des puissances, car la puissance de douter de tout contrarie forcément celle de résoudre, encore qu'elles soient les mêmes, douter de tout étant impossible, à moins que cela ne soit déjà la solution, auquel cas on ne doute déjà plus du tout, etc.

Concluons : pour Descartes, « je pense, donc je suis » est vraie en ce que, si je pense, je dois bien être, non un « je » du locuteur mais un « je » universel, symbolisé par la pensée, car je ne suis pas quelconque mais je suis chose pensante. Par extension, héritée de la tradition qu'il renie, Descartes assimile le « je suis » à « je suis une substance pensante » ; car que suis-je quand je pense si ce n'est précisément cela. Clairement, on ne peut sauter du « je pense » au « je suis » mais seulement au « je suis pensant » ; Hobbes déjà, en bon anglais qui se méfie des mots qui ne désignent des choses pour ne faire que semblant de le faire, remarque (*Troisièmes Objections*) que l'inférence est curieuse. Que répond Descartes ? « Où j'ai dit : *c'est-à-dire un esprit, une âme, un entendement, une raison, etc.*, je n'ai point entendu par ces noms les seules facultés, mais les choses douées de la faculté de penser ». Pourquoi passe-t-il de la propriété à la chose ? « Il est certain poursuit Descartes, que la pensée ne peut pas être sans une chose qui pense, et en général aucun accident ou aucun acte ne peut être sans une substance de laquelle il soit l'acte ». Voilà pourquoi je suis, si je pense, si je suis être pensant.

Mais il faut bien que la question de penser se pose, d'une manière ou d'une autre, pour arriver à instaurer la prémisse cartésienne, laquelle contient circulairement ses diverses conclusions, parce que l'inférence problématologique présuppose ce dont il est question dans la réponse, et cela, nécessairement.

8. De l'inférence analytique à l'inférence problématologique

On retrouve chez Descartes la même ambiguïté à l'égard de l'analyse que celle qui a été mise en lumière chez les philosophes grecs. L'analyse est à la fois équivalente à la synthèse et différente. Elle contient la synthèse comme un mouvement inverse, mais pour que cette synthèse soit utile, et résolve le paradoxe du *Ménon*, il faut que cette synthèse se fasse indépendamment, en extériorité par rapport à l'analyse, ce qui rend la synthèse tout simplement impossible. On voit mal l'intérêt d'une synthèse indépendante, sans parler du fait qu'elle ne peut l'être en droit dans la mesure où elle ne fonctionne que par retour inverse de l'analyse et qu'elle n'existe pas en dehors de cette dernière. On dira bien que la synthèse expose ce que l'analyse invente afin de quand même les distinguer. Mais les géomètres grecs utilisaient l'une pour l'autre, et non l'une après l'autre, comme Platon le recommandait pour vérifier les résultats de l'analyse, au nom de l'exigence propre à la philosophie de sortir de l'hypothético-déductif pour pénétrer dans le royaume de la vérité absolue. Les géomètres procédaient de la sorte, non pas à cause d'une prétendue faiblesse de leur raisonnement, mais parce qu'ils avaient peut-être mieux compris que Platon que la synthèse et l'analyse se faisaient double emploi, et qu'en ayant l'une, on avait l'autre. D'où l'usage indifférent de l'une et de l'autre, et l'absence de nécessité à compléter l'une par l'autre. La synthèse présuppose forcément une analyse, qu'elle expose et redispose.

Mais Platon ne voulait pas d'une démarche qui restât baignée de sa problématicité initiale : la déduction ne doit pas s'enraciner dans l'hypothétique. La synthèse ne réexpose pas simplement les résultats de l'analyse, elle les fonde comme tels, parce qu'elle est différente de l'analyse. Voyez en cette scission l'ancêtre de celle, tout aussi intenable de la découverte et de la justification en science ; découverte qui sera purement rhétorique, comme la dialectique, avec Aristote. Pour arriver à ses fins, Platon va décréter la synthèse autonome, mais ne le prouvera pas. Une autonomie qui signifie, par définition, qu'on se trouve d'emblée dans le vrai, dans le non-problématique. L'analyse seule ne produit que de l'hypothético-déductif. La dialectique de Platon va alors s'efforcer de réaliser l'impossible en réintégrant l'analyse aux côtés de la synthèse dans un mouvement unique. Il fallait bien agir de la sorte pour faire face au terrible paradoxe de la synthèse indépendante *et* dépendante de l'analyse. Aristote rejettera la tentative platonicienne car l'analyse ainsi dialectisée garde malgré tout sa problématicité initiale. On continue de partir d'un problème résolu, en tout cas supposé tel. Tant qu'on n'aura pas coupé le cordon ombilical de la synthèse, celle-ci sera vouée au déplacement de la problématicité du point de départ. La synthèse sera ontologique pour être pleinement démonstrative : elle partira de ce qui est connu, de ce qui est *connu* comme étant bien cela même que l'on dit *être* tel. La philosophie ayant besoin d'un point de départ indubitable, elle ne sera pleinement authentiquement telle qu'en devenant une ontologie. La connaissance synthétique qui se développe en son sein sera source de tout savoir par la méthode syllogistique qui sera la sienne et qui se verra utilisée par les autres sciences que celle de «l'être en tant qu'être».

Ce qu'il faut bien saisir est que la philosophie a d'emblée occulté toute référence à la résolution, au questionnement, en s'attachant à l'analyse et à la synthèse, et que l'une et l'autre ont fonctionné au service de la propositionnalisation de l'inférence. Il y a des problèmes que l'on peut résoudre à partir d'eux-mêmes, comme en philosophie où leur expression thématique en constitue la solution. Dès lors, la méthode analytique est celle qui convient. Cela, Descartes le sent confusément : s'il défend l'idée qu'analyse et synthèse s'équivalent, il n'en prône pas moins l'analyse pour la recherche philosophique. Mais il continue de croire en leur équivalence car il est l'héritier de l'impossibilité du questionner du questionnement et de son déplacement propositionnel. Si «la manière de démontrer est double», il faut préférer l'analyse en l'occurrence, «parce qu'elle me semble être la plus vraie» (*Secondes Réponses*). Quant à la synthèse, à laquelle Descartes va d'ailleurs se livrer dans ces *Secondes Réponses,* bien qu'«elle puisse être mise utilement après l'analyse, elle ne convient pas toutefois si bien aux matières qui appartiennent à la métaphysique (...). Touchant les questions qui appartiennent à la métaphysique, la principale difficulté est de concevoir clairement et distinctement les premières notions». Entendons-nous bien : par l'analyse, on se place dans la certitude et l'évidence de la vérité; rien d'hypothétique ne peut s'immiscer, à la grande différence de ce qui se passe avec l'analyse selon Platon. «Ce qui a été la cause pourquoi j'ai plutôt écrit des Méditations que des disputes ou des questions, comme font les philosophes, ou bien des théorèmes ou des problèmes, comme les géomètres». L'analyse, Descartes le dit bien dans ces *Secondes Réponses,* est démonstrative.

D'où vient alors cette différence entre analyse et synthèse, différence qui ne se borne évidemment pas à l'orientation du mouvement propositionnel ? Un retour à l'origine problématisante et résolutoire de l'analyse et de la synthèse s'impose : ou bien on résout une question à partir d'elle-même, ou bien on a besoin d'éléments extérieurs à elle pour arriver à la solution. Dans ce second cas, on a une synthèse qui s'opère à partir de ce *moyen terme.* Et l'on retrouve le célèbre syllogisme avec cette structure en trois composantes, mais des composantes entièrement propositionnalisées. Nulle part il n'est fait mention que des questions se posent et que l'inférence est destinée à les traduire et à les résoudre. Quand Aristote définit le syllogisme comme «un discours dans lequel, certaines choses étant posées, quelque chose d'autre que ces données en résultent nécessairement» (*An. Premiers* I, 24b18), il n'explique pas la production de l'altérité, l'existence de la différence qui caractérise fondamentalement le syllogisme. Or, supposons que l'on n'ait pas cette différence, laquelle, on s'en doute, n'est pas vue comme expression de la différence problématologique, et l'on aura un *cercle vicieux,* qu'on appelle (en anglais) processus de *question-begging.* Le mot est judicieux en ce qu'il traduit bien ce qui se passe au niveau de la circularité: on y suppose résolu ce qui fait problème et, par là, on tombe dans l'in-différence problématologique. Le propositionnalisme, quant à lui, prend les choses au seul niveau où il peut opérer, et affirme seulement que la conclusion est contenue dans les prémisses, ce qui rend l'inférence non valide de ce simple fait (n'est-ce pas évident?). La raison à cela, cependant, n'est pensable ni dans ni par le propositionnalisme, puisqu'il s'agit de respecter la différence problématologique, la nécessité de ne pas répondre en dupliquant la question. Sauf en philosophie, où, clairement, le but du répondre est de questionner, où la différence s'instaure dans le *dire* de cette différence.

L'inférence syllogistique est née de la synthèse comme mouvement propositionnel, et l'inférence analytique s'est forcément trouvée réduite en valeur puisqu'elle ne s'enracine que dans l'inconnu. L'idéal propositionnel se voit réalisé par la synthèse qui opère d'emblée avec la vérité. L'analyse est plus appropriée à sa découverte, comme dit Descartes, et à la philosophie qui part des problèmes, mais ceux-ci étant propositionnalisés, comme l'analyse, celle-ci se retrouve avec un statut ambigu. Car l'analyse est bien démonstrative. La vérité se précède d'elle-même en quelque sorte, par le biais de cette *ratio cognoscendi* dont on a vu les difficultés qu'elle posait. L'ordre analytique, en fin de compte, doit pouvoir coïncider avec les résultats de la synthèse, d'où leur équivalence à produire l'une et l'autre la vérité, même si la synthèse est simultanément affirmée purement reproductrice.

Mais le problème n'est pas là seulement. L'ordre, chez Descartes, joue un rôle essentiel, il est même constitutif de la science comme d'ailleurs de la philosophie. Il nous plonge dans la vérité, ce qui prouve, de surcroît, qu'il n'est pas ontologiquement quelconque. Et pourtant: il diffère de l'ordre des matières et des choses, ce qui est premier selon l'ordre des raisons n'est pas premier selon l'ordre des choses. Contradiction. Où est alors l'identité de la vérité ? Car ce qui est pensé séparément est séparé aussi en réalité (Lettre à Mersenne, 24 décembre 1640); la primauté rationnelle doit donc bien être première ontologiquement. Ce qui est posé en premier devrait coïncider avec ce qui *est* premier, si la pensée est dans le vrai. On sait qu'il n'en est rien : puisque le *Cogito* n'est pas ontologiquement premier et que c'est Dieu qui l'est, ce Dieu qui est principe synthétique contenu analytiquement dans le cheminement des *Méditations*. L'ordre de la *ratio cognoscendi* engendre un savoir de choses, car inventer est ici encore justifier, démontrer, par conséquent pro-poser le vrai. La confusion, l'amalgame des deux *ratio* survient ainsi au moment même où il faut les distinguer, et où on ne le peut vraiment. La recherche de la vérité est une recherche tronquée, en ce que l'on a déjà tout trouvé, en ce que l'on retrouve par analyse réflexive des vérités dont on acquiert seulement l'évidence, l'intuition. La réflexivité propositionnelle s'impose réflexivement comme critère de cette évidence : par réflexivité généralisée, la méthode analytique de la métaphysique deviendra exemplaire de toute méthode possible, de toute scientifisation. Les *Méditations* constituent bien le fondement du «discours de la méthode». Il est clair que l'on est là en présence d'une fondation du propositionnalisme, qui s'y trouve d'ailleurs mis en œuvre constamment par Descartes. Fondation en ce que le principe même de son fonctionnement se trouve assuré, mais aussi renouvelé par son enracinement dans le sujet à une époque de validation des discursivités émanant en tous sens de l'entendement.

Il n'empêche que l'inférence cartésienne n'est possible que par la propositionnalisation initiale du *Cogito* : du *je pense* ne découle pas le *je suis* mais de l'énonciation de ma pensée, donc de sa réflexion, on peut inférer l'énoncé de mon existence, car ce n'est pas parce que je pense que je suis. Il y a bien régression analytique d'un effet à sa cause, mais l'inférence ne se justifie que comme chaîne allant du *cogito* au *sum*. Le principe de l'inférence, qu'il s'agit de fonder, est présupposé comme allant de soi, ce qui en dit long sur le critère de l'évidence. Car on peut défendre l'idée que le *sum* est contenu dans le *Cogito*, au sens où affirmer que je pense ne signifie rien d'autre qu'affirmer que je suis : au dire de A est substituable le dire de B, mais B cause A, et si l'on peut dire A, c'est en raison de B. Ce que Descartes considère est l'inversion de l'ordre, puisque l'on est passé de l'analyse à la synthèse et la possibilité de passer de l'une à l'autre. Ce qu'il importe plutôt de voir est la chaîne de la problématisation qui permet d'inférer la réponse de la question, et que j'appellerai *inférence problématologique*.

Il convient, en effet, de garder présentes à l'esprit les difficultés du doublet analytico-synthétique. Descartes a besoin de dédoubler la Raison en analyse et en synthèse, afin d'éviter le cercle qui consiste à présupposer l'ordre rationnel qui se trouve en question. Cela ne l'empêche pas de le présupposer en le mettant en œuvre, par-delà l'affirmation répétée de l'unité de la Raison. Il ne connaît que l'ordre propositionnel, et c'est précisément cet ordre qu'il s'agit de fonder, par-delà tous les doutes dont la pratique scolastique l'a entaché. Ces doutes le vérifient par la réflexivité assertorique qu'ils expriment. Et cette assertivité du doute va elle aussi de soi et ne mérite aucune justification : elle fait partie de ces idées claires et distinctes comme vouloir, sentir ou penser. Descartes doit dédoubler la Raison en analyse et en synthèse, critiquer l'une au profit de l'autre pour les affirmer ensuite équivalentes si ce n'est du seul point de vue pédagogique, et pouvoir proclamer ainsi l'unité du champ propositionnel, la Raison. L'analyse serait-elle l'inventivité de la Raison, et la synthèse, justifiabilité ? Certains textes pourraient le laisser croire, mais l'analyse aussi est inférence démonstrative, elle ne nous place pas avant la vérité, au moment où on la rechercherait sans l'avoir, elle nous plonge d'emblée dans le vrai et dans la chaîne des propositions justifiées comme indubitables. Cela, Descartes ne peut le faire passer qu'en posant l'unité de la Raison, de l'analyse et de la synthèse, de ce que l'on recherche et de ce que l'on justifie. Lorsqu'on décide de chercher la vérité et qu'on ne l'a pas encore, on l'a déjà, le doute radical se détruit s'il est radical. Ce qui montre bien que rechercher la vérité au sens où on l'entend est impossible. Le temps qui pourrait séparer le moment du doute radical et le moment de son autodestruction n'ajoute rien : c'est un temps réversible, dans l'acception la plus littérale qui soit de ce mot. Parce qu'il y a dédoublement, et que simultanément l'analyse se trouve *opposée* à la synthèse, Descartes parlera assez contradictoirement de l'ordre par lequel la Raison progresse, invente, trouve le vrai, avec, pour conséquence, le paradoxe suivant lequel l'esprit n'a pas la réponse au moment où il l'a, parce qu'il n'y a pas de réponse puisqu'il n'y a jamais eu de question. Un tel paradoxe se trouve contré par l'autonomisation de l'analyse, et corollairement, par la redondance de la synthèse. Avec, à la clé, l'inévitable circularité. Le doute est une rhétorique de l'affirmation, une rhétorique qui se nie telle pour n'en laisser voir que l'ancillarité et le côté subsidiaire, occasionnel, à l'égard de la vérité propositionnelle.

La circularité que l'on reconnaît au raisonnement de Descartes tient à ce qu'il n'a pas distingué le langage de la validation du langage à valider, le problématologique de l'apocritique. Or, la circularité est un processus par lequel on se donne comme réponse ce qui est à établir comme telle. Par conséquent, l'in-différence problématologique ne peut être que synonyme de circularité : on y assimile le problématique et le résolutoire. Par contre, si l'on admet que Descartes se livre à une déduction problématologique qui fait passer d'une question à une réponse, l'accusation de cercle vicieux tombe aussitôt, car la notion ne vaut qu'à l'intérieur du champ propositionnel. Descartes présuppose ce qui est en question aussi bien dans la démonstration de l'existence de Dieu que dans le *Cogito* qui contient déjà le *je suis*, et qui, par surcroît, pose comme existant ce qui est déduit *a priori* alors que cette existence fait précisément question, même si elle se trouve de toute évidence associée comme support au prédicat de la pensée. Il y a forcément un sujet qui *est,* donc existe, pour recevoir ces attributs.

Une circularité qui entacherait l'inférence problématologique serait celle qui nous ferait présupposer la réponse au stade même de la question, étant admis que la réponse à la question ne consiste pas à exprimer et à articuler celle-ci. Or, en philosophie, nous l'avons dit, le but du répondre est le questionner même : la circularité propositionnelle est donc inévitable, structurellement. Le passage de la question à la réponse est toujours inférence, et l'inférence propositionnalisée par Aristote nous fait oublier ce qui la sous-tend. Mais la vérité du processus de raisonnement est qu'il est passage d'un questionner à un répondre, et en philosophie, la particularité de celle-ci rend circulaire l'inférence du point de vue propositionnel. Voilà pourquoi il faut que la philosophie reprenne son originaire problématologique comme tel, et puisse se thématiser selon la différence problématologique afin d'éviter de se circulariser. On pourrait d'ailleurs ajouter, avec Stuart Mill, que toute logique est circulaire, puisque rien de plus ne peut se trouver dans la conclusion qui ne soit déjà contenu implicitement dans les prémisses. On pourrait le dire au nom de l'in-différence problématologique, qui amalgame questions et réponses. D'autre part, la logique n'est pas stérile dans les faits, dans la mesure où, par l'exigence de différence entre prémisses et conclusions, de ne pas répondre à la question en la dupliquant, l'esprit peut progresser *en fait,* même si, *en droit,* la critique de Stuart Mill joue à plein.

Descartes professait la même réticence, et rejetait la synthèse, sans bien pouvoir spécifier la marque propre de son raisonnement philosophique. Il va de soi qu'en se mouvant à l'intérieur du propositionnalisme, Descartes ne peut que progresser en cercle, puisque la réponse qui s'instaure à partir du questionner même ne peut être que circulaire par rapport à lui si l'on n'explicite pas la différence entre les deux par un discours problématologique qui instaure cette différence. Descartes circularise son inférence qui, d'inévitable, devient vicieuse, par l'alignement propositionnel qu'elle soutient. Et c'est ici qu'il n'est plus question de sauver le cartésianisme. S'il illustre l'inférence problématologique et le philosopher qui la met en œuvre de façon spécifique, le cartésianisme est tout entier au service du propositionnalisme qu'il fonde. Descartes ne peut sortir du doute que par réduction de ce dernier à un mode d'affirmation. La validité du propositionnalisme n'est jamais remise en question, elle sert même à la résolution de toute question, puisque c'est cela que Descartes veut fonder tout en le mettant en œuvre comme une *évidence* dont il faut retrouver l'*intuition* originelle. L'inférence problématologique est pratiquée par Descartes malgré lui, parce qu'il philosophe, comme elle le sera par Kant, après lui, dans la Déduction Transcendantale des Catégories. Les résultats du cartésianisme sur l'originaire, la méthode, le primat de la conscience proviennent encore une fois d'une négation du problématologique, et ne peuvent naître que par elle, tout en reposant sur une pratique qui, elle, est déduction problématologique. Si celle-ci avait pu être pensée, à la lumière des difficultés posées par le *Cogito,* par la circularité et l'ordre analytique, le résultat eût été en adéquation avec la démarche, et il eût été tout autre, en ce qu'il aurait dû conclure à la réalité d'un *logos* fait de questions et de réponses, capable de se réfléchir par respect de la différence problématologique dans des réponses différenciées, les apocritiques et les problématologiques.

Par-delà ce regret, ou cette impossibilité, il importe de voir ce qui change avec Descartes par rapport à Aristote. Le principe de non-contradiction était le fondement du *logos,* comme le *Cogito* va le devenir avec Descartes. La fondation aristotélicienne du *logos* propositionnaliste était-elle à ce point déficiente, que Descartes ait eu à déplacer, ou à trouver, ce fondement, si tant est qu'il ait un?

Aristote s'accordait à reconnaître un rôle positif à la réfutation dialectique, dans la mesure où les thèses contradictoires pouvaient être tranchées, faisant surgir la vérité par l'absurde pour ainsi dire. Mais le mécanisme est purement propositionnel, il opère sur des thèses prises comme telles: il présuppose le principe de non-contradiction. Dès lors, le principe de non-contradiction va devenir la clé de voûte du propositionnalisme. Comment valider un tel principe, puisque la validation le met nécessairement en application? On va imaginer un opposant au principe qui, ce faisant, lui donnera toute sa crédibilité, par impossibilité de s'y opposer sans le vérifier du même coup. Toutefois rien n'empêche celui qui nie le principe de non-contradiction d'accepter la contradiction, donc l'incohérence de sa position qui consiste à pratiquer la contradictoirété tout en la récusant. Il vérifierait sa propre incohérence bien plus qu'il ne trahit une volonté de cohérence sous-jacente. Si la proposition «A est B et non-B en même temps, sous le même rapport» ne peut être tenue sans appliquer la non-contradiction déniée, cela n'embarrassera que celui qui adhère déjà au principe. Dès lors, on se retrouve avec l'évidence comme critère ultime du propositionnalisme. Et c'est cette évidence que Descartes veut prendre en charge thématiquement. La non-contradiction signifie, pour Aristote, l'identité du sujet à la prédication. On peut dire B et non-B mais pour un sujet qui se maintient dans son identité de sujet; ce qui change est le prédicat, de B on passe à non-B. Socrate jeune devient vieux, Socrate jeune est le même que Socrate vieux. Avec Descartes, il ne s'agit plus de produire une théorie propositionnelle du répondre, mais de pouvoir départager le répondre du non-répondre, l'apodictique de l'illusion rhétorique; bref, de déplacer le sujet en deçà du jugement, afin d'en régler les oppositions, c'est-à-dire la rhétorique, que la syllogistique logique n'a pas su isoler clairement et distinctement. L'identité du sujet de la prédication n'empêchait pas la contradiction. Et qu'est-ce, en définitive, cette apparence sensible tant décriée par Descartes, sinon l'altérité, le fait de pouvoir être autre, donc de ne pouvoir être réellement sujet au sens où, par sujet, il faut entendre le substrat identique du changement et non la phénoménalisation de celui-ci ? Le sujet pouvant être autre que ce qu'il est, il ne recouvre, dans l'objet, que l'illusion d'être cet objet; ce qui implique qu'il se dit faussement, trompeusement, comme substance, et qu'il ne peut servir de sujet de jugement que si l'on admet aussi un jugement contraire à son propos. Le sensible est du même ordre que la rhétorique : celle-ci se meut dans l'ordre de l'opposable et de l'apparence de vérité, là où il faudrait l'identité sage du contradictoire impossible. Le vrai sujet est le *Cogito,* et les projections dérivées du *Cogito,* dont l'idée de sujet en général comme base de la nécessité du jugement vrai, en ce que lui seul se réaffirme dans sa propre négation et se maintient au travers de toute tromperie, de toute illusion imaginable. Le sujet comme principe, et de surcroît, comme principe de nature anthropologique, à situer dans l'énonciation même de sa propre réalité de sujet, est née avec Descartes. Mais ce que l'on voit peut-être mieux aujourd'hui est la clôture rhétorique qui s'opère avec ce déplacement qui fait désormais de l'homme un fondement, place qu'il partage avec Dieu, tout au moins dans un premier temps. Par cette clôture, l'ordre propositionnel exclut rhétoriquement la rhétorique; et dire cela n'est pas se livrer à l'un de ces paradoxes faciles dont la modernité a pu être si friande. Il y a lieu d'entendre cette formule pour ce qu'elle affirme. Le *Cogito* est une réalité rhétorique qui ferme l'ordre propositionnel sur lui-même en faisant en sorte que, quelle que soit la question posée, y compris sur le *Cogito* lui-même que l'on remettrait ainsi en question, on retombe sur le *Cogito,* inébranlable dans son autoconfirmation, dans son autosuffisance (de substance). Il est ce qui résiste à toute affirmation contradictoire, en ce que l'affirmation supposera toujours un *Je* qui affirme. Quelle que soit donc la question qui puisse se poser, elle ne peut que mener au *Cogito.* Est-ce à dire que toute réponse n'a d'autre solution que lui, et qu'une question nouvelle est impossible? Il est indéniable qu'il est l'agent du répondre, et que l'on voit mal une réponse qui ne soit sous-tendue par la conscience que j'ai de répondre; de là à dire que la conscience de soi épuise la réponse, il y a un pas que même l'innéisme cartésien ne permet pas vraiment de franchir. Chez Kant en tout cas, les choses sont plus claires, puisque le *Je pense,* qui doit aussi accompagner toute représentation, n'est que la *forme* du répondre et non le contenu même de la réponse. Il n'est pas de répondre qui ne soit calqué sur la réponse initiale du *Cogito.* Mais ce qui anime aussi bien Descartes que Kant est une certaine pratique implicite de la problématisation, laquelle se trouve fermée par rhétorisation, par rabattement automatique et *a priori* sur l'affirmation du sujet, modèle de toute affirmation possible, donc de la Raison même. Point de problématisation, ni de problématologie, qui puissent advenir pour elles-mêmes, malgré le *dubito* initial, puisque les questions ont par avance leur réponse ultime dans l'auto-affirmation du sujet, comme si elles étaient résolues par avance, ou à tout le moins, comme si le répondre était prédéterminé *a priori* dans ce qui le caractérise comme répondre. Une question est alors nécessairement rhétorique en ce qu'elle n'est plus que la *forme* dérivée de l'asserter fondamental qui la rend vaine et redondante. Le *Cogito* rhétorise toute question possible en la ramenant à du jugement dont la forme dérive *a priori* de sa propre énonciation principielle. Il élimine toute opposition, en guise de réponse, par la réduction automatique au substrat anthropologique incontournable. Mais si le *Cogito* est cette instance rhétorique qui clôt l'ordre du jugement sur l'évidence soutenant qu'il ne peut reposer que sur l'évidence, la sienne, c'est dans le but d'affranchir cet ordre de la rhétorique même, symbolisée par les débats sans fin de la scolastique médiévale. Le paradoxe de la pensée issue de Descartes consiste à faire jouer à la conscience le rôle de verrou rhétorique pour empêcher toute rhétorique. Ce qui suppose une certaine inconscience de la conscience, une nécessité impériale, monopolistique, accompagnée d'un refoulement des motivations qui président à cet envahissement du champ mental et intellectuel, et qui s'opposeraient à cette toute-puissance si elles pouvaient se dire. En réalité, l'ordre propositionnel n'est fondé que rhétoriquement, illusoirement: c'est dire qu'il ne l'est pas à proprement parler. Afin d'évacuer toute possibilité de rhétorique, de problématisation réelle, la conscience réduit celle-ci par le biais de l'auto-affirmation de son pouvoir *a priori* de résolution universelle, pouvoir qui est bien sûr illusoire et qui ne s'appuie que sur la transformation de toute vraie question, à de l'affirmation déguisée, modelée et sous-tendue par la conscience de soi, laquelle unifie ainsi le divers et l'opposition des thèses en répétition immuable de la conscience réflexive, quelles que puissent être d'ailleurs les thèses en présence. La conscience, en se refoulant dans son rôle rhétorique, ne laisse apparaître qu'un ordre propositionnel soumis aux exigences de l'apodicticité, critère de vérité et de science. Elle refoule du même coup son propre refoulement comme opération de rhétorisation de toute rhétorique, opération qui consiste à ramener toute question réelle à l'évidence qu'il y a une unicité de réponse qui doit lui préexister pour que la question fasse sens. Mais peut-on décemment s'abandonner à la supposition que toute question se décide *a priori* sur base du postulat de la conscience généralisée? N'est-ce pas là une fonction rhétorique, une fermeture automatique, que l'instauration du primat de la conscience vise précisément à éliminer de l'ordre qu'elle définit? La rhétorisation qu'assure la conscience fonctionne comme un répondre qui n'est tel qu'en supprimant *a priori* tout questionnement réel. Par conséquent, la conscience répond en rendant impossibles les questions réelles, ce qui la place forcément ailleurs que dans les questions, c'est-à-dire, pense-t-elle sans pouvoir les penser, dans les solutions. Si les questions ne peuvent être appréhendées comme telles, le répondre également est impossible, et aucun coup de force ne changera cela, même si la *forme* du répondre est bien souvent le discours de l'assertion. La conscience, depuis Descartes, est l'agent rhétorique par lequel toute question se réduit par avant à des réponses qui ne posent plus problème. C'est le principe même de la déduction, qui contient d'une certaine façon ses conclusions dans ses prémisses. Rendre *tout* déductif, n'est-ce pas là l'ambition même du mécanisme qui envahit l'âge classique? La rhétorisation procède par autonégation du répondre, du renvoi au questionnement que ce concept de répondre contient par définition de lui-même. Elle est donc bien le mode *a priori* du résolutoire qui fait de toute question autre chose. Ce qui fait qu'une question n'est pas authentiquement ce qu'elle est: l'inférence problématologique se fait ainsi à bon compte. On y reviendra plus loin. La conscience, en tout cas, progresse, sans pouvoir se l'avouer, par une problématisation impensable à proprement parler. L'obsession du résultat, comme celle de la déduction, se laissent comprendre comme le fruit de l'obnubilation propositionnelle qui conduit à nier ce qui lui échappe et qui, à la fois, rend possible la proposition.

Le sujet, qui s'identifie à la conscience, va refouler cette fonction rhétorique de la conscience, et refouler le fait même qu'il y a refoulement, si la conscience doit pouvoir jouer ce rôle totalitaire de critère *a priori*, nécessaire et universel, du résolutoire. Il faut non seulement que la conscience rende rhétorique toute question possible, si elle doit pouvoir toutes les résoudre, en tout cas, assurer la forme de toute résolution possible, indépendamment du contenu même de la question qui se pose; mais il faut encore qu'elle occulte cette fonction au sujet, qu'elle l'assume inconsciemment et qu'elle nie cette inconscience, si le sujet doit pouvoir rejeter la rhétorisation, l'idéologie avec bonne conscience. Peut-être faut-il rappeler ici ce qu'il convient d'entendre par rhétorisation pour que les choses soient bien claires. Lorsqu'on dit que l'on a affaire à une question rhétorique (du genre «Ne trouvez-vous pas cet homme malhonnête?»), on veut signifier qu'on a déjà la réponse à la question que l'on pose, et que celle-ci, qui a l'air de renvoyer à la volonté de savoir, et de suggérer une alternative possible, se ramène en fait à une proposition unique que l'on détient dès le départ. Par conséquent, rhétoriser toute question possible consiste à se donner d'avance l'identité de la réponse, à pouvoir ramener toute nouvelle question à un problème déjà résolu, à faire passer une alternative par rapport à l'ancien comme un prolongement de cette préexistence. On peut se demander en toute bonne foi quel mal il y a à procéder de la sorte. N'est-ce pas là, fort précisément, le secret de la déduction propositionnelle? En fait, il est paradoxal de traiter un problème qui se pose par rapport à ce qui précède, parce que ce qui précède ne peut *tout* résoudre, comme étant réductible à cela même qui est déjà résolu, puisque c'est cette résolution antérieure qui définit le problématique qui surgit. La nouveauté est impossible, et l'on ne pourra que se mouvoir en cercle; ce qui est la critique traditionnelle que l'on adresse depuis toujours à la déduction propositionnelle. La rhétorisation donne l'illusion d'un pouvoir *a priori* de résolution. Quelle que soit la question qui se pose, quel qu'en soit le contenu, la solution est donnée formellement (Kant) par l'unité unifiante du sujet pur, du *Je pense,* qui est le hors-question présidant à toute réponse. Cela signifie fondamentalement que répondre est possible en ce que le *Cogito* est la réponse-critère de toute réponse autre que la plus première d'entre elles. Soit. Là où la tromperie surgit, c'est précisément dans ce dépassement purement formel de la problématicité. La solution qui ajoute du neuf est-elle ou non une synthèse de pure forme, ou est-elle bien plutôt affaire de contenu? Ce qui est certain est que la rhétorisation a pour effet de réduire ce qui surgit parce qu'irréductible, de solutionner par avance ce qui a cessé de valoir comme allant de soi; bref, de transformer en réponse ce qui fait question sans vraiment apporter de solution à ce qui, pourtant, demeure alternatif et ouvert. En somme, une question qui ouvre le champ du constitué ne peut, par l'alternative qu'elle pose, se laisser ramener à une même réponse, toujours la même, qui serait source de A comme de non-A. La déduction, faut-il l'évoquer ici, n'ajoute que du savoir pour l'un ou l'autre mais ne peut être considérée comme globalement novatrice. Elle arrange le savoir déjà constitué. Sa progression, purement formelle, est pédagogique ou justificatrice de ce qui a dû être trouvé par ailleurs. Elle ne résout rien qui n'ait déjà été résolu, si ce n'est pour l'individu qui s'interroge sur des *résultats* qu'il n'a pas encore en sa possession. La déduction lui permet d'assimiler ces résultats qu'il peut ainsi faire siens. S'il y a synthèse dans une déduction, il faut la concevoir au sens étroit d'un apprentissage individuel, à situer en fonction de questions dont les réponses existent et ont déjà été produites par ailleurs. La déduction ordonne le neuf par rapport à l'ancien, en faisant de toute question qui s'y pose une réponse anticipée; d'où la circularité qu'a si bien étudiée Stuart Mill. On n'a finalement jamais rien inventé en prouvant. Ce que fait le raisonnement déductif est de résoudre *a priori,* de façon formelle, les questions contenues dans des réponses acceptées au départ. La déduction est, paradoxalement peut-être, une démarche rhétorique parfaite, insoupçonnée de tous ceux qui ne peuvent y voir qu'une procédure rigoureuse de la science. Le raisonnement déductif élimine bien toute problématicité, donc tout débat, mais il ne le fait qu'en se masquant sa circularité qui exclut *d'emblée* l'interrogativité qui surgit. Elle ne peut être que le lieu des réponses déjà établies, ce qui est le cas lorsque les questions ont disparu; d'où la tentation du coup de force qui consiste à poser comme résolues les questions qui s'imposent par une déduction, ce qui donne l'illusion du résultat; une illusion purement formelle, bien évidemment. La déduction ramène les questions qu'elle se pose et qu'elle résout à celles qu'elle a déjà résolues, l'inconnu au connu, comme disait Aristote.

Le défi qu'a dû affronter Descartes est bien clair. Il s'agit de fonder l'ordre propositionnel, qui fonctionne déductivement (et aussi par intuitions), tout en récusant la stérilité déductive. Ce qui explique qu'il n'ait pu attribuer de statut autre que déductif à son inférence, ne pouvant démarquer en droit le *Cogito ergo sum* des raisonnements traditionnels. De surcroît, Descartes nie la problématisation puisqu'il ne reconnaît que le lien assertorique, objet même de sa démarche fondatrice. Il ne pouvait donc concevoir en propre l'inférence problématologique qui marque cette démarche. Une inférence, on l'a vu, est passage d'une question à une réponse. Il s'agit là d'une notion problématologique que le propositionnalisme ne pouvait qu'assertoriser, au prix de la circularisation. J'ai appelé déduction problématologique un raisonnement plus spécifique, qui met en œuvre un rapport particulier question-réponse. La déduction problématologique consiste à passer de la question à la réponse à partir de la question même; la formulation en donne par soi la réponse. Ce serait, si l'on veut, l'analyse si celle-ci n'abolissait pas la différence problématologique dans l'assertorisation du problème qu'elle prend pour seul point de départ. L'analyse ne s'envisage qu'en tant que lien de déduction entre jugements. Or, très clairement, Descartes se livre à l'inférence problématologique lorsqu'il énonce l'équivalence *Cogito ergo sum*. La « déduction » n'est pas syllogistique, et elle n'est intuition, si elle l'est jamais, qu'en fin de parcours. Dans la question que renferme le doute, il y a un énoncé qui échappe à ce dernier et qui est que je pense. Dans la mise en question que je pense, qui est symbolisée par la fiction du Malin Génie, il y a la réaffirmation de cet énoncé, lequel a pour sujet — et tout jugement en a un — le *je suis* du *je suis pensant* que profère le *Cogito*. Il fallait un sujet s'il y avait du jugement, si le monopole du juger avait à être instauré à nouveaux frais. Comme le dit Leibniz, « et de dire *je pense, donc je suis*, ce n'est pas prouver proprement l'existence par la pensée, puisque penser et être pensant est la même chose; et dire *je suis pensant*, est déjà dire: *je suis* » *(Nouveaux Essais*, ch. VII, § 7). La question de savoir si je suis est déjà décidée par celle de savoir si je pense, alors que l'une est censée établir l'autre. Sur le plan strictement déductif, le procédé est circulaire, donc vicieux. En réalité, on se trouve en présence encore une fois d'une inférence problématologique en ce que la réponse que je suis émerge de sa propre interrogation, qui n'est rien d'autre que du penser. Comment pourrais-je douter que je sois, si je doute ? La réponse est bien déjà dans la question, laquelle n'est rien d'autre que la forme rhétorique de l'énoncé *Je pense*.

Avec la rhétorisation, on l'a vu, il y a l'impossibilité de questionner qui est affirmée, si ce n'est rhétoriquement. Toute problématisation se trouve résolue d'emblée — par la forme seule du répondre, précisera Kant en son temps — ce qui, de toute façon, rend le questionnement impossible.

On comprend, dès lors, que l'effondrement du primat de la conscience s'identifiera à la désocculation de cette rhétorisation du sujet, au dévoilement de son refoulement, au surgissement de l'inconscient; sous le coup, le sujet sera rhétorique en cessant d'être fondement. La rhétorique qui se montre dans sa faculté de rationalisation et de fermeture, est encore une rhétorique propositionnelle, un sauvetage de fortune de l'ancien, et non l'avènement d'une interrogativité *sui generis*.

C'est la fermeture du sujet qui se trouve dévoilée, et non sa possible ouverture sur le problématique que l'on cesserait, enfin, de clôturer, de calfeutrer. Car, ce qu'il faut bien voir, est que la mise en évidence du rôle de la rhétorique comme procédure de clôture ne modifie pas la rhétorique, laquelle reste propositionnelle, mais vise simplement à montrer comment il y a occultation et fermeture. La rhétorique sera dévoilée pour ce qu'elle permet au sein de l'ordre propositionnel, sans que la nature de l'une ou de l'autre ne subisse de changement pour cela. Démasquée, elle ne sera plus, il est vrai, l'*a priori* résolutoire qu'elle était.

Aujourd'hui, il n'est plus pensable d'asseoir la rationalité dans le sujet et la conscience qu'il a de soi. Sartre est probablement le dernier à l'avoir tenté, mais Heidegger y avait déjà renoncé, malgré l'ambiguïté de l'*Analytique existentiale* à cet égard.

En toute cohérence, il faut que la nouvelle rationalité du *logos* s'enracine dans l'interrogativité, et cela de façon originaire. Si je doute de tout, on doit plutôt conclure que je questionne, et si je questionne, je dois pouvoir le dire autrement, différemment, encore que ce soit déjà réponse. La différence problématologique instaurée au niveau du *logos* permet seule de me dire être qui questionne. Mais l'on peut également douter qu'il faille partir du fait que je doute. L'interrogativité est alors la seule réalité dont nous puissions disposer. Et avec elle, la question du *logos,* comme mise en place de cette interrogativité, devient thématisable.

Voici les Méditations sur le *logos* qui en résultent.

NOTES

[1] D. Janicaud, *La puissance du rationnel,* p. 41 (Gallimard, Paris, 1985).
[2] *De la grammatologie,* p. 90 (Minuit, Paris, 1967).
[3] «Paul Klee fait lui-même le lien entre la peinture et la musique. Il appelle multidimensionnelle (...) son attention dispersée capable de se fixer sur le plan entier du tableau, ou encore polyphonique (...). Le musicien, comme le peintre, doit s'exercer à disperser son attention sur la structure musicale entière, pour pouvoir saisir le bâti polyphonique caché dans l'accompagnement» (A. Ehrenzweig, *L'ordre caché de l'art,* NRF, p. 59). La fragmentation des totalités brise les *Gestalts* et les rapports forme/fond, l'unité du

point de vue, du «sujet». «La mélodie se voit aujourd'hui sérieusement contester son droit à représenter la *Gestalt* consciente de la musique, au profit d'une signification plus profonde. La sérialisation met au rebut tout reste d'une séquence identique (...). L'identité de la séquence temporelle comme principe d'une *Gestalt* acoustique a pour parallèle, dans la vision l'identité de la distribution spatiale. Il est difficile de reconnaître un objet qu'on nous montre sens dessus dessous et c'est pratiquement impossible quand on brouille les relations spatiales entre ses éléments. C'est précisément le cas des portraits de Picasso (...)» (*Ibid*, p. 68).

[4] Sur tout cela, voir M. Meyer, «Kafka: dilemme et littérature», *Annales de l'Institut de Philosophie de l'ULB*, 1985.

[5] Sartre, *L'être et le néant*, NRF, Paris, 1943, p. 18.

[6] P. d'Arcy, *La réflexion*, Paris, P.U.F., 1972, p. 5.

[7] S. Lupasco, *Logique et contradiction*, pp. 76 et suiv.; cité par P. d'Arcy.

[8] A. Gurvitsch, «A non-egological conception of consciousness», *Philosophy and Phenomenological Research*, I, 1941, p. 324.

[9] *La transcendance de l'ego*, Paris, Vrin, 1957, p. 39.

[10] Sartre, *L'être et le néant*, NRF, Paris, 1943, p. 19.

[11] «La similitude n'est plus la forme du savoir, mais plutôt l'occasion de l'erreur, le danger auquel on s'expose quand on n'examine pas le lieu mal éclairé des confusions» (*Les mots et les choses*, p. 65). Ressemblance et déduction sont des termes qui, en eux-mêmes, consacrent leur propre irréductibilité. Mais ils sont les concepts d'un espace d'historicité, d'une problématique où ils sont des moments.

[12] «Je suis, j'existe, est nécessairement vrai *toutes les fois que je la prononce, ou que je la conçois en mon esprit*» (IIe Méditation).

[13] C'est pourquoi il faudra bien introduire Dieu pour valider une validité non problématique.

[14] Principes I, 9.

[15] M. Guéroult, *Descartes selon l'ordre des raisons*, p. 238 (t. I, Aubier Montaigne, Paris, 1968).

[16] J. Hintikka, «*Cogito ergo sum*: inférence ou performance», *Philosophie*, n° 6, 1985.

[17] R. Lefèvre, *La structure du cartésianisme*, p. 17 (Publications de l'Université de Lille III, 1980).

[18] *Ibid.*, p. 236.

[19] M. Guéroult, *Descartes selon l'ordre des raisons*, t. II, Appendice, p. 308.

Chapitre IV
Méditations sur le *logos*

Ire méditation : de la question du *logos*

Il s'agit de repenser ce qu'il faut entendre par *logos*. Une telle exigence peut sembler superflue en une époque qui a vu fleurir tant de travaux sur le langage. Le *logos* est autre chose : c'est le langage de la raison, de la raison qui s'appréhende dans toute son ampleur, et non selon tel ou tel aspect particulier. L'inflation des recherches consacrées au langage en révèle bien plutôt l'absence d'unité. Ce qui est richesse pour la science, qui multiplie analytiquement les découpes d'objets, s'avère pauvreté pour la philosophie, qui recherche le principe et la totalisation. Mais peut-être que, après tout, la question est faussement une question philosophique et qu'il faut laisser cette réflexion dans l'état de dispersion qu'on lui connaît? Toutefois, la science non plus n'y trouve guère son compte. L'infinie diversité des phénomènes linguistiques a donné lieu à nombre d'études partielles qui masquent le *logos*, alors qu'elles veulent mettre en évidence sa réalité propre. La multiplicité des approches et des points de vue — qu'on les appelle syntaxe ou grammaire (générative ou non), qu'on s'attache plutôt à la sémantique, à la pragmatique ou encore à la logique — n'ont finalement pas répondu à la question de savoir ce que parler veut dire. S'attacher à tel ou tel fait linguistique, choisi au hasard des intérêts du chercheur, n'a rien de condamnable : c'est seulement arbitraire. Pour justifier son choix, il doit d'ailleurs recourir à une théorie du langage, mais c'est celle-ci qu'il prétend découvrir ou valider, en se penchant sur les phénomènes particuliers qu'il met en avant. Une théorie *scientifique,* certes, peut bien privilégier les faits qu'elle veut, sans que cela exclue d'autres choix. Ce faisant, elle ne saurait prétendre avoir capturé la réalité langagière comme telle. Ses résultats seront à la mesure de ses choix: limités. Toute conception enracinée dans une approche scientifique livre des résultats dont il est tentant, et on l'a tenté, de faire le modèle de ce qui s'impose: en l'occurrence, le langage des résultats deviendrait en quelque sorte le résultat de la science du langage. Cette sommation opérée à partir de la science vise à regrouper le partiel pour en faire du général, à additionner les faits particuliers pour ramener le *logos* à une immense empirie langagière. Cela même présuppose une conception du *logos,* de la raison, de son expression comme de son cheminement, dont s'interdit pourtant le savant si l'on en croit ses dénégations. Il récuse la philosophie pour les faits comme si cela même ne trahissait pas déjà une certaine philosophie, non fondée, sur la conduite à adopter à l'égard du langage, sur ce qu'il faut appréhender et sur ce qui est à éviter, bref sur ce qui détermine et définit la raison parlante. Le langage serait-il de toute évidence à l'image de la science, que dis-je, la science serait-elle le langage, par-delà son inévitable rationalité analytique? La question même est frappée d'interdiction par le présupposé synthétique, non scientifique, que renferme la question, dont la science ne peut forcer la réponse. Les propositions affirmant que le langage est de l'ordre du résultat, et peut-être même, à rationalité justificative comme la science, échappent elles-mêmes à cette définition, ou plutôt, à cet *a priori.* Celui-ci se détruit s'il se dit. Ce qui prouve bien que le langage n'est pas ce qu'il affirme, et qu'il ne *peut* affirmer, même si le langage peut exprimer aussi les résultats de la science. Laissons donc à la science le soin de s'occuper des phénomènes particuliers du langage et de les expliquer, et abordons le langage dans son unité problématique de *logos.*

La question du *logos,* le langage dans sa généralité de langage, est ici posée, sans *a priori* d'aucune sorte. L'enjeu est grand. Il en va de la pensée du langage, dans la mesure où elle est le langage de la pensée. Cette formule, qui semble peut-être le fruit d'un simple jeu d'inversion, traduit pourtant l'exigence fondamentale et essentiellement actuelle de la pensée. Penser le langage signifie avant tout ouvrir la pensée à son propre langage. La pensée du langage met en œuvre un langage spécifique qui est celui de la pensée. C'est en cela que réside le caractère fondamental de la méditation sur le *logos.* Sans cette méditation, comment pouvons-nous espérer ménager un espace propre à la pensée, qui ne la rabatte sur des formes usées du langage, et dans lesquelles elle se perdrait inévitablement? Formes usées, donc usage de formes, celles-là mêmes dont il s'agit de rendre compte et que les analyses contemporaines présupposent en affirmant, en défendant, en contestant. Mais est-il possible de procéder autrement? Nous y viendrons. Sans pensée du langage, le langage de la pensée se dissout de fait, sinon implicitement de droit, dans des formes et des usages qui rendent la pensée étrangère à elle-même. L'aliénation qui engloutit la pensée repose sur l'usage d'un langage qui n'est pas le sien.

La question du *logos* est posée comme question fondamentale de la pensée. Fondamentale, car ne s'appuyant sur aucune réponse préalable, et de ce fait, sur aucune question plus première encore. Fondamentale également, parce qu'elle se veut source de la réponse première. Fondamentale, donc philosophique, c'est-à-dire exempte de présupposés et d'assertions extérieures ne découlant pas de l'interrogation sur le *logos,* trouvées au mieux à la suite d'une interrogation, mais qui ne serait pas, par définition, la nôtre. Le fait que la question du *logos* est philosophique ne résulte en rien d'un caprice de la volonté, encore moins d'une définition arbitraire de la philosophie. Une question philosophique va à la racine des choses, et par là, se libère de toutes les présuppositions. C'est sans doute ainsi qu'il faut comprendre le «retour aux choses». Parce qu'il y a question, la possession de la sagesse sur le sujet en question est recherchée, et elle n'est pas un acquis. On «aime» la réponse, on la désire, on la recherche: l'*eros* anime l'*erotesis*. La question du *logos* est une question philosophique, de par sa nature même de question, et la manière de la traiter n'est pas la manifestation d'un choix d'élaboration et de résolution de la question, comme s'il y avait une autre façon de l'aborder. Pour mieux voir cela, et ouvrir ainsi la voie vers la solution, revenons à la question elle-même. Si l'on pose une question X et que l'on ne part pas de cette question même pour en obtenir la réponse, on va nécessairement admettre et utiliser d'autres propositions à cette fin. Ces propositions, dès lors qu'on les invoque pour résoudre la question X, vont jouer le rôle de réponses, à tout le moins de réponses partielles. Mais ces réponses vont être réponses pour des questions particulières que l'on n'aura pas posées. Le statut de ces propositions se retrouve controversé, comme ces propositions elles-mêmes: réponses en ce qu'elles s'imposent au cours d'un processus de questionnement, elles ne le sont pas en fin de compte parce que les questions successives qui sont supposées s'être posées ne l'ont jamais été. Que sont-elles en réalité si ce n'est des jugements que l'on a admis sans bien-fondé et que l'on a supposés, sans preuve de ce qu'ils sont bien réponses? La «réponse» ultime venant clore l'enquête ouverte par la question initiale X ne serait pas réponse à celle-ci, dès lors qu'elle reposerait sur des «réponses» qui n'en sont pas. Elle n'aura de valeur solutionnante que dans la mesure exacte où les jugements qui lui ont donné naissance présentent eux-mêmes le caractère de solution par rapport au problème initial.

Certes, la question de base requiert peut-être que soient posées des questions successives, plus faciles à résoudre ou dont la solution est déjà connue. Les réponses que l'on en obtient doivent néanmoins valoir comme réponses. Pour cela, il faut que chaque question successive elle-même ne s'appuie sur aucun fait particulier susceptible de fournir la matière d'un jugement qui ne soit pas réponse. Cette constatation nous ramène clairement au problème initial: comment accéder à la réponse d'une question sans utiliser au départ de l'interrogation des réponses qui n'en sont pas pour elle? Ainsi, pour résumer le raisonnement, lorsqu'une question X est posée, ou bien l'on en tire directement la réponse, ou bien on invoque d'autres éléments pour y arriver. Ou bien ces éléments sont eux-mêmes des réponses, ou bien ils ne le sont pas. S'ils ne le sont pas, ils ne sont pas réponses et l'on voit mal à quel titre ils pourraient prétendre donner naissance à la *réponse* finale. Et s'ils le sont, ils résultent à leur tour de questions. Admettons que ces résultats s'obtiennent directement cette fois, afin de ne pas nous lancer dans une régression infinie. Le problème fondamental resurgit inévitablement: comment s'effectue le passage direct, sans intermédiaire, de la question à la réponse, comment aboutir au jugement qui vaille comme réponse à la question posée au départ? Cette question même est éminemment sérieuse parce qu'il s'agit de prendre les questions que l'on pose au sérieux, en les posant donc en les considérant comme telles.

Cette discussion nous confirme qu'en ce qui concerne la question du *logos,* aucun fait de langage ne peut être invoqué *a priori.* Choisi parmi d'autres aussi légitimes pour servir de phare, il donnerait lieu à une réponse qui n'en serait pas réellement une alors que ce sont des réponses que nous voulons. Au nom de quoi le choisirait-on, si ce n'est sous l'égide implicite d'une vue du langage, dont on ne pourrait rendre compte, puisqu'elle serait à la base de toute réponse sur le langage, et qu'elle ne pourrait qu'autoconfirmer sa validité?

Comment interroger le *logos* sans devoir présupposer cela même qu'il faut mettre en réponse? Quelle question faut-il *précisément* adresser au langage? Comment *formuler* cette question sans déjà orienter la recherche dans une voie particulière et arbitraire, qui nous vouerait à errer. *Le* langage nous échapperait du fait de la particularisation à laquelle nous nous serions abandonnés. Comment savoir au juste *la* question particulière à poser, sans tomber dans le piège de l'anticipation d'une réponse? Réponse qui ne manquerait pas d'être aussi particulière que la question dont elle serait issue, et qui ne «vaudrait» comme réponse que dans la mesure où on se la serait donnée implicitement au départ de la question. On pourrait difficilement soutenir qu'il s'agisse encore d'une question réelle, puisqu'on aurait habilement confondu question et réponse d'entrée de jeu.

Ainsi, pour que la question du *logos* soit prise comme telle, il faut non seulement ne *rien* présupposer d'autre qu'elle, mais, en plus, il n'est pas légitime de la formuler comme demandant ceci ou cela, ceci plutôt que cela. De telle sorte que, dans le langage, le seul point d'ancrage qui nous reste demeure la question même, et le seul fait que nous la posions comme question. C'est bien mince, même si nous sommes rassurés sur l'aspect radical et philosophique de la question, car il n'y a rien que la question pour nourrir l'enquête. Cela est-il suffisant? La question du langage prise comme telle, en deçà de toute formulation et de toute détermination individualisante, doit pouvoir nous mener à la réponse. C'est à partir d'elle, et d'elle exclusivement, que nous sommes autorisés à procéder, car c'est le langage qui est en question, et non tel de ses aspects privilégiés. Que lui faire dire pour qu'elle livre elle-même le secret de sa réponse?

La question elle-même, ici posée, est un acte de langage. Voilà la réalité langagière de base toute trouvée. La question place d'emblée le questionneur dans le *logos,* ce qui permet de surmonter l'insoluble difficulté soulevée précédemment, à savoir comment aborder légitimement le *logos.* Le seul fait de langage qu'autorise la question *philosophique* du *logos* ne peut être qu'elle-même en tant que fait de langage. Cette constatation n'implique en rien que la question présuppose la réponse. Par elle-même, la question du *logos* demeure indéterminée en raison de l'absence de choix d'une formulation particularisée, et elle ne peut donc présupposer quoi que ce soit. Que nous puissions inférer la réponse de la seule question ne signifie pas que la réponse soit présupposée par la question, ni que nous l'y ayons mise. Dire que la question permet d'obtenir la réponse parce qu'elle est langage n'est pas la même chose que d'affirmer que la question recèle déjà la réponse. Nous pouvons atteindre la réponse en interrogeant la question, mais la question elle-même, par elle-même, n'asserte aucune réponse: elle ne dit rien puisque sa seule réalité est d'être question, sans autre spécification. C'est dans ce sens très précis qu'il faut entendre l'idée que la réponse est «dans» la question. La question elle-même ne présuppose pas la réponse, même si la *poser* implique la possibilité de l'obtenir.

Le respect de la question comme telle, ni plus ni moins, impose clairement la présence d'une différence : celle de la question et de la réponse, réponse qui se laisse extraire de la question mais qui ne se laisse réduire à elle en aucune manière si question il y a.

En affirmant tout ce qui vient d'être dit sur la question du *logos*, sur le fait qu'elle seule doit et peut faire aboutir la recherche initiale, nous ne sommes plus au niveau de la question initiale. Nous mettons en œuvre une discursivité qui n'est pas la question mais parle d'elle. Parler ainsi de la question du langage ajoute à la simple position de la question. Ce faisant, nous avons pris acte, dans l'acte de langage qui consistait à poser et à élaborer la question, qu'il y a une exigence à respecter, en l'occurrence celle des questions et des réponses. De la question du *logos* jaillit une réponse : le *logos* est fait de questions et de réponses, c'est essentiel au *logos*, et c'est aussi une exigence dès lors que les questions sont prises comme telles.

Affirmer que le langage se dévoile dans la question qui le prend pour thème asserte quelque chose sur le langage pris dans sa généralité ultime. Aussi cela équivaut-il à répondre à la question posée au départ. Mais répondre n'est pas ici clore l'enquête, car cela suppose que la question disparaisse et que seuls demeurent des résultats. Soutenir que nous répondons sur le langage ne suffit pas à en déduire que la question est close.

Nous répondons sur le langage et force nous est de constater, à partir de la question du *logos,* que le langage permet d'interroger. Affirmer cela n'est plus interroger seulement, mais c'est déjà répondre, en l'occurrence répondre que l'on peut interroger en affirmant. L'affirmation selon laquelle le langage ne servirait qu'à interroger se détruirait d'elle-même.

Le langage sert à interroger et à répondre. Ceci est une vérité première sur le *logos*. Cette réponse elle-même résulte de notre interrogation sur le langage. Une telle affirmation est donc réponse, et dans la mesure où nous répondons sur le langage, cette affirmation implique qu'affirmer est répondre.

Remarquons bien que la différence entre question et réponse, obtenue comme réponse fondamentale à la question fondamentale du *logos,* n'est pas une affaire de forme. Pas plus que la question ne se réduit à la forme interrogative, la réponse ne se laisse rabattre sans violence sur la phrase assertorique. De telles réductions ne pourraient résulter que d'un préjugé infondé, qui ne s'autoriserait d'aucune assertion fournie par la démarche philosophique qui a été la nôtre jusqu'ici.

Rien jusqu'ici, dans notre méditation sur le *logos,* ne permet d'inférer que la question pourrait n'être que, ou devrait être, phrase interrogative, et la réponse, phrase affirmative ou négative. La seule exigence est celle de la *différence problématologique,* qui est la différence entre question et réponse. Le seul fait de les poser l'une et l'autre *comme telles* suffit à marquer leur différence. L'existence de celle-ci est la réponse fondamentale, première, de la question du *logos.* Toute autre réponse présupposerait que le *logos* se compose de réponses, tout en ne l'affirmant pas, puisque, dans notre hypothèse, elle dirait autre chose. Cette autre réponse ne pourrait prétendre être fondamentale. Quant à l'objection qui consiste à critiquer la réponse en s'appuyant sur le fait que la question du *logos* est elle aussi arbitraire, à l'instar de tout fait de langage, elle ne peut valablement être retenue. Poser une telle question ne résulte d'aucune nécessité. Elle aurait pu ne pas être posée, et il est vrai qu'à elle seule, elle représente un fait de langage aussi particulier que tout autre. Mais de deux choses l'une, ou bien la réponse à la question du *logos* est effectivement l'affirmation de la différence problématologique, ou bien elle ne l'est pas. Si elle l'est, ainsi que cela vient d'être montré, elle répond effectivement et caractérise la réalité fondamentale du langage, peu importe que la question ait pu ne pas être posée, et que l'avoir posée ait résulté d'une décision arbitraire. Elle est réponse vraie à cette question, et celle-ci aurait pu être posée ou non que cela n'y aurait rien changé. L'objection, pour être valable, devrait contester la réponse, et non la question. Si celle-ci n'est qu'un acte de langage particulier, parmi d'autres, la réponse, elle, n'en est pas moins ce qui était recherché, et quoi de plus naturel, pour ce faire, que de poser la question?

Nous-mêmes répondons en affirmant, en affirmant que répondre, c'est affirmer. Or, dès le début, nous avons affirmé. Nous avons parlé de la question du *logos* et, ce faisant, nous avons répondu là où il y avait question, sans avoir pourtant suscité la confusion. Cette confusion — problématologique elle aussi puisqu'elle abolit la différence dans l'in-différence au questionnement — consiste à faire d'une question une réponse, et inversement. La raison à cela tient à ce que nous aussi qui nous penchons sur une question par l'intermédiaire du discours mettons en œuvre la différence problématologique. Pour bien la mettre en évidence, nous dirons qu'une réponse est apocritique lorsqu'elle traite d'une réponse, et qu'elle est problématologique lorsqu'elle se réfère à une question. Nous pouvons ainsi parler des questions et des réponses et parler de notre propre discours sur elles en y déplaçant explicitement la différence propre au *logos.*

En répondant sur la question du *logos,* nous avons découvert que celui-ci était fait de questions et de réponses. Cette différence n'est pas une affaire de syntaxe. Par question, il faut entendre problème, et non pas phrase interrogative, comme lorsqu'on dit «traiter une question» pour dire «traiter un problème», ou encore que l'on parle de «ce dont il est question» pour faire allusion au problème à envisager. Dans ces expressions, aucune mention n'est faite quant à une quelconque forme linguistique privilégiée. L'usage d'une forme particulière est d'ailleurs à expliquer. Tout *logos* est question ou réponse, et la différence doit se marquer d'une façon ou d'une autre: pour qu'il y ait *logos,* il faut que ce qui est question puisse être démarqué de ce qui est réponse, et quoi de plus manifeste que la forme de la phrase pour instaurer cette différence? Mais la corrélation entre la question, le problème et la phrase interrogative, d'une part, est loin d'être rigoureuse: il y a des phrases interrogatives qui sont des affirmations et même des ordres («X n'est-il pas malhonnête?», «voulez-vous me passer le sel?»). D'autre part, si le *logos* est question ou réponse, loin s'en faut que les formes linguistiques se réduisent aux phrases interrogatives et aux phrases déclaratives. Affirmer que le *logos* est question ou réponse signifie en fin de compte que l'activité discursive est processus de questionnement.

Les questions et les réponses se sont avérées, à un certain moment de notre enquête, réponses problématologiques et réponses apocritiques, comme si les questions étaient des réponses, et cela, apparemment du moins, à l'encontre de la différence problématologique. En réalité, le *logos* se dévoile comme réponse dès lors qu'on le questionne. A quoi donc répond-il? De plus, il est processus de questionnement. En tant qu'explicitation, que réponse, il doit mettre en pratique la différence problématologique, dont il est par ailleurs un effet, vu qu'il est réponse.

Voyons cela de plus près. L'activité discursive, étant question ou réponse, est processus de questionnement à deux niveaux: celui auquel le locuteur, ou l'auteur, veut dire quelque chose, et celui auquel il le dit et explicite ce qu'il a à dire. L'explicitation est donc réponse: on utilise le langage *en réponse* à certaines préoccupations. Réponse, donc niveau auquel ce qui veut être dit est dit. Passage d'un implicite, élaboré par l'esprit, à un explicite appelé langue. Le *logos* recouvre et l'implicite, qui est un «langage» de problèmes où s'entremêlent sans doute l'inconscient et l'histoire, et l'explicite. Le *logos* ne se limite pas aux manifestations linguistiques mais englobe aussi la «raison» et l'«esprit». L'utilisateur du langage explicite, de la langue si l'on veut, n'élabore pas ses questions, tel un juge son interrogatoire: le croire serait retomber dans l'illusion qui consiste à identifier questions et phrases (interrogatives). Les questions qui préoccupent le locuteur, ou l'auteur, demeurent le plus souvent tacites, et seul ce qui vient y répondre se dit. La raison à cela tient à la différence problématologique : ce qui est de l'ordre des problèmes doit être différent de ce qui relève des réponses, d'où l'opposition de l'explicite et de l'implicite. Si le *logos* est fait de questions et de réponses, et que les unes comme les autres sont réponses (problématologiques et apocritiques, respectivement), à quoi répondent-elles? Le *logos* répond à ce que nous sommes, à savoir une problématicité incarnée dans l'histoire et travaillée par l'implicite articulé dans l'inconscient. Il y a langage parce que nous-mêmes, comme questionneurs, ici questionnant le *logos,* nous sommes traversés par la différence problématologique. Cette même différence, qui est l'acte de naissance du *logos,* en assure également la texture même, car ce à quoi répond le *logos* ne peut se perdre dans la réponse, sous peine de détruire sa propre raison d'être en étant.

IIe méditation : de l'explicitation des problèmes à l'apparaître du monde

L'explicite est bien réponse. L'étude du langage a d'ailleurs toujours considéré l'assertion comme la réalité première, la forme de base dont dérivaient toutes les autres. Cela même ne semble pas faire question pour les scientifiques qui doivent bien finalement avoir raison de ne s'intéresser qu'à l'observable et à ne voir que lui. Celui-ci n'a pas à s'expliquer puisqu'il s'impose pour expliquer. Mais si l'on veut comprendre ce que parler signifie pour l'homme, si l'on veut même dépasser les découpes partielles qui isolent des morceaux d'observation, on ne peut se satisfaire d'un tel *a priori*. La question du *logos* est le *logos* comme question, et par *logos* il faut entendre non la langue, ni même la parole, mais le langage. C'est ici que les chemins du philosophe et du linguiste divergent. Pour ce dernier, il faut étudier la langue, laquelle est toujours particulière. Elle a une syntaxe donnée, et une certaine sémantique lui est associée. Dès lors, il est normal que l'on s'attache à des phrases, à des structures de phrases, à des exemples. Pour le philosophe, il s'agit bien plutôt de dégager l'universel au-delà de toutes les particularités possibles, ce qui fait qu'*il y a* de la sémantique ou de la pragmatique, et qu'aucune analyse de faits particuliers, aussi riche et fouillée soit-elle, ne pourra expliquer. En questionnant le *logos*, nous répondons sur le fait que penser, c'est questionner, et que l'usage du langage impliquant l'interrogativité de l'esprit est acte de penser. N'est-ce pas Nietzsche qui disait que «parler est au fond la question que je pose à mon semblable pour savoir s'il a la même âme que moi »? La question du *logos*, certes, nous amène à considérer le fonctionnement interrogatif du langage, et sur ce terrain, linguistes et philosophes peuvent dialoguer. Ce qu'il faut noter à ce stade de notre démarche, est que nous répondons sur le fait de questionner et que, ce faisant, nous instaurons la différence problématologique en même temps que nous la réfléchissons. On peut ainsi conclure à la linéarité du métalangage et du langage, propriété qui autorise aussi bien une phrase comme « je vous dis de fermer la porte » pour dire « fermez la porte! », que l'équivalence des deux.

Si parler se manifeste avant tout par des réponses, c'est qu'il y a eu au préalable des questions qui ont littéralement *animé* le locuteur, quand bien même on n'entend ni ne voit que les réponses, lesquelles, du même coup, n'apparaissent pas comme telles. On entend habituellement par *question* une phrase interrogative, mais cela est déjà de l'explicite. Pour se faire une idée plus juste de ce qu'il faut comprendre par *question*, il faut penser à des expressions comme *une question de vie ou de mort*, ou *une question d'argent*, ou encore *faire l'état de la question*, expressions qui toutes ont le mérite de rompre l'identité que l'on peut inconsidérément faire entre question et un fait de langue tel que la phrase de forme interrogative. La phrase interrogative est déjà réponse, réponse problématologique, ce qui montre bien que les problèmes aussi peuvent se dire, si c'est nécessaire, par exemple, de les faire connaître pour en obtenir la solution. La différence problématologique, réalisée dans l'opposition de l'explicite et de l'implicite, se maintient au niveau de l'explicite par démarquage formel. C'est au niveau de ces marquages qu'intervient le linguiste. Si tout explicite est un répondre, rien n'empêche de répondre *sur* ce qui fait question, et pas seulement *à* ce qui fait problème. Notre propre démarche, qui nous guide dans ces Méditations, le prouve clairement. Pour autant que l'on préserve dans le répondre la différence problématologique, on pourra y introduire explicitement les questions, soit par une forme propre, soit par spécification explicite qu'il s'agit là d'un problème et non de sa solution. Une phrase comme « voulez-vous me passer le sel? » a la forme interrogative parce qu'il importe de faire passer la demande de coopération à l'interlocuteur. Toute solution n'est pas plus discursive qu'une question ne doit l'être. Une phrase comme celle ci-dessus illustre en tout cas le rôle de la réponse problématologique: elle est résolution partielle, étape préliminaire conduisant au point final, la réponse apocritique. Une réponse problématologique est alors la réponse préparatoire à la solution, sans laquelle elle ne peut être produite, puisque, pour l'être, elle doit d'abord être indiquée comme devant l'être.

A l'opposition de l'explicite et de l'implicite se superpose la différenciation interne à l'explicite du problématologique et de l'apocritique, une différenciation qui peut se réduire, comme c'est le cas pour notre propre interrogation, à la simple affirmation de la différenciation en tant que pure différence. Il y a bien là une condition nécessaire et suffisante qui gouverne le *logos* de part en part. Dès lors, le répondre, pour être à la fois apocritique et problématologique, doit inscrire la différence par un dédoublement des questions. Il ne faut pas que la réponse soit problématologique par rapport à la question qu'elle résout (dimension apocritique) faute de quoi on devrait soutenir qu'énoncer une question serait énoncer sa propre solution. En philosophie seulement, où le répondre a pour objet l'interrogation même, dire la question n'est pas la résoudre mais la dupliquer, et si l'on pense le contraire, on tombe alors dans un cercle par lequel on s'accorde comme réponse cela même qui est problématique. En philosophie, notons-le, on évite ce piège précisément par l'explicitation de la différence problématologique, grâce à laquelle on peut reconnaître, par cette explicitation, qu'il y a réponse dans la thématisation du questionnement, que réponse et question diffèrent par ce dire même qui les assertent différentes.

Une réponse, parce que réponse, est apocritique et problématologique. Réponse par rapport à une question, elle peut ainsi en exprimer une *différente*. N'est-ce pas dans la nature même du *logos* de se diviser de la sorte ?

On peut évidemment prendre les choses par l'autre bout. Pour *une* question donnée au départ, une réponse problématologique ne peut être apocritique, et inversement. Par contre, si l'on part de la réponse, elle peut être les deux. Et si l'on est plus spécifique encore, on dira qu'une réponse problématologique est forcément apocritique puisque réponse. Et qu'une réponse apocritique, supprimant la question qu'elle résout comme ne faisant plus question, se rature comme réponse et assume du même coup son autonomie par rapport à la question qu'elle a évacuée. Elle ne dit pas qu'elle est réponse, ni la question qu'elle résout : elle dit *ce qu*'elle dit sans dire *qu*'elle le dit, sans *se* dire *comme réponse*. Dès lors, la référence surgit comme étant le *ce que* dont il est *question*. La réponse qui se nie comme telle deviendra pour tous ceux qui n'observeront qu'elle le jugement, la proposition. Il n'empêche qu'il est *question* de quelque chose dans ce jugement même s'il y est bien question de *quelque chose*. La réponse, en refoulant son interrogativité, n'apparaît pas comme apocritique ni, a fortiori, comme problématologique. Pourtant, la réponse pose la question de ce dont il est question dans ce qu'elle dit, de la référence comme question. La réponse pose la question de sa propre question, qu'elle résout et qu'elle a fait disparaître. La question de ce par rapport à quoi elle est apocritique étant soulevée par l'absence explicite, puisque cette question n'est pas dite dans *ce qui* est dit, on peut en déduire que le caractère problématologique de l'explicite va remettre celui-ci en termes de réponse. L'explicite exprime, soulève la question de ce à quoi il peut bien répondre. La problémato*logique* de la réponse (apocritique) tient à la question qu'il nous pose et qui nous renvoie à la question qu'il résout. D'une manière générale donc, la *problématologique* est ce lien qui associe questions et réponses, et c'est bien ainsi que l'on entend la problématologie. En somme, une réponse apocritique refoulant son caractère de réponse, pose ce caractère, ce lien, à titre de question, question dont la réponse consiste à trouver ce à quoi le dit répond.

Apocritique par rapport à la question qui lui a donné le jour, problématologique par rapport à une autre: la différence problématologique est ainsi respectée puisque question et réponse ne sont pas confondues à l'intérieur d'un même processus, c'est-à-dire pour un même problème de base, et demeurent distinctes. Et la réponse qui se distingue d'une question comme réponse (apocritique) en exprime une autre. Elle est alors problématologique de cette question dont elle n'est *pas* la réponse. Le fait que toute réponse est apocritique et problématologique, parce que *logos*, et cela dans le respect de la différence constitutive de tout *logos*, est ce que l'on appelle l'*indépendance* de la réponse. De là découle l'*autonomie* ou encore l'*objectivité* du langage, concepts qu'il faut considérer avec prudence: l'autonomie suggère que le discours est réalité à part, ce qui est une vue de la Raison à rejeter, et l'objectivité semble indiquer qu'il y a un autre lieu du langage, subjectif lui, et qui nous échapperait si nous ne postulions une quelconque subjectivité transcendantale présente chez chacun, identique à l'*objectivité* des choses, et différente néanmoins de chaque individualité empirique. Mais comment concevoir de manière cohérente la subjectivité, puisqu'elle est à la fois unique, empirique et inaccessible à la vision objective des autres, et qu'elle est, dès lors que *nous* en parlons, le contraire de cela. Laissons là cette difficulté insoluble, née de la scission objectivité-subjectivité. Les réponses sont indépendantes: cela reflète un renvoi, car elles sont indépendantes *de quelque chose*, mais ce renvoi est conçu précisément comme l'affirmation d'un X devenu inessentiel. Les réponses se libèrent ainsi des questions qui les ont fait naître, et peuvent à leur tour servir de questions, ou compter pour de fermes résultats aux yeux de ceux qui épousent les questions et la résolution dont elles résultent. Une réponse à une question, une fois trouvée, supprime la question: celle-ci est résolue, elle ne se pose plus. La réponse vaut pour elle-même, et il est alors aisé d'oublier qu'elle a été réponse, donc qu'il y a eu question, et qu'elle n'est pas qu'un simple jugement.

La réponse devient indépendante, et *refoule* le rapport à la question dont elle est issue. Elle devient susceptible de se rapporter à d'autres questions, en y répondant ou/et en les exprimant. Ce sont là les seules possibilités offertes au *logos* qui est question et réponse. Elle n'est pas le simple résultat d'un processus particulier mais en devient indépendant : même si elle est résultat pour lui, elle peut l'être aussi par rapport à d'autres questions. Là se trouve le fondement de ce que l'on a appelé l'«objectivation des produits subjectifs», et de ce qui a permis à l'idéalisme de penser qu'il pouvait atteindre la réalité à partir de son point de vue. Le *logos* à l'œuvre dans cette doctrine implique l'indépendance des résultats, encore que ce soit de manière occulte, c'est-à-dire sans thématisation explicite du *logos* comme processus de questionnement, thématisation qui situe le travail de la Raison en deçà de tout parti pris idéaliste, réaliste, nominaliste, ou autre.

Le langage de la réflexion est possible dès lors qu'il se marque de la différence problématologique. Les réponses peuvent traiter des questions pour autant que ces réponses de niveau second soient respectivement problématologiques et apocritiques. Mais chacune de ces réponses, de niveau second, pour autant qu'elles soient explicites, sont aussi apocritiques et problématologiques, respectivement. Bien souvent, les réponses problématologiques ne sont pas dites. Si elles le sont, étant différentes des réponses apocritiques, la différence doit se marquer d'une manière ou d'une autre. Mais elles ne le sont que par rapport à un processus second, car pour le processus de questionnement à l'intérieur duquel elles sont problématologiques, elles ne sont pas réponses non plus, et de ce fait, on ne les asserte pas : une proposition est par nature proposition de réponse, et les réponses problématologiques n'y sont pas les réponses recherchées. Le mot «réponse» attaché à «problématologique» indique plutôt l'existence d'un langage de l'implicite susceptible d'être explicité. Les réponses problématologiques deviennent alors de vraies réponses, elles sont apocritiques également, mais elles répondent à une autre interrogation dont le but est précisément d'expliciter un problème. Pour celui-ci, les réponses problématologiques sont, et demeurent malgré toute explicitation, un langage qui ne se dit pas, parce que ce n'est pas en disant et en assertant ses questions qu'on a *eo ipso* la réponse, et c'est celle-ci en définitive qu'il faut obtenir par le processus de questionnement. Telle est sans doute l'origine de la différence problématologique : questionner n'est *utile* qu'à condition d'être différent de répondre, et cela n'est *possible* que si on sait ce qui vaut comme réponse par différence d'avec les questions. La solution au paradoxe du *Ménon* de Platon est cette différence. Pour que questionner et répondre soient différenciés, ce que la forme ne suffit pas à accomplir dans bien des cas, l'explicitation de la réponse et le refoulement de la question matérialiseront cette différence. Dès lors que le *but* de l'activité langagière est la réponse, sauf nécessité on n'explicitera pas la question. Pourquoi exprimerait-on ce qui va de soi, ce qui ne pose en rien problème, puisque cela n'est pas ce qui est recherché? On pourrait le faire, on pourrait répondre en explicitant ce qui fait question en posant une seconde question sur la première. Et ainsi de suite, j'imagine. Différence problématologique oblige, une question ne se laisse pas assimiler à la réponse qui la traduit. On pourrait en déduire, un peu facilement sans doute, que le répondre et le questionner sont en constante inadéquation, en décalage permanent, en irrattrapage perpétuel, dans un mouvement infini où le signifié échapperait à sa propre signifiance. On aurait ainsi le choix entre le questionnement indicible par différence ou le questionnement réduit par les réponses qui le feraient être autre qu'il n'est, en le transformant comme répondre; donc aussi, en l'abolissant dans sa spécificité. Si l'on y regarde bien, la différence problématologique est précisément ce qui nous épargne ce vieux dilemme. Le répondre contient en lui-même la différence problématologique, y compris dans le refoulement qu'il fait de son apocriticité. Cela a été souligné plus haut. Lorsque le répondre porte sur un questionner, il le maintient tel en raison même de la différence problématologique qu'il institue entre eux; loin de l'avaler ou de l'escamoter, un tel répondre fait être ce questionner pour ce qu'il est et le capte donc adéquatement. Le verbe *être* relie précisément ce qui fait question comme ne faisant plus question : le répondre est tel en s'abolissant comme tel, créant une dualité que l'on a appelée, dans le propositionnalisme, le sujet et le prédicat. En réalité, ce dont il est question dans une proposition, est traité comme hors question, et cette réponse repose sur l'insertion du problématique dans la réponse qui, le supprimant, supprime sa propre stipulation de réponse. Elle dit *ce qu*'elle dit sans se dire pour ce qu'*elle* est. Une réponse articule la différence qu'elle présente autrement; déplaçant le poids du dire dans ce qui est dit, se faisant oublier dans l'apparaître qu'elle met en œuvre, un apparaître qui se passe sous silence au profit du résultat de cette phénoménalisation opérée comme *logos*. S'il y a un sujet et un prédicat, complémentarité qui fait mystère depuis que le propositionnalisme est né, c'est parce qu'il y a une prise en charge du problématique qui le dépasse et le maintient à la fois, une *Aufhebung* qui permet de repérer ce dont il est question dans ce qui est dit, sinon dans le dire même. Les notions de sujet et de prédicat sont ainsi des réalités problématologiques niées comme telles dans la théorie de la proposition qui ne peut, cependant, ni s'en passer ni réellement s'en expliquer.

La réponse qui est apocritique et problématologique traite forcément d'une question, puisqu'elle est réponse, et elle ne le dit pas, puisqu'elle s'occulte dans sa différence. Ce dont il est question n'est pas dit, pas plus que la réponse ne se dit telle. En conséquence, la réponse ne se réfère pas à la question ni à elle-même, qu'elle refoule, mais elle se réfère à autre chose, à ce qui est en question comme ne faisant pas question, puisqu'il s'agit de la réponse. La référence est ainsi posée dans l'apparaître de ce qui faisait une question, via une dynamique de résolution qui positivise en extériorité le *ce que* du questionnement. L'apparaître du référentiel surgit dans le processus de répondre. La référence n'est pas le donné du réel, elle est ce qui surgit dans la temporalisation du refoulement interrogatif, où ce qui est en question devient ce sur quoi on a répondu comme ne faisant plus question. Le langage peut atteindre au vrai comme il peut donner l'illusion de vérité par une référentialité sans objet, sans référence, qui se voit déterminée du simple fait que ce *qui* est en question est désigné référentiellement par la réponse, quand bien même cet interrogatif «*qui*» ne correspondrait à rien. Présenté comme ne faisant plus question, ce dont il est question dans la réponse s'y trouve référentialisé du même coup. L'apparaître qui émerge du processus interrogatif peut se révéler pure apparence. C'est ainsi que syntactiquement, une proposition comme «Napoléon est le vainqueur d'Austerlitz» pourra s'expliciter par l'équivalente «Napoléon est celui *qui* a vaincu à Austerlitz», où le sens du terme «Napoléon» est précisé par un interrogatif qui le désigne apocritiquement, assertoriquement, en même temps qu'il permet de le désigner en tant que référent. L'interrogativité fait ainsi surgir le «monde» qui retrouve sa fixité dans le hors-question que constitue la réponse; fixité, identité, qui résultent du refoulement dans la réponse de tout ce qui en elle, évoque le questionnement pour ne laisser référer que ce qui était en question comme ne donnant pas lieu à du questionnement. La réponse se refoulant comme telle ne nous livre que son extériorité, elle est donc signifiance en ce qu'elle n'est que par autre chose. Une théorie de la référence statique, où l'on rapportera le langage à ce qu'il signifie comme si les deux termes du rapport existaient indépendamment, prendra la dynamique de la connaissance du réel quand tout est joué, dans le seul moment des résultats, sans vraiment comprendre que la référence n'existe que pour le *logos* qui l'appréhende en tant qu'indépendant. La formule n'est paradoxale que si l'on oublie l'aspect dynamique de la référentialisation.

Le jugement, tel qu'il est conçu depuis deux mille ans, ne peut désormais plus l'être dans les mêmes termes. Vu comme assemblage d'un sujet et d'un prédicat, on en perd la spécificité qui est celle d'être réponse, réponse qui n'est telle que par rapport à ce qui est en question sans faire encore question. Les interrogatifs tombent, et Napoléon sera simplement dit le vainqueur d'Austerlitz. En fait, les termes du jugement correspondent à des questions traitées comme ne se posant plus; ils se figent par rapport à une interrogativité qu'ils expriment en la refoulant, en y répondant, tout en s'interdisant bien de s'affirmer lui correspondre en quoi que ce soit. Ce qui fait question a droit à au moins un terme, le sujet du propos, de la réponse en l'occurrence, un terme qui requiert cela même qui le supprime comme question. Savez-vous qui est Napoléon? Il est celui qui... Laissez cette question de côté, supposez-la connue, résolue, il ne reste que Napoléon comme vainqueur d'Austerlitz (entre autres réponses possibles). Le vainqueur d'Austerlitz répond à ce qui est question et qui demeure ce dont il est question, à savoir Napoléon.

Une réponse est problématologique en ce qu'il y est bien question de *quelque chose*, apocritique en ce qu'elle juge de ce quelque chose en tant qu'il ne fait *plus* problème, en tant qu'il n'en est pas question. La réponse s'autonomise en jugement et se libère de sa question pour n'être plus que rapport de complémentarité entre deux termes au moins. Le *logos*, en s'installant dans le jugement, condense et déplace la différence problématologique, c'est-à-dire articule sa référentialité sur une interrogativité supprimée. La catégorie prédicative renverra au sujet en question, encore que la question puisse porter sur la catégorie elle-même (après tout, c'est *quoi* Austerlitz?), et l'on retrouvera une structure judicative semblable à celle pour laquelle c'était le sujet qui était en question.

L'indépendance de la réponse lui donne une valididité propre, par-delà les circonstances qui l'ont vu naître. Le *logos* est à même de se figurer l'au-delà du langage, la «référence», car cette perception de cet en-dehors tombe à l'intérieur de lui. La raison, nouvellement conçue comme identique au *logos* tel qu'il émerge de la question du *logos*, pose l'indépendance de ses propres produits. Le «monde objectif» en résulte inévitablement, et le *logos* est garanti d'y avoir accès. Il faut cependant attacher la plus grande réserve à ce concept de «monde objectif»: il fait appel à une tradition dépassée, sinon fallacieuse, car rien n'est plus problématique que l'existence de ce qu'on a appelé le monde. C'est le fixe, le constitué de la relation interrogative niée. La totalité des choses renvoie à un point de vue extérieur qui permet d'en parler: et en dehors du Tout, qu'y a-t-il, sinon rien? La solution qui consiste à faire du monde un attribut de la réalité humaine, et non une totalité impossible, n'en est pas une, car rien ne prouve que le monde ainsi défini coïncide, ou du moins puisse coïncider, avec le «monde» qui vaut indépendamment de toute réalité humaine. Quant à dire qu'il est objectif, cela présuppose que cette réalité humaine est subjective : une limitation qu'il est impossible d'entériner, et qui pose d'insolubles difficultés. Comment l'accès (objectif) au subjectif est-il possible si ce qui est subjectif n'est que cela ? Comment en parler sans être dans l'objectif ? Pourquoi d'ailleurs une telle découpe, infondée, encore qu'historiquement intelligible ?

L'au-delà du *logos* lui est accessible, et la validité des résultats «logiques» est un fait du *logos* qui lui permet de se référer à une réalité autre que lui-même. Une telle vision de la constitution de la réalité pour l'être humain que nous sommes, prisonnier du *logos* en tant que questionneur, diffère de tout empirisme comme de tout idéalisme. Le préjugé empiriste part des faits et des choses dont l'indépendance est proclamée dès le départ de l'enquête philosophique. Le sens de celle-ci devient un mystère, dès lors que se trouve abolie la raison d'être de son instauration. Quand à l'idéalisme, il fait du produit de la pensée une excroissance de la subjectivité, et il postule l'indépendance de ce produit sans être fondé à la faire. En définitive, ne s'agit-il pas de prouver qu'un résultat est par nature, en tant que résultat, indépendant de ce dont il résulte tout en en résultant ? Une telle monstration fait défaut à l'idéalisme, même dans sa version la plus élaborée, issue de la «révolution copernicienne». L'objet n'existe comme tel que pour un sujet, et l'au-delà de l'objet demeure inconnaissable. La consistance solide des objets ne peut résulter de la simple projection subjective, de telle sorte que pour prouver l'indépendance des phénomènes, il faut en arriver à des répondants en soi, les noumènes, qui correspondent à ces objets. Mais poser de tels répondants n'est possible que si le point de vue copernicien est abandonné : le philosophe se place en position d'extériorité et de survol, car, pour le sujet, il n'y a pas d'objet qui puisse être non-phénomène. La chose en soi, postulée par le philosophe, se détruit elle-même dès lors que l'on pose au départ qu'il n'y a de connaissance possible qui n'émane du sujet. Le point de vue de Sirius est intenable, et sa validité, impossible. Il n'est pas «copernicien» puisqu'il pose une réalité inaccessible au sujet, alors qu'il n'y a de connaissance possible que pour le sujet. L'objectivité, l'indépendance objective des produits subjectifs de l'esprit se voit acquise au prix d'un abandon du point de vue du sujet : ce qui est sans doute une tautologie, mais elle reflète une démarche inévitable. Si l'on se fonde sur le sujet, le Je, on ne peut avoir accès aux réalités indépendantes sans se départir à un moment ou à un autre de son attitude initiale «copernicienne». La démarche de la problématologie est *radicalement* différente: la philosophie du questionnement, que nous nous efforçons d'instaurer ici, s'est attachée à montrer que la réflexivité est immanente à tout processus de questionnement. L'interlocuteur, ou le lecteur, qui se penche sur une réponse le fait à partir d'un processus de questionnement qui est le sien, et qui est en quelque sorte second. Il est ainsi possible de répondre, de l'extérieur, à un processus ou sur un processus de questionnement premier, d'en réfléchir les contours et la progression à l'intérieur d'un processus second, sans faillir aux «lois» du questionnement, ce qui signifie tout simplement, en respectant la différence problématologique. Qu'est-ce le Je, sinon le questionneur même? Il n'y a de Je, en fin de compte, que parce qu'il y a questionnement: l'homme est le seul à pouvoir poser la question de l'homme et, ce faisant, à pouvoir *répondre* «je...», et il différera toujours de la machine cybernétique la plus sophistiquée pour cette raison-là. Qu'est-ce que le Je, sinon le problème que l'homme est pour lui-même? C'est parce que le doute est une modalité de questionnement que l'affirmation de l'*ego sum* résulte du *dubito*. Mais Descartes est peu justifié, en définitive, à poser le Je comme réalité première fondamentale, plutôt que l'interrogation dont il le déduit. Le questionnement cartésien n'est pas aussi radical que son initiateur le prétend, car son raisonnement, dont le Je résulte, tire sa validité d'un processus qu'il met en œuvre à titre de présupposé inquestionné.

Selon l'approche problématologique, le Je peut «sortir de lui-même» dans la mesure où il est questionneur: il peut ainsi avoir accès aux réalités indépendantes, car cet accès est processus de questionnement, c'est-à-dire processus pour lequel les résultats sont indépendants pour être résultats. Le Je devient alors le Il que condamnait l'idéalisme copernicien. C'est parce qu'il est questionneur que le Je peut devenir *autre*, et assumer ainsi l'extériorité impossible de l'idéalisme centré sur le Je. La conception adéquate de la réalité humaine implique le décentrement du sujet.

Remarquons bien que ce *Je* n'est autre que celui qui *s'*interroge au détour de chacun de ses actes, de chacun de ses gestes, de chacune de ses pensées: il y est en question car, pour dire, pour faire, pour penser, il faut chaque fois avoir une question en tête par laquelle nous sommes impliqués en tout cela. Remis en question perpétuellement par toutes ces questions qui nous poussent à nous résoudre à ceci ou à cela, qui sommes-nous sinon la question même qui polarise toutes celles que nous sommes amenés à soulever?

IIIᵉ méditation: de la dialectique et de la rhétorique comme implication d'autrui

Nous avons montré que notre interrogation sur le *logos* mettait celui-ci en œuvre, le révélant ainsi pour ce qu'il est fondamentalement. Or, qu'enseigne au juste une telle interrogation par l'intermédiaire du discours qui est le sien sur le discours en général? Avant tout, que le dédoublement de l'interrogation et du discours sur elle articule une différence problématologique, et la maintient dans les réponses qui traitent de cette interrogation. Le dualisme de l'apocritique et du problématologique correspond à cette exigence de constance au niveau même des réponses. Toute réponse, même lorsque l'on sait pour quelle question elle est réponse, soulève la question (effet problématologique) de ce à quoi elle répond, question pour laquelle elle est apocritique. Une réponse en tant que telle, en ce qu'elle ne se dit pas comme réponse, ni, par conséquent, en référence à une question définie, encore que connue par ailleurs, éventuellement. La réponse réalise son apocriticité en ne renvoyant plus à une question particulière, mais ce serait une erreur de la concevoir comme jugement, car, pour détachée qu'elle soit à l'égard de ses origines, sa nature de *logos* ne peut l'écarter de l'interrogativité qu'elle incarne. Doublet apocritico-problématologique, la réponse se présente en elle-même, d'elle-même, et l'on associe depuis toujours à cette autosuffisance l'idée de vérité. Mais la vérité ne saurait résulter d'elle-même, comme par enchantement, comme si elle était le fruit d'une révélation; on appelle cela dévoilement aujourd'hui. En réalité, le vrai ne peut provenir que d'une recherche préalable et n'a de sens que pour la question qui l'a fait surgir ou pour celle qui la restitue.

Car la réponse est apocritique *et* problématologique. Lorsqu'on a dit que, de la sorte, elle sollicitait interrogativement la question dont elle est la solution, on a mis en jeu, de façon implicite, un questionneur qui, soit connaissait cette question, soit au contraire la recherchait suite à cette sollicitation. S'il la connaît, la réponse s'impose comme telle et n'est plus problématologique à cet égard, mais cela renvoie bien évidemment à une sollicitation, à une interpellation antérieure, dont le phénomène de connaissance est ainsi la marque. La présence du questionneur est l'implicite qui se trouve conditionné dans la réalité apocritico-problématologique de la réponse. En effet, apocritico-problématologique, la réponse ne saurait l'être par rapport à un même processus de questionnement, vu l'impératif que représente la différence problématologique. En conséquence de quoi, un autre processus de questionnement se doit d'être impliqué, ce qui signifie soit un autre questionneur, soit un autre problème dont la réponse tiendrait lieu de solution ou d'étape résolutoire, soit, encore, un autre problème et un autre questionneur. Ainsi, l'essence de la réponse est non seulement de venir à la rencontre de certaines préoccupations, mais ce faisant, d'être dialectique. Car deux questionneurs ou une problématisation nouvelle d'une réponse acquise font un dialogue. Il est dans la nature du *logos* de s'adresser à quelqu'un, fût-il passif, et d'avoir ainsi un répondant, qui peut être soi-même. Un questionneur peut assumer le double rôle, ce qui, sans doute, rappellera à plus d'un le célèbre passage du *Théétète* où Platon définit la pensée comme un dialogue de l'âme avec elle-même sur une question (189 E). Les réponses d'un processus deviennent à leur tour objet d'interrogation pour notre questionneur, ce qui fait qu'une nouvelle interrogation peut enrichir une ancienne, laquelle peut se voir complétée, infirmée ou encore utilisée à d'autres fins; la progression cognitive se trouve rendue possible du même coup. J'imagine assez bien que c'est ce que Platon devait avoir en vue lorsqu'il a identifié la dialectique avec la constitution du savoir. Cette démarche est indifférente au dédoublement des acteurs. S'il y a dialogue effectif entre questionneurs, ils seront tour à tour le répondant et l'interrogateur assurant de la sorte la différence problématologique par contextualisation des rôles.

On a pu, jusqu'ici, déduire le contenu de notre méditation du fait même que nous l'entreprenions en nous interrogeant sur notre propre interrogation comme *logos* ou, si l'on préfère, sur le *logos* comme interrogation. Va-t-on pouvoir caractériser plus avant le fonctionnement du dialogue? Indéniablement, car pour qu'il y ait dialogue effectif entre deux interlocuteurs, il faut qu'une question soit soulevée à propos de laquelle il y aura discussion. Que peut-il alors se passer et que l'on peut inférer de cette situation même? D'abord qu'il n'y aura pas débat si la réponse du locuteur rencontre l'accord de l'interlocuteur, c'est-à-dire répond à ses propres questions. Ce qui présuppose que l'interlocuteur se pose la question soulevée, soit antérieurement au moment de la réponse, soit du fait de la réponse. L'interlocuteur met en question la réponse qu'on lui offre, il la traite problématologiquement. A la question qu'elle suscite, quelle réponse donner si ce n'est, précisément, le problème qui sous-tend le discours du locuteur? Il y a donc une reconstruction de l'intentionnalité dans le dialogue qui lui est nécessaire: d'où l'hypothèse de sincérité et d'autres maximes bien connues. L'interlocuteur répond à la réponse du locuteur, puisqu'elle est problématologique pour l'autre. Il se prononce donc sur cette réponse ou, ce qui revient au même si l'on se place du côté de l'interlocuteur, sur cette question. Il en teste l'adéquation; on dira plus simplement la vérité, car il s'agit bien de vérifier le propre de la réponse au regard de la question qu'elle évoque dans l'auditoire. Alors que le locuteur propose une réponse à une question qu'il se pose, l'auditoire répond à cette même question en interrogeant la réponse sur le fait qu'elle est bien la réponse à la question évoquée; il y a donc cheminement inverse. On peut aussi supposer que le locuteur pose la question à l'interlocuteur au lieu de lui en donner simplement la réponse; ou encore, qu'il propose une réponse sous forme de question. Celle-ci sera dite rhétorique par la forme même, mais si on y réfléchit bien, la démarche dialectique est globalement rhétorique en ce que le locuteur offre à l'interrogation de l'autre ce qu'il tient a priori comme solution. La dimension rhétorique du *logos* vient du souci de prendre en compte les questions de l'autre, et de leur apporter réponse. On aura convaincu quelqu'un si nos réponses forment solution à ses propres questions. Dira-t-on que le dialogue est l'envers de l'argumentation en ce que l'une présuppose un désaccord et l'autre s'arrête à l'accord? Mais le but d'un dialogue n'est-il pas d'arriver à la persuasion de l'auditoire?

Quoi qu'il en soit pour l'instant, ce qu'il importe de noter est la façon dont la différence problématologique se marque dans le dialogue et le détermine même entièrement dans ses structures essentielles. Le tour de rôle est ce qui assure la différenciation de ce qui fait question et de ce qui fait réponse; on a d'ailleurs pu en déduire que la réponse du locuteur était question pour l'auditoire, quitte à ce que celui-ci retombe sur la même réponse via la «découverte» de la question posée au départ. Dès lors que la différence problématologique se matérialise par les prises de parole, la forme gagnera des degrés de liberté en termes d'impératif de différenciation problématologique. Le simple fait de s'adresser à quelqu'un le met, si l'on veut, en question, par-delà toute forme possible. D'où, sans doute, l'usage universel des formes de politesse. Dans un rapport de dialogue, la réponse pour l'un fait question pour l'autre, en ce que toute réponse est, par nature, susceptible d'être convertie en question, et inversement. L'assertion qui fait l'objet du dialogue, qui est en question, est par elle-même indifféremment question et réponse, et ce sont les protagonistes du dialogue qui établissent la différence. Le contexte est cette relation de questionneurs effectifs, qui transforme le *problématologique* inscrit dans la réponse en *problématique* pour quelqu'un. Le contexte est donc le différenciateur problématologique, ce qui constitue les savoirs et les savoirs de savoirs des interlocuteurs quant à ce qui fait question et ce qui est déjà résolu (les présupposés et les variables socio-culturelles). Il situe les questionneurs les uns par rapport aux autres *en tant que tels*. Il relie les différentiels de la différence próblématologique. Forme et contexte varieront à cet égard de façon inverse. Un contexte plus pauvre, plus flou, plus indifférencié, signifie un dialogisme plus faible, une formalisation plus grande du répondre, de ce qui est hors question à un titre ou à un autre. La forme constituera l'information que le contexte n'apporte pas; parce que la distance sociale ou psychologique entre le locuteur et l'auditoire est grande, parce que cet auditoire est indifférencié, numériquement important, anonyme, et qu'en conséquence, le locuteur ne peut savoir précisément ce que l'auditoire sait ou ne sait pas sur la question dont il veut traiter.

La double nature, apocritique et problématologique du répondre, nous a permis de comprendre la contextualisation de la différence problématologique sous forme de dialogue. La présence d'autrui met en évidence une autre dimension du langage, son aspect rhétorico-argumentatif. Dans le dialogue, chacun prend tour à tour la place de l'autre, chacun *est* l'autre, pour lui comme pour l'autre : ainsi, chacun doit savoir un minimum de ce que sait l'autre — les lieux communs qu'ils partagent — mais doit aussi savoir que l'autre le sait. Chacun sait, et sait que l'autre sait, ou du moins croit le savoir, ce qui permet de s'adresser à lui de manière pertinente. La pertinence consistant à se rapporter aux questions de l'autre par les siennes propres sans en remettre en cause les solutions. D'où le lien entre im-pertinence et non-pertinence. Le fait de pouvoir assumer le point de vue de l'auditoire pour lui répondre permet l'ajustement anticipé et les diverses techniques manipulatoires. Au même titre que la délicatesse, dans la mesure où l'on met l'autre en question du simple fait qu'on l'interpelle. La forme refoulant l'interrogativité dans le répondre, qui ne se présente donc pas comme tel, permettra à l'autre de n'avoir pas à répondre puisque n'étant que mis explicitement en question. Dans la mise en question de l'autre, l'autre ne peut que prendre conscience qu'il est question, qu'il a à se justifier en se prononçant sur une question en même temps qu'il justifie sa réponse. On convaincra d'autant plus qu'on laissera à l'autre le soin de conclure, au lieu de lui donner d'emblée la réponse, ce qui ne lui laisse que peu de choix. Le flou des notions permet le même effet, et les réponses les plus vagues (avec des mots comme « liberté », « justice », tout le monde s'y retrouve) sollicitent de l'auditoire un répondre personnalisé.

IVᵉ méditation : la question du sens ou le sens comme question

L'interlocuteur est un questionneur explicite potentiel, le lecteur aussi, sans doute, mais fort rarement peut-il interroger l'auteur directement. Qu'il y ait accord ou non, l'auditoire effectue pour son compte la correspondance entre la réponse et la question qui lui a donné naissance: on appellera cette démarche la *compréhension*, ou si l'on veut raffiner l'expression, le processus *herméneutique*. Une réponse ne dit pas son *sens* puisqu'elle ne dit pas «ceci est la question que je résous», pas plus qu'elle ne *se* dit donc comme réponse. Elle se réfère à ce qu'elle dit sans dire qu'elle le dit, elle indique son sens sans le dire. Il s'agit là d'un implicite, auquel répond l'implicite de l'intelligibilité. La signification d'un discours n'est rien d'autre que la problématicité dont il traite comme répondre. Lorsque l'on mentionne le sens d'une phrase, par exemple, on fait savoir ce dont il est question dans la phrase. Pour mieux voir comment le processus de compréhension a lieu, supposons qu'un discours fasse problème dans son intelligibilité. La réponse fait alors question pour l'auditoire quant a ce qui la fait être réponse. Elle est réponse problématologique pour lui, comme elle l'est apocritiquement pour son auteur. C'est parce que la réponse est problématologique et apocritique qu'elle a du sens. Dans la recherche du sens par l'interlocuteur que nous avons supposé en «rupture sémantique», il y a donc la question de la question à laquelle la réponse tient lieu de réponse. Cette dernière question va être réponse apocritique pour la démarche herméneutique. Si elle avait été explicitée d'emblée par le locuteur, elle aurait été réponse problématologique de son point de vue. Si l'on fait maintenant abstraction de ces points de vue, on ne verra plus, dans le processus de compréhension, que le passage d'une réponse problématologique à une autre. La substitution s'achève ensuite par un résultat purement apocritique. Donner le sens, ou l'acquérir, consiste à substituer à l'assertion qui fait problème une réponse qui dit ce dont il est question dans cette assertion, qui montre en quoi elle est réponse. On a donc une équivalence entre, d'une part, l'assertion initiale, et la réponse de l'enquête sémantique. Elles doivent dire la même chose: cette identité tient à ce que la question que découvre, ou que reçoit, l'interlocuteur est celle du locuteur-auteur. D'où l'idée d'empathie qui a si longtemps servi à illustrer le phénomène de compréhension d'autrui, bien qu'elle ne soit qu'un cas particulier de reconstruction problématologique. Et si l'auteur ne peut répondre à nos questions sur son discours, et que ce discours fait problème, la reconstruction du sens à partir du texte même ne cessera d'être multiple et problématique en définitive, si définitive il y a. En réalité, si l'on considère globalement le répondre, comprendre consiste à le ramener à ce qu'il résout, par une équivalence problématologique, et non à lui trouver nécessairement une équivalence propre, de contenu.

Chapitre V
De la théorie à la pratique :
L'argumentation et la conception problématologique du langage

Nous sommes partis de l'interrogativité du *logos* pour déduire sa triple articulation : herméneutico-sémantique, rhétorico-argumentative, et dialectique-dialogique. On est loin du modèle classique, sémantique, syntaxe, pragmatique, dont on ne dira jamais assez qu'il incarne le propositionnalisme qui découvre d'autres réalités langagières qu'il s'efforce de réduire à son modèle unificateur. C'est encore sur cette base qu'ont opéré des linguistes aussi importants que Chomsky et Ducrot, ou des logiciens comme Frege. Frege, par exemple, part de la proposition, de la phrase isolée, pour arriver à une conception de la signification dans le langage qu'il veut générale. Comme on le sait, cette conception ne résiste pas bien longtemps à l'analyse[1]. Car *la phrase* n'existe pas dans l'utilisation réelle que l'on fait du langage, où il y a toujours un contexte d'énonciation qui situe la phrase, ou plutôt *les phrases* car isoler une phrase est déjà une opération particulière d'usage au sein du discours. Ajoutons que la compréhension d'un discours ne se réduit pas à l'assimilation phrase par phrase des conditions de vérité individuelles. Comprendre Don Quichotte n'est pas une opération analytique de décomposition phrastique. Ducrot, autre exemple, est bien conscient des ruptures du vieux modèle tripartite et des effets de contexte sur le sens (la pragmatique et la sémantique deviennent indissociables). Mais il conserve le présupposé théorique du propositionnalisme. On peut ainsi trouver en bien des endroits de son œuvre l'opposition sans cesse réaffirmée entre la *phrase* et l'*énoncé*.

«J'ai dit tout à l'heure que la thèse défendue ici concerne les *phrases* et non pas les *énoncés*. Ceci à la fois donne une facilité et impose une contrainte au linguiste. La contrainte d'abord. La description doit pouvoir être appliquée à tout énoncé des phrases interrogatives dont je parle, sans que je puisse espérer que les exceptions confirment la règle. Que la phrase comporte l'instruction de chercher, pour ses énoncés, tel ou tel type d'utilisation argumentative, cela n'implique pas en effet que tous ses énoncés soient effectivement utilisés de cette façon»[2]. On a le sentiment que le but de cette distinction est d'expliquer la contextualité de la signification, sa variabilité selon les situations d'*énonciation*, qui sera appelée valeur argumentative. Pourquoi nous dit-on alors que ces énoncés n'ont pas nécessairement de l'argumentativité, puisque c'est là la raison même de la distinction entre phrases et énoncés? En effet, Ducrot souscrit à l'idée propositionnaliste qui sépare le sens en signification issue de la phrase, sa description sémantique si vous voulez, et le sens qui est lié à un énoncé de cette phrase dans un contexte d'énonciation donné. Propositionnalisme? Lisons: «nous dirons qu'un énoncé exprime une ou des propositions en entendant par là non pas une proposition grammaticale, ..., mais une entité purement sémantique» (*Les Mots du discours*, p. 193, Editions de Minuit, Paris, 1980). La signification s'enracine dans la grammaire de la phrase et se présente «comme un ensemble d'instructions données aux personnes qui ont à interpréter les énoncés de la phrase, instructions précisant quelles manœuvres accomplir pour associer un sens à ces énoncés. (...). La nature instructionnelle de la signification apparaît nettement lorsqu'on y introduit, comme Anscombre et moi le faisons systématiquement, des variables argumentatives»[3]. Cette idée repose sur la distinction entre sens et signification, donc entre énoncé et phrase. La phrase est l'entité propositionnelle par excellence, elle est «une entité linguistique abstraite, purement théorique, en l'occurrence un ensemble de mots combinés selon les règles de la syntaxe, ensemble pris hors de toute situation de discours»[4]. A-t-on réellement le droit de se donner du langage tel que jamais il ne s'énonce et ne se prononce, sachant que les phrases en soi n'existent bien évidemment pas? «La conception du sens sur laquelle je fonde mon travail n'est pas à proprement parler une hypothèse susceptible d'être vérifiée ou falsifiée, mais résulte plutôt d'une décision que justifie uniquement le travail qu'elle rend possible» (*Le dire et le dit*, p. 182, Editions de Minuit, Paris, 1984). Soit, mais pourquoi véhiculer de manière non critique une conception *ad hoc* du langage? Pourquoi refuser la systématisation de si belles analyses individuelles et en introduire quand même une de biais, qui est infondée? D'où la question de savoir ce qui relie les études de cas qu'a si bien menées Ducrot, et de découvrir ce qu'ils révèlent sur la nature du langage. N'illustrent-ils pas la conception problématologique du langage?

Partons donc de la démarche théorique pour en étudier les conséquences. Parler, avons-nous vu, c'est soulever une question, c'est à tout le moins en évoquer une, fût-ce à titre et sous forme de résolution. On est loin de toute idée préconçue quant à la nature communicationnelle du langage, et l'on peut ainsi retrouver une vieille affirmation de Ducrot selon laquelle «tout ce qui peut être dit peut être contredit. De sorte qu'on ne saurait annoncer une opinion ou un désir, sans les désigner du même coup aux objections éventuelles des interlocuteurs. Comme il a été souvent remarqué, la formulation d'une idée est la première étape, et décisive, vers sa mise en question»[5]. Parce qu'il y a interrogation potientielle, il y a débat, donc argumentation, et cette mise en question implicite est contenue dans le dire comme une signification de ce dernier; ce dont il est question dans ce dire est bien, rappelons-le, ce qu'il faut entendre par sens ou signification dans le discours. Argumentation et signification sont donc liés, et l'on peut s'expliquer que Ducrot puisse alors avancer l'idée que les instructions qu'il postule pour caractériser la détermination du sens est bien une *demande* adressée à l'auditoire, une interrogation lui «demandant de chercher dans la situation de discours tel ou tel type d'information et de l'utiliser de telle ou telle manière pour reconstruire le sens visé par le locuteur» (*Les mots du discours*, p. 12).

Il peut sembler surprenant qu'un énoncé, présenté comme réponse, fasse question, si l'on ne souscrit pas à la conception problématologique. Prenons quelques exemples:

1. *Il y a de bons policiers dans cette ville*

Voilà une affirmation des plus banales dans le genre. Pourtant, elle suggère qu'il y a d'autres policiers qui ne sont pas très bons. Comment une telle alternative surgit-elle? Tout simplement en se présentant comme réponse à une question, dont l'autre terme de l'alternative surgit du même coup, aussi implicitement que la question.

2. Un père dit à son fils: *Maman a raison, il faut bien manger avant de partir à l'école*

Le «maman a raison» fait évidemment penser le contraire, une opposition qui s'est sans doute manifestée au préalable par le refus ou une protestation conflictuelle de quelque nature. De toute façon, je soulève une question que le fils n'a peut-être pas posée, et par là, je déforce la mère en indiquant qu'elle aurait pu se poser.

3. *J'ai suivi les cours de votre prédécesseur. Il était très bien*

Ayant un jour fait cette remarque à l'un de mes anciens professeurs, devenu collègue, je me suis fait aussitôt remettre à ma place par la réponse suivante: «Merci. Vous voulez dire que je ne donne pas bien cours?» Mais est-ce réellement ce que j'ai voulu dire? Non, bien sûr. Aussi ai-je aussitôt protesté. Et pourtant, à y regarder de près, la réaction de mon interlocuteur n'avait rien que de très normal. Car, m'adressant à lui en particulier, je postule du même fait que la question que je soulève le concerne: qui assure bien son enseignement en la matière? En mentionnant l'un et pas l'autre, mon interlocuteur, qui est l'autre, répond lui-même à la question que j'évoque par mon assertion et pour laquelle j'ai donné une réponse qui l'exclut.

4. *Il viendra certainement demain. Il viendra demain*

L'adverbe *certainement*, comme la locution *sans doute*, introduisent la non-certitude et le doute en ce qu'ils soulèvent une question qui, autrement, n'aurait pas été évoquée, et cela par l'annulation même qu'ils en présentent. Une expression comme «il viendra certainement demain» dénote une plus grande problématicité que l'autre expression. «Il est sans doute intelligent» nous dit qu'il ne l'est probablement pas, à l'inverse de «Il est intelligent» qui l'affirme carrément et sans mettre en question son propre contenu.

5. *N'est-il pas malhonnête?*

Le fait de poser la question suggère que la personne en question est bien malhonnête. Cette interrogation pose une alternative en barrant l'un des termes de l'alternative par le jeu de la négation. Il ne reste plus, comme terme de l'alternative, que celui non raturé. Dans cette stratégie, le locuteur refuse de prendre la responsabilité d'une assertion qui pourrait s'avérer calomnieuse. Il demande donc à son auditoire de conclure, de répondre par lui-même sur une question que le locuteur n'ose pas explicitement présenter comme résolue. Le locuteur n'opère pas sur une assertion préalable qu'il mettrait en question, il crée cette assertion par sa question, il la pose. Le sujet demanderait-il si X n'est *pas* malhonnête si la question de son honnêteté ne se posait pas, c'est-à-dire si tout n'indiquait pas que X est malhonnête? Si notre sujet demande si X est honnête, sans recourir à une forme marquée négativement, il met sans nul doute en question ce qui, pour X, ne devrait pas l'être, son honnêteté, mais il le fait en ne prenant aucune option *formelle* sur la réponse. Mais il s'agit d'une variation de degré: on se souvient de ce candidat à la présidence des Etats-Unis qui disait: «J'affirme que mon concurrent est honnête». S'il le dit, c'est que la question se pose, et le discrédit fut ainsi habilement jeté sur le concurrent en question. Ainsi, le fait de demander à quelqu'un «êtes-vous honnête?» est à peine moins injurieux que de lui demander «N'êtes-vous pas malhonnête?» ou «Êtes-vous malhonnête?» car, si la question ne se posait pas, la démarche perdrait son sens.

Ainsi, un locuteur peut plus ou moins formellement mettre en question un autre, comme il peut se mettre stratégiquement à sa place (polyphonie).

6. *La dénégation chez Freud*

Elle obéit au même principe que celui utilisé dans tous les exemples ci-dessus. Supposons que quelqu'un dise «je n'ai rien contre vous», ou encore «vous le savez bien, je ne vous veux aucun mal», ou une autre formule de ce genre, on est en droit d'entretenir le plus grand doute sur sa sincérité. Pourquoi?

En disant «je n'ai rien contre vous», par exemple, je réponds à la question de savoir si j'ai ou non quelque chose contre vous. La négation dans la réponse a ici aussi l'effet de supprimer la question en annulant ce qui pouvait la faire surgir. Le locuteur aurait pu ainsi ajouter que la question ne se posait même pas: ce locuteur soulève une question par sa réponse, pour indiquer que la question n'a pas de sens. Une telle réponse est bien sûr contradictoire car on voit mal comment on peut à la fois répondre à une question que l'on pose et suggérer que la question est absurde et ne se pose pas, puisqu'on la pose! Par conséquent, la réponse soulève une question dont la cohérence nous requiert de penser qu'elle n'est pas la réponse. Il reste alors la question, mais aussi l'autre réponse possible, à savoir que j'ai quelque chose contre vous.

7. *Qui soutiendrait aujourd'hui l'existence d'un espace absolu?*

Réponse: personne. La question ne cherche pas à savoir s'il y a quelqu'un qui défend cette idée mais d'indiquer, au contraire, que la question ne se pose plus et qu'en la soulevant, on met en évidence cette impossibilité. Le conditionnel sert à rendre hypothétique l'énoncé même de la question: «qui oserait même soulever la question ici mentionnée?». La question dans sa possibilité étant remise en question, elle se rend impossible comme question, et il ne reste pour réponse que l'impossibilité de la poser, ce qui implique la non-existence d'un questionneur éventuel pour la risquer.

8. Nous aurions pu encore prendre l'exemple du célèbre *p mais q*. «Il fait beau, mais pas assez chaud» où l'on débat d'une question *R*/non *R*, «Allons-nous nous promener?» avec *p* qui milite en faveur de *R* et *mais q* qui décide de la solution en éliminant *R* reprise par *p*.

Ce qui compte ici n'est pas, loin s'en faut, de refaire les remarquables analyses existantes mais de les situer dans le cadre philosophique d'une vision générale du langage et par là de l'illustrer à l'aide d'exemplifications indépendantes, nées d'autres préoccupations.

9. *Emphase et phrase*

Il est bien connu que des phrases apparemment identiques n'auront pas le même sens si l'accent est mis sur un terme plutôt que l'autre. La différence tient en réalité à la question qui sous-tend l'énonciation. Je peux dire «Pierre est venu *hier* en voiture» et «*Pierre* est venu hier en voiture», et indiquer par là deux choses différentes, deux sens qui dépendent de ce dont il est question. Dans le premier cas, la question dont il s'agit de *proposer* la solution est un *quand*, tandis que dans le second cas, c'est un *qui*. Parce que ces questions diffèrent, on ne peut substituer à chacun de ces jugements la même traduction sémantique. On le vérifie en explicitant l'opposition interrogative de l'alternative : «Pierre (et non pas Jean) est venu hier en voiture», ou alors «Pierre est venu *hier* (et non un autre jour) en voiture». Par l'opposition que l'on mentionne, on exclut la réponse contraire, donc le maintien de la problématicité initiale. Le caractère apocritique du jugement est établi en même temps que son sens, l'implicite, se trouve communiqué. «C'est Pierre *qui* est venu hier» n'a évidemment pas le même sens que «c'est hier *que* Pierre est venu». On retrouve la même analyse problématologique en filigrane dans le contraste fait par Donellan («Référence and Definite Description», *Philosophical Review*, 1966, 281-304) entre l'usage attributif et l'usage référentiel. Si je dis, par exemple, «le meurtrier de Jean est fou», je peux vouloir dire au moins deux choses : 1) qu'assassiner Jean est commettre une folie, 2) que la personne qui est accusée de ce meurtre est folle. Dans ce dernier cas, même innocentée au procès, cette personne tombera sous ce jugement car je me réfère à un individu qui reste fou même si je me suis trompé sur sa culpabilité. Dans le premier cas, l'usage est attributif, en ce sens que je qualifie l'acte, et par voie de conséquence l'acteur, mais s'il s'avère que ce meurtrier (présumé) est innocent, l'individu en question échappe du même coup à mon jugement sur son état mental. Ainsi, si le meurtrier de Jean est Jacques, avec la lecture 2, Jacques sera fou à mes yeux même s'il n'est pas coupable, tandis qu'avec la lecture 1, c'est parce qu'il est coupable de cet acte assassin qu'il est fou. Si l'on y regarde bien, on a encore deux questions implicites : *qui* et *quoi*; et ce sont ces deux questions qui rendent possibles les deux lectures, donc les deux interprétations.

L'analyse vaut également pour le concept de présupposition. La négation et l'interrogation conservent un certain type de présupposé, tandis que d'autres implications ne résistent pas à ce double test. Les *sous-entendus* et aussi ce qui est *posé* dans un énoncé, pour reprendre la terminologie de Ducrot. Un énoncé comme «Jean a cessé de battre sa femme» présuppose qu'il la battait, et si l'on demande ou que l'on nie l'énoncé (Jean a-t-il cessé de battre sa femme? Jean n'a pas cessé de battre sa femme), on présuppose encore, pour chacune des deux situations, qu'il la battait. La validité de ce test vient tout simplement de ce que, dans cet énoncé, la question n'est pas de savoir si Jean battait ou non sa femme, car le problème est posé comme résolu. Par conséquent, les opérations interrogatives (par alternative ou négation dans l'alternative) auxquelles se prêtera l'énoncé initial n'auront aucun effet sur la solution antérieure contenue dans l'énoncé considéré, ce qui est normal après tout. On peut d'ailleurs ajouter que la présupposition est la condition même de l'interrogation, et a fortiori, de la réponse, positive ou négative; d'où la possibilité d'un tel test de présuppositionnalité. Mais Frege, qui l'a mis en évidence, ne pouvait découvrir cette inter-relation, dans la mesure où son propositionnalisme mathématique, avec ses valeurs de vérité et ses «pensées objectives», l'empêchait de relier ces phénomènes par l'interrogativité. En effet, dans toute question, en tant qu'elle est réponse problématologique, on trouve la différence du même nom; une différence qui se marque par la vieille opposition du connu et de l'inconnu, dont Descartes parle déjà dans ses *Regulae*. Pour que l'on puisse interroger, et partant, répondre, il faut bien que l'on *sache* ce qui est à *savoir*. Si la notion d'*a priori* a quelque validité, elle se justifiera de la sorte. Il y a bien évidemment des implications contextuelles qui sont présupposées, en un certain sens du terme, et qui n'obéissent pas au test de présupposition pour une raison bien simple. Si je dis «Jacques n'est pas très malin», j'implique, j'implicite que Jacques est bête. C'est cela dont il est question dans cette réponse et si je mets celle-ci en question, je mets en question du même coup cet implicite qui est la question considérée comme résolue. Si je demande «Jacques n'est-il pas très malin?», loin de présupposer qu'il est bête, je suggère le contraire en mettant en question l'affirmation qu'il pourrait ne pas être très malin. Le test de présupposition repose sur la dissociation des questions. Dans le cas où il s'applique, on a deux questions distinctes, l'une résolue, l'autre à résoudre.

10. *Jean n'est pas aussi grand que Marie*

En disant cela, on soulève la question de savoir si Jean est plus grand ou plus petit que Marie, une alternative qui se tranche implicitement par la réponse (puisqu'il y a implicitement question; mais on dira l'*argumentation*) que Jean est plus petit. Pourtant, on aurait pu conclure que, n'étant pas aussi grand, il pouvait aussi bien être *plus* grand, l'égalité étant seule exclue. En réalité, pour comprendre le mécanisme argumentatif, donc problématologique, il importe d'opposer à cet exemple la phrase inverse : Jean n'est pas aussi *petit* que Marie. Dans le premier cas, ce qui est en question est que Jean ait une *grandeur* égale, ce qui implique par voie de solution que l'on met en question l'égalité par la hauteur; ce n'est pas par le haut que Jean a une taille inégale à Marie. Il ne reste donc qu'à inférer que c'est par le bas. Point d'autre loi, à postuler ici, que celle de la conception problématologique. D'ailleurs, si je dis : « Jean n'est pas aussi petit que Marie », je mets en question l'inégalité par le bas, ce qui implique par voie de solution que Jean est plus grand. L'adjectif *petit*, comme tout à l'heure son opposé, indique le posé même de la question, cela même qui se trouve mis en doute et qui détermine par exclusion alternative la possibilité qui reste.

11. *Même Jean est plus grand que Marie*

Ce mot même renforce le statut, la position, de la question traitée : ici, il indique bien qu'une question qui pouvait se poser dans l'esprit de l'interlocuteur n'a aucune raison de survivre : on aurait pu croire le contraire, que le petit Jean était plus petit que Marie, on aurait pu persévérer à se poser la question de savoir si Marie est vraiment si petite qu'on le suppose, et cette question-là ne peut désormais plus être soulevée; le mot *même* évoque donc la question comme ne devant pas ou plus se poser. Si je dis « Il est intelligent, et *même* gentil », je souligne avec cet adverbe *même* que toute question quant à son caractère positif doit être considérée comme résolue une fois pour toutes, grâce à cet argument supplémentaire en faveur de la réponse initiale ou supposée telle.

Rappelons-nous que la prédication a valeur argumentative du fait qu'elle introduit une référence à quelque chose qui est en question, une question non dite mais dont on juge en affirmant que « X est Y ». On exclut que X puisse ne pas être ce qu'il est en répondant qu'il est Y, et à ce titre, il ne fait plus question, si c'était lui qui, au départ, en était l'objet. Si l'on considère X est Y comme une réponse A, on peut alors imaginer que A fasse problème en tant que réponse à une autre question, et alors on aura une nouvelle structure « A est B », un lien d'inférence, d'interprétation, où dire A est bien B, dire « X est Y » signifie en fait autre chose, à savoir B. Si A, donc B. On aurait pu imaginer le cas de la controverse sur X, dans A.

Les exemples que l'on a repris dans ce chapitre ont permis d'illustrer la conception problématologique du langage et de confirmer ce que celle-ci soutient de la composante argumentative et pragmatique. Pas question pour nous de céder à l'illusion positiviste qui consiste à opérer un glissement du philosophique au seul linguistique, déplacement qui cache mal l'absence de théorie systématique et articulée derrière la multiplication des jeux de langage, des études de cas. L'*intégration* d'une prétendue rhétorique à partir des faits, si tant est qu'ils puissent exister par eux-mêmes, n'est en réalité que la mise au point d'une sorte de cadre conceptuel qui n'aurait pas à se justifier puisque, précisément, il ressortirait des faits. Un tel empirisme méthodologique laisse accroire, sous couvert de l'observation de la langue, que l'on peut se passer d'une conception du langage, et a fortiori de théorie de l'argumentation; une telle vision reçue de ce qu'est la science est une idée sommaire de la scientificité, laquelle, faut-il le rappeler, ne saurait se réduire à engranger des exemplifications, fussent-elles théorisées à partir d'elles-mêmes.

Ce qui nous importait ici était au contraire de faire rencontrer l'empirie et l'articulation du *logos* établie indépendamment de l'empirie. Chaque fois, nous avons pu observer qu'argumenter consiste bien à débattre d'une question par des énoncés qui, tout en traitant de ce qui fait question, ne peuvent prétendre la clore une fois pour toutes, et à confronter l'interlocuteur à cette question, par une inférence, implicite bien souvent, qu'il accomplit en tant qu'il est lui-même un questionneur. Parce que la réponse peut être autre, elle ne s'impose pas, et l'implicite permet ainsi de déresponsabiliser le locuteur de *la* réponse qu'il ne peut que proposer sans pouvoir l'imposer.

Le rapport de l'explicite à l'implicite définit l'argumentativité du langage et par là, l'inférence à laquelle il donne lieu. Dans le dialogue, où le passage de la question à la réponse se distribue en prises de paroles alternées, l'inférence prend bien sûr un caractère propre. L'inférence dialectique, ou dialogique, relie la question à la réponse par l'intermédiaire du contexte qui, rappelons-le, comprend aussi bien les lieux communs, les présupposés indirects propres à la situation, que les subjectivités elles-mêmes qui sont littéralement impliquées par l'alternance des rôles. Le contexte est un opérateur problématologique essentiel puisqu'il assure la réalisation effective de la différence problématologique. Le dialogue est-il alors une inférence? Cela expliquerait, et même fonderait, les règles de la conversation que l'on trouve chez Grice, par exemple. D'après lui, certains principes de discussion sont incontournables: il faut participer à la conversation en donnant l'information requise, ni plus ni moins; il faut que la répartie soit vraie, pertinente et claire à la compréhension. Tout cela est finalement assez banal, mais si l'on y regarde d'un peu plus près, on remarquera dans ces exigences des conditions du répondre dialogique. Une réponse doit répondre à la question soulevée (pertinence) et être intelligible comme réponse à cette question-là, sans en impliquer d'autres. On pourrait poursuivre la généralisation et aborder les actes de langage, autre théorie partielle du répondre langagier. Très clairement, ces actes expriment chacun en particulier la question qui anime le locuteur et la font connaître à l'auditoire, pour le faire agir par exemple. Si on en demande le sens à leur auteur, ils se perpétuent dans l'assertorisation performative du sens, de telle façon que «Fermez la porte!» par exemple, signifie «Je vous ordonne de fermer la porte», que l'on peut encore traduire par une préformulation avec *je dis* qui maintient la force problématologique de l'acte comme ordre ici, mais cela aurait pu être une promesse, une requête, ou que sais-je encore.

Ce qui nous amène à développer notre conception problématologique de la signification.

NOTES

[1] Sur ce point, et on y reviendra plus loin, le lecteur peut consulter M. Meyer, *Logique, langage et argumentation*, Hachette, Paris 1982_1, 1985_2; et M. Meyer, *Meaning and Reading* (chap. I), Benjamins, Amsterdam, 1983.
[2] O. Ducrot, «La valeur argumentative de la phrase interrogative», p. 81, in *Logique, argumentation, conversation*, ed. par A. Berrendonner, Peter Lang, Berne, 1983.
[3] O. Ducrot, *Le dire et le dit*, p. 181 (Minuit, Paris, 1985).
[4] O. Ducrot et al., *Les mots du discours*, p. 7 (Minuit, Paris, 1984).
[5] *Dire et ne pas dire*, p. 6 (Hermann, Paris, 2ᵉ ed., 1980).

Chapitre VI
Pour une conception du sens : du littéral au littéraire

1. Signification et conditions de vérité

Si l'on en croit l'idée traditionnelle, le sens d'une proposition — car c'est bien de cela qu'il s'agit — est donné par ses conditions de vérité, ce qui débouche sur une formulation équivalente de cette proposition. Examinons de plus près ce qui vient d'être dit, et prenons un exemple simple qui fera bien saisir cette idée traditionnelle, propositionnaliste, du sens dans le langage. Si je dis, «il pleut», je comprendrai cette assertion si je sais ce qui se passe exactement quand la proposition est vraie, c'est-à-dire s'il pleut effectivement. Le *si* renvoie à un problème traité comme résolu, comme inexistant même. On dira donc que le sens de cet énoncé nous est bien donné par ses conditions de vérité. Je m'imagine l'événement, le fait qui se trouve décrit, et en cela, je m'assure avoir saisi le sens de la phrase. Bien plus, si l'on me demandait ce que veut dire «il pleut», je pourrais alors produire un énoncé nouveau portant précisément sur ce qui passe s'il pleut, rapportant de la sorte ses conditions de vérité. *Si* «il pleut» est vrai, alors «tel et tel phénomènes se produisent» est aussi un énoncé vrai. La description de la pluie, si elle survient, définira le sens du mot «pluie». Frege exprime l'identité dans la stipulation de la signification par le doublet du *sens* et de la *référence*. Une proposition qui a la même signification qu'une autre, qui spécifie la signification de cette autre phrase, se *réfère* à la *même* chose, dit la même *chose*, mais différemment. L'expression qui change, c'est au fond le mode de présentation de la chose, de la référence, et Frege appelle l'expression de la référence son *sens*. Ainsi, «l'élève de Socrate» et «le maître d'Aristote» ont la même signification en ce que ces deux expressions se *réfèrent* au même individu, mais le sens est *présenté* différemment car Platon est présenté sous un angle autre par les deux locutions. L'accent est mis sur la relation à Socrate et Platon n'est pas présenté de la même manière quand c'est la relation à Aristote qui prime. Si A donne la signification de B, c'est parce qu'ils se réfèrent l'un et l'autre à la même réalité selon deux sens: Platon *est* le maître d'Aristote, et le maître d'Aristote *est* l'élève de Socrate. On dit bien la même chose autrement, on signifie B *par A*. Le sens est l'éclairage de la référence, et la corrélation de l'une à l'autre signifie, donne la signification.

Tout cela a l'air bien clair, et même empiriquement fondé. Nous savons tous que si l'on nous demande la signification de ce que nous venons de dire, nous allons le répéter sous une autre forme. Et nous savons également que, par exemple, si un professeur, dans un large auditoire, dit «Jean, venez au tableau!», la phrase ne sera intelligible que si l'on sait au juste à quel Jean le locuteur se *réfère* par ce nom, dont plusieurs individus sont porteurs. La phrase a un sens, tout le monde en est bien conscient, mais elle n'a pas de signification précise avant qu'*une* seule personne appelée Jean soit désignée comme étant celle dont il est bien question pour le locuteur.

2. Restrictions et critique de la théorie propositionnelle de la signification

Il est bien vite apparu à Frege lui-même que deux propositions ne pouvaient se substituer l'une à l'autre simplement parce qu'elles se référaient l'une et l'autre à une même réalité. Car toutes les propositions, quel que soit le contenu propre de chacune d'entre elles, est support de la vérité et ce à quoi elles se ramènent toutes en dernière analyse d'après Frege. Deux propositions qui diraient le vrai seraient de ce seul fait de même signification, de sens différents car elles diraient ce qu'elles disent différemment, mais quand même de signification identique. Ainsi, la signification de «Jean est grand» pourrait être, par exemple, «cette table est rectangulaire», si on les suppose toutes les deux se référant à ce qui est, donc étant vraies du même coup.

Qu'a fait Frege face à cette difficulté? Il a introduit le *principe de composition*. La signification d'une proposition dépend de celle de ses composantes. Pour que deux propositions aient la même signification, et que dès lors, elles soient substituables, il faut que les sujets et les prédicats soient respectivement substituables, c'est-à-dire qu'ils aient la même référence, exprimée, certes, différemment. Ainsi, «Jean est non marié» a la même signification que «Jean est célibataire», parce que «Jean = Jean» et que «célibataire = non marié». Le mot *Jean* se réfère au même individu; le sens, d'ailleurs, est identique aussi; et le concept de *célibataire* se *réfère* au même état que celui de *non marié*, ce qui fait que tous les individus désignés par le prédicat *célibataire* tombent du même coup sous celui de *non marié*; le sens diffère ici car les expressions ne sont pas les mêmes. Par conséquent, on ne peut identifier du point de vue sémantique la phrase «Jean est grand» à «cette table est rectangulaire» car ni les sujets ni les prédicats n'ont la même référence et ne sont donc substituables. Les propositions qui les contiennent ont beau être vraies toutes les deux, leur substituabilité ne dépend pas de cette référence globale (dire *ce qui* est *en vérité*), mais repose exclusivement, comme une fonction avec ses arguments, sur l'équi-référence de ses constituants.

En évitant ainsi le pire, Frege s'est trouvé une voie de sortie qui restreint considérablement sa conception de la signification. D'abord, elle est purement analytique : on ne part même pas des phrases elles-mêmes pour les comprendre, mais de leurs éléments. Ce qui implique que pour comprendre la signification d'un discours, il faut le décomposer phrase par phrase, et continuer avec la phrase, pour arriver aux sujets et aux prédicats.

Ne parlons même pas des œuvres littéraires qui, étant fictionnelles, n'ont pas de référence, de conditions de vérité; ne parlons pas davantage des phrases non déclaratives qui, elles non plus mais pour d'autres raisons, n'ont pas de valeur de vérité puisqu'elles n'affirment rien. Bref, à défaut d'un sens littéral fixé par le monde tel qu'il est référé dans le langage quotidien ou scientifique, la signification perd toute signification. Si l'on y regarde mieux, une telle limitation ne veut rien dire d'autre que ceci : la proposition comme support du vrai est la seule unité signifiante.

3. Les principes d'une théorie unifiée du sens

Si l'on peut s'accorder avec Frege pour dire que comprendre les mots du langage quotidien consiste à saisir ce qu'ils désignent, et que ce faisant, on a des substituts possibles, on ne peut cependant le suivre dans cette vision qui se veut globale et qui prétend tout décomposer en coupant les unités, de surcroît, en *sens*, *référence* et *signification*.

Un sujet de proposition a peut-être une référence, mais où trouver celle de l'attribut ? Faut-il accepter l'idée que les *concepts* existent, comme références, au même titre que les valeurs de vérité existeraient comme corrélats platoniciens des propositions comme telles ? Si l'on suit Frege sur ce point, on ne pourra éviter la querelle, médiévale à tous égards, entre le nominalisme et le réalisme, ressuscitée d'ailleurs après Frege, avec Quine ou Putnam par exemple.

Bornons-nous à poser comme exigence principielle d'expliquer la référentialité comme critère de sens au niveau des mots et des propositions considérées isolément. Mais remarquons du même coup que les propositions n'existent jamais qu'au sein de discours ou de contextes, et que les isoler est déjà un résultat, une pratique, et non un donné. Or, dans les manuels sur le langage et la sémantique, on étudie les propositions comme des entités logiquement autonomes, et cela de toute évidence. L'autonomie, toute relative comme on l'a vue précédemment, est elle-même un produit, le fruit d'une dynamique. Dès lors, on ne peut aborder la question du sens en dehors de l'idée de discours, et même, pour être complet, du discours dit de fiction. Quel meilleur test pour vérifier une théorie du langage qui se veut totalisante que la littérature ? Peut-être trouverons-nous alors chez les théoriciens de là littérature la conception du sens généralisé que nous recherchons ? La réponse est malheureusement négative, et cela pour une excellente raison. Bien souvent, ceux qui s'occupent de littérature procèdent — au nom de la science, donc du respect de l'empirique, bien entendu — analytiquement, comme nos linguistes du chapitre précédent. Ils étudient des œuvres isolément, ou des auteurs. Point n'est besoin d'une vision philosophique du langage pour opérer de la sorte, n'est-ce pas ? Et là encore, on présupposera une méthodologie de la lecture que l'on n'aura pas à expliciter, encore moins à justifier. Les œuvres ne parlent-elles pas d'elles-mêmes ? Les choses ont sans doute un peu changé avec, justement, l'autoréférentialisation de la littérature dont nous avons déjà parlé bien plus haut encore. La littérature se prenant de plus en plus pour son propre objet a mis son langage à l'avant-plan de la critique littéraire. Et là, un autre écueil a surgi : celui d'une théorie du langage modelé sur le langage de la fiction. Comme Frege avait l'univocité et l'objectivité du langage mathématico-expérimental en tête quand il parlait du *logos*, Derrida, par exemple, a une conception littéraire du *logos*, fondé sur la *non*-référentialité du langage, sur sa nature non univoque, rhétorique, tropologique; figurative, en un mot. Mais il s'agit d'une rhétorique non argumentative : les signes se renvoient indéfiniment les uns aux autres, sans signifier une référence de façon privilégiée, littérale donc;

la non-signification ici ne relèverait pas du débat, d'un implicite conflictuel et inassumable à ce titre, mais d'une impossibilité à dire littéralement si ce n'est de manière *dérivée*, arbitraire disait Saussure, presque conventionnelle même. Point d'inférence, semble-t-il, dans cette rhétorique-là, si souvent opposée à «l'autre», celle d'Aristote ressuscitée par Perelman, à l'écart de celle d'un Barthes par exemple qui voyait bien plutôt une «nouvelle rhétorique» à partir du *logos* de fiction.

D'où l'autre question, dite herméneutique et non plus sémantique, de la signification des textes, y compris littéraires.

4. Le sens dans la théorie de la littérature

On vient de rejeter le logicisme frégéen dans sa réponse à la question du sens, parce que l'on ne peut voir le discours comme un assemblage analytique de phrases additionnées, et surtout parce que le rapport référentiel à la réalité extérieure postule que le discours doit avoir cette fonction. Face au littéral, au référentiel, le littéraire, le fictionnel seront des déviations de la norme, définie par le langage quotidien. La rhétorique sera figurative, donc seconde, dérivée, surajoutée. «Depuis l'Antiquité, la rhétorique définit les figures comme des manières de parler éloignées de celles qui sont naturelles et ordinaires, c'est-à-dire comme des écarts de langage», nous rappelle Jean Cohen[1]. Il ajoute: «Le fait poétique commence à partir du moment où la mer est appelée *toit* et les navires, *colombes*. Il y a là une violation du code du langage, un écart linguistique que l'on peut, avec l'ancienne rhétorique, appeler *figure* et qui fournit seule à la poétique son véritable objet»[1]. Le mot *écart* est lâché: il y a le littéral qui est premier et le figuré qui est opération sur lui. La rhétorique littéraire actuelle, issue de Nietzsche, conteste cet ordre de priorité, car selon lui, selon elle, le métaphorique est premier, et la fixation référentielle, arbitraire, vient se greffer sur le flou pour l'éliminer. L'homme est artiste, poète, avant d'être commerçant du monde. «Qu'est-ce donc que la vérité? Une multitude mouvante de métaphores, de métonymies, ..., qui ont été poétiquement et rhétoriquement haussées, transposées, ornées, et qui après un long usage, semblent à un peuple fermes, canoniques et contraignantes. Les vérités sont des illusions dont on a oublié qu'elles le sont» (*Le livre du philosophe*, III, pp. 182-183, Aubier-Flammarion, Tr. Kremer-Marietti, Paris, 1969). Plus loin: «La logique n'est que l'esclavage dans les liens du langage. Celui-ci a cependant en lui un élément illogique, la métaphore. La première force opère une identification du non-identique, elle est donc un effet de l'imagination. C'est là-dessus que repose l'existence des concepts, des formes» (p. 207). Vérité, donc référence, sont secondes, et imposées par un acte de volonté. «Nous parlons d'un *serpent*: la désignation n'atteint rien que le mouvement de torsion et pourrait donc convenir au ver. Quelles délimitations arbitraires!» (p. 177). En somme, «ce n'est que par l'oubli de ce monde primitif de métaphores, ce n'est que par le durcissement et le raidissement de ce qui était à l'origine une masse d'images surgissant en un flot ardent de la capacité originelle de l'imagination humaine, ce n'est que par la croyance invincible que *ce* soleil, *cette* fenêtre, *cette* table, est une vérité en soi (...) que l'homme (...) vit avec quelque repos, quelque sécurité et quelque conséquence» (p. 187-189).

L'idée que l'on se fait alors du *logos* vise à montrer que la compréhension, parce qu'elle littéralise le discours pluriel, est en réalité obnubilée par la vérité, le souci de l'interprétation juste qui serait postulée comme principe. Mais le déconstructivisme, qui s'efforce de retrouver la trace métaphorique, récuse le coup de force référentialiste.

La grande caractéristique de la perspective moderne est précisément l'effritement de la possibilité même de comprendre, d'accéder au sens des textes. Le langage refuse une telle possibilité du fait de sa fictionnalité, de sa non-référentialité, si l'on en croit le déconstructivisme. Que dit au juste cette théorie, sinon que l'œuvre déconstruit par la textualité tout message, toute signification? Le texte littéraire ne pouvant être littéral, il n'a plus que le pluriel des lectures comme seule lecture: l'unité de sens devient la fracture du sens, sa figurativité se réfléchit forcément comme impossible à dire que ce qu'il dit est ceci plutôt que cela. Les interprétations sont alors multiples, et c'est ce multiple qui, par la déconstruction, est signifié comme texte. Ce qui explique que nombre de textes littéraires, tels ceux du Nouveau Roman, de Joyce ou de Kafka par exemple, rompent l'unité poétique par des fractures répétées qui, au fur et à mesure que la lecture se poursuit, interdisent toute idée d'*une* signification exclusive.

Même s'il est vrai que la littérature contemporaine se prête davantage que toute autre à l'idée de la perte *du* sens et à celle de l'ouverture sur des lectures multiples, enracinées linguistiquement dans la figurativité du discours, celle-ci ne saurait tenir lieu de modèle du *logos*, servant ainsi de norme générale. Bien plus, on peut mettre en doute la validité de cette vision anti-référentialiste du sens, pour la bonne raison que l'on continue d'interpréter les œuvres, de leur donner un sens, même lorsque l'on sait que plusieurs lectures concurrentes sont possibles. Il y a pire: l'anti-référentialisme donne trop de crédit à son opposant; en fait, il le suppose vrai. En identifiant la signification à l'attribution d'une référence, et relativement la non-signification à la non-référentialité, la fiction se soustrait forcément à la question du sens. Il en résulte que le langage de la fiction ne peut plus dire *quelque chose* en particulier, et l'on a beau jeu, avec une telle hypothèse, de soutenir que la littérature ne se laisse plus comprendre mais méprendre. Mais qui a dit que la signification était référentielle ou n'était pas?

Très clairement, on voit s'affronter deux positions sur le langage, avec des préjugés propres et des pré-conceptions inquestionnées. D'une part, un référentialisme qui ne s'appuie que sur le langage quotidien ou scientifique, avec, en plus, l'idée que les phrases-propositions existent isolément et sont intelligibles en elles-mêmes sur base d'une analyse interne; d'autre part, un anti-référentialisme qui, loin de contester cette approche du sens, part plutôt du discours et même de la fiction, du figuré au lieu du littéral. Mais on a beau nier le sens, il ressurgit toujours dans la lecture qui ne peut plus être alors que méprise du texte, mé-compréhension, puisqu'elle force le texte dans son impossible même. L'opposition du littéral et du figuré s'inverse ici: l'anti-référentialisme considère le langage comme figuré avant tout, et le littéral comme un *écart* par rapport à une métaphorisation de base, écart issu du besoin d'assigner arbitrairement un sens pour fonctionner dans le quotidien des choses et des êtres comme dans les conventions symboliques de la science.

5. Sens littéral et sens figuré

On peut s'interroger sur ce qui est premier: le littéral ou le figuré, et le propositionnalisme ne saura trancher, car la vérité est qu'il n'y a pas d'élément premier, donc de langage-écart par rapport à lui qui serait, au choix, le littéral ou le figuré. Lorsqu'il y a dédoublement de sens, on observe un appel, une demande, suscitée par l'énonciation même, parfois inscrite dans l'énoncé ou les énoncés. Si je dis « il est une heure » pour indiquer à un interlocuteur qu'il est temps de passer à table, c'est que j'ai voulu dire autre chose que ce que j'ai dit *en fait*, un peu comme lorsque quelqu'un affirme « il fait beau *mais* pas assez chaud » pour répondre, non à une question sur le climat, mais à une interrogation portant sur la possibilité d'une promenade. Dans ces deux exemples, la figurativité émerge avec *l'autre réponse* en ce que l'explicite se révèle réponse problématologique. Dans le cas de « Il est une heure », la réponse fait problème par la question qu'elle résout et qui ne peut être littéralement celle dont elle s'affirme la solution. Car pourquoi énoncer l'évidence d'une heure que l'on n'a pas demandé à savoir ? Pourquoi soulever une question qui ne se pose pas, mais que l'on poserait quand même ? Dès lors, ce n'est pas cette question-là, de l'heure, qui est en question dans la réponse, mais une autre, dont elle est indirectement la réponse sans dire qu'elle l'est, pas plus qu'elle n'en annonce la question. La question de cette question est alors posée à l'interlocuteur qui en contextualisera, en inférera, la réponse, une réponse qui dira à quoi répond le « Il est une heure ». Et il pourra être question, entre autres significations possibles, d'aller manger. Le contexte permet sans nul doute de procéder à la bonne inférence. Ce qu'il importe de noter est qu'il est bien difficile de dire si « il est une heure » est l'expression *figurée* de « il est temps de manger » qui est le littéral de la phrase de départ, ou si, au contraire, c'est « allons manger » qui est le sens figuré de « il est une heure ». Qu'est-ce qui est le littéral et qu'est-ce qui est figuré ici ? En clair, le littéral et le figuré fonctionnent comme des catégories propositionnalisées de la différence problématologique, enfouie du même coup, en ce que l'on se trouve amené à *rechercher* autre chose que ce qui est dit *dans* ce qui est dit, une recherche qui ne peut aboutir que *par* ce qui est dit. Déchiffrer le sens, on l'a vu plus haut dans la *quatrième méditation*, consiste à questionner une réponse en tant que telle, donc à spécifier en quoi un discours répond, ce qui renvoie à la question dont il est solution. Il y a substitution en ce que l'on remplace un énoncé par une réponse qui est à la fois réponse à la question du sens et explicitation de l'énoncé dans sa nature de réponse. Le questionneur-interprétant s'interroge sur l'énoncé, retrouve la question à laquelle cet énoncé répond, bref, répète l'énoncé comme réponse, il en reproduit le contenu, mais il la rapporte à ce qu'elle solutionne et en cela, l'interprète répond à sa propre question herméneutique. En somme, il refait, en sens inverse, le chemin du locuteur-auteur. L'interprétation ne fait qu'expliciter la question implicite du propos qu'elle considère ; alors que le locuteur part de la question pour aller vers la réponse, l'interprétation part de la réponse pour remonter vers la question qui lui permet de voir en quoi la réponse est réponse.

La réponse qui a une intelligibilité propre ne se différencie pas, à cet égard, de celle qui ne contient pas son intelligibilité, mais *requiert* de son lecteur une démarche de reconstruction parce qu'elle ne dit pas son sens. Dans les deux cas, il y a une lecture substitutive qui situe le discours en question en termes de solution. On passe chaque fois du discours au discours qui énonce l'apocriticité du discours premier. Cela dit, il reste une distinction essentielle à remarquer. Dans la lecture littérale, ce dont il est question dans la réponse est donné par elle. Le littéral est sans surprise : c'est la réponse qui ne fait pas question et qui dit ce qui est en question comme ne faisant pas question. Elle est, selon l'usage conceptuel le plus classique, purement propositionnelle. On y chercherait en vain une interrogativité, elle y a été supprimée. Tout y est, d'où l'idée d'autonomie sémantique que nourrit le principe de composition de Frege. Par contre, dans la dualisation de sens, la réponse fait question sans dire par là ce qu'elle solutionne. Elle sollicite, par son caractère problématologique, une réponse autre, elle active le questionneur-interprétant qui a donc un rôle constitutif à jouer, inscrit dans la textualité même du fait de ce dédoublement en littéral et en figuré. Ce doublet fonctionne comme une dualité réciproque, un appel incontournable, qui rappelle ce qui se passe lorsque l'on ne comprend pas une proposition. Ce qui fait que la dualisation du sens opère exactement comme un appel de compréhension, comme une résistance du sens, comme une intelligibilité à recouvrer. Si une interprétation est toujours substitution d'une réponse à une autre qui dit la première, il y a cependant une différence en ce que la littéralité sans plus maintient un contenu donné, et que le dédoublement a pour effet de mener à une problématicité qui oblige à reformuler la réponse. La substitution figurative est alors le fruit d'une construction opérée sur l'extérieur de l'énoncé et à partir de lui, un énoncé voué à se poser comme problème et à ne devenir réponse qu'en étant reconstruit. Par contre, une signification littérale est purement reproductrice, même si le questionneur-interprétant met en question la réponse.

Etant donné la nature problématologique de la discursivité en général, la dualisation du sens est une possibilité interne au langage. C'est ainsi qu'un questionneur-auditeur (ou lecteur) peut toujours voir un double sens à tout ce qui lui est dit, quitte même à imaginer perpétuellement un surcroît d'intention (une autre problématique donc), ce qui le fera inévitablement aboutir à l'attitude existentielle de dédoublement constant, et maladif, qu'illustre bien la paranoïa par exemple. Dans un dialogue, le sens est spécifiable par interrogation : on supprime celle-ci, et l'on finit par retomber sur du littéral, du déjà compris et admis comme tel. Le discours se laisse toujours élucider par de l'interrogation directe. Si à la question de l'interlocuteur, on répond directement, il n'y a pas d'inférence, et c'est bien le but de cette forme-là de dialogue. Une inférence à laquelle un locuteur convie par rhétorique son auditeur trouverait résolution dans le pire des cas grâce à la demande explicite de précisions. On ne peut en dire autant des textes, des écrits, qui laissent sans réponse de telles interrogations, parce que leurs auteurs ne sont pas en dialogue avec les lecteurs, contrairement à une analogie assez répandue.

Pour conclure cette section sur le littéral et le figuré, nous dirons qu'il est vain de percevoir leurs rapports en termes de hiérarchie, donc d'écart. Il y a là une structure rhétorique, une demande, donc une réponse au-delà de la réponse, qu'il ne s'agit plus de re-produire mais de produire sous une autre forme, irréductible encore qu'à découvrir par substitution. Mais les *produits*, eux, ne sont pas substituables. On se penche bien sur une problématique qui rend compte non d'un dit, mais d'un dire, d'un non-dit impliqué. La figurativité est un appel inférentiel, et la textualité, l'écrit, ne permet pas de saturer une fois pour toutes la question issue de la délittératisation. Certains textes, il est vrai, sont plus figurés que d'autres, donc plus problématiques. La nature problématologique du *logos* est le fondement du dédoublement de sens. Par une certaine mise en place (ou mise en œuvre) de l'interrogativité, le dit renvoie au dire comme à un répondre, posant la question de *sa* question. En d'autres termes, le non-littéralement dit ne se laisse pas comprendre sans référence au dire, appréhendé comme répondre, du fait que se trouve mis en question ce qui est dit, révélant le dire dans son interrogativité même, faisant prendre conscience que parler est indirectement un questionner. La dualité de sens déplace le centre d'attention du dit au fait qu'on a dit cela, au fait de dire, une mise en question de contenu qui pose le fait de dire comme une interrogativité liée précisément à ce contenu, pour lequel le dire sera corrélativement perçu comme un répondre; qui, à ce titre, répond à l'appel du contenu.

On se demandera sans doute si l'on peut démarquer la dualisation de sens du processus simple de compréhension, tous les deux reposant en définitive sur la problématisation de ce qui est problématologique. Dans le cas de la compréhension habituelle, littéralisée si l'on veut, ce qui est en question dans la réponse va s'expliciter comme tel dans la réponse du sens. Nous verrons ce que cela donne concrètement au paragraphe suivant. Par contre, dans un sens délittéralisé, ce qui se passe est plus spécifique: c'est ce qui est en question qui se révèle comme n'étant pas la question — «il est une heure» ne répond pas à la question «quelle heure est-il?» dans l'exemple choisi plus haut — d'où la question de savoir à quelle autre question répond l'affirmation; autre question, donc aussi autre réponse, encore que substituable comme *réponse* (mais non pas comme assertion, comme contenu: «je pense» n'est pas identique à «je suis», si ce n'est comme *réponse* identique à la problématique initiale). Dans le dédoublement de la signification, le décalage entre la réponse et ce dont il y est question relance le problème de leur adéquation, puisque l'on n'a pas la question qui donne le sens dès le moment où l'on a une réponse figurative.

Le problème qu'elle renferme doit mener à une autre réponse, conclue par le biais de la question effective à laquelle la première réponse tout comme la seconde également. «Il est une heure» et «Il est temps d'aller manger» (comme «il fait beau mais pas assez chaud» et «on ne va pas se promener») sont des répondres équivalents comme tels car ils répondent tous deux à la question «n'est-il pas temps de passer à table?» (et à celle de décider si l'on va ou non se promener). Littéralement, comme assertions, indépendamment d'une question particulière à préciser par le contexte, elles ne sont pas substituables. Comme *réponses*, si. La lecture non littérale ne suscite pas seulement la question du sens, elle la déplace sur le discours comme faire, comme acte de langage, en créant la question de son propre sens au travers de ce qu'elle dit comme ne le disant pas et de ce qu'elle ne dit pas comme le disant quand même. Elle interdit de trouver simplement en elle la question qu'elle résout, ce dont il est question, mettant de la sorte une pression accrue sur le lecteur qui ne peut passivement recevoir la réponse et sa question dans une intelligibilité donnée, presque automatique, ne faisant pas problème, et si elle en pose un tout de même, à solutionner dans l'équivalence sémantique du déjà constitué.

Le rapport littéral-figuré est inférence, supprimée il est vrai dans un dialogue d'élucidation avec l'auteur si l'inférence ne peut être accomplie par l'auditeur. Cela explique, je crois, l'aspect argumentatif, rhétorique de toute figurativité, s'étendant des actes de langage à la symbolique, des métaphores aux allégories littéraires. Dès lors que l'on n'oppose plus une inférence classique à la dérivation interprétative, au processus qui dégage «simplement» le sens, il n'y a plus lieu non plus d'opposer la rhétorique littéraire à l'argumentation dans le langage quotidien.

6. La conception problématologique du sens de la phrase et du texte

Comme nous l'avons souligné précédemment, le sens des propositions et le sens du discours, fictionnel ou non, relèvent d'un processus unique, d'une même activité intellectuelle: la compréhension, qui mène ou non à un pluriel d'interprétations. Or, toute la tradition vise à nous faire croire le contraire, qu'il y a du sens pour les phrases, basé sur les conditions de vérité ches Frege ou sur des mécanismes plus contextuels et plus flous chez Wittgenstein, Austin et Searle. Et aussi, qu'il y a du sens ayant un autre sens pour les discours, mais plus vraisemblablement, que le sens est une question qui n'a pas de sens, et que la concurrence des interprétations indique plutôt la pluralité incontournable, le coup de force herméneutique qui tronque et se méprend, mais ne comprend pas; bref, qu'il ne reste plus qu'à procéder à l'analyse symbolique sans chercher à la dépasser, car il n'y a pas d'espoir d'y arriver. Comprendre revient alors à comprendre qu'on ne peut plus comprendre, ce qui fait que le critique se concentrera sur les tropes, sur la rhétorique indépassable du texte. Barthes : « Interpréter un texte, ce n'est pas lui donner un sens (plus ou moins fondé, plus ou moins libre), c'est au contraire apprécier de quel pluriel il est fait » (S/Z, p. 11). Sommes-nous vraiment condamnés à cette démission devant le pluriel herméneutique ?

Le présupposé, je l'ai dit, est l'équation héritée suivant laquelle référence = signification. La question qui se pose est de savoir quand, effectivement, la référentialité procure la signification et pour quelle raison. Lorsqu'on donne la signification d'un terme dans une phrase, on se réfère à ce que désigne ce terme, et l'on a une phrase équivalente. Si je demande « qui est Napoléon ? » parce que je ne comprends pas, par exemple, « Napoléon est le vainqueur d'Austerlitz », la réponse consistera à dire *qui* est Napoléon, à spécifier la référence de ce nom : Napoléon est celui *qui* a fait ceci ou cela. Et l'on continuera à expliciter *ce qu'*il a fait, *qui* il a été, jusqu'à ce que notre auditeur retombe sur une désignation connue de lui, qui ne fasse plus problème et qui lui permette d'identifier celui *que* l'on a caractérisé pour lui avec le Napoléon dont *il est question* dans la phrase qu'on lui explique au départ. On aurait d'ailleurs pu procéder de même avec un autre terme, Austerlitz, par exemple, *qui* est l'endroit *où*... Bref, notre lecteur l'aura remarqué, chaque fois que l'on précise une référence, on utilise un interrogatif qui désigne, qui dénote, qui introduit la référence au même moment que se trouve précisé, par l'interrogatif, *ce dont il est question*.

Dès lors, une proposition comme « Napoléon est le vainqueur d'Austerlitz » sera équivalente à « Napoléon est celui *qui* a vaincu à Austerlitz ». Si l'on suppose comprise une phrase que l'on prononce à l'intention de son auditoire, on fera l'économie des interrogatifs, que l'on peut toujours expliciter, restituer, si l'on s'est trompé sur le niveau de compréhension de l'interlocuteur. Ce qui revient à dire que l'absence d'interrogatifs dans la phrase correspond à l'idée d'une compréhension totalement partagée par le locuteur et son interlocuteur. Le locuteur traite la question qui l'a animée comme résolue et n'en présente donc que cette solution par son discours. La littéralité d'un propos équivaut à cette autonomie sémantique de la phrase qui se laisse comprendre à partir d'elle-même, qui ne fait plus question dans cela même dont il est question. D'où la réponse qui ne se dit bien sûr pas comme telle, puisqu'il n'y a plus de problème. L'absence d'interrogatifs dans la phrase indique un niveau d'intelligibilité totale, supposé de la part du locuteur. Cela n'implique en rien que la structure syntaxique de l'assertion dériverait de celle de l'interrogation (car parler est toujours répondre, de quelque façon), ce qui voudrait dire qu'on concevrait l'interrogativité de l'esprit comme une catégorisation grammaticale, ce qui ne saurait être le cas. Ne pas faire usage de mots (ou de clauses) interrogatifs signifie simplement que l'on traite de questions comme étant résolues et par conséquent, comme ne devant pas apparaître, mais qui pourraient le cas échéant ressurgir et être intégrées. D'ailleurs, la démarche peut être anticipative de précisions demandées sans attendre qu'elles le soient effectivement, lorsque le locuteur utilise des clauses interrogatives pour déterminer ce qu'il entend au juste par les mots qu'il met en œuvre. Plus il y a d'interrogatifs explicites, plus le locuteur juge son propos problématique : il reprend à son compte les questions que son auditoire pourrait, ou aurait pu, se poser. Le sens est explicité par une telle procédure mais il n'est pas modifié.

La réponse ne se dit pas, donc n'énonce pas son sens; elle l'affirme sans dire qu'elle l'affirme. Le sens est ainsi, de manière usuelle, implicite, que l'on explicite si l'on spécifie ce qui est en question dans la réponse, faisant du même coup réponse l'énoncé considéré au départ. Au niveau de la question débattue, rien ne change, ce qui explique que «Napoléon est le vainqueur d'Austerlitz» soit équivalent à «Napoléon est celui qui ...». La signification rapporte le propos à son interrogativité initiale, et donner, expliciter cette signification, consiste simplement à *dire* cette interrogativité, à expliquer en quoi le propos est réponse, et partant, se réfère à une question particulière. Par cette référence, on a aussi ce que Frege appelle *la référence* car, si *ce qui* est question n'est pas dit comme question et si la réponse, pas plus que la question, ne sont dites dans la stipulation du sens, la référence surgit néanmoins comme ayant été question, ce que laisse clairement apparaître l'usage interrogativo-référentiel des clauses relatives.

Il est clair que les interlocuteurs qui s'entendent à se faire comprendre ne disent pas : «le sens est ...», ils disent *ce qu*'ils ont à dire; bref, la relation question-réponse, quoique immanente, demeure implicite; la réponse dit autre chose, autre chose qu'elle-même car le but d'un processus de questionnement n'est pas de se dire mais de dire autre chose, le *ce que*. La réponse, qui en est le résultat, n'a donc pas pour mission de renvoyer aux questions qui l'ont fait naître, de s'indiquer comme réponse, c'est-à-dire comme un tel renvoi, mais de dire autre chose. Le caractère-réponse de la réponse est refoulé dans la réponse, elle possède en elle la capacité de référer, de traiter d'une question, c'est-à-dire de *ce qui* est question, elle a donc une référence effective *ailleurs* qu'en elle-même. Elle ne peut que l'indiquer. La réponse dit *ce qu'*elle dit sans dire qu'*elle* le dit, sans se dire. Le propre d'une réponse n'est pas de *se* dire (comme réponse) mais de dire quelque chose, qui n'est pas n'importe quoi non plus : elle dit *ce dont* il est question, et puisque réponse il y a, de la dire comme ne faisant plus question. Celle-ci se manifeste comme l'absence nécessaire à la présence du discours. Si mon problème, par exemple, est de savoir ce que vous faites demain, l'assertion « je vais en ville » y répond. Je ne demande pas que vous me disiez « l'assertion 'je vais en ville' répond à votre question » car le fait que cette assertion soit présentée comme réponse, et préserve le sens de *la* réponse, n'implique en rien que vous alliez en ville. Je vous demande de me répondre sur une action et non sur une assertion.

Du fait que les réponses n'ont pas pour but de se dire telles, il découle que les signes du langage ont pour propriété essentielle de renvoyer à autre chose qu'à eux-mêmes. Une vieille définition. On sait d'ailleurs que des paradoxes surgissent dès lors que l'on s'attache à autoréférentialiser de manière systématique un ensemble de propositions. Il n'empêche qu'une réponse peut en dire une autre, de même qu'elle peut exprimer une question : il y a ainsi des réponses apocritiques et des réponses problématologiques respectivement. J'ai assez souligné que cette distinction gardait intacte la différence problématologique, dans la mesure où ces réponses intègrent celle-ci dans leur être-réponse.

Concrètement, dans l'usage du langage, on sait ce dont il est question, on ne doit donc pas le mentionner. La réponse ne *se* dit pas. La découverte du sens procède du contexte et de l'information qu'il contient pour l'auditoire. Celui-ci fonctionne comme questionneur implicite : il considère le dit ou l'écrit comme réponse, la question qui s'y trouve traitée l'interpelle à un titre ou l'autre, fût-ce pour occasionner des marques de désintérêt. Questionneur, il l'est, puisqu'une réponse lui est proposée. Réponse à quoi, pour quoi, sur quoi ?

Le sens d'une réponse, c'est son lien avec une question déterminée. Si le sens fait problème pour celui auquel la réponse est destinée, il faudra résoudre ce problème en offrant une réponse qui duplique la réponse initiale parce qu'elle met en évidence le caractère de *réponse* de celle-ci. Le renvoi à la question du locuteur est explicite dans la demande explicite de sens. La réponse-signifiante est certes équivalente à la réponse-signifiée en ce que toutes deux répondent à la même question. Exemple: «Jean est célibataire» équivaut à «Jean est non marié», et si le premier énoncé répond à une question Q dans un contexte C, on peut supposer que le second y répond également. Ce n'est pas automatique car si la question est «produisez une phrase de trois mots», les deux énoncés cessent d'être substituables. Le sens du premier énoncé n'est pas le second, car il est question de produire un tout de trois mots. Bref, le sens d'un énoncé ne dépend pas de lui seul mais de la question avec laquelle il faut le faire correspondre. Le sens d'un énoncé tient à sa nature de réponse, ce qui présuppose une question précise dont cet énoncé dépend: une réponse équivalente suppose l'équivalence par rapport à cette même question. Dès lors, il se peut fort bien que «Jean est célibataire» ait le même sens que «Albert est petit», car il est question, dans la première phrase, d'un énoncé en trois mots. Une réponse qui donne le sens diffère cependant de celle qui a un sens et qu'elle stipule, fût-ce par ce à quoi elles répondent effectivement. En effet, la réponse qui a un sens le possède de par son lien avec une question qu'elle refoule dans le non-dit. Elle la résout, et la question qui ne se pose plus apparaît dans la réponse comme ayant été résolue par elle. La réponse ne se dit pas comme réponse, ce qui serait encore indiquer la question comme présence alors qu'elle est absente, donc la réponse ne *se* dit pas mais dit autre chose qu'elle-même. Néanmoins, elle traite d'une question déterminée par ce qu'elle dit, mais ne disant pas: «ceci est la question soulevée...», elle ne dit pas davantage: «J'en suis la réponse». La présence d'une question comme d'un implicite au dire, consacré par la réponse, fait en sorte que de manière interne, elle *a* un sens. Ce dernier peut évidemment échapper au questionneur à qui on la présente. La réponse qu'il cherche va certes dupliquer la réponse qu'il ne comprend pas, mais s'il ne la comprend pas, c'est parce qu'il ne voit pas de quoi elle est réponse. La question lui échappe, et le but de la réponse de son interrogation herméneutique est de découvrir cette question, par trop absente, selon lui, de l'explicite. Parce que le sens est le lien question-réponse, il n'est pas de transaction linguistique qui ne soit investie d'une signification, immanente encore que peut-être problématique pour les non-locuteurs du discours en question. La signification des termes n'est référentielle que dans la mesure où l'explication de leur sens, ou même la présupposition de sa possession, n'est elle-même intelligible qu'en termes, qu'en objets de questionnement. Aux noms doit répondre quelque chose, aux prédicats aussi, et ce répondre leur donne sens. Le répondre peut certes surgir d'une interrogation qui ne porte pas sur le sens des termes de la réponse — car toute interrogation n'a pas cela pour objet — mais il n'y aurait pas de jugement du tout si une certaine nécessité n'avait existé: la nécessité de supprimer ce qui fait question en tant que question, de répondre à ce qui était en question en le présentant comme ne faisant plus question.

Tout ceci nous amène à prendre conscience que l'équation référence = signification est en dernière analyse une équation tronquée, que sous-tend, pour être valide, le questionnement. Par conséquent, lorsque l'on n'a pas de discours référentiel, on a encore de la signification, par l'explicitation du rapport au questionnement qu'entretiendra le discours. Bien évidemment, le propositionnalisme se trouve, par définition, dans l'impossibilité d'unifier le champ du discours. Ne pouvant penser le questionnement comme tel, il n'en perçoit que des effets partiels qu'il prend pour le tout du sens. Voilà pourquoi, comme notre analyse ci-dessus l'a montré, la signification, lorsqu'elle est littérale et phrastique, logique, est associée à la référence, et de ce fait, aux conditions de vérité si vérité il y a. Le propositionnalisme ne peut voir que le lien du sens (ou de la signification, puisqu'il les différencie) avec la référence sans l'expliquer, car il est incapable de penser le questionnement pour lui-même, sans le réduire de quelque façon à sa propre catégorisation. Laquelle ne peut survivre qu'en se limitant précisément à la proposition considérée en elle-même, par elle-même et pour elle-même. Lorsqu'on change de registre discursif, ou bien on doit renoncer au sens, ou bien on doit changer le sens du sens, ce qui est un double échec, rendu inévitable si l'on ne renonce pas plutôt à cette conception plus que millénaire du fonctionnement de la pensée humaine.

Comprendre un discours, c'est, de manière générale, le concevoir comme réponse, c'est-à-dire répondre à la question de savoir à quoi il répond, de quoi il est question dans ce qu'il dit. On peut bien sûr rejoindre l'anti-référentialisme et sacrifier tout espoir de capter le sens des textes, parce qu'étant textes. Un bon exemple, qui va permettre d'opposer cette doctrine à la problématologie est ce fameux récit de Kafka, dont nous avons parlé précédemment (chapitre III, § 2), intitulé *L'examen*. La déconstruction ne pourra conclure qu'à l'absurdité, dont il paraît qu'elle est le *sens* ultime de l'œuvre de Kafka, là où, au contraire, la problématologie s'ouvre à la cohérence du sens, mais un sens conçu nouvellement, irréductible aux vieilles catégories inadéquates et surannées. Ce que la crise des valeurs, que traduit si bien l'œuvre de Kafka, accuse encore davantage.

Souvenons-nous. Il s'agit d'un domestique qui désespère de se faire engager. Un jour, il se retrouve à table, dans une espèce de cabaret, avec celui qui est susceptible de lui offrir l'emploi qu'il convoite. Après un court entretien, notre homme avoue qu'il ne peut répondre aux questions que lui pose son interlocuteur, parce qu'il ne comprend pas les questions elles-mêmes. Sur quoi, l'employeur lui donne le poste en précisant bien qu'il s'agissait en fait d'un examen, où celui qui ne répond pas aux questions le réussit[2].

Bel exemple d'absurde kafkaïen, dira-t-on d'emblée. En effet, en lisant ce court récit, on est frappé par sa chute plutôt paradoxale. Comment peut-on réussir un examen en ne répondant pas aux questions de l'examinateur, pire, en lui avouant qu'on ne comprend même pas ce qu'il veut ? En fait, le domestique symbolise le serviteur de la littérature, il se trouve dans la même position à l'égard du texte qu'il vient de lire que le serviteur à l'égard du château où il veut travailler. Le lecteur ne peut manquer de se heurter à son propre rôle, à son rapport aux textes en général, en raison de l'incompréhension manifestée tant par le domestique que celle, qui la rejoint, qui sera la sienne à l'issue de sa lecture de ce récit bizarre. Ce qui implique que l'on ne peut plus poser la question du sens, et que c'est le rejet de cette question qui est bien la seule réponse. La réponse à la question du sens est que cette question même n'a plus (ou pas) de sens. Le lecteur réussira son épreuve de lecteur, comme serviteur du texte, si tel le domestique de *L'examen*, il reconnaît ne pas pouvoir saisir le sens de cette question du sens. Une idée qui illustrerait bien celle, plus générale, qui associe la modernité, qu'elle soit peinture, musique ou comme ici, littérature, à des démarches brisées et dépourvues d'unité significative. *L'examen* est à percevoir, dans cette perspective, comme une allégorie de la littérature «contemporaine», qui déconstruit toute signification univoque: en comprenant qu'il n'y a plus rien à comprendre, on aura ainsi tout compris, on aura donc réussi l'épreuve du texte. Mais affirmer cela n'est-il pas contradictoire ? Peut-on sincèrement dire que le sens d'un texte est précisément l'énonciation de son propre non-sens, et si le non-sens n'est pas l'objet du texte, y a-t-il encore un absurde kafkaïen délimitable ? Une telle vision est cependant dans la logique d'une conception qui ne fait aucune place au questionnement comme tel. Car, si la réponse à la question du sens est bien ici sans solution, il faut plutôt l'entendre sans *autre* solution que l'affirmation de cette question même, donc du sens comme questionnement puisque la question du sens a bien comme solution la question comme sens. La problématicité du texte, l'énigme qu'il exprime, est la seule réponse que l'on soit en droit de tirer du texte, mais c'*est* une réponse tout de même. Dès lors que l'on ne peut répondre sur ce qui est problématique, ce dernier devient paradoxal par le discours second, non problématique, qui le détruit et cause ainsi sa propre impossibilisation. D'où l'absurde. La seule réponse à l'interrogativité du texte est pourtant l'acceptation de celle-ci, sa réelle prise en charge problématologique. Une réponse qui est une question, dans le souci de leur différence, est une chose paradoxale, absurde, autodestructrice dans l'univers conceptuel qui s'enfonce davantage encore à l'époque de Kafka.

Ce que Kafka met en œuvre, littéralement d'ailleurs, est le fait du littéraire de façon générale, mais aussi de tout discours, et cela selon une proposition variable, et déterminable, de problématicité. Kafka la référentialise, si l'on peut dire, et le littéraire est bien le seul lieu où la problématicité peut *se dire* plus ou moins indirectement puisqu'*en vérité*, le problématique, bien que ressenti, est impensable *comme tel*. Il se fictionnalise.

Si l'on s'arrête à la signification-référence, qui débouche sur la signification-équivalence, on ne pourra faire que le Ménard, de Borgès[3], qui réécrit le Don Quichotte à la virgule près pour ne rien perdre de l'original. Si le sens d'une phrase est bien une phrase équivalente, peut-on affirmer que le sens d'une œuvre est la capacité de la réécrire? J'ai appelé cela le *paradoxe de Don Xerox*[4]. Une telle rupture entre la proposition et le discours est factice de même que la référentialité s'est révélée rapport (nié) au questionnement; l'explicitation de ce dernier, dans le cas de textes, ne relève en rien d'une quelconque littéralité: comprendre un texte, c'est encore le ramener à ce qu'il résout, et dont il traite; rien n'implique en cela que ce dont il est question soit contenu (littéralement) dans la réponse, comme un composant de celle-ci. Le rapport à l'interrogativité, dans le cas de textes, se fait nécessairement de façon plus globale, puisque le texte est un tout, et non un simple assemblage de propositions indépendantes (et analysables comme telles) que l'on aurait mises bout à bout.

D'où la distinction à faire entre ce qui est en question dans une réponse et la question *dont* elle traite, ce *sur* quoi elle parle, la question *sur* laquelle elle parle et qui diffère éventuellement de ce qui est résolu *en* elle de manière *dérivée*. Le lecteur aura pu reconnaître dans cette caractérisation l'opposition du littéral et du figuré. Reprenons notre vieil exemple, «il est une heure»: il y est bien sûr question de l'heure qu'il est, mais ce n'est pas ce dont traite cet énoncé, ce dont il est question est autre chose, à savoir qu'il est opportun d'arrêter l'entretien pour aller déjeuner. Dans le cas de textes, on a affaire à la même dichotomisation. D'une part, il y a ce que chaque phrase dit et ensuite, il y a l'ensemble qui est irréductible à la simple addition des questions prises une à une. La textualité, ou la discursivité si l'on préfère, a pour effet de rendre figuratif le langage qu'elle met en œuvre. En fait, le sens d'un texte se détermine par ses composants mais ne s'y ramène pas: chaque phrase du texte renvoie à ce dernier comme à son sens profond. Cela revient à dire que l'on ne peut interpréter ces phrases indépendamment du co-texte, et surtout, que le texte fonctionne comme différentiateur problématologique, puisque les phrases sont réponses problématologiques et le sens textuel, la réponse apocritique, ce par quoi se résout la problématique du texte, sa textualité si l'on veut, et qui, une fois connue, donne la cohérence du sens global, ce que «veut dire» le tout. Comprendre un texte consistera à relier ses constituants à la problématique qu'ils mettent en œuvre, et ce sera une recherche qui aura pour objectif d'analyser ce qui est résolu et comment ce l'est, donc par rapport à quoi. Pour mieux voir ce qui se passe dans la poétique de l'œuvre comme dans sa reconstruction interprétative, il faut faire intervenir la *loi de complémentarité* qui découle de nos *méditations sur le logos*.

Avant d'en venir à la spécificité du sens fictionnel, concluons sur l'unité du sens. Donner une signification revient toujours à énoncer ce qui est en question, à rapporter le discours considéré à ce à quoi il répond, donc à le considérer comme réponse, concept qui implique l'articulation problématologique. Le littéral est la réponse qui ne fait plus ou pas question, mais dont la signification aussi est à spécifier par des clauses interrogatives. Quant au texte, il est pris comme un tout, et le comprendre exige du lecteur qu'il dégage une problématique dans une interaction où il repose la question des questions du texte. Cette démarche consiste à prendre celles-ci comme littérales d'une figurativité incarnée dans le discours, figurativité d'autand plus problématique que le texte sera, précisément, littéralement énigmatique.

7. La loi de complémentarité comme principe de base de la rhétorique littéraire

Il s'agit de l'articulation de la forme et du contexte, lequel permet, par exemple dans le dialogue, de repérer les problèmes à résoudre différemment des résolutions mêmes. En l'absence d'un tel contexte, défini par le rapport interlocutoire et les *topoi* qu'il suppose, la forme doit prendre sur elle la différenciation problématologique.

Le propre de la littérature est d'incorporer comme co-texte ce que les autres formes de langage laissent à l'état implicite parce qu'il y a le contexte. Il doit y avoir dans le texte même la mise en place de la différenciation problématologique, sous l'aspect délittéralisant, textualisant, que l'on a pu définir précédemment. On trouve bien évidemment des textes fort proches du réel, qu'ils imitent et qui suscitent ainsi une impression de vraisemblance; on pense, par exemple, à des histoires d'amour ou à des romans policiers. Un problème est posé au départ et se résout à la fin. La différence problématologique est incarnée par l'histoire, ce qui fait que le récit est une intrigue, dans tous les sens du terme d'ailleurs. Si l'on considère le rapport au réel, il est forcément *mimétique* dans la mesure où un certain réalisme émerge d'une grande littéralité, laquelle, à son tour, est le résultat d'une différence problématologique explicitée par le texte même. Celui-ci problématise le réel qu'il décrit en le présentant comme «résolu», comme allant de soi que les choses soient ainsi et non autrement. La grande littéralité est en fait une grande référentialité: un réel commun au lecteur et au narrateur est présent, sinon représenté. Rien de problématique n'apparaît si ce n'est le problème même qui définit l'intrigue et la mène à terme au cours de la progression narrative. Mais, même dans le cas de littéralité maximale du littéraire, il y a une figurativité, certes minimale, qui se définit par l'unification du texte comme texte: c'est la différence problématologique elle-même qui n'est pas dite mais qui y est littéralement *mise en œuvre*. Car le texte ne *dit* pas «ceci est le problème» et «ceci est la solution», il fictionnalise les deux et rend implicite leur différenciation, sans faire appel au contexte mais seulement au co-texte. Unifier, par la lecture, un texte, c'est lui trouver une problématique dont il est solution, une problématique qu'il indique plus ou moins littéralement.

A contrario, moins le problème est littéralement marqué, plus la forme aura pour fonction de l'indiquer. Par forme, il faut entendre aussi bien l'arrangement textuel que le style. Car il faut bien que le texte réalise la différence problématologique d'une façon ou d'une autre, en tant que *logos*. Moins le problème est littéralement dit, et plus il doit se dire figurativement, plus la problématicité sera le texte lui-même comme forme discursive. Plus le texte se délittéralise, plus le rapport au réel est problématique, et plus la problématicité, qui est donc formelle, se donne dans une réponse qui est d'autant plus problémato-logique. Plus le problème est formalisé, plus le fossé se creuse entre le littéral et le figuré, moins le texte est résolutoire, apocritique: il est certes réponse, mais réponse problématologique, demandant d'autant plus du lecteur (la détermination dialectique du sens) que le texte à haute énigmaticité affirme moins ce sens. L'ésotérisme augmente, les ruptures formelles aussi, la progression temporelle vers l'accomplissement résolutoire est rompu, et le temps devient lui-même problématisé en tant qu'il est la dimension qui conduit le lecteur du problème à sa solution. Le poids, le rôle du lecteur plus grand, les fractures dans la linéarité temporelle, la mort du sujet comme point de vue unifiant la fiction, tout cela va de pair avec la problématisation accrue par la forme. Le lecteur doit revenir sur ses pas pour répondre à la textualité qui lui pose davantage problème, ce qui fait que le texte ne se termine pas sur sa fin physique si l'on peut dire, mais doit se totaliser par une seconde lecture inscrite dans l'énigmaticité même que le lecteur découvre au fur et à mesure. Le rôle de ce lecteur, dont Wolfgang Iser dans *L'acte de lecture* a si bien fait la théorie, est d'autant plus grand que le texte a moins de sens par soi et qu'il le demande d'autant plus, que l'unité narrative est rompue par le fait de l'absence d'un point de vue narratif, d'un narrateur unique, et que le lecteur se trouve problématologiquement impliqué dans l'apocriticité du texte par la forme même. Solution purement problématologique, le texte fait littéralement appel à la figurativité, à l'imagination de son lecteur, d'autant plus que par la problématisation plus grande, le réel commun est plus problématique, il y a moins de référentialité à laquelle lecteur et narrateur puissent se référer en commun. Le texte est moins mimétique, l'imaginaire plus grand. La problématicité formelle va de pair avec la déréférentialisation, avec la problématicité d'un réel extérieur; on comprend que la mort du sujet unifiant, que la crise de valeurs communes sur ce qu'il faut entendre par ce qui est et doit être, vont être cause des ruptures formelles qui caractérisent la littérature depuis le début du siècle. Le réalisme mourra, mais n'oublions pas que même dans le réalisme, il y avait de l'hypothétique, car la description d'un réel n'est jamais innocente en ce que l'on met en question par les réponses mêmes que l'on apporte. C'est la description qui nous interroge, alors qu'après, ce sera davantage formalisé, plus abstrait.

Dès lors que le fictionnel se problématologise, le répondre va accentuer l'explicitation du problématique, encore que ce ne soit bien évidemment pas comme tel, une impossibilité qui ne peut s'exprimer que fictionnellement. Et plus le discours porte sur le problème, plus il se problématise du même coup comme discours de solution, plus il est la solution qui pose problème, ce qui autoréférentialise la problématicité du discours. Plus le texte s'énonce littéralement comme question, et moins son interprétation sera univoque, si ce n'est dans l'affirmation de cette plurivocité, affirmation problématologique qui ne peut se dire telle, donc qui ne peut qu'être fiction par rapport à une littéralité du problématologique indicible selon le propositionnalisme. Mais plus le texte est problématique, moins il sera susceptible de recevoir d'autre interprétation que celle qui, rhétoriquement, constate cette problématicité. *L'examen* de Kafka n'est pas un cas isolé. La déconstruction est la théorisation propositionnelle d'un moment de la différenciation problématologique, celui qui voit le discours plus énigmatique que jamais, ce qui problématise le statut même du discours. En réalité, une telle évolution s'inscrit dans l'exigence de différenciation problématologique telle qu'elle s'impose par la problématisation forte qui est adressée à l'évidence du réel; ce n'est finalement qu'un moment particulier, qu'un effet de l'application de la différence problématologique, non perçu (et isolé à ce titre) comme solution générale.

Plus le texte devient problématique, plus la solution qui exprime le texte consistera à dire cette problématicité, laquelle ouvre un pluriel interprétatif, qui correspond aux diverses réponses possibles. Ce qui explique une plus grande concurrence d'interprétations pour un même texte, mais aussi le repli théorique qui mène au refus d'interpréter. Ce que l'on appelle une plus grande symbolisation n'est rien d'autre que ce phénomène d'énigmatisation accrue. Notons que le récit, par ses péripéties, ses alternatives ouvertes et surprenantes, continue de mettre en scène des problèmes et des solutions, ce qui lui donne et de l'attrait et une certaine pérennité. Il reste, bien sûr, la solution qui consiste à affirmer la problématicité du texte et surtout à spécifier *la* problématique du texte. Piège: si tout texte déconstruit sa signification et que l'on réduit celle-ci à un au-delà du contenu propre, tous les textes énigmatiques auront forcément *une seule* signification, cette problématicité même. Une trace, pour le propositionnalisme auquel échappe la problématicité, et qui voit dans cette factice présence irreprésentable, l'unité impossible de la diversité textuelle. Chaque texte, pour la déconstruction, dirait la même chose, qui n'est ni une chose, ni un identique.

Il reste encore un point à préciser: celui de la différence entre le discours de fiction et le discours à portée référentielle, le roman policier *versus* le rapport de police, la vraisemblance contre la vérité. N'a-t-on pas, dans les deux cas, une textualité, une rhétorique, et une intrigue? Il y a une grande différence qui tient à ce qui est autocontextualisé: on imagine aisément que le rapport de police n'a pas besoin d'expliciter des éléments du contexte qu'il peut donc présupposer et considérer comme acquis par l'auditoire. Dès lors, la solution n'y est pas présentée en conclusion ni même l'intrigue d'ailleurs, en raison même du contexte.

La rhétorique littéraire a permis de mettre en évidence l'inférentialité du processus de lecture et d'interprétation, une inférence qui ne diffère pas en nature de la lecture contextuelle des doubles sens, de l'argumentation vue ainsi dans toute sa généralité.

Ce qui clôt l'investigation sur le *logos*.

NOTES

[1] J. Cohen, *Structure du langage poétique*, p. 43 (Flammarion, Paris, 1966).
[2] F. Kafka, *L'examen* (*Œuvres*, t. II, pp. 587-588; NRF, La Pléiade, Paris, 1980). Voir aussi une analyse plus complète sur Kafka dans les *Annales de l'Institut de Philosophie* (Bruxelles, 1985).
[3] J. L. Borgès, *Fictions* (Gallimard, Paris, 1957).
[4] Dans *Meaning and Reading* (Benjamins, Amsterdam, 1983).

Chapitre VII
Du savoir à la science

Pourquoi, après l'étude du *logos*, se pencher sur l'acquisition et l'extension du savoir, pourquoi s'efforcer de comprendre comment la science se constitue ?

On se souviendra du débat qui opposait l'empirisme logique et le nihilisme. Pour ce dernier, tout discours est devenu impossible et il ne peut dire que cela. Nos *méditations sur le logos* nous ont permis de résoudre cette question comme telle et de rendre compte de faits du langage en les articulant à partir d'une vision unifiée du sens, du dialogue, de l'interprétation, et incluant aussi bien l'approche littéraire. Pour la métaphysique négative, la science faisant partie de la discursivité générale était bien évidemment récusée au même titre que le reste. A quoi l'empirisme logique a répondu que seule la science pouvait encore résoudre les questions qui se posaient aux hommes et par là, donner du sens au discours. Avec les critères qu'on lui connaît, la mathématisation logique et l'expérience.

Entre la dénonciation de l'illusion à servir d'ultime refuge à la rationalité et l'assurance de jouir d'un tel monopole, la science elle-même s'est mal comprise.

Pourtant, les questions à poser sont claires : pour s'interroger sur le statut et la portée de la rationalité scientifique, il importe de saisir ce qui fonde la rationalité de l'expérience et de la logique causale qui s'y trouvent spécifiquement mises en œuvre, et surtout de pouvoir les rapporter à la rationalité globale en tant que processus de questionnement. Il ne s'agit plus d'isoler mais de spécifier et d'unir. L'échec du nihilisme et de l'empirisme logique a bien fait voir ce que l'impossibilité d'articuler philosophie, langage et science tenait d'une interrogativité sous-jacente commune ignorée.

1. La conception classique de l'épistémè

La science moderne qui naît à la fin de la Renaissance trouve son expression dans les pensées de Descartes et de Locke. L'idée que propose Descartes quant à la nature du savoir vient en réalité de Platon, avec qui il partage l'idéal mathématique. L'apodicticité, le caractère indubitable des propositions, résulte de l'évacuation de la problématicité, laquelle signifie le non-cognitif par excellence. L'analytique permet d'acquérir la certitude, et propositionnelle, elle n'oblige pas au saut impossible du non-problématique *à partir* du problématique. Elle se situe en dehors de cette catégorisation, ce qui est sa manière de rejeter toute problématicité, donc d'être résolutoire puisque résoudre un problème le fait disparaître. Comment mieux le faire disparaître qu'en n'en parlant pas, qu'en s'empêchant même de le penser, ce qui est l'assumer en quelque façon? L'attitude est bien évidemment paradoxale, d'où la résurgence récurrente du dilemme du *Ménon*. Car, sans l'avouer, l'analytique fonctionne bien comme résolution, une résolution assertorisée dès Platon. Aristote, on s'en souvient, la coupera de tout enracinement dialectique, que Platon n'avait pu réellement éliminer, sans pour autant pouvoir lui donner un autre fondement que l'inéluctabilité de cette scission comme sauvegarde de l'ordre propositionnel. Descartes s'emploiera à consacrer l'évidence de cet ordre, à la fonder dans une démarche positive qui démontre une nécessité d'affirmation. Cela dit, le présupposé qui permet, depuis Platon, d'assertoriser le discours et la raison en dehors de tout renvoi au problématique, est l'ontologisation du *logos*. Par elle, un autre ordre, un autre niveau est défini, qui libère la pensée de tout ce qui pourrait référer cet ordre à autre chose. La détermination du répondre, qui est d'être dépassement du problématique, se fera par son évacuation pure et simple, laquelle sera assurée grâce à l'ontologie. Le glissement ontologique, qui sépare Platon de Socrate, consiste à rapporter le questionner aussi bien que le répondre à l'être, rendant ainsi leur différence inessentielle au regard de l'Essentiel, qui n'a plus rien à voir avec eux deux. Aristote, au fond, radicalisant la coupure entre dialectique et science, s'oblige encore davantage à une ontologie globale. Ce faisant, il radicalise du même fait le débat, qui s'avérera vite impossible, entre ontologie et épistémologie.

En effet, de quoi le savoir sera-t-il justiciable en fin de compte : de critères ontologiques ou des conditions mêmes de la démarche cognitive ? La question est insoluble en vertu même de la nature du savoir telle qu'elle est héritée des Grecs. La science, la connaissance, ce n'est rien d'autre que le répondre que récusait Socrate par sa pratique aporétique, mais un répondre issu du fait que s'interroger sur quelque chose équivaut à se demander ce qu'il est, comme répondre revient à le dire. La connaissance est ce dire, et ce dire est ontologique, les deux notions renvoient l'une à l'autre. La problématicité est absente de ce rapport, et pour cause, puisque, par là, se trouve vérifiée la conception du savoir comme supprimant toute alternative, c'est-à-dire comme instaurant l'exclusion d'un des termes, ce qui réalise la vérité du propositionnel qui *doit* être réponse, une nécessité qui tient, bien sûr, au fait que l'alternative, que le possible, en un mot, que le problème est exclu. La vérité ne peut pas ne pas s'imposer : elle possède les vertus de l'évidence et de la nécessité, si chères à Descartes. Fonder et justifier en nécessité univoque seront identiques, et cette identification va déterminer aussi bien l'ordre que la nature de la connaissance. Le savoir est né du souci de répondre, mais le répondre ne pouvant s'énoncer tel, la science est devenue tributaire de l'ontologie qui la rendait possible, puisque c'est en vertu du fait qu'on interroge sur ce qu'*est* X, quand on interroge sur X, que l'on sait que la réponse dit *ce qu'*est X; son essence, qui est à la fois en question et dans la réponse, est le but de la science. L'ontologie permet au discours d'advenir, et de ne plus se perpétuer dans une aporétique qui le condamne d'avance à ne pouvoir progresser, à ne pouvoir même exister. Mais, et c'est en cela que le problème est insoluble, le primat de l'ontologie n'est pas davantage acceptable que celui de l'épistémologie, car l'une et l'autre ont vu le jour en fonction de l'autre. En effet, on peut subordonner à l'être toute discursivité possible, la raison comme la pensée en général, il faudra bien connaître pour parler, et l'accès à l'être devra bien relever d'un discours dont il faudra pouvoir rendre compte, ce qui renvoie au problème épistémologique. On invoquera alors une intuition, un mode de relation privilégié, un discours impossible qui ne peut finalement énoncer ce qu'il prétend dire, une circularité non circulaire, que sais-je encore. La difficulté demeure. Comment justifier un discours dont on prétendra qu'il est à la fois non cognitif et qu'il fait connaître, qu'il est circulaire et non vicieux, que son tissu propositionnel échappe aux lois du propositionnalisme qu'il met cependant en œuvre ? D'autre part, une épistémologie qui se donne priorité se retrouvera autant en difficulté. Elle met en œuvre des concepts de vérité, d'adéquation à ce qui *est*, et de justification qui rendent nécessaires son propos, sans pouvoir articuler à la fois leur nature problématologique et leur contenu d'où toute interrogativité a été expurgée. Née du silence sur l'interrogativité, silence assimilé à une résolution qui n'avait plus à se dire telle puisque cela aurait encore enraciné le *logos* dans le questionnement indépassable, la science ne peut rendre compte d'elle-même puisqu'elle ne peut s'avouer issue de l'interrogativité de l'esprit et mise en place de mécanismes voués à l'éradiquer sans avoir à l'expliciter. Elle a donc besoin de l'ontologie pour rendre raison du fait qu'elle cherche le *vrai*, qu'elle parle du *réel* en disant *ce qu*'il *est* comme devant l'être *nécessairement*, selon des *lois* de la *nature* et de la *société*. D'où l'idéal de la mathématisation pour déchiffrer en vérité «le grand livre de la Nature». Mais l'idéal de la science, en général, se révèle être l'assertoricité apodictique, incarnée dans la méthode cartésienne, plus praticable que la mystérieuse dialectique des Idées de Platon. La démarche analytique crée, par élimination, la *justification* qui fait accéder à *la* proposition *vraie*, et ne livrant que des propositions de cette nature, les enchaîne selon l'ordre de la justification. Il est assez patent que la procédure qui tranche les alternatives, qui les situe même en termes de vérité-fausseté, renvoie à ce qu'il est convenu d'appeler un problème. Mais cela ne saurait être perçu tel: il ne reste, de cette démarche, que l'aspect justificatoire, que les résultats. Dès lors, on verra la science comme une accumulation constante et irréversible (un progrès) de vérités établies. Chez Descartes, on l'a vu précédemment, l'analytique du savoir ne peut naître que de la force résolutoire du *Cogito*, lequel est non seulement le modèle de toute réponse possible — d'où le lien avec la *méthode* — mais il *est* la première réponse, l'indubitable entre toutes. Il fonctionne comme une instance rhétorique qui boucle le discours sur une certitude *a priori*, qui confère, précisément, une apodicticité à l'analyse, toute propositionnelle de ce fait-là. La conscience de soi est l'*a priori* de toute réponse, d'un répondre qui, analytiquement, finit par déboucher sur elle. Il n'y aurait en réalité pas d'analyse qui puisse mener à la vérité si le *Cogito* ne faisait office de point d'appui. On peut d'ailleurs s'interroger sur le sens de cet *apriorisme*: si le *Cogito* est la réponse de toute réponse, toutes les solutions résident dans la conscience avant que d'être trouvées. C'est l'innéisme radical. «Pour la question de savoir s'il ne peut y avoir rien dans notre esprit en tant qu'il est une chose qui pense, dont lui-même n'ait une actuelle connaissance, il me semble qu'elle est fort aisée à résoudre (...): il ne peut y avoir en nous aucune pensée de laquelle, dans le même moment qu'elle est en nous, nous n'ayons une actuelle connaissance»[1]. A contraster avec ce passage des *troisièmes réponses* (objection dizième): «Lorsque je dis que quelque idée est née avec nous, ou qu'elle est naturellement empreinte en nos âmes, je n'entends pas qu'elle se présente toujours à notre pensée, car ainsi il n'y en aurait aucune; mais seulement que nous avons en nous-mêmes la faculté de la produire». La divergence s'explique par le dilemme suivant. Ou bien, on connaît déjà toutes les réponses parce que l'esprit fait le répondre, en rendant toute question rhétorique d'un savoir préexistant dont il est la mesure. Ou bien, le savoir est possible par l'extérieur, et l'esprit n'est plus que critère formel; l'opposition matière-forme, qui sert à rendre possible la synthèse chez Kant, s'exprime chez Descartes par celle d'Aristote entre faculté et savoir en acte. La problématisation doit de toute façon être réduite par le *Cogito*, par la conscience de soi, comme critère analytique d'évacuation *a priori* du problématique. Mais, Descartes le sent bien, le *Cogito* comme pouvoir formel d'un savoir qui ne serait ainsi qu'en puissance, est également peu acceptable. L'évacuation *a priori* de toute problématicité possible suppose que l'on ait au préalable la réponse, et pas seulement le pouvoir, la faculté, de l'acquérir. D'où l'innéisme. Si l'on a toutes les réponses avec le *Cogito*, apprendre devient impossible, d'où le rejet simultané de la conscience-de-toute-pensée-solution. Un tel rejet pourtant oblige le philosophe à admettre que certaines questions ne s'éliminent que formellement, rhétoriquement, et que, du point de vue matériel, la solution n'est pas analytiquement en notre esprit, et requiert, par exemple, l'expérience. Le *Cogito* cessera-t-il d'être le critère et la source même de *toute* réponse possible ? Faut-il chercher ailleurs que dans les replis de la conscience le savoir que l'on recherche ? Dans ce cas, le *Cogito* est-il bien encore la réponse indubitable qui sous-tend toute interrogation et par conséquent, sa réponse ? La scission forme-matière garde au *Cogito* sa fonction universelle tout en lui permettant de la perdre à un autre niveau : la réponse s'acquiert en dehors de l'esprit même si l'esprit *forme* le répondre dans la structure des réponses. Le transcendantal kantien pointe à l'horizon : car chez Descartes, la double position est contradictoire, même si elle a pour but de faire face au paradoxe du *Ménon*. La conscience sait déjà, sans savoir matériellement. Cela signifie que le rationalisme radical est inassumable, puisqu'il faut tenir compte de l'aspect matériel, ce qui implique un empirisme minimal. Kant l'avait bien compris, quand il voyait la synthèse comme intégration de la forme et de la matière, le criticisme comme dépassement du rationalisme et de l'empirisme. Réfléchissons bien : le *Cogito* est un principe analytique; il émerge de l'analyse comme il la régit. Or, l'analyse présuppose toujours un donné, qui est la matière à analyser. La présence de ce donné est préalable à toute opération de décomposition, de résolution. D'où vient ce donné ? S'il était autoproduit par l'esprit, celui-ci ne serait pas analytique mais synthétique, il n'aurait d'ailleurs plus besoin du tout de l'analyse; les jeux seraient faits d'emblée. Voilà pourquoi, sans doute, Descartes ne peut s'abandonner à l'innéisme radical et qu'il se voit contraint de réduire l'apriorisme à une faculté analytique. Même si, d'un autre côté, par équivalence de l'analytique et du synthétique chère aux géomètres, il ne verrait aucune contradiction à postuler simultanément un innéisme de contenus. Il n'empêche que l'analyse renvoie à quelque chose de donné, donc de déjà-là, extérieur à elle; et si le savoir doit être analytique ou ne pas être, il faut aussi admettre l'idée d'un rapport empirique, d'un rapport à de la matière, afin d'en faire l'analyse, précisément.

Parce que l'analyse ne peut produire ce qu'elle résout sans cesser d'être, et que le principe même de cette analyse, découvert analytiquement, est la conscience immanente au *Cogito*, l'empirisme est donc possible. A condition, toutefois, que l'innéisme radical soit détruit, car il défend l'idée d'une autoproduction du répondre et des réponses mêmes, il fait de la conscience davantage qu'un simple principe analytique, il déborde, assez contradictoirement, l'esprit comme analyse. Contradictoirement, puisque l'esprit *se* découvre tel *analytiquement*. Mais n'est-il pas aussi substance (*res*)? On n'en sort pas. Ce qui est sûr est que l'*Essai sur l'entendement humain* de Locke s'ouvre sur la critique de l'innéisme, ce qui est parfaitement logique comme démarche. Car le principe analytique qu'est la conscience renvoie nécessairement à une matière sur laquelle l'esprit raisonne et à laquelle il s'applique afin de justifier, de démontrer ce qui est supposé résolu et qui fait question. On suppose donc, et l'on procède régressivement. Dès lors, l'innéisme radical est impossible, un innéisme qui découle néanmoins de l'exigence de rhétorisation absolue du répondre à partir de la conscience comme réponse de toute réponse (quelle que soit la question).

Locke récuse cet innéisme radical en pleine conformité avec la philosophie de la conscience telle que Descartes l'a lui-même instaurée, sous tension comme on vient de le voir.

Pour Locke, l'expérience est une nécessité de l'esprit car il ne lui est pas possible de penser ou de connaître sans y faire appel. Il ne s'agit pas de retrouver par là ce que l'on sait déjà sans le savoir, car ce serait contradictoire, nous rappelle Locke (1, I, 5), mais d'apprendre ce que l'on ignore vraiment (1, I, 23). Ainsi, « il n'est pas de raisonnement qui ne soit recherche » (1, I, 10), et qui soit simplement élaboration du donné, un donné qui, paradoxalement, serait produit ou recouvré simultanément du fait de cette élaboration. La considération de ce qu'est l'analyse poussait Descartes à faire de l'analysé quelque chose d'inné, d'antérieur à la prise de conscience qu'on en a. Locke, plus rigoureux sur ce point, nie que l'on puisse conclure à la réalité de l'inné, car rien dans le fait d'analyser un donné n'oblige à l'identifier à quelque chose de préexistant pour autant dans l'esprit. Au contraire, si l'on accorde à la conscience d'être conscience de soi, on voit mal qu'il pût y avoir quoi que ce soit en elle dont elle n'ait connaissance : le mouvement de la conscience qui consiste à acquérir du savoir ne peut donc être réminiscence, car cela voudrait dire qu'il y avait en la conscience des idées dont elle n'avait pas conscience. Dès lors, les idées dont on acquiert la connaissance ont leur origine, non en nous, mais à l'extérieur. « Il est impossible qu'une vérité innée, s'il y en a de telles, puisse être inconnue, ..., car on ne saurait concevoir qu'une vérité soit dans l'esprit si l'esprit n'a jamais pensé cette vérité » (1, I, 26). L'esprit étant tout entier conscience, il ne peut avoir de principes innés qu'il retrouverait après coup; s'il acquiert du savoir, cela prouve donc qu'il ignorait cela même qu'il a appris, et par conséquent, que cela ne se trouvait pas en lui. « Dire qu'une notion se trouve dans l'esprit, et soutenir en même temps que l'esprit l'ignore, et ne s'en est même jamais aperçu, c'est faire de cette impression un pur néant. Aucune proposition ne peut être affirmée dans l'esprit si celui-ci ne la connaît pas et n'en a même jamais été conscient (...). De sorte que soutenir qu'une chose est dans l'entendement et qu'elle n'est pas sue comme telle, qu'elle est dans l'esprit sans que celui-ci s'en aperçoive, reviendrait à dire que cette chose est et n'est pas dans l'esprit ou dans l'entendement » (1, I, 5; voir aussi 2, I, 11). Locke ici, est plus authentiquement cartésien que Descartes lui-même en termes de cohérence. Mais cette cohérence aura de grandes conséquences par ailleurs sur le destin même de l'empirisme, et par suite, de la pensée occidentale. La réflexivité de la conscience fait en sorte que l'esprit ne connaît jamais que des idées (*ideas*) : l'idéalisme de Berkeley devient alors une conclusion inévitable, de même que le scepticisme de Hume. D'autre part, en ouvrant l'analyse au monde, pour ainsi dire, en la faisant relever de l'expérience sensible qui *donne* le matériau de la science, la question qui va forcément se poser selon la logique du modèle propositionnaliste de l'*épistémè*, est celle de la nécessité, de l'apodicticité du savoir expérimental. Ce que Kant appellera les jugements synthétiques *a priori*. En effet, si l'on voit bien que la déduction produit des propositions nécessaires, non problématiques par l'élimination simultanée des opposés qu'elle apporte, on voit moins bien la nécessité de l'expérience, puisque les choses pourraient toujours être autres qu'elles ne le sont même si, en même temps, elles sont bien ce qu'elles sont, et non autre chose. L'ontologie devra ainsi suppléer aux carences épistémologiques issues de l'empirisme, encore que l'empirisme soit une ontologie; comme toute théorie de la connaissance depuis Platon. On parlera donc de la nécessité des faits pour indiquer qu'ils sont incontournables; le monde est connaissable puisqu'on peut le connaître, et si on peut le connaître, c'est bien la preuve qu'il est connaissable. L'empirisme, en tout cas, ouvre le savoir sur la rupture d'apodicticité, et il ne pourra que la constater. Le chemin mène donc de Locke à Berkeley, mais aussi à Hume et à Kant. Comment peut-on savoir par l'expérience? Ne s'agit-il pas d'un concept de découverte, qui se réfère à la genèse psychologique plus qu'à la justification et à la validité des propositions? On sait que, jusqu'au vingtième siècle, l'empirisme, devenu positivisme logique, n'arrêtera pas de se heurter, d'ailleurs sans succès, à ces questions[2]. Mais tous ces problèmes n'ont clairement de sens que par rapport à la logique du modèle propositionnel, centrée sur la justification, l'autojustification du vrai à titre d'évidence, et l'éradication des opposés qui constitueront «le faux», de manière univoque. L'expérience comme telle n'a aucune nécessité, et c'est bien là toute la difficulté pour la science moderne issue de la cassure d'un cartésianisme purement *a priori*, plus mathématique que physique.

Pour Locke, idée et perception se confondent (2, I, 9) dans la mesure où l'ensemble des entités analytiques que sont les idées reposent sur un donné, analytiquement, atomiquement, sources de sensations (2, II, 3 et 4). Locke parle ainsi de *sens interne*, bien avant Kant, pour caractériser la réflexivité, tout entière empirique ainsi que l'exigent les contraintes d'une analyse bien comprise. Ce sont ces mêmes contraintes qui conditionnent la célèbre distinction entre *qualités premières* et *qualités secondes*, que Locke reprend de Descartes (Troisième Méditation) et dont il dépasse le mathématisme inadapté à la science expérimentale du temps (Boyle, par exemple). Car l'analyse suppose la décomposition du matériau sensible, et pour Locke, on retrouvera l'apodicticité du savoir, donc tout simplement *le* savoir, si en imaginant que les choses se passent autrement, certaines qualités demeurent, celles-là mêmes qui deviendront alors l'objet propre de la science. Comme les idées sont causées par le choc du sensible, il en résultera que l'on aura ainsi une connaissance du réel par ces qualités dites premières, à l'inverse des qualités secondes, toutes subjectives, donc dépourvues de nécessité parce que ne correspondant pas à une réalité de l'objet, une identité de sujet qui, comme telle, devrait résister à l'alternative. Le sujet peut être A et non-A, mais si A peut être autre chose que soi, il n'est pas sujet, donc objet. «Prenez par exemple un grain de blé, et divisez-le en deux parties: chaque partie a toujours de l'*étendue*, de la *solidité*, une certaine *figure* et de la *mobilité*. Divisez-le encore, il retiendra toujours les mêmes qualités, et si enfin vous le divisez jusqu'à ce que ces parties deviennent insensibles, toutes ces qualités resteront toujours dans chacune des parties (...). Ces qualités du corps qui n'en peuvent être séparées, je les nomme *qualités originales et premières* qui sont la solidité, l'étendue, la figure, le nombre, le mouvement ou le repos, et qui produisent en nous des idées simples, comme chacun peut, à mon avis, s'en assurer par soi-même. Il y a, en second lieu, des qualités qui, dans les corps, ne sont effectivement autre chose que la puissance de produire diverses sensations en nous par le moyen de leurs qualités premières» (2, VIII, 9 et 10). Ainsi, la couleur est une donnée subjective car selon l'éclairage, le même objet apparaîtra plus clair ou plus sombre, etc. De même la taille, issue de la figure et du mouvement, apparaîtra plus petite si nous nous tenons éloignés de l'objet, ou, au contraire, proches de lui. Voilà pourquoi les qualités secondes ne ressemblent pas aux objets comme les autres qualités (2, VIII, 5) mais nous attribuons aux objets ces qualités au nom de leur action subjective, de leur effet *sur nous*. Ainsi, pour reprendre l'exemple de Locke, nous savons bien que la neige qui nous brûle *est* blanche, et que la douleur, à l'inverse de la blancheur, n'*est* pas dans le corps-neige en tant que tel, indépendamment de son pouvoir sur nos sensations. «Il y a réellement dans le feu ou dans la neige des parties d'une certaine grosseur, figure, nombre et mouvement, que nos sens les aperçoivent ou non. C'est pourquoi les qualités peuvent être appelées *réelles*, parce qu'elles existent réellement dans ces corps. Mais pour la lumière, la chaleur ou la froideur, elles n'y sont pas plus réellement que la langueur ou la douleur dans la manne» (2, VIII, 17).

Ce qu'il faut bien saisir, en lisant ces textes, est le passage d'une analytique de la conscience à une réflexion sur l'atomicité du réel, donc à l'ontologisation de l'analyse. Elle découle en toute logique de l'empirisation de l'analyse qui fait suite au constat qu'une analyse fondée sur l'innéisme radical se détruit dans sa nature même. L'analyse, dans ces conditions-là, conduit forcément aux qualités premières comme l'essentiel, le *sine qua non* de l'objet, ce qui résiste à l'alternative et l'empêche dans le réel même. L'apodicticité est sauvée, pour un temps seulement. Car, très vite, avec Berkeley, il apparaîtra que la distinction entre qualités premières et qualités secondes ne tient pas, au nom même des présupposés que Locke fait siens à propos de la *conscience* et des *idées*. Une conscience se rapporte à des idées et non au réel lui-même. Toutes les idées sont alors sur le même plan, puisqu'elles sont indifféremment dans la conscience comme étant ses seuls objets. Car la conscience étant conscience réflexive, conscience de soi, n'a d'autre objet possible que les idées. Berkeley radicalise en fait l'empirisme de Locke, le pousse jusqu'à ses ultimes conséquences. «Si ce dont nous pouvons seulement avoir l'expérience directe sont nos idées, et si nous ne pouvons jamais regarder derrière le rideau de ces idées pour aller voir les objets physiques qui sont causes des idées, comment saurons-nous jamais quoi que ce soit sur les qualités de ces objets, et même, comment saurons-nous qu'ils existent tout simplement»[3]. Comment, dès lors, la conscience pourrait-elle même distinguer les idées afférentes aux qualités premières des autres? N'est-ce pas là une différence ontologique, née de la nécessité, de l'apodicticité ontologisée, conformément à la nature pourtant marquée historiquement du savoir? Comme, par analyse, la perception est la contemplation de nos idées, et que celles-ci se rapportent au réel, puisque l'analyse renvoie à l'extériorité, la perception et l'être sont en conformité, en identité: *esse = percipi*. Voyons les textes. La conscience ne se rapporte jamais qu'à elle-même car, ainsi que le soutenait Locke, elle ne contient pas de la «matière» mais seulement des idées. «Quand nous faisons de notre mieux pour concevoir l'existence des corps extérieurs, nous ne faisons pendant tout ce temps-là que contempler nos propres idées» (*Principes* I, 23; tr. fr. sous la direction de G. Brykman, PUF, Paris, 1985). C'est parce que nous ne faisons pas attention à nous-mêmes, tandis que nous percevons, que nous avons l'illusion d'être, sinon inconscients, du moins plongés dans l'objet, alors que la vie de la conscience se poursuit sans rupture. Berkeley, dans le *esse est percipi*, ne nie pas que les choses existent, puisque nous en avons l'idée, il rejette seulement l'*idée* qu'elles puissent exister sans que nous nous en apercevions, car une telle *idée*, en tant qu'*idée*, suppose un esprit qui en soit conscience. «Que les choses que je vois de mes yeux et touche de mes mains existent, et existent réellement, c'est ce que je ne mets pas le moins du monde en question. La seule chose dont nous nions l'existence, c'est celle de ce que les philosophes appellent 'matière' ou 'substance corporelle'» (*Principes*, I, 35). Les idées se suffisent à elles-mêmes et suffisent à nous faire connaître ce qui est sans que nous ayons à leur attribuer un substrat, siège de qualités premières. «D'où il est évident que la supposition de corps extérieurs n'est pas nécessaire à la production de nos idées: car on admet qu'elles sont parfois produites, et qu'il est possible qu'elles le soient toujours, dans le même ordre que celui dans lequel nous les voyons à présent sans leur concours» (*Principes*, I, 18). «En bref, même s'il y avait des corps extérieurs, il est impossible que nous parvenions jamais à le savoir; et même s'il n'en existe pas, nous aurions exactement les mêmes raisons que nous avons actuellement de penser qu'il y en a» (*Principes*, I, 19). En effet, «même s'il était possible que des substances solides, figurées et capables d'être mues existent hors de l'esprit, et correspondent aux idées que nous avons des corps, comment nous serait-il possible de le savoir?» (*Principes*, I, 18). Comment pouvons-nous sortir de nous-mêmes pour *dire* que la matière existe, alors qu'elle est l'inconnaissable par excellence, en ce qu'elle est précisément le *ce que* qui existe indépendamment de nous, hors de notre savoir et de notre discours; ce qui ne nous empêche pas, cependant, d'en parler.

L'origine de cet idéalisme quelque peu radical, et qui a toujours tenté les Anglais, est la différence entre qualités premières qui définissent la matière, les corps extérieurs, et les qualités secondes, qui sont des affections du sens interne et qui sont sans contrepartie objective de ce fait-là. Pour Berkeley, une telle distinction relève d'une conception non empiriste du savoir, un empirisme qui interdit l'apodicticité, laquelle contraint à une telle distinction purement cartésienne à ce titre. «Il y a des gens qui font une distinction entre qualités premières et qualités secondes: par celles-là, ils entendent l'étendue, la figure, le mouvement, le repos, la solidité ou l'impénétrabilité et le nombre; par celles-ci ils désignent toutes les autres qualités sensibles telles que couleurs, sons, saveurs, etc. Ils reconnaissent que les idées que nous avons de ces dernières qualités ne ressemblent pas à quelque chose de non perçu qui existerait hors de l'esprit; mais ils veulent que nos idées des qualités premières soient les modèles ou images de choses qui existent hors de l'esprit» (*Principes*, I, 9). Or, cela même est impossible: une idée est une idée, et toute idée d'une idée reste une idée (*Ibid.*). Ce qu'elles font chacune connaître est indistinctement identique, on ne peut opposer les idées des qualités premières des autres. Ce serait attribuer à l'esprit le pouvoir d'aller au-delà de ses propres pouvoirs, ce qui est contradictoire. Les idées viennent bien des sens, il ne peut donc y avoir d'idée d'une matière non perçue. L'argument de Berkeley s'appuie même sur l'*a contrario*: de la même façon que l'on soutient le caractère interne à l'esprit des idées des qualités secondes, on pourra produire un raisonnement en tous points semblables pour ce qui concerne les qualités premières. Car, si une couleur n'est qu'une affection de l'esprit, il en va de même pour le mouvement, par exemple, qui relève des qualités premières. «Ces dernières ne sont pas des modèles, à la ressemblance de qualités existant dans la matière, car au même œil, dans différentes situations, ou à des yeux différents qui regardent du même endroit ces qualités apparaissent diverses» (*Principes*, I, 14). Un mouvement semblera plus lent ou plus rapide à l'un ou l'autre, une figure plus ronde, une solidité plus relative, etc. Non seulement l'esprit ne connaît que des idées, et non la matière, idées qui relèvent du sensible et non d'un substrat insensible; par conséquent, il n'y a pas d'alternative qui ne puisse surgir, du sucré qui ne puisse devenir amer, de l'obscur qui ne s'empêche de virer au clair, et ainsi de suite.

Très clairement, l'idéalisme de Berkeley correspond à une radicalisation de l'empirisme. Il ne faut pas s'y tromper. La causalité objets-qualités-idées est rompue : il n'existe plus que des idées qui sont les «choses» mêmes que nous percevons, et elles peuvent chaque fois se présenter à nous autrement, ce qui fait qu'il n'y a plus de nécessité dans les choses. La science est ainsi une construction, elle ne dit pas le réel, comme Locke pouvait encore le soutenir avec sa théorie causale de la perception. La cohérence de Locke, on l'a vu, c'est Berkeley. Car Berkeley n'a fait que pousser le cartésianisme réflexif de Locke jusqu'au bout, un cartésianisme dont la spécificité tient à l'empirie de l'analyse : le donné existe, donc mes idées-sensations seules existent. Berkeley expulse la science de l'empirisme. Et la conséquence de Berkeley, ce sera forcément Hume, avec sa célèbre critique de la rationalité de la causalité. Celle-ci consiste à faire de la régularité de l'association cause-effet un produit de l'habitude subjective, faute d'autre régularité. Pour Hume, plus encore que pour Berkeley, la science échappe aux exigences empiristes les plus strictes, car elle repose sur un principe de causalité qui s'enracine dans les régularités subjectives, régularités qui sont toutes frappées à la base par le paradoxe de l'induction : il n'y a aucune raison que A, qui précède B et semble lui être constamment associé, et que B, qui suit sans cesse A, soient nécessairement liés pour autant. Ainsi, chaque matin, je me lève et j'observe que le soleil se lève à l'est. Cela suffit-il à *prouver* qu'il le fera toujours? Cela même constitue-t-il une explication causale du phénomène en question? Et pourtant, la causalité, qui est une relation de cette nature, repose en dernière analyse sur des associations purement subjectives qui pourraient fort bien ne pas se produire; en tout cas le fait qu'elles se produisent n'exclut pas logiquement le contraire; ce qui semble suggérer que le lien rationnel scientifique par excellence est irrationnel, faute de fondement incontournable. On se doute bien qu'il est impossible à un être humain de voler par lui-même dans les airs, on ne l'a jamais vu, sa constitution physique le lui interdit, mais ce n'est pas logiquement impossible; former une telle pensée n'est pas contradictoire. Quelle est alors la nature de cette nécessité causale qui semble n'avoir pas grand-chose de nécessaire, si ce n'est qu'empiriquement, le contraire est, non pas inconcevable, mais inobservé sinon même inobservable? Bref, la régularité est une bonne raison de conclure de la cause à l'effet, cela n'en est pas une démonstration, une preuve, une relation nécessaire pour autant. L'empirisme, on le voit bien, est forcément un subjectivisme, qui se radicalise au fur et à mesure qu'il s'épure, de Locke à Hume en passant par Berkeley. Et le sujet qui s'ouvre à l'expérience se livre aussitôt à un savoir dont la nature n'a plus rien d'apodictique, mais comme la nature de la connaissance est depuis toujours l'exclusion d'un opposé propositionnel, et la possibilité *a priori* d'y parvenir grâce à l'ordre de la raison propositionnelle, l'empirisme débouche sur le scepticisme et l'irrationalisme de la science. Possible chez Locke, elle n'était d'ailleurs plus que convention sémiotique chez Berkeley: une manière alternative de parler de nos idées, de rapporter la multiplicité des points de vue, de dire autrement le même grâce à des signes de langage éloignés du sens commun. Tout ce qui n'est pas idée-chose n'est-il pas une construction, sinon une fiction, comme la matière, dont le recours ne peut qu'obéir à l'instrumentalisme et au conventionnalisme?

On sent poindre le rôle que Hume attribuera à l'imagination, le jeu associationniste de la subjectivité qui sous-tend l'expérience. Car l'expérience est ce qui, ontologiquement, peut toujours être autre: elle n'est pas savoir mais extension de savoir, novation. Et ce qui, dans le sujet, correspond à cela est l'imagination qui permet de penser un objet présent comme absent, un objet absent comme s'il était présent. Elle est la faculté même qui sert à penser l'altérité de l'expérience. Bien plus, par l'imagination on s'attend aussi bien à la répétition du même qui ne s'est pas encore produit. Avec l'altérité possible, il y a son exclusion qui est également contingente. Mais si un quelconque *cela* peut ne pas survenir, c'est qu'on s'attend à ce qu'il revienne, même si rien n'est nécessaire dans son occurrence, laquelle aurait pu s'avérer en fait non-occurrence. L'alternative présuppose au fond la continuité dont elle est précisément «l'autre». On sait ce qu'il adviendra de l'imagination chez Kant: souveraine sur l'entendement dans la première édition de la *Critique de la raison pure*, subordonnée à lui dans la seconde, elle n'en occupera pas moins un rôle central, même s'il est «transcendantalisé», le rôle humien d'assurer la synthèse *dans* l'esprit, sinon *de* l'esprit. Kant, au fond, survient pour réintégrer l'expérience au champ du savoir et, par conséquent, pour désempiriser le sujet, qui deviendra transcendantal. N'est-ce pas là, d'ailleurs, la seule conception adéquate du sujet? Face à une ontologie purement analytique, le sujet n'est plus qu'un faisceau atomisé, un tissu de perceptions; peut-être même une chose, une idée parmi les choses, les idées. Ajoutons aussi que l'ontologie analytique, corpusculaire, qui s'affirme avec l'affermissement de l'empirisme, on pourrait même dire l'éclatement analytique, va donner naissance au renversement de l'interrogation sur la causalité nécessaire de l'expérience comme question de la *synthèse*. L'analyse ayant été jugée impropre à reprendre la diversité dans ses connexions, puisqu'elle n'en appréhende que ce qui, en elle, est épars. Car, dès Berkeley, on abandonne l'idée de substrat parce qu'empiriquement, les sujets n'ont que des idées, qu'éveillent des sensations, et au-delà de cela, il n'y a rien, sinon par abus de langage. Le sujet est alors livré à ses impressions et aux connexions qu'il leur impose au gré des passions, de son imagination.

Mais existe-t-il des jugements synthétiques *a priori*? Aujourd'hui, la réponse demeure clairement négative, malgré le retour à Kant qui a donné naissance au néo-positivisme. Que peut bien être une relation de causalité, qui lie B à A sans alternative possible, et qui ne se trouve ni dans A, ni dans B? Il faut penser la nécessité dans le modèle propositionnel, apodictique, véritatif et justificatoire de la connaissance, car c'est elle qui caractérise le jugement cognitif. D'autre part, l'empirisme l'a bien montré, qu'on le veuille ou non, les choses peuvent toujours se passer autrement, même si la causalité a pour fonction d'empêcher, mentalement et ontologiquement, l'alternative. Par conséquent, un jugement synthétique ne peut être *a priori* puisqu'il peut se démentir en portant sur l'expérience, sur l'alternative toujours possible; et il doit pouvoir être *a priori* s'il est jugement vrai, de connaissance, en vertu de la notion même de connaissance selon ce modèle. La tenaille s'est ainsi refermée sur le propositionnalisme, acculé à trouver une nécessité qui déproblématise là où l'on a pu voir qu'elle devait faire défaut, dès Berkeley. Kant, pourtant, a soulevé la question essentielle de savoir comment justifier notre «intuition», sinon même, notre conception de la nécessité et de la causalité. Car il y a des explications, des chaînes d'inférence, et des alternatives exclues. Non par la nature des objets considérés; accordons-le à l'empirisme. Mais contre Kant, acceptons aussi de voir que ce n'est pas le sujet qui rend nécessaire ce qui, dans l'objet, ne peut l'être. Sinon, on devra supposer forcément une chose en soi derrière le multiple possiblement contradictoire des phénomènes. Clairement, fonder la nécessité est hors de portée de toute théorie du jugement, fût-elle transcendantale. Celle-ci a donc recours à l'ontologie, au «déterminisme de la nature» comme l'on dit, de même qu'il est dans l'être du sujet de catégoriser *a priori*. La solution qui consiste à imposer la nécessité aux jugements d'expérience, qui doivent la posséder s'ils apportent une réelle *connaissance* de l'expérience, en allant la chercher ailleurs, sera forcément boîteuse en ce qu'elle finira toujours par attribuer à ces jugements ce qu'ils n'ont pas par nature, et dont pourtant, il faut bien expliquer «un certain caractère nécessaire».

C'est cette nécessité, cette causalité, et ses rapports à l'expérience qu'il faut réfléchir. Mais pour ce faire, il faut abandonner ce modèle classique du savoir. Résumons-le : en quoi consiste-il au juste ? En une idée assez simple, que l'on peut synthétiser comme suit : il n'y a aucune solution de continuité entre le savoir individuel et la science. Celle-ci se construit à partir de celui-là, sans que la nature même du type de savoir mis en œuvre ne se trouve fondamentalement modifiée. On passe, de manière pyramidale, de la sensation à la réflexion, des idées simples aux idées complexes, aux relations judicatives qui elles-mêmes s'enchaînent de façon complexe. Cette vision est ce que l'empirisme a apporté comme précision au modèle classique, propositionnel, du savoir, tel qu'on a pu le repéré de Platon à Descartes. Hume, par exemple, suit Locke sur ce point : il y a la sensation et la réflexion chez Locke (2, I, 4); il y a les impressions et les idées, simples et complexes, chez Hume (*Traité* I, 1, 1). C'est en gros la même construction qui part de l'individu et aboutit aux conceptualisations complexes des sciences. Que remarque Hume, si ce n'est que la transition est impossible ? Car c'est bien cela le sens profond du problème de l'induction et de l'irrationalité de la causalité. Pourquoi celle-ci est-elle injustifiable ? Parce que l'on a beau accumuler des observations individuelles, cela ne constitue pas une *raison* du général. Ce qui atteste la rupture. Elle est irrécupérable en étant intrinsèque, de nature. Des éléments divers ne sortira pas l'unité qu'ils n'ont pas en se présentant comme éléments, fussent-ils successifs et contigus. Il n'y aurait pas de problème de l'induction si l'on ne se donnait, au point de départ, l'individu avec ses perceptions propres, qui doivent alors se hiérarchiser et s'assembler pour que *son* savoir devienne science. Le problème surgit en raison de l'impossibilité à justifier le non-particulier à partir du particulier. L'observation qui émane d'un sujet ne suffira jamais à se présenter comme scientifique pour autant. Y aurait-il une telle difficulté si l'on ne présupposait comme point de départ la perception de l'individu, si l'on n'essayait pas de construire la science de cette façon ? Au fond, le paradoxe de l'induction ne suggère-t-il pas plutôt que c'est ce présupposé théorique qu'il incombe de remettre en cause ? La science n'est irrationnelle que si on se force à l'expliquer sur base du savoir individuel, qui ne livre que des jugements individuels, établis un par un, avec une conscience qui est analytique. Finalement, ce n'est pas le savoir scientifique qui échappe au champ de la raison, mais c'est l'empirisme qui, en se réfugiant dans l'inévitable anapodicticité de l'expérience, se place d'emblée hors du justifiable tel qu'il définit l'*épistémè*. Contrairement à ce qu'une lecture de surface pourrait laisser croire, l'empirisme n'est pas en marge du modèle classique de l'*épistémè* parce qu'il s'écarte de l'apodicticité. Il la présuppose comme norme, ainsi que le montrent bien un Berkeley, ou un Hume avec son problème de l'induction notamment. Il n'y a de difficulté que parce qu'il y a quête de justification et de vérification, ce que l'expérience, même répétée, ne peut fournir. Malgré cela, l'empirisme conforte l'idée que l'on se fait classiquement de la science : un savoir qui est savoir réel parce qu'il s'enracine dans la certitude du *Cogito*, lequel ne peut pas, analytiquement, ne pas recouvrir l'expérience sensible. Kant confirmera cette conquête empiriste. La fondation stricte de l'ordre propositionnel passe du même coup par le rapport expérimental, dont la nécessité sera transférée — kantiennement, il est vrai — du *Je pense* à *ce que* je pense en tant que je le pense. L'empirisme comme le kantisme représentent l'inéluctable élargissement du propositionnalisme. La conquête kantienne est la réconciliation, du moins au niveau du projet, de l'apodicticité du savoir et de l'expérience. Est-ce à dire que le savoir empirique n'est pas savoir ? Dans la mesure où la conscience de soi inclut l'empiricité, celle-ci est cognitive, mais l'empirisme comme tel ne peut penser ce transfert de certitude, cet *apriorisme* ontologique, ainsi que la défaite de Locke par ses successeurs le laisse bien voir. L'empirisme s'attache bien à l'expérience mais non à ce qui, en elle, s'impose comme cognitif. Il ne voit pas le sujet mais opère à partir de lui, ce qui n'est pas la même chose. L'expérience a l'évidence du savoir que l'empirisme ne peut réfléchir parce que cette évidence elle-même n'est pas empirique. Il va de soi que l'expérience enseigne, et il est donc inutile d'aller chercher pourquoi elle le fait. Avec Hume, la limite est bien sûr posée, et l'on comprend que Kant en ait été réveillé. Pourquoi l'expérience apprend-elle ? La réponse à cette question n'est pas dans l'expérience, ni même déductible de l'expérience. Kant ne niera jamais le rôle de celle-ci, il le supposera même davantage que les empiristes qui la traitent dogmatiquement, comme allant de soi, alors que rien, en elle, ne suffit à contraindre le raisonnement dans ses conclusions. Il ne reste plus que le savoir individuel, perceptif et Kant voudra rétablir le pont entre ce type de savoir-là et la science globale. La nécessité de l'expérience existe bien, cependant, mais elle n'est pas un fait, elle n'est pas elle-même expérimentable, tout en étant à la base de toute expérience possible. Au fond, ce que Kant pourrait reprocher aux empiristes, c'est précisément de ne pas avoir pensé leur propre place dans ce modèle classique de l'*épistémè*, où la nécessité de la proposition conditionne sa vérité, puisqu'elle rend impossible l'erreur, qu'elle exclut par là même. Kant s'est voulu le penseur de l'expérience plus que l'empirisme ne pouvait le faire, faute de pouvoir conceptualiser une nécessité que le sujet impose et que l'empirisme pur ne possédera jamais. L'empirisme a mal conçu sa propre richesse : de Locke à Hume, il l'a dilapidée en un éclair, ne parvenant pas à la réfléchir, ce qui aurait exigé d'aller au-delà d'elle, là où tout s'empêche.

L'expérience, comme la causalité, ont ceci en propre, dans l'empirisme, qu'ils remplissent une fonction ontologique remarquable. Cela *est* veut dire : cela *est* vérifiable par observation ou expérimentation. Certes, un état de choses peut se présenter autrement ou ne pas se présenter du tout, mais il est incontournable une fois qu'il se produit, on ne peut pas ne pas en tenir compte, il *est* tout simplement. Il faut donc mettre à part les *matters of fact* des simples relations formelles entre idées. Ce n'est pas que Hume anticiperait ici la distinction analytico-synthétique de Kant, car le synthétique peut aussi être nécessaire, comme l'inverse d'ailleurs. Il s'agit bien plutôt d'attribuer une sorte de contrainte aux faits *qui n'est pas une contrainte logique*, puisque le contraire est concevable sans contradiction. Il n'est pas contradictoire d'imaginer un homme volant dans les airs avec ses bras en guise d'ailes, mais c'est cependant impossible empiriquement parlant, au vu des contraintes *physiques* (et non logiques) qui limitent l'homme.

Quoi qu'il en soit, l'expérience est ressentie comme permettant de résoudre sans qu'il soit nécessaire d'avoir à repenser par là le résolutoire. La problématicité que l'expérience introduit a beau n'être que logique, elle n'en est pas moins réelle; voilà pourquoi Locke aura été aussi indispensable au propositionnalisme que Descartes. La force de l'expérience, cependant, est admise : elle décide, tranche même si ce n'est pas de façon incontestable, elle évite l'hypothétique (*hypotheses non fingo*, dira Newton) en plaçant d'emblée devant l'évidence, mais celle des faits. Elle découle d'eux et non de la conscience (transcendantale), parce que ce qui est a beau pouvoir être autrement, il n'en est pas moins ce qu'il est.

Le terrorisme de l'expérience, qui fait qu'on l'admettra comme seul critère, tient aussi bien d'une analytique de la conscience non thématisée que d'une volonté de résorber l'ouverture au monde comme alternatives (comme problèmes) dans l'évidence de la décision qu'assurent les faits. L'expérience existera alors en soi comme l'ontologisation même d'une analytique qui ne peut se resocratiser. Il ne s'agit pas d'en examiner la texture ontologique («de quoi est fait le monde?») mais de percevoir qu'elle a un rôle ontologique malgré l'absence de nécessité, purement logique. L'absolutisation de l'expérience, comme critère universel en soi et par soi, résulte de la circularité de la démarche décrite ici. L'expérience s'impose comme incontournable parce que les faits sont les faits et que l'on ne discute pas les faits. Ils ont beau être imaginables *a contrario*, ils sont ce qu'ils sont, et cela même ne saurait être mis en question. L'expérience a beau avoir force de loi sans être loi — d'où le scepticisme qui en découle et qui heurte la raison parce qu'il faut accepter, ou rejeter sans vraiment pouvoir le faire — nous sommes ainsi faits que nous sommes des êtres d'expérience. Et cela est aussi indiscutable que la nécessité de l'expérience semble discutable, elle.

Le décor de ce qu'il est convenu d'appeler la *philosophie des sciences* est ainsi planté, le cadre de ses questions délimité. Il s'agit de porter son attention sur le jugement scientifique et, pour en attester la nature, de vérifier son rapport à l'expérience et à l'observation, de voir ce qui, en lui, est théorique plutôt qu'observationnel, ce qui est susceptible de le réfuter ou de le confirmer, de mesurer sa nécessité, son être-loi si l'on veut, et de délimiter son éventuelle supériorité cognitive (théorique, donc) sur un jugement rival. Quant aux théories scientifiques elles-mêmes, elles regroupent ces jugements qu'elles additionnent sans en changer fondamentalement la valeur, et la validité, scientifiques. Toutes ces questions sont d'autant plus pressantes qu'elles se situent dans un champ spécifique interne à la philosophie, qui a probablement émergé suite à la rupture de crédit qui a frappé la solution kantienne du synthétique *a priori*. Jugé contradictoire dans les termes mêmes, le synthétique *a priori* a rouvert l'interrogation sur les lois scientifiques, sur leur caractère nécessaire et synthétique, c'est-à-dire novateur. Le néo-positivisme s'est bien inspiré du kantisme sans retenir sa vision de la causalité. Celle-ci doit relever de l'expérience puisqu'elle la caractérise. Il est exclu d'aller chercher dans de quelconques structures de l'esprit, immanentes, non observables ce qui relève seulement du champ expérimental. La solution kantienne qui s'effondre, cela implique que la causalité, cessant d'être apodictique, fera à nouveau problème pour l'idée classique du savoir. D'où la mise sur pied du modèle déductif-nomologique que l'on retrouve aussi bien chez Hempel que chez Popper. La philosophie de la science, au sens positiviste du terme, est issue de cette crise du kantisme, et dès le départ, elle se constitue pour faire face au défi de savoir pourquoi les choses doivent être comme la science dit qu'elles sont, ce qui pose le problème de l'explication et de la prédiction comme central. En dernière analyse, on retrouvera la primauté du justificatoire derrière l'ambition positiviste, comme on le repérait déjà en creux dans la critique de Hume à l'égard de l'induction. Avec, également, de façon sous-jacente, l'idée que la perception, base du savoir, n'est pas une relation logique, donc marquée par la nécessité. Face à la *justification*, le positivisme va créer un épouvantail, la *découverte*, qui est une sorte de processus d'agrégation du savoir aussi irrationnel que l'induction. Voyons-y un déplacement propositionnaliste de la différence problématologique niée, déplacement et négation car la découverte ne recouvre pas plus les questions que la justification les réponses, bien que couplées les unes et les autres. L'induction sera bien évidemment rejetée par le néopositivisme au nom de son déductivisme, seule source de nécessité dans et pour le discours.

Indépendamment des questions philosophiques toutes centrées sur le jugement scientifique que la perpétuation du modèle classique détermine, il y a en plus les difficultés rencontrées par ce modèle, dont j'ai parlé en son temps dans *Découverte et justification en science*.

Lorsqu'on fait de l'expérience et du progrès par l'expérience le critère même de la scientificité, il faut pouvoir très clairement montrer comment se noue ce rapport empirique. On suppose des faits, un donné, de l'observable; le théorique, qui existe par ailleurs et par lui-même, doit chaque fois pouvoir s'y ramener. Il est assez évident que les lois générales ne peuvent y parvenir, car il faudrait pouvoir vérifier à l'infini chaque cas possible avant que de pouvoir accepter comme scientifique la proposition universelle. Une assertion aussi élémentaire que «tous les hommes sont mortels» suppose, pour être validée, que l'on porte son attention sur chaque homme, passé, présent et avenir compris. C'est impossible. Il reste alors le critère popperien de réfutation, qui ne met en jeu qu'un seul cas opposé pour que soit écartée la loi en cause. Un tel test, pour simple qu'il soit, est par trop insuffisant, surtout quand on sait que l'on peut toujours réinterpréter l'expérience pour lui faire perdre sa contradictoirité, «apparente», pour l'intégrer même, en ajoutant des hypothèses *ad hoc* à la théorie «falsifiée». Ce qui renvoie aux questions de savoir pourquoi, quand et comment une théorie malmenée est conservée ou est abandonnée. Les seuls critères qui restent sont de nature sociologique, et s'évalueront en termes de résistance du milieu aux nouvelles élites théoriques, en ascension ou, au contraire, en stagnation au niveau des structures du pouvoir institutionnel selon toutes ses formes. Et l'on passe de Popper à Kuhn.

A la base, c'est la dichotomie entre le théorique et l'observationnel à l'intérieur du discours de la science qui est en cause. La référentialité de la science repose sur le postulat de l'existence de faits que l'on pourrait observer tels quels. De là, l'individu passe au niveau plus complexe de la théorie; une version remaniée de la réflexion chez Locke et des idées selon Hume. Il y aurait de toute façon un double niveau, l'empirique, qui est contingent, et le démonstratif; une contingence qui n'est qu'un creux pour la logique mais non pour l'individu qui ne peut que croire dans l'évidence de ses sensations. Avec l'empirisme, en tout cas, renaît l'opposition, pour le savoir, entre l'observable et le conceptuel qui en dérive. Or, une telle dichotomie ne laisse pas de poser des problèmes insolubles, et pas seulement en raison de la réification de l'observation, de l'expérience. La spécificité de la science se perd dans la réduction au savoir individuel et au jugement isolés, certes cognitif, qui en résulte. Comme si la science commençait par l'observation naïve d'un donné préexistant à toute théorisation. Il n'y a pas que le genre de questions qui est alors prédéterminé mais aussi l'impossibilité d'y vraiment répondre. On ne pourra s'empêcher de constater que nombre de jugements scientifiques n'ont pas de rapport direct avec le réel, mais n'ont de signification qu'intrathéorique. On ne pourra s'empêcher de tomber sur des paradoxes qui affectent la nature même de la confirmation, et qui sont purement logiques[4]. On ne pourra s'empêcher de penser que la science, loin de progresser en accumulant des résultats justifiés comme tels, évolue par les questions mêmes qu'elle pose; une idée de Popper, certes, mais que l'on trouve déjà chez Bachelard : «L'esprit scientifique nous interdit d'avoir une opinion sur des questions que nous ne comprenons pas, sur des questions que nous ne savons pas formuler clairement. Et quoi qu'on dise, dans la vie scientifique, les problèmes ne se posent pas d'eux-mêmes. C'est précisément ce *sens du problème* qui donne la marque du véritable esprit scientifique. Pour un esprit scientifique, toute connaissance est réponse à une question. S'il n'y a pas eu de question, il ne peut y avoir connaissance scientifique»[5]. On ne pourra s'empêcher alors de s'interroger sur le lien global théorie-donné de l'expérience, comme rapport fixe, anhistorique, entre deux sphères ontologiques constituées et autonomes. Tout comme on ne pourra s'empêcher de méditer sur la nécessité et le discours expérimental, donc sur la causalité.

Peut-être, au lieu de suivre Bachelard et Popper, faut-il renoncer à partir des problèmes et préférer une théorie de l'expérience, si tant est que celle-ci se livre indépendamment des questions? La grande tentation serait de sacrifier à l'histoire des sciences et de s'y limiter. Les scientifiques eux-mêmes nous y invitent souvent.

Une telle démarche historiciste renvoie à la question de sa propre possibilité, jamais posée mais toujours résolue au nom d'une certaine factualité. Il n'y a pas de lecture d'une histoire des sciences qui puisse faire l'économie de nous dire en quoi consiste une démarche scientifique, qui puisse se faire le *substitut* d'une telle interrogation. Ce qui implique que l'histoire des sciences, qui n'est jamais lecture neutre, telle la perception humienne, soit auxiliaire et non motrice. Rares sont les scientifiques qui comprennent cela et qui admettent qu'ils ne sont pas philosophes pour autant. S'ils excellent en science, pourquoi croiraient-ils qu'ils ne sont pas philosophes de leur science *du même coup* ? D'accord pour se pencher sur l'histoire des sciences, mais non au hasard d'une excellence singulière, d'une discipline qui, forcément, cache la diversité et les autres types de recherche, pas d'accord pour croire que l'on peut lire une factualité historique qui se donnerait telle et qui serait la quintessence de l'interrogation — bien absente — sur la science en général.

Il reste alors tous les problèmes dont on a parlé, et qui, précisément, nous obligent à partir non du jugement individuel, non de la déduction logique, non du rapport réifié au donné observationnel, mais du *problème factuel*, de l'interrogativité empirique, et de dégager ce qui la rend scientifique, et qui est la théorie.

2. Expérience, causalité et interrogation : au-delà du synthétique *a priori*

Avant de savoir si les faits existent en dehors de leur interprétation, il importe de se demander en quoi consiste l'expérience. A partir de l'empirisme, il s'agit d'une ontologie : il y a une véritable réification de l'expérience en un en-soi, ce qui a fait perdre de vue ce qu'elle est avant tout, c'est-à-dire *une* méthode de résolution de problèmes, sûrement pas *la* méthode. L'expérience n'a finalement de sens que par référence à des questions. Rien n'empêche les réponses d'être autres que ce qu'elles sont, mais parce qu'elles résolvent des questions, elles excluent nécessairement l'alternative. Une alternative est un problème, et la réponse la tranche. Cela rend parfaitement compte de la nécessité, sans plus engendrer de contradiction à cet égard. La notion de nécessité est purement apocritique : elle caractérise le répondre en tant que la réponse qui résout une question est nécessairement exclusion de l'autre terme de l'alternative. Cela vaut *a priori* pour toute réponse quelle qu'elle soit. Ce qui aurait pu être autre, c'est la réponse, non le fait que si elle est cela, tout autre énoncé n'est pas réponse. Par rapport à une question, la réponse n'est pas, comme telle, nécessaire, mais l'énoncé qui s'imposera comme réponse sera nécessairement réponse en excluant l'énoncé opposé du droit à être réponse de ce fait même. Si l'on se situe dans l'indifférence problématologique, on ne peut que déboucher sur les difficultés du *synthétique a priori* : portant sur l'expérience, il est résolutoire, parce que résolutoire, il est *a priori* nécessaire ; mais renvoyant à une question, il n'a aucune nécessité *a priori* d'en être la solution. Une fois réponse, l'énoncé apocritique ne peut pas ne pas être exclusif de toute réponse alternative de la question posée. Tout ceci, bien sûr, si l'on ramène la question de base à une question à réponses mutuellement exclusives. On y reviendra. Si l'on ramène tout à du propositionnel, il faudra bien que le synthétique *a priori* soit la double propriété du jugement scientifique comme tel, alors que si l'on se rend compte qu'il y a dans la nécessité quelque chose qui tient au répondre même, au-delà de tout contenu empirique, on évitera la contradiction.

L'expérience que l'on réifie et que l'on autonomise en la ramenant au tissu des faits conforte l'idée qu'elle n'est pas un mode de résolution, mais la texture même du réel, les choses si l'on veut. Certes, on oppose bien souvent l'observation, qui est passive, à l'expérience qui est active, mais sans bien le voir, on renforce le postulat de l'expérience comme voie d'accès à des faits qui existeraient tels quels, en dehors de toute interrogation. En effet, il n'y a pas plus d'observation-passivité que d'expérience-activité, car, pas plus qu'on ne peut lire un donné qui serait transparent, on ne peut y accéder par approches successives et construites. Un tel donné n'existe pas. Le réel existe effectivement, et l'expérience est une démarche interrogative qui permet de le découvrir. L'observation est elle aussi interrogative, parce qu'il n'est pas de réalité qui ne se présente comme réponse et qui, à ce titre, ne renvoie, fût-ce le temps d'un éclair, à une question sous-jacente.

3. Les propriétés de la démarche scientifique

La question qui se pose maintenant à nous, et compte tenu de ce qui vient d'être dit, est de savoir comment se constitue la connaissance scientifique de façon spécifique. Cela revient à déterminer comment l'expérience, la causalité et la théorisation s'articulent. Quant à l'observation, elle n'existe pas en soi, car le réel ne se laisse pas recevoir, il se cherche. Il pourrait donc être autre, du fait de la problématisation constante qu'il requiert de nous. Une fois mis en réponse, et avec le refoulement du répondre comme tel, *ce qui* était en question apparaît pour *ce qu'*il est et n'étant *que* cela, il apparaît comme ne pouvant être *que* ce qu'il est, d'où l'impression d'évidence et de nécessité du réel, un apparaître qui devient apparence si l'on perd de vue le processus de questionnement dont il est issu, ce qui est bien ce qui se passe si l'on s'abandonne à la tradition propositionnaliste qui, faute de pouvoir concevoir le questionnement, théorise seulement sur ses effets. La positivité des faits, leur indépendance affirmée, avec tout ce que cela pose comme difficulté de conceptualisation (Berkeley), émergeront comme résultats statiques d'un processus inexistant et introuvable selon les termes mêmes du modèle.

Est-ce à dire que la problématologie rejette toute factualité ? Elle essaie bien plutôt d'en retracer l'émergence, et d'expliquer ce qui donne l'impression d'autonomie factuelle, sans considérer celle-ci comme une évidence, comme un donné inexplicable ainsi que l'empirisme le fait, ou comme à rattacher à des catégories *a priori* qui, par le biais d'une subjectivité pure, analytique, se construit la nécessité de ce donné empirique au niveau d'une réceptivité sensible purement passive. Les réponses qui s'autonomisent par rapport à ce dont il était question, pour ne laisser percevoir que *ce qui* était en question, refoulant ainsi toute référence à la question, toute réflexivité problématologique, nous connaissons. Lorsque par après, l'acquis donne sens aux questions ultérieures, se reproblématologisant, nous connaissons aussi : les faits se présentent alors en réinterprétation constante par rapport aux questions qui les invoquent dans tel ou tel but, et à l'égard desquelles ils fonctionnent comme des prémisses, indépendantes et supposées connues. La factualité des faits, c'est-à-dire ce que l'on entend généralement par l'idée que les faits s'imposent en eux-mêmes et qu'ils faut s'y soumettre, qu'ils sont donc tels *pour nous* mais *sans* nous, cette factualité doit être entendue dans un rapport problématologique pour ne pas engendrer de conflit. Comme réponses non thématisées telles, issues d'un processus antérieur et autre, les faits se donnent comme indépendants, mais ils se donnent : le donné qu'ils représentent les situe automatiquement à l'intérieur d'une interrogation qui demeure ou qui surgit, et à l'égard de laquelle ils servent de point d'ancrage résolutoire. L'observation, les faits observés, représentent l'expérience sédimentée, ne faisant plus question. La dualité de l'apocritique et du problématologique permet alors de *dire*, donc de concevoir, que l'observable est à la fois résultat, qu'il ne s'analyse plus par rapport à rien d'autre qu'en fonction de sa positivité de résultat, et qu'il a une signification pour nous, que c'est nous qui l'affirmons résultat, qu'il est ce qu'il est par rapport à une accessibilité qui semble abolir du même coup son autonomie et son indépendance d'en-soi. Propositionnalisez ce qui vient d'être énoncé, et toute dualité apocritico-problématologique s'effondrera dans l'in-différence, laissant l'observable à la fois dépendant de l'observation pour être (*esse est percipi*) indépendant de l'observation comme corrélat objectif du processus. La vision statique du référentialisme, qui se veut théorie autonome, est indéfendable. Après tout, nous savons bien qu'il n'y a pas de référence pure, le fait-en-soi, car, notre vie de tous les jours le confirme à suffisance, les faits ne nous apparaissent que chargés de signification.

La dichotomisation du référentiel et de l'interprétatif est pourtant tout aussi admise, parce que les réponses ne sont pas elles-mêmes l'objet de leur faire-apparaître. *Ce qui* fait question ne se laisse en rien distinguer de la question même. Si je m'interroge sur votre venue, par exemple, votre venue fait problème, elle est le problème. Ainsi, on ne peut raisonnablement distinguer le fait en question de celle-ci. La question a une fonction de factualisation, de phénoménalisation de l'objet : c'est la transitivité.

Lorsqu'on dit, dans l'exemple ci-dessus, que votre venue pose ou fait problème, on peut entendre cette expression de deux façons, qui ne sont ni sans rapport ni même arbitraires, en ce qu'elles éclairent la phénoménalisation, l'observation, l'émergence des faits et la manière de les expliquer. Si je dis que votre venue pose problème, je peux, en effet, vouloir dire deux choses : soit que le fait même, l'éventualité de votre venue est en question, vous pouvez venir ou ne pas venir, mais j'aimerais le savoir; soit, au contraire, que votre venue est un fait déjà établi, mais elle renvoie à une autre question, elle pose une difficulté. Ainsi, je puis parfaitement dire que «la question de votre venue à notre réunion va susciter beaucoup d'embarras chez nos amis», ou encore, que «la question de votre venue hier soir n'est pas clarifiée à mes yeux» pour indiquer ici que l'on veut une explication sur un fait admis. Le fait de votre venue, comme tel, ne pose aucun problème, puisque vous êtes venu ou que vous viendrez, comme dans l'autre exemple, mais des questions se posent au sujet de ce fait, dont la venue même n'est pas la réponse, autre chose est demandé. Un peu comme si je disais que la question de l'Histoire est résolue inadéquatement chez Marx : on ne nie pas qu'il y ait de l'Histoire, ni même que sa factualité soit abordée par Marx. On aurait pu dire — autre exemple — que le problème de l'électricité est mal résolu chez le voisin, ce qui suppose qu'il a l'électricité chez lui, mais si je dis que la question de la complétude de l'arithmétique mérite notre attention, cela peut fort bien signifier que je mets en doute cette complétude.

Bref, on semble se heurter à deux lectures, apparemment opposées. Ce qui est certain est que l'on est loin de la question selon l'ontologie. La question X? ne cherche pas à savoir ce qu'*est* X, en supposant que X est, et que ce qu'il est, donné par la réponse, est une essence. Une essence présente dès la question, qui la fermerait, l'orienterait *a priori*, et obligerait la réponse à être ainsi de nature ontologique. Que demande notre questionneur par sa double lecture sur X, si ce n'est l'être de X, qui abolit, résorbe, le X dans sa «Xéité»?

Prenons les deux cas. Si je me demande si vous venez, par exemple, c'est le fait lui-même qui se trouve en question, et la réponse, étant déclarative, affirme ou refuse l'affirmation, ce qui est encore affirmer. La décision porte sur une affirmation: est-elle ou non la réponse? «Vous venez»: est-ce là la réponse ou non? Dans l'autre situation, on ne s'interroge pas sur le fait, que l'on admet, mais on demande autre chose. Il y a un hors-question, soit A, et l'on veut savoir si B, ou au contraire, si non-B, en tout cas, on cherche un B tel que A, qui est donné, ne fasse plus problème. A est un donné à propos duquel on s'interroge sans être lui-même nié dans sa factualité. Dire que la question de l'Histoire reste pendante chez Marx signifie que l'explication de l'Histoire ne satisfait pas notre locuteur-questionneur. Il cherche une réponse, ou un ensemble-solution de réponses, qui justifient un fait, en l'occurrence, l'évolution et la transformation des sociétés humaines. Imaginons la question suivante: le problème des intellectuels chez Marx est mal traité. Cela veut-il dire qu'il a parlé des intellectuels et que l'on récuse la *réponse*, ou au contraire, qu'il n'en a pas dit grand-chose? J'aurais pu choisir la phrase suivante: «quant au progrès de l'Histoire, la question est loin d'être claire». Ici aussi, deux lectures sont possibles: 1) on ne nie pas le progrès de l'Histoire, mais on comprend mal l'explication; 2) on ne sollicite pas d'explication du fait parce que, tout simplement, on refuse l'idée que le progrès de l'Histoire soit un fait hors de question par lui-même, que l'Histoire progresse.

Les deux lectures ci-dessus sont bien évidemment des reconstructions de questions qui, en elles-mêmes, possèdent la double lecture, et dont il est souvent difficile de savoir si l'une plutôt que l'autre s'impose. On peut d'ailleurs récuser la première lecture dans les deux derniers exemples, celle qui consiste à admettre le fait et à soutenir qu'on interrogeait sur autre chose. Si l'on interroge sur autre chose, pourquoi ne pas l'interroger directement, si ces faits n'étaient pas eux-mêmes en question de quelque façon? En réalité, les deux lectures sont plus indissociables qu'il n'y a paru jusqu'ici.

L'interrogativité est constitutive du rapport au réel: on n'y observe que ce que l'on cherche, on n'y voit que ce que l'on s'efforce de voir, on n'y trouve que par rapport aux problèmes qui nous agitent. Le *ce* ne peut émerger qu'en référence au *que*, pour devenir *ce que* je vois ou *ce que* je sens. *Ce qui* est réponse à une question qui disparaît dans l'apparaître du cela qui était en question et qui est devenu réponse, réponse déproblématologisée qui ne laisse présent que son objet.

Supposons maintenant que je dise que la question de l'ellipse des orbites est posée avec Kepler. Si je ne mets pas en question le fait même que les orbites suivent un mouvement elliptique, je l'admets par conséquent, j'accepte la proposition «les astres ont des trajectoires elliptiques», je ne la mets pas en question mais je m'interroge à son sujet, une autre question est posée puisque l'on a déjà répondu à la première. S'il y a question et que ce n'est pas le fait de la courbe elliptique qui est en cause, il faut que la question soit autre en raison de la différence problématologique qui veut que la question diffère de sa réponse, sous peine de circularité, donc de non-résolution. Parce qu'il y a une question qui se dédouble, et qu'elle appelle une réponse sur la première réponse (problématologique), il y a inférence; ici explication. Ce que demande le questionneur est une proposition se reliant à la question de l'orbitre elliptique des astres, c'est-à-dire, puisque celle-ci est admise, expliquant, justifiant *le fait en question*. Ce qui est littéralement en *cause* est ce qui indique *pourquoi* ce phénomène se produit tel quel, et non autrement. Le fait relié à une proposition qui l'explique donnera ainsi la *cause*, ou en tout cas une cause explicative.

Si, par contre, on met littéralement en question le fait que les orbites aient une trajectoire elliptique, on ne demande pas autre chose que d'établir le fait en question. *Il cesse alors d'être un fait puisque c'est cela que l'on demande. Ce qui montre bien que les faits ne sont les faits que lorsqu'ils ne sont pas mis en question.* Ce qui signifie que les faits ne peuvent être interrogés comme tels, indépendamment de leur explication, sans cesser d'être des faits, hors question à ce titre. L'idée même de fait renvoie à celle de justification, une justification interprétative en ce que l'on y ramène le fait *interrogé* à une *réponse*, donc à une problématique, qui lui donne une signification théorique. Les faits, la question des faits, reposent sur une conceptualisation préalable qui permet de les séparer dans une interrogation à leur sujet mais non dissociable totalement de cette interrogation.

Et pourtant, dira-t-on, tout semble indiquer qu'on puisse interroger les faits en eux-mêmes, et qu'on y arrive en pratique, et par là, qu'on puisse dissocier la lecture des faits de leur explication. Une telle vision empiriste, enracinée dans le sens commun, ne peut être que circulaire, et vicieusement circulaire même. Elle se donne comme réponse ce qui fait question; sans rien résoudre, elle croit avoir tout résolu.

Reprenons l'un des exemples précédents. Je m'interroge sur le fait de votre venue; c'est cela qui constitue mon problème. Ce fait surgit bien à la faveur de la question, il se présente comme possible, il contient sa non-occurrence du même coup. D'autre part, ce fait est *aussi* ce qui devra résoudre notre question. Etant donné que ce qui est en question est ce qui est réponse, on doit non seulement conclure à l'indépendance du fait en question, *des* faits, à l'égard de notre interrogation qui, pourtant, les a fait surgir à nos yeux, mais on doit aussi se dire que l'on admet l'évidence d'un fait alors qu'on s'interroge à son propos, parce que l'on s'interroge à son propos. J'admets que votre venue constitue un fait par là même que je me demande si c'est bien un fait. On aura beau dire que l'on doit distinguer le fait de son occurrence, que l'on appellera événement pour répondre à l'exigence de différenciation problématologique, il faudra encore se convaincre que les faits existent bien en dehors de leur occurrence. J'ai bien sûr le droit d'accepter les faits pour eux-mêmes dans une interrogation propre, mais je ne dois pas oublier que je ne mets pas alors en question le fait lui-même, mais, encore et toujours, autre chose. Ou plus exactement, que j'interroge en propre les faits par l'intermédiaire d'une interrogation au sein de laquelle ils se situent et qui leur donne sens. Pour parler des faits, il faut pouvoir les situer par des définitions implicites qui servent de point de repère au questionnement et qui ne sont pas elles-mêmes réinterrogées. Distinguez les faits de leur occurrence, et vous cessez d'interroger les faits; évoquez un fait, et il sera en question comme étant ce qui ne fait plus question. Car il est impossible de thématiser un fait, d'en évoquer la question, et à la fois de croire qu'il l'est de façon pure sans réponse préalable qui permette de l'encadrer tel. Que le sens commun procède pourtant de la sorte montre à suffisance qu'il opère avec des présupposés qu'il ignore et refoule. Parce qu'en réalité, les deux lectures dont on a traité plus haut se mélangent toujours; d'où l'ambiguïté, qui autorise cette double lecture, l'une étant conditionnée par l'autre, et vice versa. Comme le rapport de ces deux lectures est une inférence interrogative, en niant tout rôle au questionnement, on perd le lien, et chacune des lectures semble alors pouvoir se rendre autonome à l'égard de l'autre. Et l'on retombera sur une circularité incontournable qui marque la factualisation du réel dès lors qu'on isole celle-ci en toute singularité. Il est clair, par exemple, que je peux me pencher autant que je le souhaite sur la Révolution française, par exemple, et me dire que j'étudie ce fait important dans sa pure phénoménalité événementielle, mais la démarche ne pourra échapper à une thématisation de ce qu'est cette Révolution dans sa factualité même, et qui renvoie à une question particulière, à une approche qui peut varier avec les questions à résoudre. Si la Révolution est perçue comme une rupture dans la lutte des classes, comme l'avènement d'une ère nouvelle, sans lien essentiel avec ce qui précède, elle sera expliquée, comme fait, bien autrement que si on la voit comme une étape dans le renforcement du rôle de l'Etat, comme étape dans la circulation d'élites bloquées par des structures centrales inadaptées. Le fait lui-même sera pensé autrement : la prise de la Bastille deviendra inessentielle, accidentelle en tout cas, en regard de la réaction nobiliaire et aristocratique qui précède. Le commencement, l'instauration du fait, sa texture même, a ainsi changé avec sa signification. On ne peut interroger la Révolution française pour l'expliquer sans savoir de quels faits il doit être question, et en délimitant ceux-ci, on est déjà dans la réponse, car on présuppose ce qui est à expliquer, on a une définition implicite de la nature même du phénomène-problème. Si je définis la Révolution comme rupture radicale, je résous implicitement la question de la continuité avec l'Ancien Régime. J'en conteste, *a priori,* la possibilité, ce qui est une façon circulaire de se donner la réponse par le type d'interrogation que l'on a choisi. D'autre part, si la Révolution est factualisée comme l'arrivée d'hommes nouveaux au sein de l'Etat, je réponds tout aussi implicitement à la question de la Révolution française; je la vois comme régulatrice d'un processus préexistant, et je l'expliquerai alors différemment, puisque l'objet dont il faut rendre compte se présente autrement. Mais en voyant le fait comme ceci plutôt que comme cela, un ensemble de résultats préalables sont posés sans être justifiés. La circularité mise en œuvre à produire des faits serait destructrice si elle s'arrêtait au constat empirique, propre au sens commun. Mais ce n'est pas ainsi que la science procède. Première caractéristique, la science met sa factualisation à l'épreuve en appliquant à d'autres faits l'explication qu'elle suppose pour les « faits de base ». Des faits qui proviennent d'autres théorisations et qui ont ainsi une autonomie relative, issue du dédoublement dont on a traité précédemment. Des faits qui doivent être expliqués car ils font partie du domaine ou des faits dont on ne soupçonnait qu'ils pussent être expliqués par la même théorie. L'idéal de simplicité répond ainsi à l'intégration de faits dont on ne pensait pas de prime abord qu'ils pussent être réliés. La systématisation par la théorie unifiée correspond à l'exigence de vérification de l'hypothèse de départ. S'il y a une question à propos des faits de base, c'est parce qu'il y a approche circulaire qui, pour être contrée, requiert que soit mise en question la factualisation. Une telle mise en question présuppose, par nature même de la mise en question, l'alternative. Il faut que l'explication qui sous-tend la conceptualisation des faits de base ne soit pas *ad hoc,* c'est-à-dire ne soit pas seulement compréhensive de ces faits-là. Plus on a de faits expliqués et plus la théorie sera générale. Plus elle est explicative, et plus elle augmente ses chances de surclasser une théorie rivale. Il y a, pour ce faire, récupération de faits déjà expliqués et connus au niveau de la théorie que l'on s'efforce de remplacer, récupération de faits extérieurs au champ théorique admis comme tel (la sexualité qui se débiologise avec Freud, par exemple, et qui devient «psychologique»), et enfin la détermination de faits nouveaux qui vont alors s'autonomiser relativement à la démarche qui les a mis en lumière (les actes manqués, pour reprendre l'exemple freudien).

La grande différence entre le sens commun et la science tient à ce que le sens commun, par sa circularité, fonctionne avec l'évidence des résultats acquis à ne jamais constituer, étant plus ou moins vérifiés analytiquement par une sorte d'efficacité locale, pragmatique. La science, elle, ne peut s'épargner le constat que toute vision des faits est hypothétique, et que pour vérifier l'hypothèse qu'elle factualise, elle doit considérer celle-ci comme une demande, laquelle donnera lieu non à une inférence de type pragmatique et circonstanciel, mais à une inférence qui porte sur l'hypothèse elle-même afin que celle-ci puisse accéder au statut de réponse que le sens commun postule d'emblée comme accordé, comme allant de soi. La factualisation étant hypothétique pour la science, elle requiert d'autres réponses que celles de la circularisation du factuel, ce qui oblige à la théorie. Les conséquences sont à tirer au niveau du discours et non de l'action ponctuelle. D'autres faits que ceux de la base initiale doivent être expliqués par la théorie. La circularité qui consisterait à se limiter à cette base impliquerait que la problématisation des faits, pourtant bien réelle, soit prise comme étant déjà solution. On ne devrait donc pas aller plus loin. La problématisation est récusée par l'évidence empirique du réel. Les faits parlent d'eux-mêmes, ils existent avec toute leur force et leurs évidences, et malgré cette nécessité, ils n'ont rien de nécessaire. Dans une telle vision, il n'y a pas de rapport au réel qui s'instaure par une problématisation de celui-ci, on additionne les observations et les expériences comme constats empiriques de faits qui ainsi s'accumulent parallèlement à la complexité théorique. Cet atomisme épistémologique se poursuit, du sens commun à la science, en agrégeant les juxtapositions de constats expérimentaux et observationnels, de factualisations qui se donnent, sous le coup de l'inspiration du hasard, et parfois du génie, toujours à partir de l'individuel en tout cas. On prend la lecture des faits comme une simple appréhension d'un donné préalable, ontologiquement préalable, mais accessible à chacun en raison de l'«objectivité» qu'il semble posséder puisque ce donné est littéralement la base de la science. Par cette incapacité à comprendre qu'il n'y a pas de faits isolés, qu'ils émergent de théorisations avant de s'en libérer d'une certaine façon, on se donne comme réponse ce qui résulte nécessairement d'un processus de questionnement sans pouvoir appréhender celui-ci. Et l'on aura la difficulté de l'induction, mais aussi toutes les autres difficultés aux-quelles se condamne l'atomisme épistémologique qui est la conception de la science du propositionnalisme, et qui concernent toutes la vérification des hypothèses, un problème qui ne peut pas se poser analytiquement. «Contrairement à ce que nous nous sommes efforcés d'établir, dit Duhem, on admet en général que chaque hypothèse de Physique peut être séparée de l'ensemble et soumise isolément au contrôle de l'expérience; naturellement, de ce principe erroné on déduit des conséquences fausses touchant la méthode suivant laquelle la Physique doit être enseignée. On voudrait que le professeur rangeât toutes les hypothèses de la Physique dans un certain ordre, qu'il prît la première, qu'il en donnât l'énoncé, qu'il en exposât les vérifications expérimentales, puis, lorsque ces vérifications auront été reconnues suffisantes, qu'il déclarât l'hypothèse acceptée; mieux encore, on voudrait qu'il formulât cette première hypothèse en généralisant par induction une loi purement expérimentale; il recommencerait cette opération sur la seconde hypothèse, sur la troisième et ainsi de suite jusqu'à ce que la Physique fût entièrement constituée (...). On n'avancerait rien qui ne soit tiré des faits ou qui ne soit aussitôt justifié par les faits»[6]. Si on allait effectivement de fait en fait, on irait de vérité en vérité sans erreur possible; on n'aurait pas davantage d'hypothèse (l'*hypotheses non fingo* serait vrai), ni *a fortiori* de théories qui ne soient, proposition par proposition, corroborées par les faits extérieurs, rendant impossible tout ajustement conventionnel, *ad hoc*; on aurait enfin un *continuum* de l'expérience individuelle à la science, laquelle ne serait ainsi que de l'expérience individuelle ajoutée. Toutes ces idées ont fait long feu. Mais c'est le cadre même de ces questions sans réponse qu'il faut rejeter, et non inlassablement reprendre. Une problématisation de faits requiert une théorie des faits avant tout, au sein de laquelle ils émergent comme faits, avec leur positivité empirique comme résultat, puisqu'ils sont réponses. Pour être réponses, il faut que la factualisation initiale ait été justifiée par d'autres propositions, génératrices, elles, du discours théorique. Ce n'est qu'en niant au questionnement son rôle constitutif à l'égard des faits en tant que tels que l'on aboutit au primat des faits isolés, mis bout à bout, avec un processus de découverte perçu comme épisode psychologique, l'en-deçà de la vérification et de la justification logico-expérimentale. La découverte orientant le choix des faits qui vont alors s'ordonner, un ordonnancement assuré par l'expérience et la logique, et qui conférera la scientificité aux propositions ainsi additionnées.

La réalité du processus scientifique est tout autre, car on ne part pas de faits qui se donneraient individuellement mais de factualisations interdépendantes, dont le tissu provient d'une problématique synthétique. Lorsqu'on parlait, il y plusieurs chapitres de cela, d'une raison analytique, partielle, locale, qui passe pour la rationalité globale sans pouvoir se dire telle, sous peine de se détruire dans son dire, on évoquait un autre aspect de la scientificité, non celui par lequel elle s'oppose au sens commun, mais celui qui la rend limitée dans son champ d'application. Une plus grande descriptivité diminue l'explicativité, mais même en s'assurant des gains d'explicativité, une théorie scientifique est toujours partielle. Cela ne veut pas dire qu'elle se construit partiellement, en partant d'observations purement ponctuelles, par accumulations successives. Ne mélangeons donc pas le caractère analytique de la raison scientifique avec le fait qu'elle ne s'enracine pas dans des expériences isolées des individus qui seraient ainsi savants comme M. Jourdain fait de la prose.

La problématisation qui livre le factuel à notre entendement donne lieu à un répondre, à une inférence, qui a pour but de valider comme réponse la lecture du factuel, faisant de l'irréductible réalité de celui-ci un résultat que l'on pourra ensuite, dans d'autres théories éventuellement, considérer comme acquis indépendamment de tout le reste, *a fortiori* sans référence obligée au processus interrogatif qui l'a fait surgir et valider dans son être. La circularité consisterait à transformer, sans plus, la question en solution, ce que fait le sens commun, tandis que la science doit considérer ce qu'elle interroge comme tel, et assertoriser en hypothèse ce qu'elle dit, pour arriver à une réponse qui supprimera l'interrogativité de l'assertion. Ainsi, dans la question des orbites elliptiques, on demande autant si c'est vrai qu'il en est ainsi que la raison pour laquelle c'est elliptique et non, par exemple, circulaire. La réponse à l'une des questions est réponse à l'autre, parce que la première question renvoie à l'autre, et que ce n'est qu'une fois que l'on a les réponses que l'on peut dissocier les questions, et en autonomiser les résultats. Le sens commun fonctionne comme de la science constituée, car l'une et l'autre ne rencontrent les questions qu'une fois résolues; la systématisation fait bien sûr la différence. Aristote, d'ailleurs, s'est parfaitement rendu compte de ce lien dans sa théorie de la science, lorsqu'il écrit que «par exemple, *est-ce que la lune subit une éclipse?* signifie: *y a-t-il ou n'y a-t-il pas une cause à l'éclipse?* (...). Dans (cet exemple), il est clair qu'il y a identité entre la nature de la chose et pourquoi elle est. La question: *qu'est-ce que l'éclipe?* et sa réponse: *la privation de la lumière de la lune par l'interposition de la Terre* sont identiques à la question: *pourquoi y a-t-il éclipse?* (...) Ainsi donc comme nous l'avons dit, connaître ce qu'est une chose revient à connaître pourquoi elle est»[7] parce que le fait ne se laisse caractériser que théoriquement, par une réponse qui lui donne son identité. C'est parce qu'on a scindé les deux questions que l'on a une inférence, et Aristote ne voit là que le processus de causalisation du réel, puisqu'il ne connaît que des propositions qui s'enchaînent par lien logique qui devient causal par adéquation ontologique. Mais il a raison de voir la question au départ comme une, elle n'est divisible qu'en termes de résultats, et pour Aristote, de propositions : cette question unique consiste à inférer une réponse, qui devenant telle, fait réponse une certaine réalité, indépendamment de cette réponse. Le rapport entre les deux est inférentiel; *une fois constituées* elles se présenteront comme ayant un lien raisonné. Ce qui entraîne que lorsque l'on part de faits, admis au préalable comme tels et n'ayant plus à être réinterprétés, on les utilise causalement d'emblée, ils sont déjà constitués, on n'a plus à leur assurer leur indéniable positivité. On dit qu'ils sont établis. Et la double lecture des questions factuelles naît de plein droit sans qu'il soit pour autant légitime de les scinder *totalement*.

Le principe de raison, au fond, n'est rien d'autre que le produit de la différence problématologique telle qu'elle naît du refus de circularisation. La question de la Révolution française suppose que le *fait* lui-même est ceci plutôt que cela, mais la question au lieu de se poser comme réponse exige une réponse qui justifiera l'interprétation choisie contre toute autre. La Révolution deviendra alors ce fait tel qu'il est décrit dans cette lecture particulière. La différence problématologique, que l'on ne peut négliger si l'on veut éviter le cercle vicieux, naît de l'*immédiat factuel supposé*. Je rappelle que la détermination du problématique est déjà réponse, et que si l'on ne voit pas que cette détermination n'est que problématique, réponse problématologique, on tombera dans le piège de la confusion avec l'apocritique. Pour résoudre une question sur quelque chose, il faut donc une autre réponse que celle qui est l'assortisation du problématique. Et le lien entre ces deux entités est inférence. Si l'on part de faits, il sera même causal. Ce qui n'est pas une contrainte, dans la mesure où la réponse exigée peut, elle, ne pas relever de l'expérience et être, par exemple, une loi ou une équation, non directement factualisable.

Qu'attend-on au juste de cette réponse ? Réponse seconde si on isole la question factuelle par une réponse problématologique spécifique, problématologique afin de lui conserver son statut d'hypothèse, de demande; réponse tout court si on prend la question comme telle, parce que, par exemple, on ne peut isoler le factuel, parce qu'il n'est pas établi *par ailleurs*, indépendamment, donc comme *réponse* par soi.

4. La construction des alternatives: de la causalité à la relevance comme critère d'expérimentalité

Il faut donc prendre garde à la théorisation *ad hoc* qui rende les faits conformes à leur détermination problématique. On ne peut simplement trouver le réel tel qu'on l'a supposé être dans l'approche de base qu'on en a fait. Ne pas confondre ce qui est de l'ordre du problème avec celui qui doit marquer la solution. Par conséquent, il faut qu'on prenne les faits en question comme question, d'où l'exigence d'une réponse qui, si elle s'avère « correcte », transformera les faits en réponse indépendante; on aura répondu aux faits eux-mêmes en s'autorisant d'une lecture qui permet de dichotomiser les faits de cette lecture. D'où l'idée de vérité comme adéquation. Si les faits sont, en un premier temps, ce qui fait question, la réponse demandée n'en sera pas moins la justification de la façon de factualiser, donc de répondre aux faits par une assertorisation particulière. Une bonne explication de la Révolution est aussi une justification pour voir ce fait d'une façon plutôt qu'une autre, façon qui a servi à interroger le fait lui-même mais qui ne cesse d'être problématique qu'une fois cette explication validée.

Mais comment valider?

Reprenons l'exemple de la question de l'ellipse des orbites planétaires. J'en demande l'explication, ce qui signifie que j'admets le fait que les orbites *ont* une trajectoire elliptique. Mais je ne demande cette explication que pour établir le fait que présuppose l'explication. Car il s'agit bien de présupposer cela, comme lorsque je soulève la question de votre venue, voulant dire par là que j'en recherche l'explication puisque vous êtes *déjà* venu. Ce n'est pas votre venue même qui est en question mais c'est la question que pose cette venue, laquelle a eu lieu, qui est évoquée ici.

Si l'on ne dissocie pas les deux lectures d'une factualisation, que l'on admettra désormais interrogative, on semble se mouvoir en cercle. D'où la dissociation, que l'on ne peut rendre absolue, mais que l'on doit situer à l'intérieur même de *la* démarche interrogative, prise globalement. C'est en tant qu'une première question que l'autre se pose, une première question que l'on posera résolue mais que l'on ne résoudra que par la seconde. Dès lors, on part d'une réponse, purement hypothétique à ce titre, qui dit quels sont les faits et on procède à une inférence, dont le but est de justifier la lecture première des faits sur laquelle on s'est appuyé. Répondre à la question initiale du factuel équivaut à justifier l'appréhension du factuel, mais on le fait en se donnant *a priori* cette « justification », fût-ce hypothétiquement. La question reste posée par la théorisation qui doit dès lors se justifier indépendamment, être réponse *par ailleurs* pour que soit validée la lecture hypothétique de base. C'est la théorisation qui est devenue question, et l'autonomisation d'une des lectures de la question de l'ellipse des trajectoires s'impose alors.

Parce qu'il y a questions, il y a mise à l'épreuve d'alternatives. On va voir ce qui se passe « dans le cas contraire ». La théorisation B qui explique la factualité A supposée au départ sera testée problématiquement : B ou non-B ? On aura B, par exemple, ce qui fera admettre A. Si B implique A et que B est acceptée, A doit l'être. Pour justifier la thèse problématique B, on va procéder de la même façon que si l'on partait de A vers B pour redescendre après, synthétiquement. Le double mouvement recouvrant une démarche dialectique à la Platon, à la seule différence qu'on traite ici de questions et non de propositions, et qu'on ne se limite pas à un aller-retour intégré. En effet, on part d'une factualité A et l'on propose B tel que B explique A. Cercle parfait, d'où problématicité du « résultat ». On se dit en réalité que B ne peut pas être compatible avec le contradictoire de A, pas plus que A ne peut entraîner B aussi bien que non-B : A doit être relié à B, comme non-A à non-B, faute de quoi on n'aura, au mieux, qu'un facteur d'explication et non la justification elle-même. Si le test s'avère positif, on aura si A, donc B, avec B tel qu'il justifie A et l'autonomise.

Pour que le cercle soit rompu, il faut, on l'a dit, que B trouve une validation par ailleurs, qu'il explique autre chose que A. Supposons que cela soit C : étant donné B, on a C. Donc : si l'on n'a pas B, on n'a pas C. Le processus est donc chaque fois le même, il se répète selon la structure. On s'efforce de *répondre* B ou non-B, en vérifiant si l'on peut *répondre* C plutôt que non-C, ou l'inverse. L'expérience, donc une factualisation nouvelle ou extérieure, déjà connue par ailleurs, sera invoquée si C est de l'ordre de l'événement. B parce que C permet, si C est observé, de poser B ; et cela indépendamment de A. La théorie, en se renforçant, s'étoffe en même temps qu'elle se factualise davantage : A, C, et puis E, G, etc. par exemple. La base empirique s'enrichit de la sorte, d'où la construction analytique du factuel exigée par la synthéticité même de la science, qui ne peut s'en tenir à circonscrire la région d'objets qu'elle s'est donnée au départ.

Prenons l'exemple connu de Semmelweis, qui découvrit la cause de la fièvre puerpérale. Quelle pouvait bien être l'explication de ces décès qui frappaient les femmes de la maternité de l'hôpital de Vienne, en 1844 ? Une des explications de l'époque était que le prêtre, en allant donner les derniers sacrements, causait un choc aux futures mères qui le voyaient passer par la fenêtre. Semmelweis lui demanda de changer son itinéraire, et il s'avéra que le taux de décès dans le pavillon de la maternité resta inchangé. Ce n'est qu'en 1847, après bien des hypothèses, que Semmelweis, en observant la mort d'un collègue qui s'était blessé au doigt après une autopsie et qui développa une sorte de «fièvre puerpérale», émit l'hypothèse que l'infection devait provenir de tissus morts qui contaminaient le sang. Il demanda alors qu'on ne passât plus à la salle d'accouchement sans se laver les mains avec une solution chimique étudiée, et le taux de mortalité chuta drastiquement. Il observa aussi que les femmes qui accouchaient dans la rue avaient, indépendamment du reste, une chance élevée de ne pas contracter la maladie en question.

La maladie est ici ce qui fait problème : c'est le fait en question. Connaître ce qu'il est revient à savoir les causes de ce fait. La théorisation est interrogation. Si le fait est un choc psychologique, causé par exemple par le passage du prêtre, le non-passage du prêtre devra provoquer la non-occurrence du fait. Si le prêtre change de chemin, les deux faits devront être reliés; or, ils ne le sont pas: on a B, interprétant A, qui devient non-B, sans que A soit altéré. Il faudrait B et A, et non-B et non-A pour que l'explication B puisse être retenue. Un fait C survient, qui s'interprète, disons, par D. On observe que non-C et non-A, que C et A sont associés par l'intermédiaire de D. La mort du médecin et la fièvre puerpérale ont en commun de provenir d'un contact avec des tissus infectés, en l'occurrence nécrosés. Si D est la bonne explication pour A, la fièvre puerpérale devient un certain type d'infection (au lieu d'être, par exemple, un choc d'origine psychologique, comme l'hypothèse du prêtre le laissait croire). Dès lors, si D est la justification du fait A, ce qui lui donne sens, il faudra que l'on observe un fait E qui étaye la thèse, et «l'accouchement en rue» illustrera cette interrogation-là. La faible mortalité que ces mères hors hôpital rencontrent s'explique par la non-contamination microbienne que ne connaissent pas les patientes de la maternité. L'expérience, que représente l'accouchement en rue et qui confirme l'explication offerte, résout la question ouverte par celle-ci à titre d'hypothèse. La question de la faible mortalité liée à ce type d'accouchement trouve sa solution dans la réponse proposée par l'explication.

Ici, il importe de faire justice à une certaine vision de la science qui se méprend sur le statut conjectural de la science. Clairement, si B implique A et que B trouve confirmation en C, il faut admettre A comme étant une caractérisation factuelle vraie. On peut certes interpréter C différemment que par B, et l'on imagine aisément la pluralité des théories comme réponses à une même interrogation X. Cela rend-il problématique chacune de ces théories sur X ? Il n'empêche que l'on répond par la théorie, et que celle-ci répond aussi bien aux faits analysés. Cela n'est pas contradictoire. Parce que l'on s'appuie chaque fois sur des factualisations intrathéoriques, issues d'expériences destinées à conforter des modèles d'explication, on ne cesse jamais de poser des questions sans que soit pour autant évacuée la possibilité de mal répondre, ou tout simplement, de répondre en surface.

L'expérience, qu'hypostasie l'empirisme, consiste au fond à se demander quelque chose sur base d'autre chose. Qu'en est-il de B étant donné A ? La question B ? se laisse résoudre à partir de la question A ? Et la formulation de celle-ci demeure un coup de force, une circularisation, qui a, littéralement parlant, des implications, notamment sur les questions subséquentes, dont B est ici l'exemple type. On peut donc toujours remettre en question l'expérience, son interprétation, ses résultats, en tout cas au niveau des prémisses de la lecture. Mais l'on répond aux faits en les articulant, en les expliquant, ce qui les connecte à d'autres, et par là, on atteint malgré tout à la vérité, à la réponse qui est aussi réponse aux faits, ce qui les constitue dans leur indépendance même par rapport à toute interrogation. L'expérience ne dit pas le réel, pas plus qu'elle n'*est* ce réel, mais elle nous permet de répondre sur le réel, de s'en faire une idée, qu'on appellera alors la vérité, en tout cas en science où c'est ainsi que l'on obtient ses réponses. La somme des factualisations n'empêche pas que chacune pourrait être autre qu'elle n'est, mais on doit pouvoir retomber sur les réponses factuelles auxquelles aboutit la théorie, même si elles n'ont d'autre nécessité que celle découlant de leur statut de réponse, exclusive, donc des propositions opposées parce que réponses et non questions. Ce qui leur donne la positivité de l'empirie telle qu'on la conçoit habituellement, et que Hume a paradoxalisée par son indifférenciation du problématologique et de l'apocritique, de la question et de la réponse en jugement, globalisant ce couple sans distinguer ce qui relève de chacun de ses membres séparément.

La causalité représente un principe qui dit plus ou moins ceci, que si A est cause de B, chaque fois que l'on a A, B doit s'ensuivre. Mêmes causes, mêmes effets. Pas de A, donc pas de B. Or, on a vu que la raison pour laquelle il en est ainsi est, au fond des choses, interrogative. C'est parce que l'on n'aura pas répondu à A par B, si l'on obtient non-B avec A (ou non-A avec B), que l'on ne peut admettre d'autre structure que AB. Supposons que l'on puisse avoir une réponse B à un moment, et ensuite non-B. La question B ? ne se trouverait pas résolue du fait de la répétition de l'alternative. Or, si le fait que l'on a B et non-B avec A, alors que A devait permettre de résoudre B?, on sera bien obligé de conclure que A n'explique pas B, puisque l'on peut avoir tout autant le contraire avec ce même A. Ce qui revient à dire que A n'est pas la question qu'il convient de poser pour résoudre B.

Lorsqu'on parle de cause et d'effet, on ne veut rien dire d'autre que ceci : la résolution d'une question entraîne la résolution d'une autre; les deux questions sont pertinentes ou, comme l'on dit généralement, *relevantes*. On ne peut résoudre l'une que par l'autre, la causalité se renforce, au point de déboucher sur ce que les logiciens appellent le nécessaire et le suffisant. Peu importe ici. Tout le problème est de savoir pourquoi on a besoin d'une question pour en résoudre une autre. Car tel est bien le secret de la causalité. Pourquoi faire usage d'une telle procédure de réponse? Le lecteur attentif en connaît déjà la raison, car il se souvient des exigences du scientifique que nous avons précisées précédemment. La science repose sur une mise en question indirecte et sur des réponses qui ont à se vérifier par et dans les alternatives. On y résout une question par une autre, à la recherche de propositions et puis de faits qui découlent de ces réponses et qui s'appuient sur d'autres faits pour être factualisés. Bref, on résout toujours une question par une autre, si l'on veut éviter le piège de «l'explication» sur mesure, *ad hoc*, circulaire. Souvenez-vous de ce que l'on a dit de la question de la Révolution française par exemple, dont la séparabilité, comme question de fait, repose sur la résolution d'autres questions qui permettent de revenir en arrière, pour aborder la première. La science a donc besoin de ce mécanisme inférentiel que l'on vient de décrire sous le nom du principe de causalité. Mais il y a plus. Pour résoudre la question scientifique, il faut pouvoir tester les réponses, non pas une à une, mais on doit pouvoir trancher B? si l'on part de A, par exemple. Pour ce faire, il faut pouvoir décider de ce qui se passerait si l'on n'avait pas A, et aussi, si l'on n'a pas B. L'expérience n'est rien d'autre que cette procédure de décision. Expérimenter consiste au fond à construire son problème de telle sorte qu'on finisse par le trancher de façon alternative. L'expérience sert donc à justifier une proposition dont le contraire pourrait être vrai, ce qui montre bien que l'expérience n'est pas, comme dirait Hume, nécessaire. Mais devrait-elle l'être? Après tout, si l'on conçoit l'expérience comme le réel même, et la décision scientifique, donc la causalité, comme adéquate à ce réel, l'embarras devient inévitable. Par contre, si l'on réalise que l'expérience est un mode de résolution tel qu'il laisse apparaître, parce qu'il la met en jeu, un certain type d'inférence qui la rend possible, le problème humien disparaît. L'expérience sert à répondre, et l'on suppose que le répondre a la structure causale. La réponse peut être autre qu'elle n'est, mais une fois qu'on l'a, elle ne peut se muer en son contraire, parce que la réponse cesserait d'être ce qu'elle est, et que la question, au lieu d'être résolue, continuerait à se poser identique. Parce que la question scientifique requiert un traitement causal, l'expérience doit pouvoir apporter réponse; dès lors, la causalité et l'expérience sont liées, mais pas comme on l'a cru jusqu'ici, de façon ontologique. Expérimenter, c'est résoudre, et résoudre se fait sur base empirique. Le rapport factuel est, de façon sous-jacente, une relation interrogative et la seule nécessité qu'on y trouvera relève de la structure interrogative de l'inférence.

Souvent les questions scientifiques ne sont pas énoncées en termes d'alternatives; tout l'art de la *méthodologie* consiste à trouver la formulation appropriée de la question initiale par des questions alternatives qui, elles, sont décidables. Et l'alternative, une fois formulée, mènera à la justification comme seule quête[8]. D'où l'amalgame que l'on fait bien souvent entre scientificité et justification: un résultat, une réponse, ne sera réellement scientifique qu'une fois justifié. Par la justification, la réponse *proposée* peut alors être acceptée de façon non problématique. La science justifie ses réponses pour qu'elles soient réponses. Pourtant, on entend bien souvent dire que la science est problématique et n'offre pas de justification, elle produit sans cesse des théories concurrentes pour des mêmes ensembles de faits. En réalité, la science répond sans jamais être à l'abri d'une remise en question de sa problématisation initiale, du cadre même de sa conceptualisation. On dira de sens présupposés, ou mieux, de sa factualisation de base, sur laquelle elle opère toujours en retour par confirmation indirecte, donc par inférence. Le débat métathéorique, que Kuhn appelle «révolution scientifique», est réponse sur les questions et la formulation même qu'il faut leur donner. Mais il est bien clair que l'on finit toujours par déboucher sur de la justification; ainsi, on peut repérer dans la physique d'Aristote une justification qui «colle» de près à l'observation. La philosophie, à l'inverse, engendre ses questions sans qu'elles puissent trouver saturation, relançant ainsi sans cesse l'interrogation philosophique dans sa radicalité même, du moins au départ.

La problématicité que l'on attribue à la science vient en dernière analyse de la présupposition théorique déjà présente dans l'intégration des faits qui servent à la théorie. On testera bien la réponse aux faits par d'autres faits ou des conséquences logiques qui mettent en évidence des connexions insoupçonnées, il n'en restera pas moins que ces «nouveaux faits» sont eux aussi, fût-ce indépendamment, cernés par problématisation.

L'expérience, comme la causalité, relèvent de l'interrogativité généralisée ; ils n'en sont que des cas particuliers, auxquels la science semble avoir donné une dignité privilégiée, à l'image de la sienne propre, telle qu'elle s'est imposée depuis l'âge classique, l'âge par excellence du mécanisme. Mais l'inférence n'est pas nécessairement causale, ni même observable par expérience ou expérimentation. Pas même en science, ne peut-on s'abandonner à une telle limitation.

Le terme-clé est ici la relevance, car c'est elle qui caractérise le rapport entre problèmes. L'inférence relie une question et la réponse. La causalité apparaît comme positivisation empirique des réponses dans le lien inférentiel, que l'on dit des événements, des substances comme en mécanique («des corps») des phénomènes, ou encore des choses. C'est la relevance qui est déterminante, puisque, sans elle, on sera obligé de conclure que A et B n'ont rien à voir, vu que A/non-A peuvent cohabiter avec B/non-B. Une indépendance qui empêche de lier les problèmes (A?, B?).

Si le physicien, par exemple, procède à des expériences pour trancher les réponses problématologiques en réponses apocritiques, qui peuvent d'ailleurs retrouver leur caractère problématologique au sein d'une *autre* démarche d'interrogation, remarquons que l'inférentialité *en général* obéit aux règles interrogatives y compris, ce qui pourrait surprendre, le mathématicien. Qu'est-ce que ce langage «en x» si ce n'est de la problématisation ? Lorsqu'on met en fonctions mathématiques une théorie, on y instaure une structure interrogative. On lie deux variables entre elles, x et y par exemple, et l'on suppose «toutes choses égales par ailleurs», avant que de pouvoir tracer la fonction $y = f(x)$. Mais à quoi engage ce «toutes choses égales par ailleurs» et qui conditionne la possibilité même d'apprendre quelque chose sur y par la variation de x, plutôt que par autre chose ? Cela signifie simplement que les autres facteurs que x ne changent rien à y, et que si x change, alors y change ; en réalité, il se peut que x évolue aussi en fonction de z par exemple, mais l'effet sera autre. En annulant les facteurs autres que x, on observe le rapport de y et x, ce qui, dans x, détermine y. La pertinence de x dans l'effet y est typique de l'inférence au sens où la problématologie a permis de la redéfinir. La pertinence, ou relevance, définit l'inférentialité comme relation interrogative. Elle se teste par le jeu des variations, des alternatives continues où l'on se demande ce qui se passerait si... En cela, la rationalité mathématique obéit au modèle problématologique de la scientificité, qui s'oblige à faire l'expérience des éventualités autres pour confirmer ses résultats. Lesquels sont toujours susceptibles d'être reproblématisés à un autre niveau. Les révolutions scientifiques, comme dit Kuhn, sont en définitive des crises de relevance, de pertinence, tandis que l'évolution paradigmatique se joue à l'intérieur de relations inférentielles admises, mais dont on poursuit la validation par l'expérimentation des conséquences. Ce qui, je l'ai dit, renforce le modèle initial, puisque toute question cherche à justifier ses présupposés par la mise à l'épreuve alternative; une telle recherche postule que l'on s'attache aux conséquences autres que celles qui, de façon immédiate, sinon même *ad hoc*, découlent de la problématisation initiale. Il ne faut pas perdre de vue qu'il faut un *donné*, un fait par exemple, pour expérimenter, et que pour répondre, il faut un hors-question (qui étant problématisé, l'est à titre d'hypothèse), puisque la différence problématologique est respectée par tout *logos*. L'idée de donné a d'ailleurs pu faire croire à certains que l'empirique allait de soi, jusqu'à Kant qui part d'une sensibilité passive, faite toute de réceptivité. Les lecteurs de Kant auront pu reconnaître dans la *présence* d'un tel donné, dans la *répétition* du lien causal AB, et dans la *nécessité* les synthèses de l'appréhension, de la reproduction, et de la recognition qui nous fait retrouver le résultat, l'effet dans ce que nous savons déjà comme devant se produire. Mais Kant ne voit dans cette triade des articulations de la conscience (transcendantale) que des impératifs *critiques*, et non des impératifs *apocritiques*.

Mais la causalité cessa peu à peu de représenter le paradigme de la scientificité; le probabilisme et les sciences humaines surgissent. Le calcul des probabilités, pour prendre les choses au niveau du conceptuel fondamental, vise à estimer les schémas de pertinence. Avec les sciences humaines, c'est toute la rigidité du causal comme explicativité qui s'effondre. L'humain n'obéit pas, le plus souvent, à la régularité contrainte des lois univoques de type «si A, donc (nécessairement) B». Les relations sont à multiples facteurs, et leur pertinence, qui n'est plus de l'ordre du «nécessaire et suffisant», est plus floue. L'inférentialité change d'aspect, et cela se fait sous la forme d'une opposition: l'explication versus la compréhension. Celle-ci s'attache au sens de l'action humaine, essaie de savoir ce qu'un individu a pu vouloir quand il a posé tel ou tel acte, tandis que l'explication continue de causaliser comme auparavant. En réalité, il n'y a pas plus d'explication sans compréhension de ce qui est justifié qu'il n'y a de compréhension qui se passe d'explication des phénomènes à comprendre. On imagine mal qu'avoir compris, par exemple, la montée d'Hitler au pouvoir ne serve d'explication à son ascension, ni qu'expliquer les lois de Newton ne fasse comprendre le jeu des forces dans la nature. Il n'en reste pas moins une différence; inexplicable, incompréhensible? La compréhension situe la théorie au niveau de la prise en charge de l'alternative, là où l'explication la prend quand elle est résolue. Plus la problématisation s'impose comme devant être intégrée, ainsi que c'est le cas en histoire par exemple, plus il y a nécessité de dissocier (non problématologiquement) ce qui relève de la différence problématologique.

Voyons cela de manière plus concrète, relisant le remarquable ouvrage de Paul Veyne sur l'histoire : « Le roi fit la guerre et fut vaincu ; ce sont en effet des choses qui arrivent ; poussons l'explication plus loin : par amour de la gloire, ce qui est bien naturel, le roi fit la guerre et fut vaincu à cause de son infériorité numérique, car, sauf exception, il est normal que les bataillons reculent devant les gros »[9]. Grouchy aurait pu arriver à temps, et le roi de l'exemple ci-dessus aurait pu ne pas aimer la gloire, ne pas arriver sur un champ de bataille et, de surcroît, en position de faiblesse. La compréhension consiste à percevoir dans la problématicité l'action ou le fait qui s'est imposé. Certes, Grouchy pouvait arriver à temps, et si je comprends ceci, je dois aussi bien comprendre que l'inverse était possible. Comprendre signifie saisir l'alternative dans ce qui en a résulté. Expliquer, par contre, équivaut à rapporter le résultat à quelque chose dont il résulte plutôt que le contraire, qui ne s'est pas produit même si l'on comprend qu'il aurait pu se produire. « Napoléon a perdu la bataille, quoi de plus naturel ? Ce sont des malheurs qui arrivent, et nous n'en demandons pas plus : le récit est sans lacune. Napoléon était trop ambitieux : chacun est libre de l'être et voilà l'Empire expliqué »[10]. On aurait pu, ajoute Paul Veyne, invoquer le rôle de la bourgeoisie et l'on aura déplacé le problème. Le mot est lâché. Dès lors, « l'historien fait comprendre des intrigues »[11]. D'accord, mais pourquoi ? La raison à cela est simple, somme toute. L'inférence s'assouplit par rapport au schème causal, assez strict. La relation AB est plus problématique : A comme B auraient pu ne pas être. On parle de compréhension, sans pouvoir la délimiter par rapport à l'explication, je l'ai dit. Ce que la dichotomie recouvre est en réalité une problématicité plus grande qui doit pouvoir se dire, mais bien évidemment pas comme telle. « Le problème de la causalité en histoire, ajoute Veyne fort justement, est une survivance de l'ère paléo-épistémologique ; on a continué à supposer que l'historien disait les causes de la guerre entre Antoine et Octave, comme le physicien était présumé dire celle de la chute des corps »[12]. En réalité, il faut bien voir que le concept de causalité répond à un fondamentalisme ontologique qui n'a plus cours. Le principe de causalité, comme l'expérience d'ailleurs, doivent être repensés problématologiquement en tant que modes particularisés du questionnement. L'histoire est un rapport différentiel, et non un causalisme qui renvoie à une sorte de fondation originelle par un événement ou un moteur premier. L'inférence y recherche des corrélations et les teste comme cela se passe dans n'importe quelle autre discipline scientifique, avec le même problème de base, la factualisation. «Le conflit ville-campagne, dit Veyne, n'explique pas la crise du IIe siècle, comme un événement en explique un autre; il *est* cette crise, interprétée d'une certaine manière»[13]. Il s'agit d'une façon d'interpréter l'intrigue, de l'assembler, et il faudra bien en vérifier la compréhension adéquate. Là encore, préférer une problématisation particulière, qui factualise et regroupe certains événements en entité propre, oblige le questionneur *scientifique* à en vérifier les effets, donc les conséquences sur d'autres faits et d'autres théorisations.

Quant à l'idée de rapport différentiel, il permet d'échapper à l'idée de la cause de la cause de la cause... car il situe les événements en rapport d'évolution: a s'inscrit par rapport à b, comme différence qui varie, faisant émerger b par exemple. Le rapport a/b reproduit cette association à laquelle est associée l'idée classique de causalité. Elle implique d'ailleurs le principe d'économie, ou de simplicité, dont nous avons déjà parlé. Si, par exemple, avec Max Weber, on lie l'apparition du capitalisme au protestantisme, la question de savoir si une idéologie peut ou non être «cause» de ce mode de production est insoluble. Les deux choses sont corrélées. Il reste les exceptions que constituent la Flandre et l'Italie, qui connurent un développement capitaliste sans adopter le protestantisme. Elles n'en eurent pas besoin, car le pouvoir central, faible dans ces régions en bordure d'empire, ne devait pas être contesté pour permettre l'ascension sociale. Cela implique que le protestantisme n'est pas le facteur explicatif, et qu'il est lui-même dérivé. Le principe d'économie, qui va l'éliminer, consiste simplement en ceci que le scientifique doit trouver ici une autre explication. La contestation d'un pouvoir central semble le facteur décisif, car une telle contestation suppose une idéologie, et le protestantisme a bien joué ce rôle, auprès des princes comme auprès des «bourgeois» qui ont ainsi pu se justifier dans leur lutte contre le roi ou l'empereur, et ses administrateurs ecclésiastiques.

Ce qui est important ici est de voir que le rapport différentiel, qui renvoie à la continuité, qui exclut l'idée d'un fondationnalisme des causes en soi, obéit aux règles de la méthodologie scientifique rappelées plus haut. Il n'y a plus de causes premières mais des rapports d'événements qui glissent ainsi les uns par rapport aux autres; sans origine motrice: elle n'est pas nécessaire. Dès lors, on peut lire l'histoire en l'originant chaque fois selon une grille de lecture «libre», sans que cela soit anti-scientifique pour autant. Par la lecture différentielle, on saura si, effectivement, plus le pouvoir central se renforce (ou s'affaiblit) par rapport à une noblesse déjà forte par exemple, plus le protestantisme se répand; on saura si une bourgeoisie déjà forte, suite à une centralisation antérieure qui avait fait monter cette bourgeoisie aux dépens des autres couches sociales, se protestantisera ou non dans un tel contexte, se développant conformément à ses intérêts, c'est-à-dire de façon de plus en plus capitaliste. La technique différentielle est une manière de reposer les questions sans tomber dans ce que Paul Veyne appelle fort justement une paléo-épistémologie de la recherche des causes. Ce qui compte est de pouvoir corréler un nombre croissant de phénomènes, avec le «plus... plus...» comme liaison, sans préjuger, sans même demander, si les liens donnent les «vraies causes», les «moteurs historiques», plutôt que les rapports de pertinence qui seuls comptent et dont il convient de refuser la vieille lecture ontologisante qui les positivisait en entités agissantes, en causes soi-disant profondes.

NOTES

[1] Descartes, *Quatrième réponses* (p. 461, éd. Pléiade).
[2] Voir, à ce sujet, M. Meyer, *Découverte et justification en science* (Klincksieck, Paris, 1979) et le numéro que la *Revue Internationale de Philosophie* a consacré à l'*empirisme logique* (n° 144-145, 1983).
[3] D.J.O'Connor, *John Locke*, p. 65 (Dover, New York, 1967).
[4] Voir *Découverte et justification en science*, pp. 207 et suiv. (Klincksieck, Paris, 1979).
[5] G. Bachelard, *La formation de l'esprit scientifique*, p. 14 (Vrin, Paris, 1969).
[6] P. Duhem, *La théorie physique*, p. 304 (Vrin, Paris, 1981).
[7] Aristote, *Seconds Analytiques*, II, 1, 2 (Tr. fr. Tricot, Vrin, Paris, 1966, pp. 164-165).
[8] La question du progrès de l'Histoire qui cherche à l'expliquer admet *qu'*il y a un tel progrès, ne s'interroge plus sur *ce qu'*elle cherche à justifier. On suppose le fait dès lors qu'on l'explique.
[9] Paul Veyne, *Comment on écrit l'histoire*, p. 67 (Le Seuil, Paris, 1971).
[10] *Ibid.*, p. 71.
[11] *Ibid.*, p. 68.
[12] *Ibid.*, p. 70.
[13] *Ibid.*, p. 81.

Conclusion
Peut-il encore y avoir une métaphysique?

Le sujet qui meurt, c'est bien évidemment une certaine conception du fondement qui s'écroule, et même de l'homme. Cela n'implique en rien que le sujet disparaisse ou que l'homme cesse de retenir l'attention. Au contraire même, puisqu'en perdant son statut ontologique propre, d'exception, il peut être étudié pour lui-même. Et l'on verra ainsi sans surprise le sujet omniprésent, de la linguistique à la psychanalyse. Mais s'il devient objectivable, il n'est plus fondateur, au sens où il continuerait d'être la source consciente et libre des discours et des valeurs, du savoir — conçu comme complexification croissante de propositions individuelles qui ainsi formeraient science — et du comportement. De tout cela, il ne saurait plus être question parce que, précisément, le sujet ne pourra que s'instituer question, interrogation de soi, du soi.

L'homme est bien une interrogation irréductible, dont la seule réponse, loin de la supprimer, la reproduit sans cesse comme insaturable. On appelle cela la vie. Pour que les réponses aient cependant un sens comme telles, l'homme vivant se clivera selon le conscient et l'inconscient, s'oubliant, oubliant de la sorte son interrogation irréductible par des déplacements en questions multiples mais solubles, problématologiques malgré tout de la réalité humaine. L'homme qui vit pense parce qu'il questionne, et parle dans cet insatiable besoin de l'autre à qui l'on demande d'être notre réponse. Donc il aime. A l'inverse du dialogue, où je pose à autrui une question ponctuelle, qu'il résoudra par la réponse que je lui demande et qui évacue la question qui était posée du même coup. Tout ce que je puis dire ou faire n'est en fin de compte que l'expression problématologique niée de mon questionnement-existence. Loin de fonder le questionnement, l'homme est «défini» par lui, comme sujet *du* questionnement, expression qu'il conviendra d'entendre selon son double sens.

Persévérer à ne pas saisir ce souci de l'originaire problématologique, parce qu'il n'y aurait plus d'originaire, donc plus de métaphysique, entraînerait la philosophie dans une errance qui consacrerait le non-sens de sa démarche, laquelle ne peut être que questionnement radical. Et quoi de plus radical dans cette interrogation que l'interrogation même? Pourtant en renonçant à la quête du fondamental, ce qui semble bien caractériser une certaine modernité, on est inévitablement voué, dans le meilleur des cas, à s'abandonner à une série de préoccupations purement descriptives, «phénoménologiques» si l'on préfère, quand elles ne seront pas tout simplement des mises en œuvre arbitraires, opposables à ce titre. Puisque l'on peut tout dire sans avoir à fonder quoi que ce soit, une telle requête étant désormais rejetée car peu «post-moderne».

La mise en évidence de l'originaire problématologique ne saurait cependant être confondue avec un quelconque retour à la conception traditionnelle de la métaphysique, malgré le fait qu'il s'agisse bien, avec la problématologie, de reprendre la démarche fondatrice propre à la *philosophia perennis*. En effet, si l'on regarde bien quelle était l'exigence de cette métaphysique, on observe tout de suite qu'elle est née du besoin de donner un fondement anhypothétique, comme disait Platon, une certitude inébranlable pour un savoir apodictique reproduisant un ordre des choses lui-même nécessaire, comme le pensait Descartes qui plaçait cette coïncidence de façon ultime en un Dieu-fondement, avant que l'homme transcendantal n'en assure la possibilité même, au niveau du savoir en tout cas. Quoi qu'il en soit, l'idée qui se perpétue est la même : il importe de s'appuyer, et d'enraciner la connaissance de façon conséquente, dans un fondement ontologisé ou ontologique, une entité nécessaire, comme le savoir l'est, à partir de laquelle le reste procéderait.

Parce qu'une telle démarche est devenue philosophiquement impossible, on a trop vite conclu que la philosophie devait renoncer à elle-même, par nihilisme ou scientisme, se condamnant d'avance à la dispersion et à la fragmentation effrénées. Or, ce que la problématologie prétend montrer est que l'enracinement interrogatif n'implique ni fondement ontologique, ni nécessité d'un absolu, ni même savoir conçu comme tissu propositionnel apodictique. Dire que le fondement est questionnement, c'est dire, en définitive, que les questions sont seules originaires, donc l'ouverture plurielle sur les réponses qui, tout en s'y originant de façon multiple, se détachent et se libèrent en un espace propre. Quant au mécanisme de l'inférence problématologique, l'apanage même de la philosophie, il n'a rien d'une déduction contraignante, en ce sens que l'on aurait par là un savoir nécessaire, apodictique. En quoi consiste au juste cette inférence? Souvenons-nous. On répond à partir de la question même, celle-ci fait voir et comprendre, elle est synthèse par sa formulation même. Le savoir, à l'inverse de ce qu'on en dit depuis Platon, peut être associé au problématique, grâce à l'existence des réponses problématologiques. Quant aux réponses qui découlent de questions mêmes, elles n'ont d'autre nécessité que ce lien; d'autres réponses, tout aussi nécessaires, non arbitraires, sont alors possibles en droit. Ce pluriel des philosophies s'accompagne d'un autre renversement. Loin de justifier, donc de rendre nécessaire, la problématologie substitue à cette exigence l'idée d'une méthode résolutoire propre, où le concept de «justification» prend un autre sens (qui peut se renforcer jusqu'à la causalité stricte), celui de relation question-réponse telle que la réponse se justifie par la question qui permet de l'engendrer, à la limite sans autre nécessité que celle qui consiste à exhiber ce lien. Mais cette nécessité est celle de la compréhension du problématique et non celle, exclusive, des solutions qui, considérées comme telles et sans référence à autre chose que soi, procèdent d'une nécessité qui n'a fait qu'embarrasser les philosophes, de Hume et de Kant à nos jours.

Une certaine «métaphysique du fondement» est morte, avec Nietzsche entre autres. La philosophie sera-t-elle alors science, ou un simple jeu, jeu de langage par exemple? Faudra-t-il renoncer à deux mille ans de quête philosophique et proclamer, avec Heidegger, la fin de la philosophie? Ou faudra-t-il voir dans la philosophie la seule réponse à la crise intellectuelle, et penser cette réponse non pas comme une métaphore mais littéralement? Alors, la seule issue sera de questionner la pensée en tant qu'elle est toujours engagée à répondre, même lorsque tout en elle indique qu'elle ne répond pas mais juge. La problématologie est ce défi que la tradition lance à sa propre déperdition, ou, ce qui revient au même, à son seul culte du passé.

Le savoir comme toute pensée progresse par construction d'alternatives aux théories en vigueur. Deux choses peuvent alors se passer. Soit la théorie résout l'alternative, soit elle devient alternative à la théorie. L'interrogativité de l'alternative définit la pensée même, car la synthèse, la création de questions, oblige ceux à qui elles s'adressent à répondre, ce qui met en mouvement l'esprit par la sollicitation impliquée comme questionnement. Les questions, qu'elles apparaissent en science ou dans les textes littéraires, peu importe finalement, font penser par ce qu'elles demandent et qu'elles ne donnent pas; par la mise en question de nous-mêmes qu'elles impliquent au plus profond d'elles-mêmes, elles nous obligent à nous défendre, à rendre raison, à bâtir une cohérence qui assurera l'identité existentielle de ce que nous sommes et voulons être avant tout. Quelqu'un qui pense est quelqu'un qui se pose des questions, parce qu'il s'oblige à répondre, donc à comprendre, à relier les éléments entre eux, ce que l'on appelait jadis «exercer son jugement».

De la science à la pensée commune, du langage à la littérature, le problématique nous oblige sans cesse à être un questionneur engagé.

Que celui qui prétend avoir déjà les réponses sans s'être interrogé, sans les avoir interrogées, frémisse. Il est celui qui obéira le moment venu, quitte à signer son propre arrêt de mort. Il est l'homme de l'acceptation, de la hiérarchie, celui dont toute Autorité se régale. Voué à être manipulé, il est aussi celui qui, s'il le peut, fera du questionneur la proie de sa faiblesse devenue force. Il se vengera du questionneur qu'il n'a pas su être en reconnaissant en lui ce qui le met en question de façon vitale, existentielle. Je crains cet homme-là par-dessus tout, car il est l'ennemi de la culture, sauf s'il peut inlassablement la reproduire et s'en prévaloir pour s'imposer socialement. Et s'il ne le peut plus, il sera l'intellectuel des pouvoirs d'oppression. Le procès de Socrate est alors inévitable, de ce même Socrate avec lequel nous avons commencé à philosopher, et sans lequel nous ne pouvons conclure, si conclure peut avoir un quelconque sens ici.

Table des matières

Note liminaire 5

Introduction 7

Chapitre I: Qu'est-ce qu'un problème philosophique? 33
1. Le nihilisme intellectuel et l'époque contemporaine 33
2. La question de l'Etre ou le pensable impossible 35
3. La problématisation philosophique comme logologie 41
4. La dissolution comme résolution des problèmes insolubles: Wittgenstein, Schlick et Carnap 45
5. La dissolution de problèmes chez Bergson et Valéry 53
6. Le paradox du silence chez Wittgenstein 58
7. La question et le système 61

Chapitre II: Dialectique et interrogation 71
1. La dialectique et Socrate: rôle de l'interrogation dialectique dans les dialogues aporétiques 72
2. La dialectique et la méthode par hypothèses comme réaction au *logos* socratique 76
3. La dialectique, l'analyse et la synthèse 84
4. La question de l'être ou le déplacement du problème de la question à celui de l'être 88
5. La dialectique et la logique 92
6. La mort du questionnement comme constituant et ses conséquences sur le destin de la pensée occidentale 93
7. L'analyse et la synthèse comme réducteurs problématologiques primaires dans la tradition occidentale 99

8. La fracture aristotélicienne de la dialectique 110
9. La question des principes : Aristote a-t-il réussi l'autonomisation du déductif ? 115
10. La dialectique d'Aristote est-elle une théorie du questionnement ? 119
11. De la question de l'être à l'être de la question 125

Chapitre III: De la rationalité propositionnelle à la rationalité interrogative 133

1. La crise de la raison 133
2. La crise cartésienne et l'héritage contemporain 137
3. Questionnement et historicité 154
4. L'historicité et l'histoire de la philosophie : un présupposé qui dérive 164
5. Aristote et Descartes 167
6. L'analyse et le doute chez Descartes 171
7. Le *Cogito ergo sum* comme déduction problématologique 172
8. De l'inférence analytique à l'inférence problématologique 186

Chapitre IV: Méditations sur le *logos* 201

Iere méditation : de la question du *logos* 201
IIe méditation : de l'explicitation des problèmes à l'apparaître du monde ... 209
IIIe méditation : de la dialectique et de la rhétorique comme implication d'autrui 219
IVe méditation : la question du sens ou le sens comme question 222

Chapitre V: De la théorie à la pratique : l'argumentation et la conception problématologique du langage 225

Chapitre VI: Pour une conception intégrée du sens : du littéral au littéraire 235

1. Signification et conditions de vérité 235
2. Restrictions et critique de la théorie propositionnelle de la signification 236
3. Les principes d'une théorie unifiée du sens 237
4. Le sens dans la théorie de la littérature 239
5. Sens littéral et sens figuré 241
6. La conception problématologique du sens de la phrase et du texte 245
7. La loi de complémentarité comme principe de base de la rhétorique littéraire 253

Chapitre VII: Du savoir à la science 259

1. La conception classique de l'épistémè 260
2. Expérience, causalité et interrogation : au-delà du synthétique *a priori* 279
3. Les propriétés de la démarche scientifique 280
4. La construction des alternatives : de la causalité à la relevance comme critère d'expérimentalité 281

Conclusion: Peut-il encore y avoir une métaphysique ? 303

PHILOSOPHIE ET LANGAGE
collection publiée sous la direction de MICHEL MEYER

Ouvrages déjà parus dans la même collection:

ANSCOMBRE (J.Cl.) & DUCROT (O.): L'argumentation dans la langue.

MAINGUENEAU (D.): Genèse du discours.

CASEBEER (E.): Hermann Hesse.

BORILLO (M.): Informatique pour les sciences de l'homme.

DOMINICY (M.): La naissance de la grammaire moderne.

PARRET (H.): Les passions, essai sur la mise en discours de la subjectivité.

SHERIDAN (A.): Michel Foucault (Discours, sexualité et pouvoir).

COMETTI (J.P.): Robert Musil.

VERNANT (D.): Introduction à la philosophie de la logique.

MEYER (M.): De la problématologie, philosophie, science et langage.

A paraître:

MARTIN (R.): Langage et croyance.

ROSEN (S.): Philosophie et crise des valeurs contemporaines.

ANSCOMBRE (J.Cl.): Rites et formules.

MEYER (M.) / ARMENGAUD (F.) et al.: Pour une nouvelle réflexion sur le langage.